KB230608

중·동구·발칸의 글로벌 정치경제

중·동구·발칸의 글로벌 정치경제

| 안성호 지음 |

한국학술정보(주)

동유럽지도

Eastern Europe

출처: httpblog.daum.net_blogphotoList.doblogid=05Zjv&categoryid=117574

먼저 이 책을 쓰게 되어 하나님께 감사드립니다.

지난 1989년 동구권 민주화 변혁 이후 20여 년간 대체로 체제변동의 흐름이 만족스러운 국가들은 헝가리, 체코, 폴란드, 슬로바키아, 슬로베니아, 발틱 3국 등이라 할 수 있다(본서에서는 동구권을 대신해서 중·동구·발칸지역으로 표기하였다.) 대통령 선거, 총선 등이 공정하고, 부정부패가 대체로 적으며, 시장자본주의가 체계적이고, 서방의 투자가 많다. 인권문제나 민족분규, 소수민족문제 등도 평화적으로 원만하게 극복하고 있음을 볼 수 있다. 정치적 측면에서는 중·동구·발칸 국가의 민주화 발전에서의 교훈, 세계화 시대 평화를 위한 서방국가와의 동반자관계, 일부 중·동구·발칸 국가들의 NATO 가입과 세계평화를 위한 협력, 그리고 UN에서의 협력관계 등이 중요하다고 본다. 구사회주의 체제에서 탈피하고 있는 중·동구·발칸 국가들의 다양한 체제변동의 경험들이 다소 차이는 있으나 대체적으로 선거제도 확립, 경쟁적 정당제 도입, 시장경제체제 도입, 인권문제, 민족문제의 평화적·민주적 해결, 시민사회 활성화, 세계화라는 측면에서 적응력을 보여 주고 있다. 이를 우리는 중·동구·발칸 민주화 혁명이라고 부르고 있다. 구사회주의권 국가들은 국내적으로는 시민사회 형성, 경쟁적 정당 정치제도화와 자유총선 실시, 시장자본주의 도입, 민족분규갈등과 인종청소, 국제적으로는 국제질서에의 적응과 세계화 전략, UN, EU, NATO, OECD와의 관계, 지역 내 국가 간의 관계, 중·동구·발칸과 러시아의 관계 등을 통하여 20여 년 동안 체제변동의 이행과 공고화에서의 문제와 과제들을 표출하였다. 중·동구·발칸 국가들은 UN, OECD, EU, NATO, WTO 등에서의 새로운 협력과 민주화 실천의 경험을 갖추고 있기 때문에 서방 선진국들이 이들 중·동구·발칸 국가들에 대하여 민주주의를 잘 실천할 수 있도록 지원한다면 앞날의 전망은 매우 희망적이고 낙관적라고 볼 수 있다. 다만 발칸지역에서 경험한 바대로 민족분규와 내전은 중·동구·발칸지역 발전에 커다란 장애요인으로 작용하고 있다. 앞으로 글로벌민주주의와 글로벌 경제위기 극복을 위해 중·동구·발칸 국가들은 시장경제 도입과 발전, 물적, 기술적 경제교류 증진, 동구권 EU 참여 및 경제협력관계, OECD에서의 관계 증진, NATO에서의 협력 증진 등 EU 국가들과의 협력할 과제들이 많이 있다. 중·동구·발칸 국가들의 오랜 역사, 정치, 경제, 문화적 잠재력은 상당하다고 보며 장기적으로 볼 때 대단한 잠재적 시장이라는 점에서 중요한 지역이라고 할 것이다. 시민사회 활성화, 민주주의 제도화, 시장자본주의 활성화, 민족문제 극복, 그리고 국가 전반의 투명성의 증대를 도모하고 EU와 NATO에 가입하면서 외교, 정보, 통상, 군사안보 측면에서 국익을 취함과 동시에 대외경쟁력을 더욱더 강화할 때 동구권 국가들은 세계화 전략이 한층 더 성공적으로 추진될 것이다.

　이러한 맥락에서 볼 때 글로벌민주주의 시대에 있어 중요한 가치는 민주주의, 인권, 평화 등이다. 1990년 이후 중·동구와 발칸지역에서도 민주주의와 시장자본주의제도화를 위한 노력을 지속하고 있다. 그의 결실은 중·동구·발칸지역 국가들이 EU나 NATO 등에 가입하면서 서국국가와의 협력과 교류 확대였다. 중·동구·발칸지역 국가들이 글로벌민주주의와 글로벌 경제위기 극복을 위해 해야 할 과제가 국내외적으로 산적해 있다. 자국의 발전, 지역의 발전, 국제기구에서의 발전 그리고 세계평화를 위한 노력 등이 그것이다. 특히 헝가리와 루마니아는 오랫동안 이웃 국가로서 갈등과 협력이 반복되고 있다. 당시 헝가리는 NATO와 EU 모두에 가입국이 되었지만 루마니아는 NATO에는 가입했으나 EU에는 아직 가입하지 못한 상태였다. 헝가리와 루마니아와의 긴밀한 협력과 교류는 물론이고 국제기구나 지역에서 동시에 협력관계를 돈독히 한다면 양 국가의 민주주의와 경제발전이 더욱 가속될 것으로 보인다. 양국의 협력에 대한 구체적인 실천은 여러 가지 통계로 나타날 것이다. 그리고 서구선진국가들과의 협력이 중요하지만 동구와 발칸지역의 국가들과의 협력이 반드시 병행하는 것이 지역과 국제사회에서의 평화를 위하여 바람직하다. 국제사회에서 글로벌민주주의가 대세라면 결국 동구와 발칸지역에서의 평화와 민주주의 발전을 위해서는 헝가리와 루마니아는 외교, 군사, 경제적 측면에서의 협력을 더욱 강화해야 한다. 특히 UN, NATO와 EU 등의 국제기구에서 글로벌민주주의 정신의 확산에 함께 협력적으로 동참해야 한다. 90년 사회주의권 붕괴 이후 루마니아와 불가리아에서도 민주주의와 시장자본주의제도화를 위한 노력을 지속하고 있다. 그의 결실은 동구권 국가들의 EU와 NATO 가입이었다. 그러나 루마니아와 불가리아는 EU 가입에서는 다른 동구권 국가의 가입보다 늦게 되었다. 결국 루마니아와 불가리아가 NATO와 EU 등에 순차적으로 가입하면서 서국국가와의 협력과 교류가 확대되었다. 루마니아와 불가리아가 정치경제학적인 측면에서 시장자본주의와 글로벌민주주의를 위해 해야 할 과제가 국내외적으로 산적해 있다. 자국의 발전, 지역의 발전, 국제기구에서의 발전 그리고 세계평화를 위한 노력 등이 그것이다. 특히 루마니아와 불가리아는 구공산권 시절에는 오랫동안 이웃 국가로서 협력적 관계를 갖고 있었다. 루마니아와 불가리아는 공교롭게도 동구권 국가 중 같은 시기에 NATO와 EU에 가입국이 되어 가입 전후를 놓고 정치경제학적인 비교분석의 대상이 되기에 충분하다고 본다. 그래서 본서에서는 루마니아와 불가리아의 정치경세학석인 협력관계가 어떠한지 그리고 EU 가입 전후 정치경제학적인 변화가 어떠한지를 분석하였다. 앞으로 양국이 긴밀한 협력과 교류는 물론이고 국제기구나 지역에서 동시에 협력관계를 돈독히 한다면 양 국가의 시장자본주의, 민주주의와 경제발전이 더욱 가속될 것으로 보인다. 양국의 협력에 대한 구체적인 실천은 여러 가지 통계로 나타나고 있다. 그리고 서구선진국가들과의 협력이 중요하지만 중·동구권 국가들과의 협력을 반드시 병행하는 것이 지역과 국제사회에서의 협력과 평화를 위하여 바람직하다. 서구국가들의 중·동구·발칸으로의 자본 및 기술 등 시장진출과 외교, 군사, 경제적 측면에서의 협력이 더욱 강화될 것이기 때문에 이에 편승한다면 양국의 발전은 더욱 견고해질 것이다. 특히 UN, NATO와 EU 등의 국제기구에서 자본주의시장경제와 글로벌민주주의의 확산에 함께 협력적으로 동참해야 한다.

다른 한편 90년 구소련으로부터 독립한 14개 공화국 중 라트비아, 에스토니아, 리투아니아 등 발틱 3국은 다른 여타의 독립국가보다도 정치·경제적으로나, 사회·문화적으로 매우 빠른 발전의 모습을 보이고 있다. UN은 물론 NATO와 EU 가입 국가가 되어 이젠 동유럽보다는 중·동유럽이나 서유럽국가로 당당하게 서고 있다. 본서에서는 1999년부터 2004년 전후 발틱 3국이 EU에 가입하기 위한 방안과 전략을 분석하면서 EU 가입조건에 충족한 구체적인 내용들 중 하나인 발틱 3국 내부에 존재하는 소수민족 문제에 대한 민주적이고 평화적 해결 과제에 대한 실천 여부를 중점적으로 분석하였다. 특히 과거의 복잡한 역사는 차지하고라도 구소련의 지배하에서 부속공화국으로 50여 년간 존재해 오면서 이들 국가 내에는 러시아인들이 상당수 자리 잡고 있었다. 비록 러시아인의 분포가 리투아니아, 에스토니아, 라트비아 3국에서 각각 다르긴 하지만 적어도 90년 독립 이전에는 소수의 러시아인들이 주도적으로 3국의 정치·경제·민족문제를 좌지우지하였다. 그러나 90년 독립 이후 2004년 EU 가입을 전후로 해서는 사실상 발틱 3국에서 러시아인들은 소수민족으로 전락하였고 이 과정에서 3국에서 에스토니아인 – 러시아인, 라트비아인 – 러시아인, 리투아니아인 – 러시아인들과의 관계는 민족갈등이라는 심각한 문제를 표출하였다. 이러한 과정에서 다행히 3국은 민주주의와 시장경제를 도입하면서 서구선진국가 수준에는 미흡하지만 빠른 속도로 내부적 갈등과 균열을 치유해 가는 적응력을 보였다. 이러한 결과로 2004년 3국은 EU에 가입하게 되었다. 그럼에도 불구하고 2004년 EU 가입 이후에도 여전히 러시아인에 대한 소수민족정책에 있어 정도의 차이는 있지만 갈등적 국면을 보여 주고 있다. 게다가 3국이 NATO에 가입하면서 러시아와는 사실상 외교·안보적 측면에서 대립적 관계로 전환되었고 러시아는 발틱 3국에 있는 러시아인들에 대한 정책적 배려를 하지 않을 수 없게 되었다. 그러나 발틱 3국에서는 러시아인들에 대한 정치·사회·교육 등의 측면에서 여전히 소수민족에 대한 인권문제 등 우려할 만한 일들이 발생하고 있다. 특히 라트비아에서는 러시아어 사용을 공식적으로 금지하면서 노골적인 차별정책을 추진하고 있어 장차 러시아인들의 집단적인 저항이 예상되기도 한다. 그러나 발틱 3국은 EU 가입조건으로 민주주의 제도화나 소수민족에 대한 평화적 해결 등 다각적인 방안을 제시하고 있다. 물론 발틱 3국의 보다 선진된 민주적 시민의식이 요청되는 상황이다. 새 민주적 헌법에 명시된 것처럼 다당제도의 도입, 정부의 이념과 종교적 관여에 대한 배제, 유럽공동체로 향한 개방과 평화적 협력, 시장경제 도입, 인권보호를 위한 민주적 사법처리, 민주적 지방자치의 실천, 시민과 민족의 자유권 보장 등을 그대로 실천한다면 발틱 3국에서의 민족문제는 점진적으로 개선될 것으로 전망된다. 더욱이 EU 국가들이 발틱 3국의 내부적 문제 중 하나인 민족문제에 대한 슬기로운 해결을 기대하고 있다. 또한 이들 3국에서의 민족문제에 대하여 과거의 문제를 미래로 연결시키지 않으려는 발틱 3국과 러시아의 의지가 작용한다면 상호 협력적 관계개선을 통하여 보다 평화적으로 민족갈등을 해결할 수 있다고 인식하였다. 또한 우크라이나 대통령 선거 과정은 1990년 이후 구소련국가들의 민주화와 연계하여 좋은 모델을 던져 주고 있다. 본 서는 우크라이나 대통령 선거 과정을 통하여 볼 때 우크라이나 민주주의의 심화 과정에서 심의민주주의의 특성이 있는지를 검토하여 보았다. 우크라이나는 1999년에도 두 번에 걸친 결선투표로 쿠츠마 대통령이 선출되었다. 2004년에도 유셴코와 야누코비치가 결선투표는 물론 재선거까지 치르는 극한적인 대립과 경쟁을 보여 주면서도 심의민주주의의 내용들을 보여 주었다고 본다. 이는 민주주의 발전에 있어 심의민주주의의 핵심인 시민의 참여, 민의의 반영, 타협의 정신, 자유로운 정치적 토론의 제도화, 다수결원칙, 선의의 경쟁이 잘 반영되었음을 보여 준다. 특히 2004년 대선에서는 시민들의 민주화 시위로 대법원에서 재선거를 판결하고 최종선택이 러시아의 지지를 받은 야누코비치 대신에 서방의 지지를 받은 유셴코가 되었어도 무력충돌이나 군의 개입이 없이 민주적 절차에 순응하면서 마무리되었다는 점에서 우크라이나 민주주의는 심의민주주의의 실천을 통하여 보다 더 공고하고 성숙해졌다고 할 수 있다. 이는 구소련의 연방국가였던 주변 국가들에게도 많은 영향을 주었다는 점에서 동구권 국가의 민주주의 발전에 역사적인 공헌을 하였다고 할 것이다.

특히 지난 91년 8월 구소연방을 구성하고 있던 중앙아시아의 5개 공화국들도 독립하였다. 독립 후 구소련의 협조체제의 붕괴로 심각한 경제체제에 직면하게 되자 전환기의 경제적 어려움을 구성했던 각 공화국 간에 독립국가연합(CIS: Commonwealth of Independent States)을 성립시켜 상호 긴밀한 협조체제를 구축하고 있다.

본서는 키르기스스탄, 카자흐스탄, 우즈베키스탄, 타지키스탄, 투르크메니스탄 등 5개국의 1990년 이후부터 2000년대 들어 각국에서 보이는 민주화 진행 과정에 대하여 비교 분석하였다. 그러나 구소련의 영향 아래 놓여 있었던 중앙아시아 5국들이 여전히 자유화, 민주화라는 세계사 흐름에 역행하는 낙후된 정치적 수준에서 벗어나지 못하고 있다. 5국들은 반세기를 이어온 냉전의 시대에 구소련의 압제를 통한 공산주의 이념에서 자유롭지 못하였고 독립 이후에는 독재정권과 종교에 지배되어 독재의 그늘에서 자유롭지 못하고 있다. 1인 장기집권과, 패권적 1당의 독주, 헌법의 부당한 개정 등 정치적 압제하에 놓여 있는 중앙아시아 5국의 정치 과정이 민주주의로 가는지 못 가는지를 분석하였고 반민주주의를 타파하고 민주개혁의 시민사회와 정치적 리더십이 등장하여 서구국가들과 동반자가 되어 글로벌민주주의가 정착되지 못하고 있음을 분석하였다. 5개국의 민주화가 글로벌민주주의로 편입되기 위해서는 어떠한 문제점과 과제가 있는지도 보여 주었다. 이는 향후 구소련하에 있었던 CIS 국가들의 민주화 과정에서 내부적인 정치적 성숙과 함께 국제사회의 압력과 글로벌민주주의의 영향이 크게 작용할 것으로 본다. 중앙아시아 5개국 민주주의가 정상적으로 이행되어 글로벌 데모크라시의 기준에 적합하려면 개별국가 차원에서 민주화를 하려는 정치적 리더십이 등장해야 하고, 동시에 성숙한 시민사회가 형성되어야 하고, 경제적 빈곤의 극복과 교육수준이 높아져야 하며, 종교적 갈등이 최소화되어야 하는 것 등의 과제가 있다.

발칸지역에서는 보스니아내전의 평화적 협정 이후 코소보에서의 민족분규와 민족문제 양상이 어떻게 진행되었는지를 분석하였다. 특히 미국이 깊숙이 개입할 수밖에 없는 발칸지역의 갈등 구조가 무엇인지, 그리고 98년 이후 코소보 민족갈등에 대하여 NATO, UN 그리고 EU를 통하여 미국의 개입과 역할이 어떠했는지를 분석하였다. 동시에 미국의 개입에 대한 국제적 시각의 차이와 개입으로 인한 발칸지역의 국제적 질서와 유럽국가, 미국 그리고 러시아의 입장이 어떻게 드러났는지를 분석할 것이다. 이것은 코소보분쟁의 국제적 역학 관계가 무엇이고, 유럽지역에서의 미국의 입장과 역할이 무엇인가와도 연결되는 문제이다. 즉 유럽의 문제를 미국이 주도적으로 개입하여 해결하는 과정에 대한 EU 국가들의 반응과 갈등, 그리고 EU를 중심으로 한 유럽국가들과 미국과의 대립과 협력관계, 그리고 러시아와의 국제적 갈등의 요소는 무엇인지도 함께 분석하였다.

앞으로 코소보가 직면한 주요과제는 ① 슬라브주의와 회교원리주의 갈등, ② 코소보독립여부, ③ 민주주의 제도화 자치권 회복문제, ④ 경제극복문제, ⑤ 주변 관계국의 입장, ⑥ 극단적 민족주의의 반성 부족, ⑦ 내전재발 가능성 방지문제 등이 남은 과제이다. 이러한 점들이 어떻게 극복되느냐에 따라 코소보의 평화와 갈등의 방향이 결정될 것으로 보인다. 내전은 민족분규의 가장 극단적 해결방식의 하나로 다른 민족분규도 평화적 협상과 외교적 노력 등의 민주적 해결이 부재하거나 실패하면 내전으로의 확산 가능성이 항상 내재되어 있는 것이다. 이것이 미국이 주도하는 NATO의 개입으로 국제전으로 확산되었다는 점이다. 세계 분쟁지역에 대한 미국의 역할, 동구권에서의 미국의 역할, 발칸지역에서의 미국의 역할 등 미국의 중요성이 더욱더 부각되고 있는 데 대한 우려와 환영이 반반으로 작용하고 있다. 코소보내전을 통하여 확인할 수 있었던 것은 EU, WEU, NATO 심지어 UN까지도 회원국들은 미국 앞에서 너무나 무력감을 갖고 있다는 점이다. NATO 가입국들의 다국적 평화유지군들이 단순히 NATO만의 문제로 개입하지 말고 유엔 등과 같은 국제기구를 통하여 해결하기를 기대한다. 평화와 상호협력을 기초로 하는 UN 등의 국제기구를 통하여 보다 더 권위 있게 국가와 민족 간의 화해와 조화를 모색할 수 있는 방안을 간구해야 한다. 민주적 민족주의에 대한 가치가 존중되어야 하며, 이는 인종과 종교가 다르나 세계평화를 위해서는 공존의 지혜가 요망된다는 사실이다.

지난 1992–1996년 보스니아내전, 1999년 코소보내전 등 구유고연방은 1990년 이후 사회주의 붕괴와 민족독립운동으로 심각한 내전의 갈등을 경험하였다. 그러나 문제는 계속 내전과 전쟁으로 유럽 전체와 국제질서 전반에 심각한 위기를 유발해서는 안 될 것이다. 이 점에서 구유고연방의 민족갈등에 대한 화해와 평화적 해결이 절실히 요망된다.

본서는 우선 이러한 화해를 위한 방안으로 EU와 NATO의 역할이 매우 중요함을 강조하였다. 유럽문제는 이제 유럽국가들이 해결해야 한다는 기치 아래 구유고연방의 문제도 이제는 EU가 중심적 역할을 해야 할 것이다. 구유고연방 일원이었던 슬로베니아는 이미 EU와 NATO에 가입하였다. 나머지 크로아티아, 마케도니아, 세르비아 등도 민주적 제도화, 시장자본주의 활성화, 소수민족문제평화적 해결 등을 통하여 EU에 가입하도록 노력해야 한다. 그것이 구유고연방의 민족문제를 해결하는 방안 중 하나가 될 수 있다. 또한 군사·안보적 문제로는 NATO와의 연대가 요망된다. 현재 보스니아와 코소보에 주둔한 평화유지군과의 협력을 통하여 이슬람교도와 세르비아인의 갈등을 최소화하는 전략을 구사해야 할 것이다.

또한 UN의 평화적 역할이 중요하다. 특히 구유고연방의 5개 공화국 모두가 UN에 가입하였고 UN에서의 대화와 타협을 통하여 민족문제를 화해로 이끌어 가야 한다. 끝으로 미국의 역할이다. 이제 미국은 유럽문제에 있어 많은 역할을 EU에게 넘겨야 한다고 본다. 그리고 우방국으로서 유럽국가가 원하는 경제적 안보적 지원에 대한 적절한 수준에서의 지원이 되어야 한다고 본다. 지나치게 개입함으로써 오히려 구유고연방의 화해를 저해할 수도 있다. 이 점에 있어 구유고연방 국가들도 장·단기적 전략을 세워 미국과의 관계를 슬기롭게 활용하면서 민족갈등문제를 극복해야 할 것이다.

특히 1990년 이후 중·동구·발칸 국가들이 저마다 민주주의국가 시장자본주의체제로 전환하면서 체제변화에 따른 과거역사와 연관된 민족문제와 왕권회복움직임도 불가리아, 루마니아, 세르비아, 몬테네그로, 알바니아 등에서 전개되었다. 앞으로도 민주주의와 민주화, 시민사회, 입헌군주국 관심 증대, 인권, 경제민주주의, 시장경제 등은 동구권 국가에 있어 상호 보완적이고 공통된 가치로서 체제변동에 있어 중심적인 이념과 방향 잡이가 될 것이다. 그중에서 학문적으로나 현실적으로 많은 관심의 대상은 아니지만 탈공산주의의 과도기를 경험한 여러 동구 발칸 국가들이 공산당에 의해 강제 폐지된 왕정에 대한 향수도 살아나고 있다. 다만 본서에서 동구 발칸지역의 체제변동과 왕권회복 움직임의 모든 것을 다 언급하기는 기술적으로 쉬운 일이 아니다. 본서는 탈공산주의 이후 동구권 각 국가의 구왕정복귀 움직임과 그 가능성 등을 서유럽국가의 입헌군주정을 중심으로 보았다. 이는 체제변화 과정에서 입헌군주국으로서의 가능성에만 집착하기보다는 오히려 왕정복귀 움직임을 통해서 다원적인 정치세력화와 구왕정세력의 역사적 변화를 동시적으로 분석할 수 있지 않을까 하는 데서 비롯되었다. 이러한 상황하에서 왕권복귀 움직임은 몇 가지 측면에서 과제가 남아 있다고 본다.

첫째, 정당의 과잉난립이다. 민주세력조차도 여러 정파로 나뉘어 경쟁을 했다. 이는 민주세력의 힘의 낭비를 초래했다. 앞으로 민주세력의 연립정부 구성 과정에서 민주세력의 정치적 능력을 시험해야 할 것이다.

둘째, 구유고슬라비아, 알바니아 경우는 상황은 다소 차이가 있으나 구공산세력의 과격한 정치적 집단행동, 민족분규 등이 심각했다. 이 또한 반공·민주화 변혁 과정에서 나타나는 부정적 측면이어서 타 국가에 영향을 확대시키지 않는 방향에서 그 해결방법이 평화적으로 적용되어야 할 것이다.

셋째, 왕정복귀 움직임이 각국에 처한 상황에서 볼 때 경제문제나 다른 정치적 이슈보다 그렇게 중요하거나 시급한 문제는 아니라는 점이다. 오히려 왕정문제가 아닌 공정한 선거 복수정당제 시민사회의 활성화 등의 문제가 더욱 중요한 것으로 보인다.

넷째, 왕권복귀 움직임은 정치력이 매우 미약하며 하나의 정치적 이슈로서 만족하는 상태이다. 그러나 민주화 과정에서 시민사회의 다양한 의견이 여러 집단으로 수렴되어 조직화되고 이를 선택한다는 것은 다양성과 다원화를 수용한다는 것을 의미한다는 점에서 시사하는 바가 크다. 중·동구·발칸지역 일부국가에서의 왕권복귀운동이나 과거 정치세력의 부활은 일단 국민이 직접 참여하여 다양한 선택을 할 수 있는 기회를 보장한다는 참여적 민주주의의 제도화와 시민사회가 형성되었다는 것을 의미하는 것이기 때문에 비관적인 것만은 아니다. 이러한 내용을 중심으로 중·동구지역, 구소련지역, 발칸지역에서의 2000년 전후의 정치경제학적 변화를 정리하여 보았다.

물론 본서는 2008년 10월 글로벌금융위기 이후의 분석은 다루지 못하였음을 밝혀둔다.

먼저 필자는 90년 이후 현대까지 12차례에 걸쳐 동구지역을 방문하였다. 그러한 여행경험이 이 책을 집필하는데 많은 도움이 되었다.

이 책을 만드는 데 동구·발칸학회와 회원교수와 박사님 여러분과 한국외국어대학의 동유럽발칸연구소의 조언에 감사드린다. 그리고 충북대 사회과학연구수와 한국정치학회, 한국동북아학회 등에 게재했던 논문들을 재정리 보완하여 편집하였다. 또한 제4장, 13장을 각각 함께 쓴 미국 UIC(University of Illinois at Chicago)의 최승환 교수와, 한국외국어대 홍재우 교수에게 감사한다. 또한 이해평, 손진원, 유영준, 홍기백, 안치섭 석·박사과정 제자들에게도 감사한다. 항상 나의 일을 잘 이해해 주는 집사람 조선희 박사에게 고마움을 표한다. 아울러 진영, 진원, 진수 3남매에게도 아버지 일을 도와주어 고맙다는 말을 전한다. 집필 중 장녀 진영이와 나태식군의 결혼식이 있었음은 또다른 집필의 이미를 던져주었다. 끝으로 이 책을 출판해 준 한국학술정보(주)의 채종준 사장님과 출판사업부의 김남동 선생님, 편집 디자인 관련 윤옥화, 곽유정 선생님에게 진심으로 감사드린다.

2008.12.12.
청주 비하동에서 저자 올림

| 목 차 |

제 1 부 중·동구권 • 21

제1장 EU와 중·동구권 / 23
  제1절 서론 / 23
  제2절 중·동구권 국가의 EU 가입 배경 / 25
  제3절 루마니아와 불가리아의 변화 경치경제학적 분석 / 32
  제4절 양국의 EU 가입 이후 변화 예상과 과제 / 39
  제5절 결론 / 49

제2장 불가리아와 중·동구 관계 / 52
  제1절 Introduction / 52
  제2절 Background of Relationship Between Bulgaria and EU & NATO / 53
  제3절 International Relations and Cooperations in Central–East European
        Countries / 57
  제4절 Problems and Prospects of International Relation / 66
  제5절 Conclusion / 68

제3장 중·동구와 글로벌민주주의 / 71
  제1절 Introduction / 71
  제2절 Diplomatic Cooperation with Global Democracy / 73
  제3절 Cooperation Between Hungary and Rumania with International
        Organization / 78
  제4절 Global Cooperation and Ethnicity between Hungary and Rumania / 83
  제5절 Conclusion / 92

제4장 폴란드의 교회와 정부 / 95
  제1절 Introduction / 95
  제2절 Methodology / 96

제3절 The Polish Catholicism and the Pope's Visits   / 99
제4절 The Roman Catholic Church   / 102
제5절 The Communist Government   / 106
제6절 Solidarity   / 111
제7절 The Institutional Arrangement of the Church, Government,
        and Solidarity   / 114
제8절 Conclusion   / 119

■ 참고자료   / 122

제 2 부   구소련 · 131

제5장 우크라이나와 글로벌민주주의   / 133
제1절 서론   / 133
제2절 글로벌민주주의의 논의와 쟁점   / 135
제3절 우크라이나 대통령 선거 과정과 글로벌민주주의   / 143
제4절 결론   / 160

제6장 우크라이나와 심의민주주의   / 161
제1절 Introduction   / 161
제2절 Democratization and Deliberative Democracy   / 162
제3절 Presidential Election in Ukraine   / 168
제4절 Deliberative Democracy in Ukraine   / 180
제5절 Global Democracy have Influence on
                Ukraine Deliberative Democracy   / 184
제6절 Conclusion   / 191

제7장 발틱 3국과 EU / 194
  제1절 Introduction / 194
  제2절 EU Membership of the Baltics / 195
  제3절 Ethnic minorities in the Baltics / 202
  제4절 Relationship of the Baltics – Russian / 208
  제5절 Conclusion / 213

제8장 중앙아시아 5개국의 정치경제 / 216
  제1절 서 론 / 216
  제2절 중앙아시아 5개국 독립과 정치 과정 / 217
  제3절 중앙아시아 5개국 민주화 과정 비교 / 226
  제4절 민주화 과정에 대한 과제와 전망 / 236
  제5절 결 론 / 244

■ 참고자료 / 247

제 3 부   발 칸 지 역 • 255

제9장 발칸지역 민족문제 / 257
  제1절 1990년 이후 세르비아와 코소보 / 257
  제2절 코소보지역의 민족갈등 / 260
  제3절 코소보평화협정 / 272
  제4절 코소보와 세르비아의 민주화와 평화 / 296

제10장 On – going Reconciliation Process in The Balkans / 300
  제1절 The Former Yugoslavia / 300

제2절 Bosnia-Herzegovina civil war / 303
제3절 Kosovo Ethnic conflicts / 314
제4절 On-going Reconciliation Process in the Balkans / 325
제5절 Relationship and Cooperation through OECD / 337
제6절 Conclusion / 343

제11장 Ethnicity of The former Yugoslavia / 347
제1절 Introduction / 347
제2절 Ethnicity & Reconciliation Processing between the FY / 348
제3절 On-going Reconciliation Process in the FY with NATO & EU / 356
제4절 On-going Reconciliation Process in the FY with UN & US / 362
제5절 Conclusion / 366

■ 참고자료 / 369

제 4 부 중·동구·발칸 종합 · 377

제12장 중·동구·발칸지역과 세계화 / 379
제1절 서론 / 379
제2절 중·동구국가의 자본주의 도입과 세계화 전략 / 381
제3절 동구권국가의 대외관계 / 393
제4절 향후 과제와 전망 / 400
제5절 결론 / 404

제13장 중·동구·발칸국가와 한국관계: 헝가리케이스 / 407
제1절 Introduction / 407
제2절 Political-diplomatic relationship between Korean and Hungary / 408

제3절 Economic relationship between Korean and Hungary / 411
제4절 Future Prospects and tasks of Korea and Hungary / 414
제5절 Conclusion / 424

제14장 중·동구·발칸지역의 왕권복귀 움직임 / 427
　제1절 서론 / 427
　제2절 중·동구·발칸지역의 왕정복귀 관련 역사적 과정 / 428
　제3절 동구권의 왕정복귀 움직임 관련 정치참여의 문제 / 440
　제4절 결론 / 447

■ 참고자료 / 451

■ 색인 / 459

제 1 부

중 · 동구권

제1장 EU와 중·동구권

제1절 서론

유럽연합(EU: Europe Union)은 세계 GDP 30%의 최대 경제공동체가 되었다. EU 회원국은 27개국으로 증가했고 인구는 4억 9천만 명으로 확대되었다. 공식 언어 23개, 영토 423만㎢에 달하는 거대 공동체로 성장했다. 지난 반세기 동안 여러 장애와 위기 속에서도 꾸준히 통합의 방향으로 작동해 온 유럽의 프로젝트는 결국 세계 최대 단일시장, 그리고 중국과 인도에 이은 인구 3위의 거대 국가연합을 탄생시켰다.[1]

EU 창설 회원국은 6개국이었으나 73년 덴마크, 영국, 아일랜드가 가입하고, 81년 그리스, 86년 스페인, 포르투갈이 가입하면서 92년 12개 국가로 EU가 출범하였다. 이후 경제 동합 성과를 바탕으로 일정 분야에서 정치 통합을 실현하고 궁극적인 단일 경제·통화권을 건설하기 위한 유럽통합의 움직임은 더욱 가속화됐다.[2] 1991년 12월 유럽연합 조약(마스트리히 조약)을 탄생시켰다. 각국이 자국 의회에서 이 조약의 비준 절차를 밟았고, 1993년 11월 마침내 현재의 통합 형태인 EU가 공식 출범했다.

---

1) Alasdair Blair, 2006, 133–134; 170–171. 2006 현재 EU의회 25개국. 그러나 Council of Europe 47개국 멤버국가에 러시아는 포함(단 중앙아시아 5개국, 벨로루시는 포함 안 됨).

2) EU 탄생의 역사는 1950년 로베르 슈망 프랑스 외무장관의 슈망 선언으로 거슬러 올라간다. 석탄 및 철강 산업을 초국가적인 기구를 통해 공동 관리하자는 슈망 선언은 장 모네 프랑스 경제계획청장의 아이디에서 비롯된 것. 이런 연유로 모네는 유럽통합의 아버지로 불린다. 슈망의 제안에 동의한 프랑스, 독일, 이탈리아, 벨기에, 네덜란드, 룩셈부르크 등 6개국은 1952년 유럽석탄철강공동체(ECSC) 발족에 이어 1957년 3월 25일 이탈리아 로마에 모여 프랑스, 독일, 이탈리아, 벨기에, 룩셈부르크, 네덜란드 등 6개국으로 로마조약을 체결하여 유럽공동체(EEC)와 유럽원자력공동체(EURATOM) 창설 조약에 서명했다. 이 3개 조직은 1967년 통합 조약에 따라 유럽공동체(EC)로 단일화됐다. EC는 역내 관세 철폐와 대외 공동관세 시행을 위한 관세동맹, 공동 시장, 공동 농업정책(CAP)을 우선적으로 추진했다.

EU의 출범은 공동 경제 정책, 공동 외교안보 정책, 내무사법 협력 등 이른바 '3주 체제'가 갖춰졌다는 데 역사적 의미가 있다. EU는 또 오스트리아, 스웨덴, 핀란드 3국을 1995년 1월 새 회원국으로 받아들이며 15개국으로 확대됐다. EU의 덩치가 급격히 불어난 역사적 빅뱅은 2004년 5월 1일에 일어났다. 헝가리, 폴란드, 체코, 에스토니아, 라트비아, 리투아니아, 몰타, 슬로바키아, 슬로베니아, 키프로스 등 무려 10개국을 새 식구로 받아들였다. EU는 1999년 5월 암스테르담 조약으로 경제 통합의 차원을 넘어선 정치·사회 분야 통합을 적극 추진하며 동진을 실현했다.[3] 지난 2007년 1월 1일엔 불가리아와 루마니아가 추가로 가입해 영역을 동쪽으로 더욱 넓혔다. 한편 1999년 출발한 유로화 사용 지역인 유로존(Eurozon) 국가도 2002년 12개국 그리고 2007년 슬로베니아의 가세로 13개국으로 늘었다. 주제 마누엘 바로수 유럽연합 집행위원장은 EU의 반세기 역사에서 가장 획기적인 성과는 단일통화인 유로화 도입과 냉전 이후 동서 유럽의 재통합이었다고 지적한다.

EU는 지금 자축과 새로운 모색을 위한 성찰의 분위기에 싸여 있다. 지난 3월 13일 영국 맨체스터에선 생일 축하 자선 축구시합이 펼쳐지는가 하면, 브뤼셀, 런던, 파리, 로마 등 주요 도시들에선 페스티벌, 전시회, 콘서트, TV·라디오 쇼 등 다채로운 행사가 이어지고 있다. 물론 그간의 통합 여정에서 국가 간, 계층 간 이익의 충돌 등 적잖은 한계가 노출됐고 EU 헌법과 확산 문제를 놓고 진통을 겪고 있다. 그러나 EU 50년의 역사는 유럽 각국의 공동의 이익을 보장하는 합중국 구현을 위해, 발전을 거듭해 온 통합과 팽창의 역사임에는 틀림없다고 할 것이다. 이슬람권 국가인 터키의 가입 문제를 둘러싸고 각국 여론의 반발이 만만찮게 제기되면서 EU 팽창은 일단 숨 고르기에 들어간 상태이다. 본서는 장단점 찬반양론이 있으나 동구권을 향한 EU의 항진은 계속되고 있으며 반대로 동구권 국가들도 적극적으로 가입을 원하고 있어 이러한 점을 중심으로 루마니아와 불가리아의 신규가입을 정치경제적 측면으로 정리하였다.

---

3) Loukas, Tsoukalis, 2005, 212 - 217.

제2절 중·동구권 국가의 EU 가입 배경

1. EU 가입국 확대의 역사적 배경

유럽연합(EU)은 제1·2차 세계대전으로 황폐화되고, 철의 장막으로 분열된 유럽 대륙에 번영과 평화를 가져오는 데 기여했고 EU는 놀라운 성공이라고 이를 평가하고 있다.[4] 2007년 새 회원국으로 가입한 루마니아와 불가리아를 포함해 동서유럽 27개국의 파워는 개별국가로는 상상할 수 없는 영향력이다. 세계 최대 단일시장을 형성한 유럽통합의 시너지 효과는 대단하다. 최근 EU 집행위는 올해 27개 회원국의 경제성장률이 2.7%에 달해 미국의 2.5%를 앞지를 것이라고 전망했다. 유로화 단일통화지역인 유로존 13개국의 경제성장률도 2.4%에 달할 것으로 집행위는 예측했다.[5] 호아킨 알무니아 EU 경제 및 통화 담당 집행위원은 미국 경제가 올해 EU 전체 성장률을 밑돌 것이며 이제 유럽이 오랜 세월 미국, 일본 등에 크게 뒤졌던 무기력한 성장에서 벗어나기 시작했다고 낙관적인 입장을 보이고 있다. 루마니아, 불가리아 등 EU 국가 신규가입 확대가 긍정적인 측면이 많은 것이다.

유로화는 이제 달러화의 위상을 위협하고 있다. 2006년 10월 말까지 전 세계에서 유통된 유로화 가치는 8천억 달러를 넘어섬으로써 달러 유통 규모를 넘어선 것으로 추산된다. 전 세계 사람들이 유로 지폐와 동전을 쓰기 시작한 지 5년 만에 기축통화인 달러를 따라잡을 정도로 비약적 발전을 한 셈이다. 2002년 1월 달러화에 대해 1대1.1로 출범한 유로화는 현재 1.3 수준으로 강세를 보이고 있다.[6] EU가 세계 최대 경제공동체로 부상힘에 따라 EU 27개국에 적용되는 환

---

4) *Financial Times*, 2007, 24-26 March; http://www.ft.com/home.uk(2007.4.22.).

5) *IMF Report*, 2007. 2006년 EU 25개 회원국 국내총생산(GDP)은 14조 2천억 달러로 미국의 GDP 13조 3천억 달러보다 9천억 달러나 많았다. 2006년 EU 25개국의 경제성장률은 2.9%로 지난 2000년 이래 6년 만에 최고치를 기록했다. 올해에도 유럽 경제는 낮은 실업률과 생산성 증가, 낮은 인플레이션율 등에 힘입어 계속 활기를 띨 것으로 보인다. 반면 EU 25개 회원국의 실업률은 지난해 12월 7.6%로 1998년 이래 가장 낮은 수준을 유지했다.

6) *Financial Times*, 2007, 24-26 March; http://www.ft.com/home/uk(2007.4.20.), ≪중앙일보≫, 2007.5.4.

경·안전 법규는 이제 전 세계 수출시장에서 통용되는 제품의 국제규격으로 자리 잡고 있다. 예컨대 자동차의 이산화탄소 배출량을 제한하는 법안, 독성화학물질의 안전검사를 요구하는 'REACH 법안' 등은 전 세계 자동차와 화학제품 업계에 영향을 미치고 있다.

<표 1-1> EU 가입국 확대 과정

EU 기존회원국	2004년 가입국	2007년 가입국	가입후보국	예비후보국
영국, 아일랜드, 프랑스, 포르투갈, 스페인, 이탈리아, 그리스, 오스트리아, 룩셈부르크, 벨기에, 네덜란드, 독일, 덴마크, 스웨덴, 핀란드	에스토니아, 라트비아, 리투아니아, 폴란드, 체코, 슬로바키아, 헝가리, 슬로베니아	불가리아, 루마니아	크로아티아, 마케도니아	알바니아, 보스니아, 몬테네그로, 세르비아
	키프로스, 몰타		터키	
15개국	10개국 (총 25개국)	2개국 (총 27개국)	3개국	4개국

(자료) http://www.eu.org(2007.3.10.)

실제로 태국에 있는 미국 제너럴 모터스(GM)의 한 공장은 유럽에 차를 한 대도 수출하지 않지만, EU의 배출기준을 따르고 있다. 이는 EU의 엄격한 기준을 따를 경우 다른 나라들의 기준을 통과하는 데 별다른 문제점이 없을 것으로 판단하고 있기 때문이다.

다른 한편 정치적으로 EU는 부드러운 외교를 통해 국제무대에서 영향력을 확대하고 있다. 개별 회원국 간 이해관계의 대립 때문에 때로는 공통의 목소리를 내는 데 실패하지만, 원조, 무역, 외교 등 비군사적인 방법으로 전 세계 분쟁지역 문제를 해결함으로써 힘에 의한 국제분쟁 해결사인 미국의 대안으로 자리 잡고 있다.[7]

유럽경제가 변하지 않으면 2등 국가로 전락할 수 있다는 위기감에서 시작된 '리스본전략'이 경쟁력 제고를 위한 경제개혁 프로그램을 추진 중인 독일, 프랑스 등 EU 회원국들에게 개혁 추진의 동기를 부여하고 있다.[8] 물론 미국 주도

---

7) Nicolas, Jabko & Craig Parsons(eds.), 2005, 317-318. EU의 대미관계 참조.

이라크 침공은 프랑스와 독일의 반발을 샀고 국제사회의 반전여론을 불러일으키기도 하였다. 핵프로그램을 추진하고 있는 이란에 대해 미국은 강력한 제재를 주장하고 있지만, 유럽 국가들은 대화로 풀어야 한다고 반대하고 있다. 지난해 이스라엘의 레바논 공격 직후 유럽 국가들은 이 지역 주둔 유엔 평화유지군을 2천 명에서 1만 2천 명 수준으로 증강하는 방안을 주도해 분쟁을 진화하는 데 기여했다.

또한 EU는 교토의정서의 비준을 거부한 미국에 압력을 가하고, 교토의정서 이후 새로운 지구 온난화 협약을 마련하는 데도 앞장서고 있다. 27개 회원국 정상들은 8일 브뤼셀 정상회의에서 지구 온난화를 막기 위해 2020년까지 온실가스 배출을 20% 감축하는 데 합의함으로써 지구촌 환경 의제를 선도하고 있다.

그러나 EU는 여전히 경제적으로는 거인이지만 정치적으로는 아직 난장이다. 뒤에서도 언급하겠지만 EU는 ① 노동시장 개방을 둘러싼 신·구 회원국의 갈등, ② 복잡한 의사결정 구조와 회원국 간 이해 충돌에 따른 지도력 부재, ③ 유럽 헌법의 부결 등 내부적으로도 여전히 많은 난제를 안고 있다. 유로화가 달러를 대체하려면 아직 10년은 더 기다려야 할 것으로 보이며, 단일 국가가 아닌 다양한 국가들의 구성체인 만큼 EU의 정치적 위상은 무력할 수밖에 없다고 볼 수 있다. 그래서 EU의 장기적 목표는 경제를 수단으로 유럽연방국(USE: United States of Europe)으로 나가자는 것이고, 현재 그 길을 향해 나아가고 있는 것이다.9)

사실상 2000년대 들어 슬럼프에 빠졌던 유럽 각국에선 경기 회복세가 뚜렷하다. EU 통계국은 지난해 유로화를 사용하는 유로존의 전체 국내총생산(GDP)이 2.7% 증가했는데 이는 2000년 이래 최고 수치다. 2006년 25개 회원국의 GDP는 2.9% 증가해 전년 대비 1.7%포인트 증가했다. 성장률이 낮았던 프랑스와 이탈리아도 2%대 성장을 이뤄냈다. 유럽의 실업률노 시난해 12월 7.5%로 10년 내 최저 수준으로 떨어졌다.

지난 2004년부터는 동구권 국가로 확대하여 단일 유럽으로 통합을 한 것은

---

8) 이경태, 2007, 170 - 171. 2007년 상반기 EU 의장국 독일의 메르켈(Angela Merkel) 총리는 개혁정책을 강조하는 인물로 성장과 고용중심의 신리스본전략 추진에 적극적인 태도를 보이고 있다.

9) http://bbs.yonhapnews.co.kr(2007.3.15.). 안병억(캠브리지대 유럽통합연구자).

역사적 사건으로 체코, 헝가리, 폴란드, 슬로베니아, 에스토니아, 라트비아, 리투아니아 등 10개국, 2007년 1월 1일 불가리아, 루마니아 등 2개국이 가입하기에 이르렀다. EU 회원국으로 가입한 동구권 국가는 외국기업 유치 등에 따라 유럽의 성장동력으로 부상하고 있는 것이다.[10]

물론 앞에서도 지적하였듯이 EU 회원국 간 경제 격차, EU 헌법 체결 등 해결해야 할 현안이 적지 않다. 게다가 2007년 초 EU에 가입한 불가리아와 루마니아는 EU에서 가장 가난한 국가다. 2004년 통계에 따르면 불가리아와 루마니아의 1인당 평균 GDP는 각각 EU 평균의 30.8%, 31.4%에 불과하다. 파이낸셜 타임즈(FT)도 최근 보도에서 동유럽 개발도상국 가입이 EU 경제수준을 악화시킨 것으로 분석했다.

게다가 소득수준이 낮은 동구권은 노동력이 선진국으로 대거 이탈하는 엑서더스 현상이 가속화되고 있다. 동구권은 노동력 부족 현상으로, 서유럽 선진국은 실업률 증가와 사회복지비용 증가 등으로 각각 진통이 크다. 그리고 EU가 경제 격차 해소를 위해 가난한 동구권 국가에 제공하는 지원금은 서유럽 국가에 재정 부담으로 작용한다. 또한 EU 헌법 문제도 매듭지어야 한다. 당초 EU는 지난해 헌법을 통과시켜 2007년 통합정부를 출범시킬 계획이었으나 프랑스와 네덜란드 반대로 채택이 무산되었다.[11] 프랑스의 집권당 대중운동연합(UMP) 우파 대선 후보인 니콜라 사르코지(Nicolas Sarkozy)는 공약 발표에서 터키의 EU 가입은 안 되고, 범위가 축소된 미니 EU 헌법을 채택하자는 입장을 밝힌 바 있다.[12]

<표1-2>에서 보듯이 EU는 정치통합을 위한 필수조건인 헌법 채택이 프랑스와 네덜란드 등에서 난항을 겪고 있고, 유로화가 아직 13개국에서만 통용되는 등의 한계를 갖고 있는 것으로 진단되어 그 해결을 모색하는 시기에 있는 것이다.[13] 반면 라트비아(2004년 가입)의 바이라 비케 프레이베르가 대통령과 EU의 장 모네와 로베르 슈망은 용기만큼이나 비전이 필요하다고 확신했지만, 우리는

---

10) Michelle Cini, 2005, 225-226.

11) Thomas M. Magstadt, 2007, 317-332. EU 헌법은 회원국 만장일치로 통과돼야 한다. 프랑스와 네덜란드는 새 헌법 마련을 촉구하고 있지만 회원국 중 18개국은 이미 헌법안 비준을 끝냈다.

12) 이경태, 2007, 166-168.

13) http://bbs.yonhapnews.co.kr(2007.4.25.), 이경태, 2007, 166-168.

신념을 확인하는 것 이상을 할 수 없다며 더 대담하고도 확실한 통합을 주장했다.[14] EU는 3월 25일 순회의장국 독일의 수도 베를린에서 열리는 50주년 기념식에서 발표되는 베를린 선언문을 통해 역사와 가치, 미래의 야망과 지향점을 밝히며 새 도약을 모색하고 있는 중이다.[15]

〈표 1-2〉 EU 헌법비준현황

회원국가	비준현황	일자	비준방법	비고
영국	보류	2006년 봄	국민투표	
아일랜드	보류	2006년 초	국민투표	
프랑스	부결	2005.5.29	국민투표	찬성 45.13%/반대 54.87%
포르투갈	보류	2005.10	국민투표	
스페인	승인	2005.2.20	국민투표	찬성 76.73%/반대 23.27%
이탈리아	승인	2005.1.25/4.6(상)	의회비준	상원찬성 217/반대 16
그리스	승인	2005.4.19	의회비준	
오스트리아	승인	2005.5	의회비준	
룩셈부르크	승인	2005.7.10	국민투표	
벨기에	승인	2005.5.19	의회비준	5월 말(지방자치의회)
네덜란드	부결	2005.6.1	국민투표	찬성 38.4%/반대 61.6%
독일	승인	2005.5.13(하)/5.27	의회비준	하원찬성 569/반대 23
덴마크	보류	2005.9.27	국민투표	
스웨덴	보류	2005.12	의회비준	
핀란드	보류	2005 가을	의회비준	
에스토니아	승인	2005. 5	의회비준	
라트비아	승인	2005.6	의회비준	
리투아니아	승인	2004.11	의회비준	
폴란드	보류	2005.9	국민투표	미정
체코	보류	미정(2006. 중반)	국민투표	조기투표요구(야당)
슬로바키아	승인	2005.5.11	의회비준	찬성 116/반대 27/기권 4
헝가리	승인	2004.12	의회비준	
슬로베니아	승인	2005.2	의회비준	

---

14) *UNESCO, Forum Report*, 2007.3.20. 2007년 3월 25일 출범 50주년을 맞는 EU가 세계 경제 중심지로 도약하면서 EU 순회 의장국인 독일 수도 베를린에서 27개 회원국 정상들이 모여 기념식을 연 바 있다.

15) http//www.kyunghyang.co.kr 2007.3.25. Christian Science Monitor, 2007, March 25. 폴란드와 그리스 등 일부 보수적 회원국들은 새 헌법안에 EU의 기독교적 전통을 명시해야 한다고 주장한다. 베를린선언이 EU를 어디까지 확장해야 하는지 터키를 받아들여야 하는지 명시적으로 밝히기 쉽지 않을 것이다. 전문가들은 하나의 유럽을 실현하는 정치공동체로 거듭나려면 터키 가입문제를 유연하게 고려해야 한다고 지적한다. 터키 가입이 성사된다면 EU는 이슬람과 기독교 간의 문화적 단절을 잇는 교량도 될 수 있을 것이라고 지적한다.

회원국가	비준현황	일자	비준방법	비고
키프로스	승인	2005.6	의회비준	
몰타	승인	2005.7	의회비준	
불가리아	승인	2007년 초	–	
루마니아	승인	2007년 초	–	

(자료)http://bbs.yonhapnews.co.kr(2007.4.25.), http://blog.joins.com/media(2005.6.3.), 이경태, 2007, 166-168 필자 재구성.

2. 루마니아와 불가리아 가입 배경

　2007년 1월 1일 유럽연합(EU)은 루마니아와 불가리아를 새 가입국으로 받아들였다. 동구권 국가의 EU 진출은 2004년 5월 발틱 3국(에스토니아, 라트비아, 리투아니아), 폴란드, 체코, 슬로바키아, 슬로베니아, 헝가리 등으로 구소련이나 구유고연방의 영향하에 있었던 공산권 국가였다.[16] 루마니아와 불가리아는 경제규모가 그다지 큰 국가는 아니며 인구도 많지 않은 소국이다. 불가리아와 루마니아는 EU 가입 조건들을 충족시키지 못했다는 이유와 더불어 Supersafe guard 조항 등에 묶여 EU 가입에 실패한 경험을 갖고 있었으나 2007년 1월 마침내 가입이 이루어졌다. 그러나 양국의 EU 가입은 세계적 기업의 동진정책에 불을 댕긴 역할을 하고 있다. 물론 EU에 가입했다고 해서 갑자기 자본투자가 증대되고 국민소득이 커지는 것은 아니다. EU 확대로 인해 관세가 없어지고 물류비용과 인건비를 대폭 줄일 수 있으나 오히려 EU 시장에 눈독을 들이던 다국적 기업의 침투가 더욱 커질 것이다. 양국의 EU 가입은 동서진영으로 갈라졌던 유럽대륙을 EU 체제로 통합하는 의미를 갖는다.

　겉으로는 별다른 변화가 없어 보이지만 수면 아래에서 분주하게 움직이는 것은 동구권 국가들의 수출입 부문이다. 특히 자동차, 건설, R&D 분야에서는 역동성을 보이고 있다. 대통령이 직접 세일즈맨으로 나서서 외국기업의 투자유치에 발 벗고 나서고 있다. 체코, 슬로바키아, 헝가리, 폴란드 등은 외국기업 유치가 부국강병에 어떻게 영향을 주는지 몸으로 체험한 국가들이다. 예컨대 헝가리에

---

16) John Baylis & Steve Smith, 2006, 118-120; Susanne Jungerstam-Mulders, 2005, 233-250. 소련 및 동구몰락과 EU의 확대.

서는 글로벌기업 40여 개사가 전체 국가 GDP의 51%를 차지했고, 수출비중도 74%에 이를 정도로 자국 경제발전과 직결해 큰 몫을 하고 있다. 동구권의 현지어를 능수능란하게 구사할 수 있는 사람의 몸값이 오르고, 동구권의 부동산값까지 덩달아 오르면서 동구권의 주가가 오르고 있다(물론 이하 분석은 2008년 10월 글로벌 금융위기이전임). 동구권 국가에 기지를 마련하고 유럽 지역을 상대로 적극 문을 두드리는 기업이 줄을 잇는다. 실제로 동구권 국가의 주식 투자율도 높아지고 있다. 연간 370억 달러가 넘는 외국인 투자 금액이 중·동부 유럽으로 유입되고 있으며 이는 중국 다음으로 많은 수치인 것이다.[17] 사실 헝가리나 체코 같은 동구권 국가의 선두주자 격인 나라에서는 이미 소득수준이 너무 높아져 과거처럼 저렴한 인건비를 기대할 수 있는 상황이 지나가 버렸다. 폴란드나 체코, 슬로바키아도 같은 경우이다.

〈표 1-3〉 루마니아와 불가리아 정치경제학적 현황

항 목	EU 가입을 위한 집행위가 지적한 선결 과제
루마니아	조세징수를 위한 컴퓨터시스템/EU 기금배분기관설립/동물등록시스템과 가축관리기준강화/광우병예방대책
불가리아	조직범죄소탕의 가시적인 성과/부패척결/돈세탁금지규정강화/EU지역 보조금관리능력/EU기금배분기관설립/광우병예방대책

(자료)http://kr.news.yahoo.com/sevice(2007.3.20); IMF Report(2006).

　　중국이나 인도 같은 나라에 비해 인건비 면에서 경쟁력이 떨어져 이곳에 있던 생산기지는 최근 루마니아나 불가리아 같은 후발주자 국가로 옮기고 있을 정도다. 2차 동진 행렬인 셈이다. 경제적으로 따져 볼 때 동구권 국가의 경쟁력은 전체 내수시장에서 나오지 않는다. 독일과 지리적으로 붙어 있다고 하지만 아직 사회간접자본시설이나 도로가 열악하고 지체 구매력이 낮아서 외부에 의존해야 한다. 세계에서 가장 구매력이 높은 EU 시장의 일원이 됐다는 점은 큰 의미를 가지며, EU 시장의 일원인 동시에 노동력과 임금이 싸기 때문에 상대적으로 저렴한 비용으로 비즈니스를 할 수 있다고 했다. 섬유나 의류, 가전, 자동차부품 조립 등 인건비 비중이 큰 업종이 우선 각광받을 전망이다.[18] 사실 동구권 국가

---

17) *The Business Week, 2007*, March 24-27.

의 체질개선은 EU 가입을 시점으로 이뤄진 게 아니다. 유럽연합 가입을 앞두고 1990년대 중반부터 동구권 국가의 선두주자 4개국은 부지런히 정치·경제·사회 분야에서 자체적인 체질개선 작업에 나서 왔고 결코 서유럽에 비해 뒤떨어지지 않는 사회주의 전통하의 교육이나 과학기술 수준도 한몫을 했다는 지적도 있었다.[19] 특히 동구권 국가들이 가장 활발히 움직이는 생산 분야는 자동차 쪽이다. 2006년 동구권의 자동차 생산력은 유럽과 아시아, 미국의 자동차 업계가 수십억 달러 넘는 신규 투자를 한 데 힘입어 240만 대를 넘어서는 것으로 예상된다. 지난해 슬로바키아는 정부 관료들이 대거 참석한 가운데 프랑스의 자동차기업 푸조 시트로엥이 8억 9000만 달러를 들인 공장 개장식을 열었다. 이 공장은 매년 30만 대의 소형차를 생산할 예정이다. 이처럼 세계의 다국적 자동차기업이 앞 다퉈 동구권의 슬로바키아, 폴란드, 헝가리, 루마니아, 체코공화국 등으로 몰려들어 지역 자동차기업을 인수하거나 새 공장을 여는 등 사업을 확장하고 있는 것이다.[20]

제3절 루마니아와 불가리아의 변화 경치경제학적 분석

1. 루마니아

1) 경제성장 지속

2005년 4월 25일 EU 가입조약 서명으로 2007년 1월 1일 EU에 가입되어 기존 EU 회원국으로부터 해외 직접투자가 급증하였다. 민간부분의 소비수요 확대, 법인세와 개인 소득세를 16%로 단일화하는 단일세율제(16%flat tax) 도입과 외국인 투자 증가에 힘입어 EU 가입 전 2005년 GDP가 4.9% 성장하였다. 그러나

---

18) http://bbs.yonhapnews.co.kr(2007.4.25.). 이철원(대외경제정책연구: KIEP) 인터뷰 기사 재인용.

19) http://bbs.yonhapnews.co.kr(2007.4.25.).

20) http://www.chosun.com(2007.1.23.); *New York Times, 2007,* November 25.

7회에 걸친 홍수로 인하여 농업임업 분야 생산의 저하와 주재국 통화의 평가절상으로 하락추세를 보였다. 2005년 홍수피해 액 약 20억 유로와 소비수요 증가 및 유틸리티 가격 인상 등으로 당초 목표인 6% 성장 달성에는 실패하였다. 2006년도에는 2007년 1월 1일 EU 가입과 건설, 서비스 시장의 활황으로 6.4%의 GDP 성장을 이룩하였다.[21)]

주식시장도 급등하여 2005년 중 175% 상승하였고 총거래금액 20억 유로를 기록하였다. 루마니아 정부는 2005년 10,000lei를 1leu의 신권으로 평가 절상하여 지속적인 인플레이션 완화에 자신감을 보이고 있다. 2006년에는 6.45의 경제성장을 달성하였는데 지난 10년간 중 가장 큰 폭이었다. 바세스쿠 대통령이 2007년 1월 1일 EU 가입조약은 제2차 대전 이후 루마니아에 가장 중요한 조약이라고 선언할 만큼 EU 가입에 거는 기대가 컸었다. IMF는 루마니아의 EU 가입을 위한 준비에 있어서 개혁에 대하여 좋은 평가를 했었다.[22)] 사실상 루마니아는 45년간 공산체제를 지켜 오던 국가였고, 93년 자본주의 체제로 전환한 뒤 경제특구를 신설한 폴란드가 외국인 직접투자액 17억 달러를 유치했을 당시 9천만 달러밖에 유치하지 못한 개혁이 부진했던 국가였다. 그러나 2006년 경제성장률이 6.4%여서 지난 10년간 중 가장 성장률이 높았다. IMF는 EU 가입준비에 있어 최근 개혁 노력에 대하여 높이 평가한 바 있다.[23)]

2006년도에는 총액 약 117억 유로의 예산규모로 ① 인프라개선확충, 연구개발, 환경 및 농촌개발 등 EU 관심 사업분야 지원, ② 경쟁력 향상을 위한 교통, 농업 및 산업분야의 구조조정, ③ 교육 및 건강 등 인적 자본의 공고화, ④ 후생, 의료보험 등 사회보장, ⑤ 국방, 공공질서와 안녕, 문화, 종교분야 등의 발전을 위해 지출되었다.

---

21) *CIA - the World Fact Book Rumania*(2007.3.20.) 인터넷 자료 참조.
22) *CIA - the World Fact Book Rumania*(2007.3.22.) 인터넷 자료 참조.
23) *CIA - the World Fact book Rumania*(2007.3.27.) 인터넷 자료 참조.

⟨표 1-4⟩ 양국의 정치경제지표(2006년 기준)

항 목	루마니아	불가리아	항 목	루마니아	불가리아
독 립	1877	1908	수 출	330억$	155억$
수 도	부쿠레슈티	소피아	수 입	464.8억$	238억$
면 적	237,500㎢	110,910㎢	외 채	427.6억$	243억$
인 구	22,303,552	7,385,367	실업률	6.1%	9.6%
민족인종	루마니아인 89.5%, 헝가리인 6.6%, 집시 2.5%	불가리아인 83.9%, 터키인 9.4%, 집시 4.7%	수출 파트너	이태리 19.4%, 독일 14%, 터키 7.9%, 프랑스 7.4%, 영국 5.5%, 헝가리 4.1%, 미국 4.1%	이태리 12% 터키 10.5%, 독일 9.8%, 그리스 9.5%, 벨기에 5.9%, 프랑스 4.6%
종 교	루마니아정교 86.8%, 개신교 7.5%, 가톨릭 4.7%	불가리아정교 82.6% 회교도 12.2%	수입 파트너	이태리 15.5%, 독일 14%, 러시아 8.3%, 프랑스 6.8%, 터키 4.9%, 중국 4.1%	러시아 15.6%, 독일 13.6%, 이태리 9%, 터키 6.1%, 그리스 5%, 프랑스 4.7%
언 어	루마니아어	불가리아어 84.5%, 터키어 9.6%, 집시 4.1%	수출품	섬유, 금속, 기계부품, 자원 및 연료, 화학 및 농산품	의류, 철 및 철강, 기계부품
국민총생산	1973억$	771.3억$	수입품	기계부품, 연료자원, 화학품, 섬유제품, 농산품	기계부품, 금속원광석, 화학플라스틱제품, 연료, 천연자원
1인당 GDP	8800$	10400$	산업생산 성장률	5.7%	11.3%
GDP 성장률	6.4%	6.5%	인플레이션	6.8%	6.5%

(자료) CIA-The World Fact Book-Rumania/Bulgaria(2007.3.5). 인터넷 자료 참조.

2) 물가 상승률

2005년도 물가는 7.5%의 목표를 상회하여 8.9%였으나 이는 소비수요 증가에 따른 서비스 가격인상 및 전기, 석유 등 유틸리티가격 인상이 원인으로 지적되었다.[24] 그러나 2006년도에는 6.8%로 2005년도에 비해 안정화되었다. 그리고 2005년 7월 1일자로 기존의 화폐가치를 1/10,000 절하하여 10,000lei가 1lei가 되는 화폐단위절하(denomination)를 하였다. 중앙은행이 투자 촉진을 통해 경제를

---

24) http://www.cia.gov(2006.1.29.)

활성화하고 외국으로부터 투기자본 유입 방지 목적으로 10% 미만의 저금리 정책을 실시하였다.

3) 수출입 현황 및 무역수지 악화

2005년도 수출은 277억$, 수입은 381억$로 약 104억$ 의 무역 적자가 있었는데 무역수지 악화의 원인으로는 국내 소비 증가와 루마니아 화폐강세로 수입품에 대한 수요증가가 원인으로 지적되었다. 2006년도 수출은 330억$로 증가하였고 수출은 464.8억$로 증가되어 총 무역규모는 794.8%였고 무역수지적자는 약 134.8억$로 증가되었으나 유럽과의 물동량 유동의 역동성이 증가되었다.

4) 단일세율 도입효과

투자 유인을 위해 법인세 25%와 개인 소득세 40%의 16%로의 단일세율제 도입은 2005년 재정정책의 핵심으로 약 10억 유로의 추가 가처분 소득이 발생하였다. 그러나 추가 소득이 재투자되지 못하고 소비에 사용되어 결국 물가 상승압력으로 작용하였다.

5) 민영화 작업 및 산업의 성장[25]

국공기업 민영화의 일환으로 추진된 국영 루마니아 상업은행(BCR)이 오스트리아은행(Erste Bank Austria)에 37.5억 유로에 매각되어 주재국금융시장의 성장 잠재력을 시현하였다. 2005년 이동통신회사 코넥스(Connex)가 보다폰(Vodafone)에 25억 유로에 매각 등 대형 국영기업의 해외매각이 성사되었나. 물론 국영석유회사(Rompetrol) 사장인 디누 패트리시우(Dinu Patriciu) 가 민영화 과정에서 돈세탁 등 부정부패 혐의로 2005년 5월 구속되었다 방면되었는데 이는 타리시아누(Tariceanu) 총리 등이 연루되었다고 언론이 보도한 바 있다. 지난 2005년도 루마니아 국내

---

25) http://www.naver.com/Rumania(2007.4.25.) 내용 재정리.

자동차 시장이 40% 성장하였고 로간(Logan) 신모델이 국내뿐 아니라 독일 등 유럽시장에서 인기가 상승되었다. 2001 - 2002년 글로벌 경제가 침체되었지만 건설, 농업, 소비 등에서 강한 내수경기 활성화로 GDP 성장 4%를 상회하였다. 미시경제 부문에서 보면 최근에 와서 중산층확대에 박차를 가하고 있으나 넓게 퍼진 빈곤과 부패와 관료적 형식주의가 아직도 기업활동의 발목을 잡고 있다.

2. 불가리아

1) 불가리아의 양호한 경제성장[26]

세계적인 신용평가기관 무디스는 발트 3국(에스토니아, 라트비아, 리투아니아)과 불가리아, 루마니아 등 유럽연합(EU) 5개국의 경제가 경착륙 위험에 직면해 있으나 2007년 3월 30일 로이터 통신에 따르면, 국가신용등급을 하향 조정하지는 않을 것이라고 밝혔다. 이는 최근 EU에 가입 이후 이들 국가들의 채무수준과 정부 정책, 금융 시스템이 향상되고 있어 국가신용등급을 강등시키지는 않겠다는 것이다.

불가리아의 2006년도 1분기 국내총생산(GDP)은 전년 동기에 비해 5.6% 증가한 98억 1500만 레바(60억 3600만$)를 기록하였다. 부문별로 살펴보면 2006년도 1분기 제조업 부문의 GDP는 28억 3300만 레바로 전년 동기 대비 8.8%, 서비스 부문의 GDP는 51억 6600만 레바로 6% 각각 증가한 반면, 농업 부문은 4억 1100만 레바로 전년 동기 대비 2.7% 감소하였다. 2006년도 1분기 1인당 GDP는 1,268 레바(780달러)를 기록하였지만 아직도 EU 국가 중 최하위다. 그러나 이와 같은 불가리아의 양호한 경제성장은 특히 물가와 재정 부문이 안정된 상황에서 임금 인상과 고용 사정 개선에 따른 민간 소비와 기업의 자본 투자 증가가 주요 요인인 것으로 평가되고 있다. 2006 - 07년에는 실질 임금의 완만한 인상과 은행여신에 대한 중앙은행의 통제 강화가 예상됨에 따라 국내수요가 다소 감소할 것이며, 이

---

26) http://www.naver.com/Bulgaria(2007.4.23.) 내용 재정리.

로 인해 2006 - 07년 GDP 성장률은 4.3 - 4.5%로 낮아질 것이라는 전망이다.

2) 무역 및 경상수지

지난 2006년도 1분기 불가리아 수출은 전년 동기 대비 12.9% 증가한 62억 5200만 레바를 기록한 반면, 수입은 20% 늘어난 86억 7천2백만 레바를 기록하여 총 24억 1900만 레바(GDP의 4.7%)의 무역수지 적자를 기록하였다. 2006년도 1분기 불가리아의 경상수지 적자액은 전년 동기 대비 7억 9000만 유로가 증가한 15억 유로(GDP의 6.1%)를 기록하였다. 이와 같은 불가리아의 대규모 무역 및 경상수지 적자는 고유가와 국내수요 확대에 따른 수입 급증이 주요 요인인 것으로 평가된다. 주요 수출 상대국의 경제상황 호전이 예상되면서 2006 - 07년 수출은 15% 내외의 높은 신장세가 지속될 전망이나 외국인 투자유치는 국제시장에서 각국들의 외국인 투자유치 경쟁이 심해질 것으로 보임에 따라 보합 또는 소폭 증가에 그칠 전망이다.

3) 실업률 및 물가상승률[27]

2006년 5월 실업률은 9.6%로 1991년 9월 이후 최저치를 기록하였다. 2006년 5월 실업자 수는 전년 동월보다 23,600명 줄어든 33만 5,300명을 기록하였다. 이처럼 불가리아의 실업률이 지속적으로 줄어들고 있는 것은 견실한 경제성장 지속, 정부의 적극적인 고용 촉진 정책 추진, 실업자에 대한 의료보험 축소 등에 힘입은 것으로 분석된다.

2006년 물가상승률은 2005년 하반기에 발생한 홍수로 인한 식품 가격 상승, 2006년 2월 술, 담배에 대한 불품세(excise duty) 인상, 가스 가격 인상 등으로 전년도에 비해 크게 상승한 6.5%를 기록할 전망이다. 낮은 인플레이션율과 구조적 개혁의 견고한 진전이 기업환경을 증진시켰다. 불가리아는 지난 2000년 이후 연간 평균 5.1%의 경제성장을 보이고 있으며 외국인 직접투자(FDI: Foreign

---

27) http://www.naver.com/Bulgaria(2007/4/25) 내용에 대한 재정리.

Direct Investment)가 놀랄 정도로 증대되고 있다. 행정부의 부패와 사법부의 취약과 조직적인 범죄 등은 불가리아가 극복해야 할 가장 커다란 도전이다.

4) 총부가가치(GVA) 대비 산업별 비중

2006년도 1분기 불가리아의 총부가가치 대비 산업별 비중은 1차 산업(농업 등)이 4.2%, 2차 산업(전력, 가스, 건설, 수도, 광업 등)이 28.9%, 3차 산업(공공부문, 교육, 상업, 숙박, 음식업 등)이 52.6%를 각각 차지하였다. 과거 구소련 체제하에서는 중화학공업이 특화되어 상당한 경쟁력을 보유하고 있었는데 1990년대 초 시장경제를 도입한 이후 생산설비의 재투자가 제대로 이뤄지지 않았고 주력 시장이었던 코메콘 시장이 붕괴돼 중공업 분야는 경쟁력을 많이 상실한 반면, 상대적으로 통신·의료서비스·관광 등 서비스 산업이 강세를 보이고 있다. 2000년 이후 빠르게 성장하고 있는 제조업 분야에서는 금속가공·기계 등이 여전히 경쟁력을 유지하고 있고 섬유·의류 및 정보통신 분야가 빠른 성장세를 보이고 있다. 1990년대 말 이후 민간 부문이 꾸준히 성장하고 있는데 2006년 1분기 총부가가치 대비 비중은 공공 부문이 21.4%, 민간 부문이 78.6%를 각각 차지하였다.

5) 경상수지 개선

2006-07년 GDP 대비 경상수지 적자 폭은 수출 증대, 수입증가 둔화, 관광수입 증가 및 EU 경상지원 등으로 소폭 개선될 전망이다.[28] 96년 중요한 경제적 부분의 하락이 사회주의정부의 쇄락으로 이끈 이후부터 거시경제 부분의 안정과 강력한 성장을 경험하면서 2007년 1월 1일 EU에도 가입하게 되었다. 정부는 경제개혁과 책임 있는 재정계획을 실행하고 있다. 석탄, 아연, 구리를 포함한 자원들이 산업발전에 중요한 역할을 하였다. 1997년에는 거시경제 안정이 독일 마르크에 대한 lev의 고정환율의 적용, IMF비축협정협상 등으로 강화되었다.[29]

---

28) http://www.naver.com/Bulgaria(2007/4/25). 불가리아는 2005년 12월 합의된 EU 예산안에 의거 2007~13년 기간 총 110억 유로의 EU 자금 수혜 예정이다.

제4절 양국의 EU 가입 이후 변화 예상과 과제

1. 루마니아와 불가리아 EU 가입 이후의 추이와 과제

1) 법인세 단일화 배경

세계 최대 경제공동체 유럽연합(EU)이 2010년까지 법인세와 결제 시스템을 단일화할 계획이다. 관세 장벽을 허물고 단일 통화 유로를 도입한 유럽이 또 한 번 거대한 통합을 시도하는 것이다. 이는 특히 유럽의 경쟁력 제고라는 큰 틀에서 추진되고 있어 중국과 인도의 부상에 따른 유럽의 경각심을 보여 주고 있다. 라즐로 코바치 EU 조세담당 집행위원은 "내년에 27개 회원국의 법인세 과세 표준을 통일시키기 위한 법안을 제안할 것이며 이 법안은 제안 후 2년간 협의를 거쳐 2010년 발효될 수 있을 것으로 기대하고 있다."고 밝혔다.[30]

법인세 단일화는 불필요한 행정비용을 없애고 세제의 투명성을 높인다는 장점이 있다. 그러나 시행까지는 적지 않은 진통이 예상된다는 게 전문가들의 전망이다. 회원국 간 법인세가 키프로스 10%에서 독일의 38.9%에 이르기까지 큰 차이를 보이고 있는 데다 회원국의 이해관계가 극명하게 엇갈리고 있기 때문이다.

실제 외국인 투자 유치가 절실한 동구권과 신규 가입국, 아일랜드 등은 법인세 단일화 방침에 거부 의사를 분명히 하고 있다. 특히 올해 새로 가입한 불가리아와 루마니아는 법인세가 10%대로 역내 27개 회원국 가운데 최저 수준을 유지하고 있다. 2004년 가입한 폴란드 역시 법인세가 19%로 낮다. 외국인 투자가 붐을 이루고 있는 아일랜드의 법인세도 12.5%다. 반면 법인세가 30%를 웃도는 프랑스와 독일은 법인세 단일화 추진을 반기고 있다. 이는 동구권에 빨려 들어가는 공장과 일자리 유출을 막을 수 있는데다 외국인 투자도 더 확대될 것으로 기대할 수 있기 때문이다.

---

29) CIA – the World Fact Book Bulgaria(2007.3.22.) 인터넷 자료 참조.
30) *The Bussiness Week*, 2007, March 26 기자회견 참조.

27개국 가운데 법인세 단일화에 대한 찬성국은 12개국, 반대국은 5~7개국으로 추정된다. 코바치 위원은 "회원국 가운데 3분의 2가 2010년까지 자신의 제안을 지지할 수 있을 것이며 우선 3분의 2 회원국이 참여하고, 나머지 회원국들도 참여할 수 있도록 문을 열어 놓을 것"이라고 말했다.[31] 이 같은 발언은 법인세 단일시장에 27개국 전체 회원국의 동의를 얻기 힘든 현실을 반영해 우선 찬성 회원국들만으로 시작한 후 차차 불참 국가들의 참여를 설득해 나가겠다는 전략이다. 코바치 위원은 유럽이 경쟁해야 하는 대상은 역내 각국이 아니라 미국, 일본, 중국, 러시아, 그리고 인도 등이라며 유럽 시민 5억 명의 삶의 질을 개선하기 위해서는 유럽이라는 큰 틀에서 조세 시스템을 개혁해야 한다고 촉구했다.

2) 단일결제 시스템도 도입

EU 27개국 재무장관은 2007년 3월 27일 회원국의 카드결제 시스템을 단일화하는 내용의 개정안을 승인했다. 이 개정안은 2009년 11월 1일 시행 예정이다. EU 재무장관들이 국경을 넘는 결제를 더 쉽고 더 빠르고 더 저렴하게 하기로 결정했다. 합의안에 따르면 유럽 시민들은 단 하나의 은행 계좌를 통해 모든 거래를 손쉽게 할 수 있다고 지적했다.[32] 예컨대 서구에 이주한 폴란드 근로자의 경우 본국 가족에게 송금하기 위해서는 별도의 신규 은행계좌를 개설해야 했지만 앞으로는 폴란드에서 개설한 은행계좌만 있으면 추가로 계좌를 개설할 필요가 없게 된다. 직불카드 사용 역시 국경을 넘게 됐다. 역내 송금에 걸리는 시간도 현재 일주일에서 2008년 3-4일, 2012년에는 1일로 단축될 것이다. 결제 시스템 단일화로 연간 비용 절감 효과는 370억 달러에 달하는 것으로 분석되고 있다.[33]

3) 고용창출의 변화

루마니아나 불가리아 노동자들이 서유럽 쪽으로의 일자리를 위한 러시가 지속되고 있다. 그러나 서유럽에서의 반발도 적지 않게 예상된다. 불가리아인들이 가

---

31) *The Business Week*, 2007, March 24-27.

32) *International Herald Tribune*, 2007, March 24-27; http://www.iht.com/pages/index(2007.4.20.).

33) *Financial Times*, 2007, 25-27 March; http://www.ft.com/home/uk(2007.4.20.).

장 먼 곳인 스페인까지 일자리를 찾으러 떠나는 것도 EU 가입 후 변화된 현상
이다.[34] 불가리아인들이 좀 더 나은 일자리와 나은 내일을 기대하며 떠나는 것
이다. 스페인을 비롯해 서유럽 국가들은 불가리아와 루마니아 출신 노동자에 대
하여 1-2년간 노동시장을 제한적으로 개방했다. 이는 값싼 노동력의 유입으로
자국의 노동시장이 교란되는 것을 막으려는 조치이다. 2006년부터 스페인에서
운전기사는 스페인에서 돈을 번 뒤 불가리아로 돌아와서 자기 사업을 하고 싶다
며 스페인과 불가리아의 생활방식 문화가 비슷해 많이 간다고 하였다.[35] 아동교
육 전공자는 월급 400유로 약 48만 원으로 스페인 가정에서 아이들을 돌보는
일자리를 얻어 버스에 올랐는데 이는 불가리아에서 취직하는 것보다 조건이 좋
다는 이유 때문인 것이다. 소피아의 민간버스회사 20여 곳은 런던까지 36시간으
로 비용도 저렴하고 편도로 표를 끊기도 해서 성업 중이다.

4) 서비스산업 중심 고성장 시현 예상

신규회원국 경제가 15개국 기존가입국 수준에 이르기는 힘드나 가입 이후 높
은 경제성장률을 기록하고 서비스산업의 성장속도가 매우 빠르게 나타나고 있
다. 루마니아와 불가리아도 이러한 과정을 밟을 것으로 예상된다. 폴란드, 체코,
헝가리, 발트 3국 등이 이미 고성장세를 나타내고 있다.[36] 급격한 교역증가 추세
가 지속되고 있고 FDI 유입증가 추세도 계속되고 있다. 민영화에 의한 FDI 유
입은 잠시 주춤하는 가운데 신규투자, 재투자를 중심으로 FDI 유입증가가 계속
되고 있으며 서비스 부문에 대한 투자증가가 두드러지고 있다. 이러한 동구권
국가의 성장을 볼 때 루마니아와 불가리아 후발 신규회원국의 경제도 기 동구권
EU 가입국의 가입 이후의 고성장도 경제변화 추이를 따를 가능성이 클 것으로
전망된다.[37]

---

34) http://www.chosun.com(2007.1.23.). 불가리아의 49석 대형버스 앞 유리창에는 바르나-소피아-마드리드
    라 써 붙여 있는데 3,000여 킬로미터를 가며 45시간, 운전기사 4명이 동승해 교대로 운전한다. 대형 트렁크와
    짐 꾸러미를 든 사람들이 모였다.
35) http://www.chosun.com(2007.1.23.)
36) 이경태, 2007, 178-179.
37) 이경태, 2007, 178-179.

<표 1-5> 주요 중·동구권 국가 글로벌 경제지표

항 목	헝가리	체 코	폴란드	슬로바키아	루마니아	불가리아
인구(만 명)	1008	1024	3814	541	2164	767
GDP(억$)	1038	1398	3301	531	1132	282
GDP성장률	4.5%	6%	5%	6.5%	5.5%	5.6%
EU 가입	2004	2004	2004	2004	2007	2007
OECD 가입	1996	1995	1996	2000	–	–
NATO 가입	1999	1999	1999	2004	2004	2004

(자료) http://www.oecd.org(2007.3.16.); http://www.nato.org(2007.3.16.); http://www.eu.org(2007.3.16.); IMF(2006) 참조.

2. 중·동구권 내 다양한 갈등

물론 대규모 인구이동에 따른 서구인들의 동구권에 대한 부동산투기, 동구권 국가의 물가상승, 빈부격차 심화, 동구권에서의 환락문화 급증과 매춘 성행 등의 경제사회적인 측면에서의 부정적 면도 없지 않다. 동구권 국가 중에서 개방개혁이 잘되고 있는 국가 중 하나인 폴란드의 서구와의 경제적 격차도 여러 시각에서 단적으로 대비된다. 서방 취재진들에 의하면 폴란드 북부 국경도시 체친은 서구지역인 독일 국경선을 넘자마자 마치 낡은 앨범을 편 것 같은 풍경이라는 것이다. 건물도 전철도 대부분 페인트칠이 벗겨져 있다는 것이다. 구형 벤츠 택시는 덜덜거렸고, 푹 꺼진 뒷좌석에 앉아 있으면 좌우로 몸이 흔들렸다. 이웃하고 있는 독일과 폴란드의 전혀 다른 현실은 오늘날 유럽연합 내부의 현실을 단적으로 보여 준다. 50년간 정치·경제 통합을 향해 내달려 왔으나 27개 회원국 사이의 경제적 격차는 아직도 유럽연합의 사회적 통합을 가로막는 최대 걸림돌이다. 반대로 프랑스와 독일의 노동자들은 폴란드 배관공이 일자리 빼앗아간다며 유럽연합의 나쁜 점은 가난한 동구권 사람들이 너무 많이 몰려온다는 것이다. 값싼 임금의 폴란드 배관공이 몰려오는 것에 대한 서구노동자들의 노골적인 거부감을 드러내고 있다. 지난 2004년 폴란드가 유럽연합에 가입할 당시 이미 서유럽 노동자들 사이에서 나왔던 우려였다. 그러나 전문가들은 사실과 다르다. 이는 일종의 환상일 뿐이며 폴란드 등 동유럽 국가들이 새로 유럽연합에 가입했다고 해서 서구권 국가들의 고용 실태가 크게 변하지는 않았다는 것이다.[38]

<표 1-6> 2007-2050년 유럽의 인구변화

영국	프랑스	스페인	이탈리아	독일	폴란드	라트비아	러시아	루마니아	벨로루시	우크라이나	불가리아
15%	10.7%	4.8%	7.2%	10.3%	20.5%	22.4%	24.3%	25.7%	28.2%	33%	35.2%
증	증	증	감	감	감	감	감	감	감	감	감

(자료) ≪경향신문≫. 2007.3.16..

그러나 통계상의 수치와는 별도로 정서적인 위화감, 차별은 분명히 존재하는 것이다. 예컨대 폴란드인 한 노동자는 서구인들은 폴란드 사람들을 소매치기라고 생각하며 다 그렇지는 않지만 '너희 못살잖아, 돌아가'라고 반응하는 사람들이 있다는 것이다. EU 보고서를 보면 응답자의 64%가 인종 차별이 광범위하게 퍼져 있다고 답했다.[39] 각 국가가 오랫동안 지녀 온 민족정체성에 대한 갈등도 문제이다. 국가 간 빈부 격차와 선진국에는 인구 정체 현상이, 개발도상국에는 인구 급증이 이민의 주요한 이유가 되고 있다. 앞에서도 보았듯이 EU 헌법안이 프랑스와 네덜란드의 국민투표에서 부결되고, 터키를 EU 회원국으로 받아들이는 데 대한 유럽인들의 반감이 확산된 것도 따지고 보면 민족주의적 잔재를 버리지 못한 데서 연유한다. 또 유럽에서 비교적 이민과 난민자 흡수에 관대했던 프랑스가 이민을 규제하고 불법 체류자를 추방하는 등 서유럽에서 외국인에 대한 적대감이 증폭되고 있다. 프랑스를 비롯해 이탈리아, 독일 등에서는 외국 자본의 자국 기업 인수를 막는 경제민족주의 현상마저 나타나고 있다.

2006년 11월 EU 집행위원회는 노동시장 애로요인 해소에는 기여하되 불법이민은 규제하는 것을 주요내용으로 이민정책 방향을 발표하였다. 2007년 EU 집행위는 고숙련 이민자들의 지위를 보장하기 위한 조치로 영주권(green card)제도와 유사한 제도 도입을 검토하고 있다. 불법체류자에 대해서도 최소한의 처벌을 위한 재인을 제출할 방침이다.[40] 이민자 유입이 가장 많은 유럽의 경우 매년 47만 명의 아프리카인들과 약 120만 명의 아시아인들이 유입될 것으로 예상된다. 영국 인구는 2006년 6천만 명에서 2050년 6,900만 명으로 15% 증가할 것으로

---

38) http://www.hani.co.kr(2007.325.). 프랑스 외무부, 유럽연합 협력국, 줄리앙 스테이머 부국장 인터뷰.

39) *EU Report*, 2007. January.

40) 이경태, 2007, 175-176. Hague Program(2004.10). EU는 급증하고 있는 불법이민이 유럽사회의 치안과 정체성에 미치는 부정적인 영향을 우려하여 효과적 공동대응을 위해 중장기종합계획을 출범시켰다.

추정된다. 프랑스도 10.7% 증가될 것으로 보인다. 영국, 프랑스 등의 저출산 국가는 성장동력의 감소를 걱정하나 이민자들이 이 같은 문제를 해결해 줄 수 있다는 것이다. 그러나 이민자 유입으로 인한 민족정체성 문제는 심각한 갈등요인이 될 수 있다. EU 신규가입국의 저임금노동자들의 기존 EU 회원국으로의 이동과 이에 따른 회원국 간 갈등의 문제를 내포하고 있다. 중동구로의 EU 확대로 신규회원국의 값싼 노동력이 기존회원국으로 대거 유입될 경우 기존 회원국 근로자들의 해고, 임금삭감 등 근로여건 악화라는 각종 부작용이 발생되는 소위 사회적 덤핑(social dumping)이 발생할 가능성에 대한 우려가 확산되고 있는 것이다.[41] 동구권 국가나 구소련의 인구는 감소가 불가피하다. 2050년까지 불가리아 인구는 35%, 우크라이나 인구는 33% 하락할 것으로 전망된다. 러시아, 폴란드도 각각 25%씩 하락할 것으로 보인다. 세계화 등의 진전에 따라 나라 간 빈부의 격차가 커지고 개인의 이동이 쉬워지면서 민족정체성과 무관하게 이민을 결심하는 사람들이 늘고 있고 이들로 인해 서유럽국가는 물론 동구권의 사회, 문화, 종교, 민족정체성 등이 전반적으로 변화할 것이다.

3. EU의 입장

첫째, 네덜란드 암스테르담의 정보통신·연구개발 전문 컨설팅사 포레스터 리서치의 앤드루 파커 부사장은 "동유럽 정보통신기업의 시작은 값싼 고급인력을 바탕으로 한 비용효율성이었지만, 지금은 그 고급인력을 바탕으로 서구 거대기업과 다른 지역이 흉내 낼 수 없는 밀접한 관계를 맺어 가고 있다."고 말했다. 동유럽 정보통신시장의 성장에 힘입어 네트워크 설비 분야도 급성장하고 있다. 네트워크 전문기업 시에나(Ciena)는 지난해 10월 동유럽 인터넷 네트워크 설비 사업에 뛰어든다고 밝혔다. 동구권을 포함한 유럽 21개국 77개 도시를 아우르는 3만 5,000km의 차세대 인터넷 네트워크를 구성하겠다는 야심 찬 기획이다. 글로벌 IT리서치기업 가트너사(Gatner)는 2010년까지 동유럽 통신시장 규모가 고정

---

41) 이경태, 2007, 176-177.

네트워크 서비스 매출 기준으로 206억 달러에 이를 것으로 전망했다.

둘째, 명품 화장품 브랜드로 알려진 에스티로더(Este Lauder) 역시 동구권의 가능성에 주목했다. 창업자 에스티 로더의 아들 로널드 로더(Ronald Lauder, 61) 등 로더 가문은 루마니아·슬로베니아·크로아티아 등 중·동유럽 지역에 9,000만 명의 시청자를 가진 미디어그룹 센트럴 유러피안 미디어 엔터프라이즈(CME)의 지분 20%와 의결권 71%를 갖고 있다. 미국과 유럽의 거대 미디어기업에 비하면 상대적으로 작지만, CME는 돈을 긁어모으는 알짜 기업이다. CME는 2005년 한 해 46% 늘어난 1억 8,200만 달러(약 1,700억 원)의 매출 이익을 올렸다. 로더는 구소련 붕괴 뒤 동유럽 미디어산업의 성장 가능성을 보고 상업TV 방송을 사들이기 시작했다. 그는 FT와 인터뷰에서 루퍼트 머독의 뉴스코프가 일부 지분 인수를 제안해 왔지만 거절했다며 그 이유를 10여 년간 CME를 운영하며 개인 재산을 많이 썼지만, 이제부터 더 많은 이익을 올릴 수 있기 때문이라고 말했다. 21세기 들어 CME가 방송 자회사를 갖고 있는 동구권 6개 나라에서 거둔 방송 광고 매출은 매년 60% 이상의 신장세를 보이고 있다. CME는 2005년 초 체코 공화국의 'TV노바'를 9억 달러에 사들이는 등 사업 확장에도 열심이다. 로더는 미국이나 독일 국내에 들어앉아서는 동구권과 러시아의 급성장하는 미디어시장을 따라잡을 수 없다며 글로벌 기업가들은 이미 이 지역에서 게임을 시작했으며, 그 보상을 받고 있다고 했다.

셋째, 독일 베텔스만 그룹의 방송부문인 RTL은 뉴스코프와 함께 러시아 REN TV의 지분 30%를 인수했다. 동구권 미디어 시장의 성장세를 감안할 때 다국적 기업의 동유럽행은 계속 줄을 이을 것으로 예상된다.

넷째, 동구권과 구소련 블록 국가의 재건을 위해 설립된 유럽개발재건은행(EBRD)은 2006년 이 지역 국가들이 평균 4.8~5.3%의 GDP 성장을 이룰 것으로 보고 있다. 성장 잠재력이 큰 지역에는 돈도 따라가는 법이다. 경영난에 빠진 동유럽의 알짜기업을 사들여 높은 이윤을 남기고 되파는 벤처캐피털도 늘었다. 작년 말 영국 런던에 본사를 둔 '애드번트 인터내셔널'은 루마니아의 제약회사 테라피아(Terapia)를 3억 2,400만 달러에 인도 제약사 랜백시(Ranbaxy)에 팔아넘겼다. 2004년 5,000만 달러의 헐값에 사들인 뒤 불과 3년 만에 2억 7,000만 달

러의 이익을 남긴 셈이다. 이 회사의 중·동유럽 투자운용국장인 조안나 제임스
는 전략적 투자가일수록 동유럽 핵심국가에 더 많은 관심을 갖고 있다고 했다.

다섯째, 거대기업들의 동유럽 투자는 이미 놀라운 일이 아니다. 세계 철강업계
의 강자 '미탈 스틸'이 우크라이나의 크리포리즈스탈(Kryvorizhstal)을 48억 달러
에 사들여 화제가 되기도 했다. 세계적 기업이 동유럽 각국에 속속 지사나 R&D
센터를 세우면서 부동산 투자 가치도 함께 높아졌다. 유럽의 투자사들은 현지
부동산을 사들이거나 새 건물을 짓는 등 적극적인 투자에 나서고 있는 것이
다.[42]

루마니아와 불가리아의 투자유치 및 성장동력의 아이디어를 이들보다 낙후한
벨로루시에서 찾아볼 수 있다. 구소련 연방국가 벨로루시는 기업가를 감옥에 집
어넣는 정부의 습관 탓에 외국인 투자가 위험하다는 평가를 받는 불안정한 나라
다.[43] 그럼에도 불구하고 EPAM시스템의 아르카디 도브킨(Arkadiy Dobkin) 사장
은 폴란드와 우크라이나 사이에 낀 벨로루시에서 위험 대신 기회를 봤다는 것이
다.[44] 도브킨이 주목한 것은 값싼 고급인력이다. 벨로루시는 문맹률이 거의 0%
에 가까운 데다, 수도 민스크는 정책적으로 구소련이 정보통신산업의 중심지로
육성했던 지역이다. 벨로루시 출신으로 미국에서 교육받은 그는 조국에 실업자
신세가 된 아주 똑똑한 고급기술자가 널려 있다는 것을 알고 있었다. 다국적 거
대기업이 비용절감을 위해 아웃소싱과 연구개발센터를 인도·중국에 집중적으로
설립하고 있는 상황에서, 벨로루시도 고급 인적 자원 면에서 충분히 경쟁력이
있다고 계산했다. 그는 정정이 불안한 아시아의 개발도상국에 비해 벨로루시가
더 리스크가 큰 것은 아니며 석유산업이나 제조업 등과 달리 자기만의 전문분야
가 있는 기업에 정치는 그리 큰 영향을 끼치지 못한다고 했다.[45] EPAM시스템은
벨로루시 수도 민스크와 러시아의 페테스부르크 현지에서 2,400여 명의 직원을

---

42) http://www.hani.co.kr 2007.3.25.

43) CIA-theC World Fact Book 2007.3.25. 인터넷 자료 참조.

44) *The Business Week*, 2006, November 15. EPAM 시스템은 미국 뉴저지 주 로렌스빌에 본사를 둔 정보통
신기업이다. 아르카디 도브킨은 콜게이트 팜올리브와 독일에 본사를 둔 다국적 소프트웨어 기업 SAP 등에서
일하던 중 동구권에 있는 모국의 가능성을 믿고, 1993년 EPAM시스템 창업을 결심했다고 한다.

45) *The Business Week*, 2006, November 15. 도브킨은 지난 2005년에 30% 이상의 매출 신장률을 기록한
데 만족하지 않고, 매년 30~40%씩 계속 성장시키는 것이 경영목표라고 한 바 있다.

고용 마이크로소프트, 삼성전자 등 다국적 기업과 스위스의 명품 구두기업 발리 (Bally), 에너지기업 할리버튼(Hally Buton) 등에 각 지역 정서에 꼭 맞는 맞춤 소프트웨어를 납품하고 있다. 이와 비교한다면 루마니아나 불가리아는 서구권에 근접해 있고 EU에도 가입하였기 때문에 훨씬 더 투자기회가 많다고 할 것이다.

여섯째, 최근 불가리아를 새롭게 찾는 EU 사람들도 늘었다. 소피아 신문가판대에는 영어로 된 부동산 잡지도 판매한다. 불가리아의 흑해휴양도시 바르나에 부동산을 투자하려는 외국인이 급증하여 부동산 가격도 20% 이상 급등하였다. 소피아국제공항은 2006년 12월 말 제2터미널을 개관했다. 공항 근처에는 글로벌 물류회사들이 속속 들어서고 있다.[46] 영국의 투자사 'MHK인터내셔널'은 불가리아 수도 소피아에 주목했다. 소피아는 맥주회사 칼스버그, 인터넷기업 구글 과 야후 등 다국적 기업의 지사가 밀집해 있다. 평균 연령이 38세 정도로 굉장히 젊고 실업률도 3%에 불과하며 치안 상황도 상대적으로 좋은 편이다. MHK인터내셔널은 1년 반쯤 전 소피아 중심가에서 5km 떨어진 곳에 지은 마운틴뷰 아파트 분양을 시작해 다섯 달 반 만에 다 팔았고, 2007년 2월에 2차 분양을 준비 중이다. MHK인터내셔널 측은 세만 놓아도 매년 투자금액의 5-7%를 받을 수 있고, 연 10-20% 정도의 부동산 가치 상승도 기대된다며 유럽의 투자자를 유혹하고 있는 것이다.[47]

〈표 1-7〉 신규 EU 가입국 인력이동에 대한 기존 EU 회원국의 정책

EU 15회원국	정 책	제한기간
독일, 프랑스, 스페인, 그리스, 벨기에, 룩셈부르크, 핀란드	예외적으로만 취업을 허가(자국민 또는 15개 기존 EU 회원국 국민으로 충당할 수 없는 직종에 대해서만 예외적으로 노동허가증 발급).	2010
오스트리아, 네덜란드, 이탈리아, 포르투갈	신규 EU 회원국에 대한 노동허가 quota를 설정하여 취업을 허가	2010
영국, 아일랜드	신규 EU 회원국 국민의 자국 내 위업을 제한하지는 않으나 사회복지 혜택을 제한(일정요건을 갖춘 신규 EU 회원국 국민에 대한 취업제한은 없으나 실직이 될 경우 거주허가를 취소할 수도 있음).	제한 없음
스웨덴	근로자 이동을 전혀 제한하지 않음.	제한 없음

(자료) 이경태, 2007, 177.

---

46) http://www.chosun.com 2007.1.23.

47) http://www.chosun.com 2007.1.23.

4. EU 내의 부정적 인식

EU 내에는 동·서유럽 국가 간의 차이만 있는 것은 아니다. 스웨덴과 독일 등 사회 보장을 강조하는 국가와, 영국처럼 자유 시장 경쟁을 중시하는 국가들 사이의 이질성도 존재한다. 27개 회원국 23개의 서로 다른 언어는 다양성과 동시에 언어장벽이 된다. 독일 아헨의 '유럽연합 고용서비스'에서 일하는 헤인즈 베르너는 국경은 쉽게 건너도 언어가 다르니까 적응이 어렵다며 영어를 공용어로 했으면 좋겠다고 했다.[48] 가입 국가 간 7.6배에 이르는 경제 격차도 문제이다. 지난 2004년 헝가리와 체코 등 동구권 10개 나라가 가입하면서 유럽연합의 사회·경제적 격차 문제는 현안 중 하나다. 2007년 1월 1일 루마니아와 불가리아의 가입으로 그 격차는 더욱 벌어졌다.

예컨대 1인당 GNI에서 덴마크는 4만 7,390달러지만 불가리아는 3,830달러밖에 되지 않는다. 경제적 격차를 쉽게 비교할 수 있는 실질 구매력 기준 1인당 국내총생산(GDP)을 보면, 최상위 룩셈부르크는 최하위 불가리아의 7.6배에 이른다.[49] 폴란드인들은 돈을 4-6배씩 더 벌 수 있으니까 영국이나 아일랜드로 일하러 가서 동네에는 사람이 없다고 했다. 폴란드 정부는 3,800만 명 가운데 약 5.3%인 200만 명이 외국으로 일자리를 찾아 떠난 것으로 추정하고 있다. 올해 신규 가입한 루마니아와 불가리아 등에서도 가입하자마자 벌써 서구지역으로 일자리를 찾고 있다.

EU는 회원국 간 격차 문제는 시간이 해결해 줄 문제라며 신규 회원국의 경제성장을 최대한 지원할 것이라고 하였다.[50] 서유럽 시민들도 동구권의 근로자들이 서유럽으로 이동하면서 3D업종을 맡아 주는 장점은 인정한다. 그러나 범죄증가 등 사회적 불안의 야기와 동구권의 경제력을 서구 수준으로 끌어올리기 위해 투입하는 상당한 보조금에 대해서는 불만이 높다. 2005년 프랑스와 네덜란드

---

48) http://www.hani.co.kr 2007.3.25.

49) *EU Report*, 2007. January.

50) http://www.hani.co.kr 2007.3.25. 참조. 프랑스 외무부, 유럽연합 협력국, 크리스틴 모로 부국장 인터뷰 (2007.1) 기사.

가 국민들의 반대로 EU 헌법을 비준하는 데 실패한 것도 불만층이 많다는 사실을 입증한다.

EU는 2007년 지난해보다 14.5% 늘어난 455억 유로, 전체 예산의 36%를 신규 가입국의 통합과 적응 등을 위한 예산으로 돌렸다. 이처럼 격차해소가 EU 사회통합의 열쇠 중 하나인 것이다. 동구권 국가가 가지고 있는 고유한 정신적 문화보존, 정부당국의 철저한 관리감독, 서구문화에 대한 맹목적인 동경금지, 시장자본주의와 민주시민 교육 활성화가 더욱 필요하다.

제5절 결론

앞에서 설명한 내용을 종합적으로 정리해 보면 결국 유럽연합의 가장 큰 공헌은 2차 대전 이후 서유럽에서 60여 년간 평화가 유지되는 데 기여했다는 점일 것이다. 예컨대 1985년 센겐협정(Schengen agreement) 이후 별도의 여권심사 없이 국경을 넘을 수 있게 되었는데 공용의 적포도주 색깔의 여권이 그것이다. 그리고 영국과 프랑스터널과 공항 이용이 자유로워 여행이 간편해졌고, 프랑스와 독일 등이 합작으로 에어버스를 제작한 것 등이다. 사실상 유럽의 공동농업정책(CAP)으로 프랑스 남부지역이 풍요로워졌다. 중요한 것은 유럽에서 민족적 강대국 라이벌 국가인 프랑스, 영국, 독일의 협력과 공조체계가 잘 이행되고 있다는 점이다. 물론 1973년 가입한 아일랜드의 경이적인 경제성장을 들 수도 있다. 2002년 1월 1일부터는 단일화폐인 유로가 만들어지고 각국 물가수준 등 각종 셍세시표를 두멍하게 드러내게 되있고 원하는 곳에서 일힐 수 있는 유럽딘일 노동시장의 형성도 큰 기여이다.[51] EU는 민족과 국경을 넘어 여러 가입 국가에 다양한 정치경제적 이익을 만들어 주었다. 이처럼 놀라운 업적을 이룬 EU는

---

51) http://www.hani.co.kr 2007.3.25. 참조. 1987년 범유럽 이동통신 글로벌체계(GSM: Global System for Mobile communication)를 설정하여 에릭슨과 노키아 능 유럽의 대표식인 통신세품세소업체들이 호환성을 신경 쓰지 않고 상품을 만들게 되었다. 그리고 버너스리(Berners-Lee)는 월드와이드웹(www)을 처음으로 고안하여 전 세계 인터넷 시대의 문을 열었다. 1954년 세른(Cern 유럽입자물리연구소)을 세우면서 첨단과학 분야의 합동연구가 활성화되어 이 분야에서 세계를 주도하게 되었다.

2007년 3월 24일 EU 설립 50주년을 맞아서 하나의 유럽이 가져온 변화를 고요한 기적으로 규정하였다.[52] 특히 본서의 주제로서 EU의 공헌 중 하나는 무엇보다도 동구권 국가 11개국이 사회주의의 실패한 이념을 벗어 버리고 시장경제와 민주주의를 도입했다는 점일 것이다. 폴란드, 체코, 슬로바키아, 헝가리, 슬로베니아 그리고 루마니아와 불가리아 등 동구권 국가들의 서구로의 편입도 EU의 공헌이다.

반대로 동구권 국가의 가입이 서유럽 경제에 해만 주는 게 아니라 커다란 도움이 되었다는 점이다. 동구권 발전으로 소비가 확대되면 서유럽의 새로운 시장이 열렸다. 또 동구권의 낮은 임금 노동자가 서유럽의 기피 일자리를 메워 줌으로써 서로가 상생할 수 있게 되었다. 서구와 동구권 회원국의 빈부 차이는 엄청나지만 동구권 회원국가가 빨리 발전하고 있고, 서유럽에도 혜택을 주고 있는 것이다.[53] 뒤늦게 합류했지만 루마니아와 불가리아도 적절한 투자와 합리적인 정치경제정책을 잘만 운영한다면 빠른 시일 내에 앞서가는 동구권 국가를 따라갈 것이다. EU는 젊은 세대를 겨냥한 사회·문화적 노력도 진행하고 있다.[54] 프랑스-독일 간의 공동 역사교과서도 올해 보급이 시작됐다. EU는 사회·문화적 가치관의 차이가 분명히 있지만 공통점을 찾으려고 노력하고 있으며 국가와 국가를 연결하는 게 아니라, 국민과 국민을 연결하는 것이 중요하다고 본다. 향후 EU 발전에 있어 거창하고 환상적인 방법은 없으며, 작은 것부터 하나씩 풀어 나가는 게 중요하다.[55]

물론 EU는 숱한 이해갈등과 위기에도 통합 추진의 외길을 걷고 있는 것이 사실이다. 예컨대 EU단일국가(예: 유럽합중국: USE) 헌법채택 등 난제가 있으나 최근에는 속도조절과 함께 내실의 단계로 나가고 있다. EU 헌법안 작성을 주도

---

52) *Time(2007)* May 21/27.

53) http://www.hani.co.kr 2007.3.25. 참조. 폴란드 출신, 라파엘 트르자스코프스키 유럽의회 외교관계위원회 보좌관 인터뷰 기사.

54) 대학생 교류 프로그램 '에라스무스'를 통해 2004~2005년에 폴란드 대학생 8,300여 명 등 14만 4,000여 명이 다른 회원국에서 공부하며 서로의 이해를 키웠다. 그리고 '소크라테스'와 '레오나르도 다빈치'라는 프로그램을 통해 소수 언어 등 외국어 학습도 적극 지원하고 있다. http://www.hani.co.kr 2007.3.25. 참조.

55) http://www.hani.co.kr 2007.3.25. 참조. 유럽청소년의회 뱅상 쿠론 회장과 독일 알프레드 오펜하임 유럽연구센터 안 테하우 연구원 인터뷰 기사 인용.

한 지스카르 데스탱 전 프랑스 대통령은 유럽의 어느 나라도 세계의 도전들에 홀로 맞설 수 있는 크기와 힘을 갖고 있지 못하다고 하여 얼마나 유럽인에게 통합 노력이 당위로 다가오는지를 지적한 바 있다.

2007년 루마니아와 불가리아는 EU에 가입하면서 주변국에서 중심국으로 부상하여 양국은 연 200억 유로 규모의 매머드급의 신시장이 설립되었다. EU 시장의 일원인 동시에 노동력과 임금이 싸기 때문에 상대적으로 저렴한 비용으로 비즈니스를 할 수 있다. 섬유, 의류, 가전제품, 자동차부품 조립 등 인건비 비중이 큰 업종들이 부각될 것으로 보인다. EU 가입을 앞두고 90년대 중반부터 동구권 국가의 선두주자인 체코, 헝가리, 폴란드, 슬로바키아는 부지런히 정치, 경제, 사회 분야에서 자체적인 체질개선 작업에 나서 왔었다. 루마니아와 불가리아도 앞의 국가들과 마찬가지로 서구에 비해 뒤지지 않는 사회주의 전통하의 교육, 과학기술, 복지, 관광문화 수준도 앞으로 크게 기여할 것으로 보인다. 서구와 동구의 정치경제적인 상호협력과 경쟁을 통하여 루마니아와 불가리아는 내외적인 국가경쟁력 향상 및 체질개선과 함께 향후 더욱 커진 국민적 기대와 욕구를 충족시켜야 하는 정치경제적 도전을 함께 극복해야 하는 과제를 안게 되었다.

제2장 불가리아와 중·동구 관계

제1절 Introduction

The main theme of this paper is to discuss Foreign Relation and Global Strategy of the Central – East European Countries(CEECs) after Democratic Change.[56] I am going to present the progress of the relationship between Bulgaria and CEECs about EU(European Union) and NATO(North Atlantic Treaty Organization). I will first review the historical relationship between the Western European Countries(WECs), focusing on relationship and cooperation with EU and NATO. Then I am going to discuss the new millennium vision and prospects of the relationship between the two areas. In fact, their formal relationship begins with the collapse of East European communism and NATO expansion policy in the late 90s. Through signs of change in CEECs in the 90s as follows; ① the Collapse of Communist block, ② the Unification of East and West Germany, ③ the vigorous capitalization of Central and Eastern Europe, ④ OECD membership of Hungary, Poland, and Czech republic(1996.3) ⑤ Standing as leading candidate for EU admission(1997.7) and EU membership of Hungary, Poland, Czech republic, Slovakia, Slovenia, the Baltics(2004), ⑥ NATO membership of Hungary, Poland, and Czech republic(1999.4), and Rumania, Bulgaria, Slovakia, Slovenia, the Baltics(2004), CEECs were able to develop relationships in WECs. Actually, CEECs have not only experienced economic reform even under the communist rule but

---

56) Central and East Europe Countries; Poland, Hungary, Czech, Slovakia, Slovenia, Rumania, Bulgaria, Baltics countries(Estonia, Latvia, Lituania).

also tried systemic change after the collapse of the communist regime. CEECs are important to WECs for the west european market. Their relationship has been closer and closer. The market share of EU in CEECs import market increased from in 1990s. WECs cannot consider that CEECs separated from the other part of Europe anymore with joining NATO & EU. It will play an important role in various cultural exchanges as well as in the political, diplomatic and economic relationships with CEECs. I will first review the broad relationship between Bulgaria and CEECs, focusing on political and economic relationship. Then I am going to discuss the new millennium vision and prospects of the relationship between Bulgaria and CEECs.

제2절 Background of Relationship Between Bulgaria and EU & NATO

The first area of cooperation is military and international security. The time of hostile WTO(Warsaw Treatment Organization) and cold war based NATO competition has passed on to a new era in which NATO plays a sole important role in substituting the old international order.[57] CEECs have made new relationships with NATO. In February 1994, Hungary, Poland, and Czech signed a Partnership for Peace(PfP) treaty.[58] In

April 4th, 1999, the year of the 50th anniversary of NATO, Hungary finally became a member of NATO and a military alliance of western nations along with the Czech republic, and Poland.[59] In 2004, Slovenia, Slovakia, Rumania and

---

57) *AP: White House*(Internet, 2003.4.15.).

58) Charles J.Dale, "Towards a Partnership for the twenty-first century", *NATO review*, Summer 1999, pp.29-32.

59) 19 Countries NATO membership Belgium, Canada, Demark, Iceland, Italy, Luxemburg, Netherlands,

Bulgaria finally become a member of NATO and a military alliance of western nations along with the Czech, Hungary, and Poland. In varying degrees the new democracies are being socialized to the West's culture of voluntary cooperation and the talking out of disputes. CEECs will try to return to the west and maintain some distance from Russia and other CIS countries. NATO membership help the growing interdependency between CEECs and Bulgaria and provides suggestions to prevent army conflicts in the future.

The second place is EU focusing on economic cooperation.[60]

〈table 2-1〉 Major economic indicator of EU membership negotiated CEECs(2001)

	Area	Population	GDP(PPP basis)			GDP growth rate	price rise rate	unemploy ment rate	current account	financial account
	1000㎢	million	million Euro	one person (Euro)	EU average comparison (%)	%	%	%	GDP comparison (%)	GDP comparison (%)
Cyprus	9	0.8	14.1	18,500	80	4.0	2.0	4.0	-4.5	-3.0
Malta	0.3	0.4	4.6	11,700	55	-0.8	2.5	6.5	-4.8	-7.0
Estonia	45	1.4	13.4	9,800	42	5.0	5.6	12.4	-6.1	-0.4
Lituania	65	3.5	30.3	8,700	38	5.9	1.3	16.5	-4.8	-1.9
Latvia	65	2.4	18.1	7,700	33	7.7	2.5	13.1	-9.7	-1.6
Czech	79	10.2	136.0	13,300	57	3.3	4.5	8.0	-4.7	-5.5
Hungary	93	10.2	121.3	11,900	51	3.8	9.1	5.7	-2.2	-4.1
Poland	313	38.6	355.5	9,200	40	1.1	5.3	18.4	-4.1	-3.9
Slovakia	49	5.4	59.7	11,100	48	3.3	10.8	19.4	-8.8	-5.6
Slovenia	20	2.0	31.9	16,000	69	3.0	8.6	5.7	-0.4	-2.5
Bulgaria	111	7.9	51.5	6,500	28	4.0	7.4	19.9	-6.0	1.7

Norway, Portugal, UK, USA, France(April, 1949), Greece, Turkey(Feb, 1952), West Germany(May, 1955), Spain(May, 1982), Czech, Poland, Hungary(March, 1999).
The Time ALMANAC 2003, pp.231-232; *Britanica Book of the year*, 2003, p.435; K.M. Fierke, "Dialogues of Manoeuvre and Entanglement: NATO, Russia, and the CEECs", *Journal of International Studies*, Vol.28, No.1,1999, p.40.

60) 15 Countries EU membership; Belgium, Demark, Ireland, Italy, Luxemburg, Netherlands, Norway, Portugal, UK, France, Greece, Germany, Austria, Sweden, Finland.

	Area	Population	GDP(PPP basis)			GDP growth rate	price rise rate	unemployment rate	current account	financial account
	1000㎢	million	million Euro	one person (Euro)	EU average comparison (%)	%	%	%	GDP comparison (%)	GDP comparison (%)
Rumania	238	22.4	132.2	5,900	25	5.3	34.5	6.6	− 5.9	− 3.4
Turkey	775	68.6	356.8	5,200	22	− 7.4	57.6	8.5	2.3	− 28.7

Sources: European Commission, Towards the Enlarged Union, 2002, pp.97−98.

Initially, as the relationship between Bulgaria and CEECs began in the political and national security dimension, marketization and capitalization in CEECs make Bulgaria pay attention to the economic dimension. CEECs is the most competitive and dynamic industrial area in the developing world. In these days, as economic relations with EU has been enhanced, Bulgaria is now focusing more on economic diplomacy with CEECs. It means that the importance of this area has increased in the entire Europe. The different strategies the CEECs economies used to access and absorb foreign technologies, and the interaction of technology imports with domestic technological effort, have not sufficiently been explored. Showing some variations of CEECs have entered a gradual economic development phase around 1994.

In July 1997(Amsterdam Agreement) the EU executive committee announced that Hungary, Poland, Czech, Slovenia, Estonia, and Cyprus are first leading candidate(wave) for EU admission and Malta, Latvia, Lituania, Slovakia, Rumania, Bulgaria are second leading candidate(wave) for EU admission.[61] The EU's decision to invite six more countries to start negotiations at its December 1999 summit will stretch its institutional capacity and divert resources away from the

---

61) *The Time ALMANAC 2003*, pp.231−232; *Britannica Book of the year*, 2003, p.435; Joshua A. Tucker, Alexander C. Pacek & Adam J. Berinsky, "Transitional winners and losers: Attitudes Toward EU membership in Post−Communist Countries", in *AJPS: American Journal of Political Science*(Univ. of Wisconsin Press), Vol.46 No.3, July 2002, pp.557−571.

front－runners.

The EU executive committee on 9 Oct., 2002 counsel that 10 CEECs join the EU for membership. 15 EU summits adopt advice of EU executive committee at the EU summit conference in Brussel on 25 Oct 2002.[62] In this region, foreign affairs will be dominated by EU accession negotiations. Hungary, Poland, and Czech are among the front－runners for accession, but was forced to push back its official target date for joining to May 1st, 2004(from the beginning of 2002) because of the timetable for institutional changes within the EU.

Rumania and Bulgaria are among the back－runners for accession, so was forced to push back its official target date for joining to 2007 because of the timetable for institutional changes within the EU in April, 2003. Bulgaria government present Bulgaria's economic strategy to meet the joining EU membership, as it recovers from the 1999 efforts for EU membership and moves on into the globalization and information era. Bulgaria government is to explain how Bulgaria succumbed to the failure for EU membership, how it copes, and how it recovers.

Hungary, Poland, Czech, Slovenia, Estonia, Latvia, Lituania, and Slovakia in CEECs are now very careful that the pursuit of becoming EU membership(2004.5) will not threaten the relationship with non EU membership countries among CEECs. I highlight different strategic approaches and looks at different capability development within industrial enterprises of CEECs. I want to emphasize this imbalance with CEECs studies on the interaction between Foreign Direct Investment(FDI) and technological activity in building export competitiveness. Bulgaria had better join in multinationals overseas of CEECs. CEECs understand the three stages of the Bulgarian failure: the Onset, the Policy Reaction, and the Economic Response.

In the globalization era, CEECs should cooperate with EU & NATO for the

---

62) Anton Belbler, "Slovenia's Smooth Transition", in Journal of democracy, vol.13, No.1, Jan. 2002, pp.127－140.

development and security of the region. Bulgaria has recently changed its official target deadline for joining the EU from January 1st 2005 to January 1st 2006.

Therefore, diplomatic policy of Bulgaria governments for EU and CEECs should be closely related to globalize free marketing economy and democratization. The relationship between Bulgaria and CEECs will not become more competitive in the European market after other CEECs enters EU. Furthermore, in terms of the globalization of democracy, the CEECs which experienced their democratic transitions in the 90s would cooperate with each other for democracy in EU as well as in the world. CEFTA would be a good chance to enhance cooperation between CEECs.

제3절 International Relations and Cooperations in Central − East European Countries

1. NATO Membership

Bush and Putin discussed about new NATO membership of seven countries of CEECs in summit conference.[63] President Bush officially asked the Senate on April 11th, 2003 to ratify NATO's expansion to include seven more East European countries. White House spokesman Ari Fleischer said that the president is very pleased that the Senate will now be able to vote on expanding NATO to Bulgaria, Estonia, Latvia, Lituania, Rumania, Slovakia and Slovenia.[64] The Senate approved U.S. approval of new NATO members, because the action amended the

---

63) *The New York Times,* Nov.22 − 23, 2002. 3 Baltics countries, Slovenia, Slovakia, Rumania, Bulgaria.

64) *AP: White House*(Internet 2003.4.15.); http://www.nato.int/(2003.4). President Bush sent documents to the Senate on April 11, 2003 for the U.S. ratification of NATO' s expansion to include seven Eastern European nations.

original North Atlantic treaty. The White House expected no problem with passage, which will bring membership to 22 nations. The former communist – run nations were invited to join NATO in May, 2004 after invitations were extended to them last year. The Czech, Hungary and Poland entered the organization in 1999, its first expansion into the former Soviet Bloc. Fleischer said. "We take it for granted somewhat that this is a historical moment when the Senate does, indeed, ratify the expansion of NATO."[65]

On the other hand Bulgaria's foreign policy will continue to be dominated by its pursuit of NATO and EU membership. Although Bulgaria's standing was undoubtedly damaged by the discovery in early November(2002) that a state – owned arms producer was evading controls on arms exports and was illegally selling dual – use spare parts for military vehicles to Syria(with Iraq as the possible ultimate destination), Bulgaria was still invited to join NATO at the alliance's summit in Prague in November 2002. Although the invitation is an important boost to the government's credibility, but Bulgaria's accession to NATO will still need to be ratified by existing alliance members, and, in particular, has to be approved by the US Congress. Bulgaria is likely to provide bases and allow access to US forces in the event of a US attack on Iraq, and, provided that there are no further major arms scandals, Bulgaria is going to join to NATO in 2004.[66]

On April 15th, 2003, Bulgaria government signed an accession document committing Bulgaria to joining NATO, the next – to – last step on the long road to membership in the military alliance. Bulgaria government officers called the signing an historic step and said it expressed the will of a majority of Bulgarians to see their formerly communist country join NATO.[67]

Regardless of recent setbacks, Bulgaria will almost certainly be invited to

---

65) http://www.nato.int/(2003.4.20.)

66) *The Economist Intelligence Unit*, "Country outlook: Bulgaria", Jan, 2003.

67) http://www.nato.int/(2003.4)

become a member of NATO at the Prague summit. Sofia is too close to the finishing line to be stopped now, and the decision to enlarge is in any case a political one. The military sales are damaging, but the charges are far less serious than those currently levelled against Ukraine(which stands accused of exporting anti−aircraft radars to Iraq). There is no suggestion that the government approved of the sales, which were not completed, nor that they involved the transfer of weapons. Washington is currently completing an air lift base in Bulgaria(with another in Rumania) to assist that or similar operations; the base may well be in use when the Senate considers ratifying Bulgaria's membership.[68] Bulgaria will try to return to the west and maintain some distance from Russia and other CIS countries. Though Bulgaria is far from Western Europe, Bulgaria and WECs may communicate with each other for regional security based on information exchanges. Bulgaria could also help NATO in its most immediately troublesome region, the Balkans, where Alliance policy to date has been hampered by disputes between its two members in the region, Turkey and Greece. Inadequate defence reform is even less likely to prove a barrier to an invitation at Prague. The organization has evolved in the last decade and is no longer a tight military alliance of 15states. It will probably never go to war as a united force, so the fact that Bulgaria's armed forces don't fully interplay with other Alliance members is not a critical issue, as political calculations predominate. The US is anxious to clear the enlargement issue from NATO's immediate agenda; it cannot do so without issuing seven invitations in Prague.[69]

Bulgaria has started destroying its Soviet−era missiles, one of the requirements for entry into NATO. The government intended to dismantle the arsenal of around 100 missiles by end−October, 2002 and received an invitation in November to join NATO.[70]

---

68) *The Economist Intelligence unit* 2003, "NATO bid faces late threat", Nov.15th, 2002.
69) *Ibid.*

2. EU Membership

The EU executive committee suggests having negotiation tables for EU membership with Malta, Latvia, Lituania, Slovakia Rumania, and Bulgaria from early Oct., 1999. The EU's decision to invite six more countries to start negotiations at its December 1999 summit will stretch its institutional capacity and divert resources away from the front − runners.[71] In 1999, Bulgaria became an associate member of EU. And CEECs have wanted to solve economic problems and make a road to economic prosperity.

EU board of directors decided that conditions of EU membership were institutional mechanism such as democracy, constitutionalism, human rights, solving ethnicity and economic system of marketing capitalism in CEECs on June 1993 at Copenhagen.[72]

In this case EU executive committee pointed out wants of institutional reforms in Bulgaria and Rumania, and EU executive committee emphasized strong supports for EU membership of two countries in 2007.[73]

The Bulgarian government should step up its drive to create a business − friendly environment to attract foreign investment into new greenfield projects and help sustain economic growth.[74] The report from the EU Commission said that Foreign direct investments related to privatization will fade away after 2003. The report praised Bulgaria's prudent macroeconomic policies, which have allowed the

---

70) *The Economist Intelligence unit* 2003, "Government adheres to NATO requirements", Sep. 26th, 2002.

71) *EIU Country Report: Hungary*, May 2000, p.8; Ivan Krastev, "The Balkans: Democracy without choies", in *Journal of Democracy*, vol.13, No.3, July 2002, pp.39 − 53.

72) *Washington Post*, May 27, 2001.

73) Lee chul won, "A Study on prospects and promotion of EU membership in CEECs", *KIEP* 2002(cwlee@kiep.go.kr).

74) Leos Rousek, "EU/Bulgaria, Rumania: Iraq Crisis A Factor For Turkey" in *Dow Jones Business news*, No.49, 2003.

government to bring inflation down to 5.8% in 2002 from 7.4% in 2001. Bulgarian consumer prices are expected to rise 4.9% in 2003. Commenting on the Rumanian economy, the EU expects a shift from investments to domestic consumer consumption as the main force behind country's economic growth in the coming years. The Report said. "With investment spending projected to remain strong, household consumption growth is expected to accelerate again as the pace of real wage gains increases on the back of the sharp rise in the minimum wage level implemented at the beginning of the year."[75] After bringing annual consumer price inflation down sharply to 22.5% in 2002 from 34.5% in 2001, the disinflation trend is expected to slow to 16% in 2003 and 11.8% in 2004, the report said. However, we still expect that difficulties in absorbing the Central and East European Countries entrants from the first round imply a significant risk that Bulgarian and Rumanian entry to the EU could be delayed beyond 2007.[76]

〈Table 2-2〉 Membership of CEECs in International Organization

state	UN	EU		NATO	OECD	CEFTA	Visegrad Countries
		leadingcandidate for EU admission	membership				
Bulgaria	1955	99.10	–	2004	–	99.1.1	–
Hungary	1955	98.3	2004. 5.1	1999. 3.21	1996.3 (27th)	95.9	95.8
Poland	1945	98.3	2004. 5.1	1999. 3.21	1996.4 (28th)	95.9	95.8
Czech	1993	98.3	2004. 5.1	1999. 3.21	1995.11 (26th)	95.9	95.8
Slovakia	1993	99.10	2004. 5.1	2004	2000.3 (30th)	95.9	95.8
Romaina	1955	99.10	–	2004	–	–	–
Slovenia	1992	98.3	2004. 5.1	2004	–	95.9	–

---

75) *Ibid.*

76) *The Economist Intelligence Unit,* "Bulgaria Political outlook: 2003-04", Feb. 2003.

If there were to be an early election in 2003 or 2004, the Bulgarian Socialist Party(BSP) would probably be returned to office, most likely in coalition with the MRF. A BSP regime would retain the currency board and stick to the current government's foreign policy priorities of NATO and EU accession, but the party would probably take a more relaxed approach to fiscal policy and be less enthusiastic about structural reform.[77]

In order to be a member of EU, I guess that Bulgaria make efforts to reform the access condition to EU market, improve resources acquisition conditions for economic development, protect the market for agriculture and new industry, and loosen the speed of an associate member of EU.

Therefore, facing the trade barriers of the west European countries, CEECs has to increase investment in Bulgaria and other neighboring countries to make inroad into the market of western Europe. Considering the industrial and labor force structure and geographical advantage, Bulgaria expects CEECs to play an important role as an assembly and parts supply station for the world market.

Therefore, diplomatic policy of CEECs for EU and NATO should be closely related to globalize free marketing economy and democratization. The relationship between Bulgaria and CEECs will not become more competitive in the European market after some of CEECs enters EU. Furthermore, in terms of the globalization of democracy, CEECs which experienced their democratic transitions in the 90s would cooperate with each other for democracy in EU as well as in the world.

Initially, as the relationship between Bulgaria and CEECs began in the political dimension, marketization and capitalization in CEECs. In these days, as economic relations with EU has been enhanced, Bulgaria is now focusing more on economic diplomacy with WECs. It means that the importance of this area has increased in the entire Europe. Showing some variations, countries in CEECs have entered a

---

77) *Ibid.*

gradual economic development phase around 1994.

Entry to the EU is a more distant prospect. As hoped for in Bulgaria, the December 2002 EU summit in Copenhagen set 2007 as the target date for Bulgarian and Rumanian entry to the EU and increased the amounts of EU aid that the two countries can expect to receive before joining the union.[78]

Unlike Bulgaria and Rumania, Turkey's economic performance is closely related to the duration and impact of the conflict in neighboring Iraq, the report said. However, should the government manage to deliver the necessary reforms and if the situation in Iraq stabilizes rapidly, the Turkish economy is likely to benefit from a marked fall in interest rates, stoking domestic consumption, the report said. Turkey, meanwhile, will continue to shake off its worst recession its recent history this year and next.[79] EU which would be held in 2005 would be a good chance to enhance cooperation with Bulgaria.

3. CEECs Cooperation

The first place of cooperation is in CEECs itself. Countries in this area are vigorously trying to improve their regional relationship. In September 1995, Hungary, Czech, Slovakia, Poland, and Slovenia signed CEFTA. One month before of the treaty, four Visegrad countries(Hungary, Czech, Poland, and Slovakia) agreed to

---

78) *Ibid*; Ivan Krastev, *op. cit.*, pp.39–53.

79) Leos Rousek, "EU/Bulgaria, Rumania: Iraq Crisis A Factor For Turkey" in *Dow Jones Business news*, No.49, 2003. The pace of recovery will reflect the government's ability to implement structural reforms and the global political situation, given Turkey's proximity to Iraq(news–web sites), the report said. Turkish real GDP(news–web sites) is expected to grow by 3.7% in 2003 and 4.5% in 2004. In 2002, the economy expanded by 7.8%, reversing a 7.4% contraction in real GDP in 2001.During 2002, real output rose by more than 7% and reached pre–crisis levels. However, the recovery has been mainly based on restocking and exports, while key demand components, such as consumption and investment, have remained rather weak. Turkey is expected to continue cutting inflation, from 54.4% and 45% in 2001 and 2002, respectively, to 25.9% and 18% in 2003 and 2004.

the establishment of a Central Europe Free Trade Zone.[80] Based on their own treaty and agreement, these countries are trying to build a European Common Home, including Austria, Italy, Slovenia, and Croatia, focusing on regional cooperation. Bulgaria, however, is now very careful that the pursuit of becoming EU membership will not threaten the relationship with non EU membership countries among CEECs. In the globalization era, Bulgaria should cooperate with CEECs for the development and security of the region.

The second area to cooperate is in OECD where Korea became its 29th member following Czech(26th), Hungary(27th), Poland(28th) in December 1996, and Slovakia(30th) in 2000. Among the countries in CEECs, the front − runner group is composed of Hungary, Czech, Poland, Slovakia, Baltics and Slovenia. The four OECD countries in the former group may share common interest with EU for their advanced level of development in OECD. Thus, Bulgaria may be a valuable base camp to four countries in mounting the peak of the entire market of Western Europe. The middle group including Albania, Macedonia, Rumania, and Bulgaria is following the front − runner group.[81] The three OECD countries in the former group may share common interest with Bulgaria for their similar level of development in CEECs. OECD shares 88% of total export and 82% of total import of Hungary in 1995. The U.S. is the leading investor in Hungary with approx USD 7 billion of FDI. Other major investing countries are Germany, France, Austria and the Netherlands, followed by Italy, Sweden, Great Britain, Switzerland, Japan, and Canada.[82] Thus, Bulgaria may be a valuable base camp to Hungary, Poland and Czech in mounting the peak of the entire market of Europe.

Getting goods distributed in Bulgaria is something of a shifting game, as

---

80) Werner Weidenfeld(ed.), *Central and Eastern Europe on the Way into the European Union*(Gutersloh : bertelsman Foundation Publishers), 1996, p.16.

81) EBRD, *Transition Report*, 1996, pp.27 − 30.

82) The U.S. Department of state, 1999, p.54.

foreign retail giants slowly move in and regional distributors grow. Western FMCG firms currently have several different channels to get their goods to the customer.[83]

Cash−and−carry firm Metro(Germany) has had a big impact since 1999: its turnover is equivalent to nearly 5% of total retail sales, and its share in alcohol distribution could be as high as 40%. With six stores to date−two in Sofia, and one each in Plovdiv, Ruse, Varna, and Stara Zagora−Metro has impressive reach. Its wholesale prices are competitive enough to tempt some FMCG firms away from other distributors, especially those selling to kiosks. But FMCG companies taking the Metro route might lose control over product presentation. These are growing in importance and will soon become accounts in their own right for FMCG firms. Billa(Austria) has four outlets, including stores in the mid−sized provincial centres of Pazardzhik and Sliven. Ramstore(Turkey) and Ena(Greece) have one apiece.[84]

The third place of cooperation is CEECs can cooperate is in the UN. Based on democracy and human rights, they can support and secure peace in CEECs and Balkan peninsula. In this new era, "Globalization brings the technical capacity for us to scrutinize the democratic and human rights records of all states. A failure to live up to international standards of human rights threatens state legitimacy. The most positive result of the human rights programmes of UN is undoubtedly the creation of international standards for the treatment of human beings all over the world.

---

83) *THE ECONOMIST INTELLIGENCE UNIT* 2003, "Bulgaria: Getting goods to market", 12 Feb 2002.
84) *Ibid.*

제4절 Problems and Prospects of International Relation

In fact, Bulgaria may face some ethnicity problems in furthering relationships with CEECs. On the other hand, CEECs have their own economic problems that Bulgaria should carefully consider. Since Bulgaria has no sufficient natural oil, Bulgaria imports half of its total energy resources. Bulgarians are trying to reduce the dependence on petroleum for industry and electricity. General economic conditions are also not so positive. There is some anxiousness about the amount of deficit. Although there are some differences, the inflation rates in 1999 are still high in Bulgaria(45%), Hungary(14%), Poland(15%), and Czech(9%). Unemployment rates are also relatively high in Bulgaria(20%), Poland(13.5%), Slovakia(12.2%), while it is a bit lower in Czech(3.2%), and Hungary(9.6%).[85] Communist tendencies in the work site still cause low productive efficiency. A reduced budget, and reduction of wage has been necessary for economy. Reform was also insufficient in some countries. The dual phenomena of development and undevelopment in a society is one of the idiosyncratic features of CEECs.

Facing the above possible problems, the relationship between CEECs and Bulgaria should be based on world peace and mutual cooperation. Peace in CEECs means the peace of entire Europe. Peace in Bulgaria leads to peace in CEECs and Balkan area which directly affects world peace. Bulgarians have already showed their democratic maturity in solving ethnic problems with other countries in peace. The Bulgarian government, however, takes a diplomatic principle in which although Bulgaria has a will to openly cooperate with all countries, it would be impossible to do so with countries which are against Euro－Atlantic values, assist terrorism, and violate international law. In the globalization era, conflicts with

---

85) *EIU(The Economist Intelligence Unit) Country Report: Hungary,* 1st quarter 2000, p.7. Unemployment rate will be 9.2% in 2000, and 8.8% in 2001.

neighbor countries and undemocratic domestic rule may threaten world peace and the stability of international order. Considering this chain reaction we should have interest in other countries' politics and economics even though the countries are far from ours.[86] Democracy's developmental strength has been its capacity for constructive and non−violent conflict management. Alone, among all forms of government, democracy rests on a minimum of coercion and a maximum of consent in its political culture.[87]

Bulgaria has a lot of political, economic and cultural potentiality. In terms of confirming a future market, Bulgaria is an important country for CEECs. CEECs can learn many lessons from Bulgaria.

First, social equality, amateur sports, and social welfare that Bulgaria has well developed can offer useful examples and be a good role model for CEECs.

Second, strengthening the relationship with CEECs and learning from their experience of extending their ideological spectrum in the society would be helpful in escaping from ideological tightness and Cold War thinking that is prevalent among Balkan area.

On the other hand, there is an important lesson for Bulgaria to learn from Hungary. Hungary received a $350 million bailout from IMF in January, 1996. In February 1998, Hungary paid the rest its debt to IMF and graduated from IMF economic intervention. The Hungary Governmant emphasized that it is a certificate of the successful reform for marketization.[88] Now, Hungarian physical economy and financial economy are relatively stable.

In 1999, Hungary's net foreign debt is $ 9.58 billion while its foreign reserve reaches $ 8.84 billion. Even though Bulgaria's financial crisis and the transitional

---

86) Sung Ho Ahn, A Study on Foreign Relation and Global Strategy of Eastern Europe after Democratic Change, *"Journal of Central & East European Studies"*, Vol.4 No.2, 2002, pp.577−608.

87) Airat R. Aklaev, *Democratization and Ethnic Peace*(Brookfield; Ashfate), 1999, p.21.

88) *Korea Economy Newspaper*, 1998.2.18.

situation of Bulgarian economy can be problems, CEECs should make Bulgaria a friend based on mutual trust and sincere diplomacy. The Association Agreement between the European Union and Hungary contains a detailed regulation on the rules of origin. This is necessary in order to define the products enjoying preferential treatment.[89]

제5절 Conclusion

Briefly speaking, there are many differences & similarity between Bulgaria and CEECs. In the political arena, not only does Bulgaria have ideologically diverse political parties but also their leaders are from relatively young generations. In Bulgaria, however, most political parties could be considered conservative and many elderly leaders take the initiative.

Geographically, CEECs is located at inland of Europe. Bulgaria is facing Black seas along her coastline, in CIS and Russia. On the other hand, between Bulgaria and CEECs have several important things in common.

Economically Bulgaria and CEECs are going to members of EU in 2004, and they are placed on near position of national competitiveness and technology power by Swiss International Institute for Management Development(IMD). Bulgaria and CEECs share many common interests areas. Marketization and capitalization in Bulgaria, new EU membership of CEECs will possibly increase chances of collaboration between Bulgaria and CEECs. Cooperation in the EU and NATO, building a new economic relationship in the post IMF era, and cooperation with the Visegrad four countries are other important matters of mutual concern. Furthermore, Bulgaria

---

89) *Zoltan Bassa,* "Hungary Joining the European Union − Implications for Korean − Hungarian" Economic Relations, "at *Budapest, June 2000.*

does not finish restructuring the technical and financial limitation of economy, as we see problems of inflation and restructuring process of privatization. But it will improve in near future, because the new government has renovated Bulgaria's outdated economic structure and made some positive achievements with increasing international trust.

Politically, according to the Freedom House index they are listed on the same level of democratic development. Considering these differences and similarities between Bulgaria and CEECs, Bulgaria may find some important points which can help advance in the relationship. With CEECs's capitalist experiences and technical background and Bulgaria's needs for capitalization procedure CEECs and Bulgaira may produce positive development of the relationship. As this paper reviewed and discussed, there are several future visions and prospects between Bulgaria and CEECs. Between Bulgaria and CEECs can share lessons of democratization and cooperate with each other for CEECs's ethnicity, world peace, NATO membership for CEECs, and UN affairs.

Although Bulgaria and CEECs' relationship has been stagnated and even shrunk since membership problems of EU, Bulgaria government has emphasized real cooperative relationship about economy, trade, and cultural exchange. Recently Bulgarians have seen historical landmarks. Democratization and Capitalism have been contribute to relaxing ethnicity tension and economic development in Bulgaria. Bulgaria still has been increasing domestic political tension surrounding democratization and privatization. Membership of EU will continue to produce positive effects on the relationship between Bulgaria and CEECs. Problems of Bulgaria should be solved through this peaceful democratic process. Facing a New World order with EU and NATO, Bulgaria has to get international support from various areas in the world to enhance her international standing.

Recently not only political but also economic significance of CEECs has been risen. In this sense, Bulgaria is one of NATO's important partners in CEECs.

Bulgaria can cooperate with EU and NATO for democratization and marketization in CEECs as well as relationship between CEECs.

Since 1989, Bulgaria has developed to become an advanced democratic country. Bulgaria also has gone through some changes. These changes will affect the future relationship between CEECs and Bulgaria. I hope that membership of EU and NATO will be held between CEECs and Bulgaria in the foreseeable future for more diplomatic relationship and economic cooperation. For the future, CEECs should learn more of the history, language, religion and cultural tradition of Bulgaria to improve their relationship. The land marking Summit between NATO and CEECs(2002) will continue to produce positive effects on the relationship between NATO and CEECs. Problems of the Balkan peninsula should be solved through this peaceful democratic process. The summit meeting of NATO and CEECs to which the world paid attention would be one example. Facing joining in EU & NATO, and a New World order, CEECs has to get international support from various areas in the world to enhance her international standing. Some of CEECs can cooperate with EU for democratization and marketization in Russia and CEECs as well as relationship between CEECs and Russia. EU & NATO has supported CEECs's globalization and CEECs's policy about it at UN and elsewhere. Furthermore, regarding Bulgaria as present and future partner in the international society, Bulgaria should make short and long term strategies from personal to cultural interchange as well as strengthen the trust in the political and diplomatic relationship with CEECs. All of these things would be good for Bulgaria's national strength and peace of CEECs in the new millennium.

제3장 중·동구와 글로벌민주주의

제1절 Introduction

In this era of globalization, international politics and attitudes are also transforming to accommodate globalization. This is not surprising in light of the fact that economic globalization encourages active exchanges of people and products all across the world. Exchanges are also expanding in cyberspace through the Internet. In the midst of such globalization in all aspects of life, is there such thing as a

"Hungary & Rumania Cooperation?"

A single nation cannot form the "the Eastern Europe & Balkan Region identity." It can only be formed through the cooperation of various nations, as seen in the worldwide trend to form groups, e.g., NAFTA(North America Free Trade Agreement), EU(European Union), and OECD(Organization for Economic Cooperation and Development). If the "the Eastern Europe & Balkan Region identity" can be created in line with Hungary & Rumania, it would need to be created by cooperation of Hungary and Rumania. And the Eastern Europe & Balkan Region identity would certainly deserve the respect of the international community.

Becoming a leading nation in the international community requires create a universal mindset appropriate to global democracy. From the international perspective, democratic systems created in Western nations through civil revolutions led to

"

development of democracy in the USA and EU nations: now these leading democracies are leading global democracy(King and Kendall, 2004: 85 − 87). Democracy is also spreading to Southern Europe, Eastern Europe and Balkan Area.

In the era of global democracy, a nation's problems are no longer its own. Global democracy means that a nation's problems must be resolved through global efforts. In Western Europe, each nation − state is already seeking dramatic measures to transform its foreign affairs, border, international law, economics, environment, and social policies(Guibernau, 1999: 175 − 176; Armingeon and Beyeler, 2004: 2). In the same way, I have considered solutions to various problems in accordance with cooperation and standard of global democracy: a. Hungary − Rumania relations, b. resolution of historical conflicts based on universal methods of world history; resolution of Hungary − Rumania conflict over the Transylbania, c. Diplomatic relations of Hungary − Rumania based on the universal values of humankind in the UN, EU(European Union) and NATO(North Atlantic Treaty Organization) and d. Economic cooperation of Hungary − Rumania in the UN, EU and NATO.

Democracy, human rights, and peace are critical values of global governance in the international community, and should be actively promoted(Katada, Maull, and Inoguchi 2004: 236 − 237). I believe we can examine cooperation of the Eastern Europe & Balkan Region by looking at whether it is practicing global democracy well, and by investigating Hungary − Rumania relations according to the perspective of the the Eastern Europe & Balkan Region and the international community. In this paper, I first investigate the relationship between two nations and global democracy, and then suggest how to establish global democracy as the the Eastern Europe & Balkan Region identity.

items	capital	population	ethnic groups(%)	Istmate km²	GDP billion $	GDP-per capita $
Hungary	Budapast	10,006, 835	Hungarian 92.3, Roma 1.9, other 5.8	93030	159	15,900
Rumania	Bucharest	22,329,977	Rumanian 89.5, Hungarian 6.6, Roma 2.5, Ukrainian0.3, other 1.1	237,500	186.4	8,300
Poland	Warsaw	38,635,144	Polish 96.7, German 0.4, other 2.9	312,685	489.3	12,700
the Czech Republic	Praha	10,241,138	Czech 90.4, Moravian 3.7, Slovak 1.9, other 4	78,866	184.9	18,100
Slovaika	Bratislava	5,431,363	Slovak 85.8%, Hungarian 9.7%, Roma 1.7%, other 2.8%	48,845	85.14	15,700
Bulgaria	Sophia	7,450,349	Bulgarian 83.9%, Turk 9.4%, Roma 4.7%, other 2%	110,910	66.96	9,000

(sources) http://www.odci.gov/cia/publications/factbook(2006.4.20.)

제2절 Diplomatic Cooperation with Global Democracy

1. The Background of Global Democracy

As new rules of international relations are forming in the post-Cold War era, democracy is becoming the core value linking nations. It serves as a practical international framework in linking democratic nations. Specifically, international democracy, global democracy, cosmopolitan democracy, cosmocracy, global civil society, and global governance are suggested(King and Kendall, 2004: 182-183; Engelstad and Osterud, 2004: 150-152; Keane, 2005: 34-52).

Basic principles of global democracy are human rights, international cooperation, liberalistic peace, openness, reform, transparency, and trust. For now, I believe that choosing democratic values, institutions, and processes is the only option for maintaining peace and cooperation on earth. Depending on superpowers such as the USA is not a democratic strategy for keeping peace in the world. Free democratic states must seek to resolve disputes not through wars, but by opening up their economies and societies, and by promoting human rights, international environmental conservation laws, and liberalistic peace(Owen, 2004: 275). This signifies the expansion of democracy in a global society(Baker and Chandler, 2005: 6), thereby intensifying international pressure to secure democracy in each nation.

In a global economy, we call enterprises such as General Electric, Toyota, and Hewlett Packard(HP) "global companies." The UN, WTO(World Trade Organization), Organization for Economic Cooperation and Development(OECD), EU, and NATO are practicing global democracy by applying global governance and forming a global civil society(King and Kendall, 2004: 146 — 147).

Every year, the United States Foreign Policy magazine announces the Globalization Index. The A.T. Kearney/FOREIGN POLICY Magazine Globalization Index(2005: 52 — 61) employs 16 indicators to determine a country's level of global integration and combines these indicators into four subcategories: economic integration, technology, personal contact, and political engagement. One can see that this ranking correlates with a country's political transparency, i.e. nations ranking high on Transparency International's political transparency scale also rank high on the Freedom House's Freedom scale. With very rare exceptions, these statistical results tell us that global democracy is important in the international community.

Eastern European countries are influenced by UN, EU, and NATO. With the help of the international community, they are dealing with poverty, inequality, repression, anger, and violence through global democracy. As an example of practicing global democracy, the Secretary — General of the Council of the European Union Javier Solana stated on March 15,2005 that we should all cooperate to prevent nuclear proliferation and weapons of mass destruction through a worldwide civic network.

item	Inter-Governmental Organization(IGO)	UN Specialized Agencies	UN Subsidiary Organs
Hungary	EU, OECD, NATO, OPCW, ICC, IOM, IOC, OSCE, WEU(associate)	FAO, WIPO, IBRD, (IFAD), ILO, IMO, ITU, UNESCO, UPU, UNIDO, WHO, IMF, IFC, WTO, IAEA, ICAO	UNHCR, UNCTAD, UNOMIG
Rumania	NATO, OPCW, ICC, IOM, IOC, OSCE, WEU(associate partner)		

(sources) http://www.odci.gov/cia/publications/factbook(2006.3.10.)

Various international institutions and organizations, such as the UN, EU, NATO, OECD, G7, TI(Transparency International), FH(Freedom House), Switzerland Davos WEF(World Economic Forum), Switzerland IMD(International Institute for Management Development), and global civilian organizations, are exerting influence on nations through comparative surveys and analyses(Hirst, 2004: 157-158). Some Professors suggest four variables - security, economy, welfare, and environment - important in analyzing the UN's global governance as a part of global democratization process. For each variable, they suggests different working organizations: 1. UN's main bodies, 2. UN's program, 3. UN's specialized agencies, 4. non-UN organizations(Held, 2004: 82-83). This means that the international community is collaborating with faith and trust.

The UN support is also an example of global democracy. Although the anti-globalization movement claims the global expansion of capitalism widens the gap between rich and poor nations, global democracy strives to deal with such problems through international organizations such as the UN, by providing assistance and support(Rapley, 2004: 88-90). Wealthy nations themselves should, of course, try to resolve these inequalities. The international community should also pay more attention to the anti-globalism activists in Seattle, Prague, Washington, and Davos(Heartfield, 2005: 85-93). Civilian organizations in the United States and in other advanced countries operate global democracy programs to promote democracy in East Europe & the Balkans(www.lwv.org/join/global).

Nevertheless, proponents insist that global democracy is trying to promote the maturation of democracy in every nation while the international community strives to minimize conflicts and disputes through democratic peace.

2. Practical Application of Global Democracy

Recently, the civil liberties index, corruption index, fairness in elections, freedom index, and quality of government index are used to rank nations. For example, when the corruption index is low and the economic freedom index is high, one can predict that the economic growth rate is high(Sindzingre, 2004: 240). A nation may reject the international standard posed on it, but it cannot deny that certain rules and principles exist in the international community. Promoting human rights, world peace, and global community is the purpose of global democracy and the prevalent universal trend in the international community. When a nation adheres to these principles, it is respected; and when violates them, it is criticized. Powerful nations may get away with violations, but the international community clearly records and remembers them, and eventually, history is the judge. Accordingly, globalization is advancing democracy both directly and indirectly. In particular, INGO activities are increasing in the areas of peacekeeping, human rights, and war crisis under the concept of global governance(Valverde and Mopas, 2004: 235). This means that factors such as a nation's reliability, cooperation with neighboring countries, democratic peace, faithful fulfillment of treaties and agreements are being used to evaluate a nation in the international community.

For example, Rumania's efforts to rewrite inaccurate versions of history are being evaluated by Transylbania. Depending on the outcome, international evaluation of Hungary and Rumania could change. The international community will not tolerate attempts to justify past communism rule in Transylbania.

Ireland, which ranks no.1 in the Globalization Index, earned its status in the international community through its unique spirit. Finland, once known only for ranks no.1 in the Transparency Index, as reported by Transparency International. Earning a reputation as a nation without corruption has helped Finland establish a unique spirit and identity. It also ranks first in the National Competitiveness Index and in the penetration rate of mobile phones and the Internet. Moreover, it has the lowest infant mortality rate,0.4%, in the world and is known for gender equality in the workplace.

In 2005,The Hungary's GDP was $15,900, and Rumania's GDP was $8, 300. It is an important task for global democracy to reduce this income gap between nations and to practice humanitarianism.

The contents and appraisal criteria of today's global democracy are: consolidation and institutionalization of democracy as pursued by industrialized nations; improvement in transparency and reliability; guarantee of human rights and expansion of freedom; expansion of humanitarianism; enhancement of economic, military, and diplomatic cooperation between neighboring countries; resolution of disputes between neighboring countries through peaceful means. Thus, every nation must strive to rank high in various scales in order to be respected by the international community. Likewise, minimizing conflicts and disputes with neighboring countries and cooperating to promote world peace typifies the fundamental attitude of advanced/leading nations in the international community.

제3절 Cooperation Between Hungary and Rumania with International Organization

1. United Nations(UN)

The United Nations is a general peacekeeping organization whose main purpose is to maintain international peace and security. It is a union of sovereign states, and all member states are given equal rights except for the permanent‑nation system of the Security Council. It practices global democracy.

〈Table 3-3〉 International Membership of the Central Eastern European countires

items	NATO membership	EU membership	OECD membership	UN membership	International Organization Participation
Hungary	1999	2004.5.1	1996.5.7	14Dec. 1955	EBRD, IBRD, FAO, ILO, IMF, WTO, UNCTAD, UNIDO, UNESCO, WHO, WMO, UNHCR
Rumania	2004.3.29	EU(applicant)	–	14Dec. 1955 UN(security Council: temporary)	
Poland	1999	2004.5.1	1996.11.22	24Oct. 1945	
Czech Republic	1999	2004.5.1	1995.12.21	19Jan. 1993	
Slovakia	2004.3.29	2004.5.1	2000.12.14	19Jan. 1993	
Bulgaria	2004.3.29	–	–	14Dec. 1955	

(Source) http://www.oecd.org; http://www.nato.org; http://www.eu.org

And the UN has been powerless in dealing with unsanctioned invasions in the 1990s: in Rwanda, Liberia, and Balkan. Even though the UN lacks the authority to stop the global power game, it is still a vital organization in the international community, exerting influence in all areas ranging from outer space to the deep seas, the environment to nuclear issues, and in all aspects of economy and society. It guides inter‑relationships among sovereign states through democratic and peaceful means and by contributing to the welfare of humankind. David(2004: 12 − 13) emphasized democracy, globalization, and global governance in his book on the UN, stating that among the UN's 20 global issues are peacekeeping, conflict resolution and combating terrorism. The UN Millennium Development Goals(1999 − 2015) aim to eradicate extreme poverty and hunger, achieve universal primary education, promote gender equality and empower women, reduce child mortality, ensure environmental sustainability, and develop a global partnership for development(Held, 2004: 64 − 65).

2. North 4Atlantic Treaty Organization(NATO)

NATO operates in a similar way. The Warsaw Convention, NATO's rival, no longer exists and East European nations such as the Czech Republic, Poland, and Hungary joined NATO in 1999. In 2004, seven more nations − Estonia, Lituania, Latvia, Slovenia, Slovakia, Rumania, and Bulgaria − joined, expanding membership to 26 member − states, one less than the EU. Russia is no longer considered the enemy of NATO as it was during the Cold War era.

However, member states are divided over the issue of supporting Turkey militarily. NATO's organization is outdated, and many want to revise the NATO system, as the U.S. concept of security has changed since 9.11 and the NATO budget deficit is increasing. Moreover the U.S. relationship with Germany and France has worsened over the Iraq War.

NATO and the UN differ in their function and reputation. NATO was a product of U.S. foreign policy in the midst of destruction and confusion following WWII, but the situation has changed dramatically in the last 50 years. Of course, international standards created by Western nations should not be forced upon these regions. As Europe's identity is conveyed through NATO and the EU, the

Northeast Asia identity must come from South Korea, China, and Japan.

3. European Union(EU)

The EU is unique in that the region's identity has already formed, as shown in each nation – state's proximity and ranking of global democracy. Non – European foreigners with a Eurail pass can cross almost all European borders, showing how much neighboring countries trust and cooperate with one another. The EU accepted 10 more member states – the Czech Republic, Hungary, Poland, Slovakia, Lituania, Estonia, Latvia, Slovenia, Cyprus, and Malta – during the EU Summit talks held on December 12, 2002 in Copenhagen, Denmark. And these became official member states on May 1,2004. However, Turkey, Bulgaria, and Rumania were not accepted. Rumania and Bulgaria failed to meet membership qualifications; they signed the Accession Treaty of the EU on April 25,2005 and their admission into the EU has been postponed until January 2007(http://www.reuters.com).

Turkey's admission has been postponed indefinitely because its economic depression, use of torture, death penalty, and oppression of Kurds are counter to EU standards. However, many suspect that other reasons led to Turkey's rejection. Because it is a large nation with a population of 67 million people, and since EU ministerial meetings and the European parliament are assigned according to population, Turkey would immediately become a major influence once it becomes a member of the EU. Also, farmers make up most of Turkey's population and would very likely use up the agricultural subsidies. On the other hand, the USA wants Turkey to become an EU member, seeing it as a role model for democratic, Islamic secularism(Dinan, 2004: 280 – 281). To demonstrate its wish to become an EU member, on June 19, 2003, the Turkish parliament abolished legislation against the Kurdish independence movement, and ratified the Council of Europe's Protocol 13 abolishing the death penalty. Thus, the EU is firmly exercising global democracy by stating that the EU protects liberty, democracy, human rights, minorities, refugees, and immigrants in all regions of the EU member states(Dinan, 2004: 292). Global democracy requires that the international community take a stand to resolve a Rumania's problems and this is becoming a universal trend.

4. Organization for Economic Cooperation and Development(OECD)

Every year, the OECD's 11 departments release a complete analysis of all nations in the world in 11 areas: economics; statistics; environment; development cooperation; public governance; trade; financial and enterprise affairs; science, technology, and industry; employment, labor, and social affairs; education; and food, agriculture and fisheries(The OECD also has semi−autonomous agencies).

In addition to reports on 30 member states, the OECD also releases reports on non−member states, i.e. South American countries including Brazil, Russia, China and other Asian countries, and newly independent countries. These studies are conducted under the direction of the Secretary−General of the OECD thus adding source credibility(Marcussen, 2004: 22−23).

Becoming an OECD member means joining the ranks of industrialized and developed countries such as the USA and EU nations(with exceptions such as Mexico and Greece). For example, Denmark sought advice from the OECD on the welfare state's employment, elderly benefits, and education issues. Seeing that Danish politicians and high officials regard the OECD as important as the EU, we can see how accurate and complete the OECD's analysis reports are(Marcussen, 2004: 41−42).

Hungary was the second Eastern European nation to join the OECD, after1996(the

Czech Republic, Poland, Slovakia). In 1996 Hungary began intense efforts to join because it wanted to be part of the OECD's global democracy and to earn OECD's authority, information, and cooperation. OECD creates international standards through 181 acts — decisions(30), recommendations(121), agreements(1), arrangements(2), conventions(6), declarations(14), guidelines(4), and understandings(1)(Woodward 2004: 121). As shown in <Table 3-3>, the admission of East European countries — Hungary, Poland, the Czech Republic, and Slovakia(Visegrad Countries) — enhanced their identity in the international community and contributed to further development of global democracy. Several nations sought admission into the OECD and were once rejected: Rumania, Bulgaria, and Turkey. They are eagerly reforming their systems so as to meet OECD requirements in the areas of democracy, human rights, and economic capability, thus, demonstrating the power of the OECD in the international community.

There are positive and negative identities. Positive identities like cooperating with neighboring countries should be utilized to promote the European spirit while negative identities like hegemony and falsifying past history should be discarded. The Eastern European countries can become a center for global democracy if it abandons these practices. And it should also become the model for global democracy.

Transparency International(TI), an NGO established in 1993, investigates national transparency based on the UN Convention on Corruption and the OECD Bribery Convention(Held 2004, 82 — 84). The Anti — Bribery Convention formed by the OECD punishes companies that offer bribes. Hungary and Rumania, which relies on international trade, must prepare establish proper anti — corruption measures to meet the goals of international organizations. The Corruption Perceptions Index(CPI) is an index of bribery recipients, while the Bribe Payers Index(BPI) is one for those offering the bribe(http://www.transparency.org/activities). The Corruption Index used by the TI is becoming a comparative assessment tool in measuring national reliability and competitiveness.

제4절 Global Cooperation and Ethnicity between Hungary and Rumania

1. Global Democracy in the two Countries

Hungary and Rumania are the leading countries in the Central Europe and Balkan area. Thus, their status and role must be evaluated in order to discuss the Central Europe identity, Balkan spirit, and global democracy. More importantly, one must evaluate whether true global democracy is being practiced in the region as measured by: 1. regional cooperation to promote democratic peace, 2. trust among the nations, 3. impartial interaction among the nations, 4. reciprocal and equal relationships, 5. honest attitude toward past history, 6. horizontal exchanges and cooperation of civil societies, and 7. democratic resolution of ethnicity and border disputes.

Fortunately, recent conflicts that didn't arise in the Transylvania region show that such is the case. Rumania, for example, though an ardent advocate of global democracy, does practice those ideals within the Transylvania region.

From the sixth century AD the country was invaded. From the ninth to the eleventh centries Magyars occupied part of Transylvania and the between the fourteenth and sixteenth centries Walachia, Moldova, and Transylvania formed part of the Ottoman Empire. At the end of the First World War, Bessarabia — most of present day Moldova — Transylvania and Bukovina were restored to Rumania. Much of this land was lost during the second World War when Rumania, which sided with Nazi Germany, came under Soviet control(Penny Martin, 2000: p.559).

<Table 3-4> Ranking in the World Competitiveness

items	2006 IMD(the World Competitiveness) Rank(brackers: 2005)	2005 WEF(Growth ompetitiveness Index: GCI) Rank(brackers: 2004)	2005 TI(Corruption Perceptions Index: CPI) Rank(brackers: 2004)
Hungary	41(37)	39(39)	40(42)
Rumania	57(55)	67(63)	85(87)
Czech Republic	31(36)	38(40)	47(51)
Slovak Republic	39(40)	41(43)	47(57)
Poland	58(57)	51(60)	70(67)
Bulgaria	47(−)	58(59)	55(54)
Slovenia	45(52)	32(33)	31(31)
Croatia	59(−)	62(61)	70(67)
Serbia & Montenegro	−	80(89)	97(97)
Bosnia − Herzegovina	−	95(81)	88(82)
Estonia	20	20(20)	27(31)
Lituania	−	43(36)	44(44)
Latvia	−	44(44)	51(57)
Albania	−	100(−)	126(108)
Korea, Rep.	38(29)	17(29)	40(47)
Rank 1	USA(1)	Finland(1)	Iceland(Finland)
2	HongKong(2)	USA(2)	Finland(Newzealand)
3	Singapore(3)	Sweden(3)	Newzealand (Denmark, Iceland)
Total	61	117	158

(sources)http://www.transparency.org/policy(2006.5.10);
http://www.weforum.org(2006.5.4.);
http://www.01.imd.ch/wcc/ranking(2006.5.10.).

In 2006, Hungary ranked 40th in the Corruption Perceptions Index(CPI) along with South Korea. Rumania ranked 85th(http://www.transparency.org/policy: 2006.5.10.). Iceland ranked 1st and countries that ranked 2nd to 20th are as follows: Finland, New Zealand, Denmark, Sweden, Switzerland, Norway, Australia, Austria, Netherlands, United Kingdom, Luxemburg, Canada, Hong Kong, Germany, USA, France, Belgium, Ireland.

In 2002, Finland ranked 1st, Iceland 2nd, Denmark and New Zealand 3rd, Singapore 5th, Sweden 6th, Holland 7th, Canada and United Kingdom 11th,

Hong Kong 14th, Germany 16th, USA 18th, Chile 20th, Japan 21st, France 23rd(Transparency International Annual Report 2003).

Rumania is far from global democracy, Hungary is continuing to consolidate global democracy, and Albania and Belorus blatantly rejects the concept. Thus, in the perspective of global democracy, the Eastern Europe identity is not as stabilized as it is in Western Europe and North America. Yet, it is more stabilized than that in Africa, Southeast Asia, Southwest Asia, and South America. Unless the two Balkan nations can resolve the conflicts and disputes through democratic and peaceful means, merely being economic and sports states will not gain them respect as international leaders. Nor will the international community respect the so-called central Europe & Balkan identity.

According to the 2006 World Competitiveness Yearbook, which measures national competitiveness based on 323 variables, published by the International Institute for Management Development(IMD) in Switzerland, the 10 highest nations are: USA, Hong Kong, Singapore, Iceland, Denmark, Australia, Canada, Switzerland, Luxemburg, Finland. Unfortunately, Hungary(41) ranked the lowest on the labor-management relations scale.

According to 2005 Global Competitiveness, published by the World Economic Forum(WEF) in Switzerland, Hungary ranked 39th, an zero-point drop from the previous year(39th). This major setback reflects increase of confidence of multinational corporations and foreign investors. But Rumania ranked 67th, an 4-point drop from the previous year(63th). The current Rumania Administration has failed to cope with prolonged economic stagnation and this policy failure reflects on its competitiveness(http://www.weforum.org: 2006.5.4.) Based on these rankings, we must acknowledge our status in the international community, and establish a strategic national policy in line with global democracy standards.

2. Remaining Tasks for Establishing Cooperation between Hungary and Rumania

Because national ranking reflects national identity in the international community, the identity of Eastern Europe must first be firmly established in order to create the Eastern Europe spirit. A new world order is emerging, based on three axes: NAFTA, centered on the USA, Europe's EU, and Northeast Asia. Among these, Eastern Europe lacks a positive global identity. In the view of the international community, the combative nature has been emphasized due to several factors: strategic competition and confrontations between NATO and Russia; the arms race; military confrontations; ethnic division of the Balkan Area; and some countries's authoritarian and militaristic regime(Bracken, 1995: 102 – 103). This characterization of the Balkan region must be transformed into that of a global democracy that places value on mutual cooperation, peace, freedom, and human rights.

⟨Table 3 – 5⟩ Transylvania Region's Issues between Hungary and Rumania

item	Ethnic groups(%)	Religions(%)	languages(%)
Hungary	Hungarian 92.3, Roma 1.9, other 5.8	Roman Catholic 51.9, calvinist 15.9, Lutheran 3, Greek Catholic 2.6, other 11.1, unaffiliated 14.5	Hungarian 93.6, other 6.4
Rumania	Rumanian 89.5, Hungarian 6.6, Roma 2.5, Ukrainian 0.3, German 0.3, Russian 0.2, Turkish 0.2, other 0.4	Eastern Orthodox 86.8, Protestant 7.5, Roman Catholic 4.7, other 0.9, none 0.1	Rumanian (official), Hungarian, German

(sources) http://www.cia.gov/cia/publications/factbook(2006.3.12.)

Both Hungary and Rumania continued to participate actively in Partnership for peace exercises and NATO membership. Hungary may be viewed as a "good" nation in the international community compared to Rumania, which was ruled by a dictator for a long time. However, in order for Rumania to truly become an international leader in the global community, it must first apologize for its past mistakes and second, drop the Transylvania dispute. Rumania cannot become a legitimate member of the global democracy as long as it continues to falsify its past history. Despite opposition, the treaty by both Budapest and Bucharest for Transylvania was ratified by overwhelming votes in Rumania in October and in Hungary in December, 1996.

What lesson is to be learned from the example of Rumania? Perhaps, we can learn from its drive to become an economic needs, communist dictatorship, capitalist market, human rights abuser, and conflicts of Transylvania history. The Transylvania conflict: A Series of Studies on the History of the Transylvania Area is a serious hegemonic move against Hungary and forecasts possible border disputes in the future. Recent economic cooperation between Hungary and Rumania is part of Rumania's policy to control the Transylvania.

Rumania can now compare their degree of freedom as information is now flowing. The need to reform the political system is being openly discussed on the Internet. In order for Rumania to become a EU nation by the year 2007, it must first honestly confess its ethnic mistakes to Hungary, focus on democratization and enhancing human rights, and finally, uphold truth, trust, and transparency to become a EU membership. It needs to show more humility, tolerance, open — mindedness, and democratic spirit.

What is the lesson to be learned from Transylvania? There are mixed reviews: xenophobic homogenous ethnic nation — state, and corruption — filled republic. And these are the eastern Europe who must form the Eastern Europe identity.

Moreover, Hungary discussed the difficulties of maintaining a diplomatic relationship with the Eastern Europe & Russia while urging democratization. Yet, to become a leading nation in the Eastern Europe, it must set a good example for the international community. What is the international community's rating of global democracy in the Eastern Europe & Balkan centered on Hungary and Rumania?

Immense credit goes to the EU spirit, which brought France and Germany together despite their bloodstained past. They are examples showing how regional cooperation in the Eastern Europe & Balkan region must be preceded by respect and love. Will these nations become well-respected membership of the EU? They must first become nations conforming to global democracy standards.

3. The Prospect of Establishing Cooperation in the two countries

The European identity is defined by Christianity and democracy. Freedom, equality, and philanthropy declared in the 1789 Declaration of the Rights of the Man and Citizen in France is the central philosophy of global democracy. We cannot deny their positive influences on human rights, liberal democracy, liberalistic peace, and international peace(Owen, 2004: 271-273). This spirit overcame Nazism, Fascism, and totalitarian communism during the WWI and WWII, and now is expanding to spread global democracy through the UN, EU, NATO, IMD, WEF, TI and OECD.

Historically, the West has led the global democracy movement through three civil revolutions occurred in the 17th and 18th centuries. To overcome its own historical limitations, Hungary & Rumania must become the role model of global democracy. Each nation has a unique identity basis. Hungary is proud that it is the cradle of civilization, democratization revolution, and social welfare. Hungary takes pride in its imperial system and its welfare economic system. The Rumanian case where nationalists were for a time in the government, proves the point: when it came to a choice for Iliescu between cooperation with Hungary and thus the West or keeping a cozy arrangement with the nationalists, Illiescu chose cooperation(Ronald H. Linden, 1997: 22). Through democratization and social & cultural development, Hungary has also formed its unique identity. However, the two countries identities

must be unified as a Eastern Europe identity concurrent with global democracy, if the two nations are to lead the Eastern Europe community. Disputes between the two nations must be settled according to universal rules of world history. The spirit of global democracy must firmly be established so that they respect, cooperate, and compromise based on truth and conscience. In other words, democracy and nationalism must stand together to maintain peace and sovereignty in Eastern Europe & Balkan.

⟨Table 3-6⟩ Exports and Imports in Hungary and Rumania

items	Exports	Exports – partners	Imports	Imports – partners
Hungary	61.75 billion$	Germany 31.4% Austria 6.8% France 5.7%, Italy 5.6% UK 5.1%	64.83 billion$	Germany 29.2%, Austria 8.3%, Russia 5.7%, Italy 5.5%, Netherlands 4.9%, China 4.8%, France 4.7%
Rumania	27.72 billion$	Italy 21.4%, Germany 15%, France 8.5%, Turkey 7%, UK 6.6%	38.15 billion$	Italy 17.2%, Germany 14.9%, France 7.1%, Russia 6.8%, Turkey 4.2%

(sources) http://www.cia.gov/cia/publications/factbook(2006.3.10.)

The Hungary and Rumania possess both respectable and despicable characteristics and strong and weak points. Overall, the region lacks the positive spirit and identity necessary to become a leading regional group in the international community. The national ranking on various international organizations' reports do not tell the entire story about a nation's global democracy level. This is evidenced by the status of the Eastern Europe & Balkan. While they may be respected in the international community, the relationships among them tell a different story. It seems virtually impossible for the Balkan area to have a regional cooperative and regional federation like the EU, a regional security body like the NATO, or a regional free trade

zone like the NAFTA. In addition, Eastern Europe division andethnic conflicts have escalated world concern over this region. Due to conflicts among them, the region's cultural qualities, such as democratic change, economic transferation, and successful pluralism are losing their luster in the international community.

The times call for a democratic resolution of the Eastern Europe & Balkan disputes through the European identity and the ideals of global democracy.

To this end, the Eastern Europe and Balkan identity must be established with a goal for global democracy. there has not been regional order in Hungary and Rumania since the end of the Cold War, viewing it as similar to the post‐WWII period.

Nonetheless, institutions practicing global democracy exist in the Eastern Europe and Balkan as well. EU and NATO was expanded post 1999 to enhance economic growth and prosperity for the region and to strengthen the Europe community. EU hopes to achieve the vision to build one "economic community" in the Europe(including the Eastern Europe and Balkan) by facilitating economic growth, cooperation, trade and investment in the region.

Hungary made a treaty with Rumania during meeting held at september 1996, to discuss the economic problems and ethnicity. And Hungary agreed with Rumania to hold regular summits of the two nations and to cooperate to stabilize the Eastern Europe & Balkan economy. But <Table 3-6> shows that Hungary and Rumania don't have mutual relationship on exports and imports.

However, it is difficult to establish the Balkan Area identity through these non‐binding international organizations‐EU, NATO. It is also difficult to reveal regional disputes‐territorial dispute over the Transylvania, Rumania distortion of history‐and to seek international help in resolving these disputes through a cooperative system when such organizations are non‐binding over a huge region.

Can Hungary effectively convey its position on regional disputes and earn support from other nations through these organizations? Conflicts between Hungary and Rumania do show some signs of improvement and, given such regional disputes, none of the two nations can become a leader in the era of global democracy.

The Eastern Europe region lags behind the Western Europe in the history of democracy, and, in fact, many nations do not have a long history of democracy. Hungary has been the main democratic nation respected by the European community, as shown in global standard indexes. And in this context, Rumania has certainly been chasing after Hungary. Moreover, Rumania's neighbors and the international community are also losing confidence as they recognize the duality of Rumania democracy. Hungary and Rumania should first actively endorse the principles of global democracy. This is the lesson on global democracy that must be learned by Hungary and Rumania. Only when that lesson is learned can it become a leader of global democracy and establish its regional identity.

The Eastern Europe cooperation must become a main actor in global trade & economy. Currently, the international community's view of the Eastern Europe & Balkan is mixed. Although economic development in the region surpasses that of Eastern Europe and several nations have discarded authoritarianism and transformed into democratic systems, the international community's evaluation of democracy in the Eastern Europe is negative(Hood, 2004: 48 − 49).

In the international community, the nation with a well − developed democracy will become a model nation and the region practicing democracy will become a respected region. Hungary and Rumania must acknowledge that the world's dominant spirit follows industrialized nations and ultimately leads to the center of civilization.

제5절 Conclusion

The Eastern Europe & Balkan region cannot be an exception when it comes to implementing global democracy. This paper took an idealistic and future-oriented approach rather than a realistic and strategic approach of international politics. Hungary and Rumania must now analyze the weaknesses of the Eastern Europe & Balkan region from the perspective of global democracy and work together to complement these weaknesses. Two nations must strive to improve their global rankings and indexes while minimizing the conflicts and disputes with one another. A more extensive regional cooperation effort is needed.

EU nations have had numerous historical disputes, but they have set aside the past through sincere apologies, concessions, and compromises and have now become the role model for global democracy. There have been many conflicts and disputes in Denmark-Sweden-Norway relations, Austria-Germany-France relations, Germany-Czech Republic-Slovakia relations, and Germany-Poland-Russia relations. Nevertheless, they made bold compromises and concessions in the international community, and Europe became the leading region to practice global democracy through democratic peace.

However, the international community does not improve when only the industrialized nations practice democracy well. We are living in the global era in which a regional disaster could easily spread to the entire world. The industrialized nations(economically wealthy states) must lead by democratic means, sharing the core values of democracy-human rights and freedom-with underdeveloped nations(economically poor states). Since the end of WWII, the UN and NATO have emphasized the importance of world peace and international order, and the EU developed out of these concepts. And global democracy and global civil society have been expanding since the 1990s through various interactions between governments

and NGOs, and through an NGO transnational network that transcends national borders(Chandler, 2004: 149).

In the reality of international politics, the Eastern Europe & Balkan are politically, diplomatically, and strategically manipulated by stronger nations. Nonetheless, ultimate goals still exist and fundamental rules and standards are in operation. Peace, freedom, human rights, transparency, and trust are the fundamental values of global democracy and history teaches us that a nation may avoid these values for a while, but it will not last. The solution to the Eastern & Balkan Area conflicts begins with the dual nature of the international community and emphasizing the values of global democracy. Therefore, Hungary & Rumania must first establish its Eastern Europe & Balkan identity, so it can share common opinions and subsequently exercise more influence in the international community. It would be even better if we could include the Balkan Area in this movement.

In fact, the point of this paper is that variables like "progress of internal democratization", and the "degree of respect shown by neighboring countries" should be included in evaluating the extent of global democracy within a nation. And the Balkan nations should focus on improving their ranking regarding global standards.

In the same vein, Hungary and Rumania must overcome their narrow ethnocentrism and accommodate the values of global democracy, which is the dominant trend in the international community. Then, the Eastern Europe & Balkan Area identity will determine the values of universal global democracy.

If we do not cope immediately with this negative image, the Eastern Europe & Balkan identity will continue to be viewed negatively in the international community and Eastern Europe & Balkan Area may permanently be viewed as a second-rate region despite its economic prosperity.

To make global democracy a reality in the Eastern Europe & Balkan region, Hungary and Rumania must form a Eastern Europe democratic community at the level of the EU, NATO, and NAFTA. When such communities run well, it will be evidence of global democracy in the Eastern Europe region. When the seven countries – Hungary, Rumania, Bulgaria, Slovenia, Croatia, Bosnia and Serbia – form a reciprocal and mutual alliance to raise one voice in regional and global conflicts, the international community will positively recognize the Balkan identity as the spirit of global democracy.

제4장 폴란드의 교회와 정부

제1절 Introduction[90]

Nobody predicted or even anticipated that the wave of democratization processes would sweep southern and east-central Europe after 1989. Western democracy even seemed to win a perfect victory over the communism after the demise of the ex-Soviet bloc at that time. Poland was one of the foremost countries which jumped into the democratization movement. This causes the question as to what made the Poles participate in the process of democratization against their communist governments in 1956, 1968, 1970, 1976, 1980 long before the global democratization wave[91] tumbled the Eastern Europe's communist regimes in 1989.

It is generally accepted that transition from communism in Poland resulted form individual choice of the Poles. Kuran argues that "a mass uprising results from multitudes of individuals' choices to participate in a movements for change."[92] As

---

90) The earlier version of this seminal paper was presented to the Central Slavic Conference, April 23 - 25, 1998 on "Religion in Eastern Europe and Russia" at Oklahoma Baptist University, Shawnee, Oklahoma.

Since then, it has been revised with comments of Robin Remington. Without her warm criticism and encouragement, this paper could not have been finished as yet. Special thanks must go to her.

91) Huntington classifies the Polish democratization process as the third wave of democratization. Though Huntington's third wave started from 1974, he contends that when the global democratic wave engulfed the communist world at the end of 1980s, there was a Polish Solidarity's landslided victory in the parliament elections in 1989 as well. See Samuel P. Huntington, 1991, The Third Wave; Democratization in the late Twentiech Century, Norman and London; University of Oklahoma Press, pp.23-24 and Samuel P. Huntington, 1991-92, "How Countries Democratize", Political Science Quarterly, V.106, No.4, pp.579-616.

92) Timur Kuran, 1991, "Now out of Never: The Element of Surprise in the East European Revolution

he puts it, individuals are willing to jump into democratic mass movements at the expense of their own sacrifice, after they throw away their "preference falsification" which, for the purpose of this paper, I interpret as individuals' hypocritical acquiescence and toleration of the communist regime because their interests are at stake. Then, political participation of few brave individuals often ignites a chain reaction or revolutionary bandwagon toward other non-participating individuals. Likewise, he argues that communist Poland could have stepped into the democratic path as a result of individuals' political participation.

In this paper, we will examine how Kuran's theory of individual choice, "preference falsification", on the road to democracy in Poland fits in terms of Polish Catholicism. In other words, what role did the Polish church play for ordinary Polish people who decided to throw away their "preference falsification" and turn against their governments?

제2절 Methodology

My special interest is the role of Polish Catholicism un the process of Polish democratization in the light of the triadic institutional arrangement between the Polish Catholic church, the communist government, and Solidarity. Even though the Polish army can be considered as a fourth institution in the Polish democratization process, I will, in detail, explain its role under the section, The Communist Government, since the same individuals were at the top of both the Party and army.[93] In

---

of 1989", World Politics, V.44, No.1, p.16.

93) For the role of the army, see Leopold Labedz and the Staff of Survey Magazine, eds., 1983, Poland under Jaruzelski; A Comprehensive Source book on Poland during and after Martial Law, New York: Charles Scribner's Sons; J.L. Black and J. W. Strong, eds., 1986, Sisyphus and Poland: Reflections on Martial Law, Winnipeg, Canada: Poland P. Frye & Company, Publishers; Andrew A. Michta, 1990, Red Eagle: The Army in Polish Politics, 1944-1988, Stanford,

addition, although Gorbachev's "new thinking about security" in the former Soviet Union and the removal of the Soviet military veto on Polish domestic politics, that is formally abandoning the Brezhnev Doctrine, were self−evidently crucial factors on the road to democracy in Poland,[94] I do not deal with these factors explicitly. This is because this paper focuses on a theory of individual choice that attempts to explain a domestic aspect rather than international factors.[95]

This study starts from explaining the impact of the election of Karol Wojtyla as Pope in 1978 on ordinary Polish people in terms of the Polish Catholicism and it ends with analyzing the results of the 1995 presidential election with respect to the political role of the Polish church. The Table 1 attempts to summarize main political.

〈Table 4−1〉 Main Political Events in Poland, 1978−1995

Year	Main Political Events
1978	The election of the Polish Pope Karol Woytyta
1979	The first visit of the Pope John Paul II to his homeland, Poland
1980	Solidarity legalized
1981	The martial law and Solidarity suspended
1982	Solidarity illegalized
1983	The second visit of the Pope John Paul II to his homeland, Poland
1984	The martial law ended

California: Hoover Institution Press; and Jerzy J Wiatr, 1998, The Soldier and the Nation: The Role of the Military in Politics, 1918−1985, Boulder and London: Westview Press.

94) According to Taras, "the democratic breakthroughs in Poland⋯⋯would not have occurred as they did in 1989 had it not been for the presence of a benign Soviet leader." Raymond Taras, 1995, *Consolidating Democracy in Poland*, Boulder, Colorado: Westview Press, p.17. See also Timur Kuran, *op. cit.*, pp.34−36, Arthur R. Rachwald, 1990, *In Search of Poland: the Superpower's Response to Solidarity*, 1980−1989 Stanford, California: Hoover Institution Press, and Michael G. Roskin, 1997, *The Rebirth of East Europe*, Chapter 7 1989: The Gorbachev Factor, Upper Saddle River, New Jesy: Prentice Hall, pp.126−147.

95) While the role of Gorbachev is considered as an international factor, we may consider the Roman Catholic church as a domestic factor. This is because its influence on the Polish politics was incarnated in the Polish Pope, John Paul II's love for his homeland. If he were not Polish, the democratization process in Poland would have been different.

Year	Main Political Events
1989	Solidarity relegalized The partially free parliamentary elections held The Solidarity alliance won A Solidarity leader, Mazowiecki appointed as Premier
1990	A Solidarity leader, Walesa elected as President
1991	The parliamentary elections The Solidarity alliance won
1993	The parliamentary elections The former reform communists and their allies won
1995	A former reform communist, Aleksander Kwasniewski elected as President

events in Poland, 1978 – 1995. It is worth noting that the year 1989 was a turning point of all three institutions form the communist system to parliamentary democracy in Polish politics. More specifically, the Polish church and Solidarity have been at once Poland's major political assets in resisting communism, but in turn substantial impediments to the consolidation of power on the road to democracy in Poland. The communist government has been at once a primary obstacle to the creation of parliamentary democracy. But the former reform communists and their allies have been a primary participant of the democratic elections. While the Polish church and Solidarity failed to become winning political actors, the former reform communists and their allies have managed to come back to power in the process that started in the 1991 parliamentary election and culminated in the 1995 presidential election.

As mention above, in the section 2, we will investigate the question of how ordinary Polish people were able to throw away their "preference falsification" and them to should go over the role of both the Catholic church and the Pope's visits in terms of religious faith and empowerment of the Poles on the road to democracy.

After that, we will see the roles of those three institutions in the process of Polish democratization. In the section 3, The Roman Catholic Church, we well focus on the political and religious impact of the Pope John Paul II on the

Catholic church in Poland as well as on the rise of the Solidarity social movement. In the section 4, The Communist Government, we will analyze the influence of economic difficulties on the regime changes which occurred five times during the period if this study, 1978 – 1995: Gierek, 1970 – 1980, Kania, 1980 – 1981, Jaruzelski, 1981 – 1990, and Walesa, 1990 – 1995. In the section 5, Solidarity, we well examine the roles of the Catholic church and the economic difficulties in the light of the rise and fall of Solidarity between Walesa and Mazowiecki in 1990 to better understand the reason why the former communists and their allies back to power.

Although each institution has played a certain role, the transition to a democratic regime resulted from the interaction among these three institutions.

Unfortunately, scholars of Polish democratization have tended to focus largely on one of these institution at a time. Since they do not address the triadic relationship among them, their analyses do not take account of the broader systemic picture. Therefore, this paper process among three institutional actors.

제3절 The Polish Catholicism and the Pope's Visits

In Poland Polish Catholicism itself defines Polish identity, since over 90 percent of the 39 million Poles are Catholic.[96] Taras argues that "it was the Catholic church and Catholic lay groups that, over the decades, constantly challenged the moral bases of communist rule."[97] Indeed, according to Koscla, by August, 1989 the church "acquired some of the characteristics of a state church."[98] In other

---

96) Karen Lowry Miller, September 2, 1996, "The Catholic Church's Divorce from Power." *Business Week,* p.26D.

97) Raymond Taras, *op, cit,* p.99.

98) Krzysztof Kosela, 1990, "The Polish Catholic Church and the Elections of 1898." *Religion in Communist Lands,* V.18, p.125.

words, there is little doubt that the leadership of the church was the main driving force that united ordinary Polish people spiritually and politically. Hence, the question comes to mind. Without the church's activism, could the ordinary Poles have thrown away their "preference falsification"(as Kuran would have put it) to become a powerful political force on the road to democracy in Poland? More specifically, what made apparently powerless Polish people powerful?

Who inspired or ignited the powerless ordinary Polish people? It is generally agreed that the election of Karol Wojtyla as Pope in 1978 evoked extraordinary national pride among most Poles.[99] According to Milosz, the event "sank deep into the consciousness of Poles."[100] Emphasizing the role of the Polish Catholic church, Osa asserts that "the Pope's visit to Poland in 1979 was an important catalyst for Solidarity."[101] It is not surprising that John Paul Ⅱ symbolized the hope of the Poles on the road to democracy in Poland. The Pope's visit created a climate of individual empowerment so that ordinary Polish people eagerly joined Solidarity when they had the chance. In this respect, Hehir argues that "the first visit helped open the way for the emergence of the independent trade union Solidarity."[102] Huntington also contends that "John Paul Ⅱ seemed to have a way of showing up in full pontifical majesty at critical points in democratization processes: Poland, June 1979……"[103] Put differently, the Pope's willingness and preparation for democracy resulted form their realization of a spiritual bond with the Pope who was dedicated to the cause of Polish democratization.

Four years after the Pope's first visit in Poland, Cardinal Glemp, attempted to

---

99) Chris Hann, 1997, "The Nation－State, Religion, and Uncivil Society: Two Perspectives from the Periphery", *Daedalus*, V.126, No.2, p.31.

100) Czeslaw Milosz, July 8, 1881, "A Theocratic State?" *The New Republic*, p.27.

101) Maryjane Osa, 1997, "Creating Solidarity: The Religious Foundations of the Polish Social Movement", *East European Politics and Societies*, Footnote 4, V.11, No.2, p.340. See also Karen Lowry Miller. op. cit., p.26D.

102) Bryan Hehir, 1990, "Papal Foreign Policy", *Foreign Policy*, V.78, p.40.

103) Samuel P. Huntington, 1991, *The Third Wave*, p.83.

bring the Pope back to Poland to reignite the Polish spiritual unity and to make ordinary Polish people throw away their "preference falsification."[104] Brumberg explains that "the Pope's intense desire to revisit his homeland is said to rest on a belief that his presence may infuse the population with the hope and self-confidence that have been drained away by the trials of the past year and a half."[105] Ash vividly describes the John Paul Ⅱ's second visit in 1983 as follows:

"It left a society certain that Karol Wojtyla's second fantastic pilgrimage to his native land······has been a triumph for the Polish Pope, a triumph for the Polish Church, a triumph for the Polish nation."[106]

It is believed that the Pope's visits contributed to organizing the Solidarity movement as well as to evoking the political consciousness of the Poles. Later, after witnessing the mobilizations in Poland, Hungary, Czechoslovakia, and East Germany, Ash characterizes 1989 as "year of truth" of Eastern Europe, since he considers it as the end of popular support for communist regimes.[107]

In sum, while de Weydenthal points out that the Pope's first visit to Poland in 1979 was "a political development, providing a serious though indirect challenge to the communist system",[108] the Pope's second visit in 1983 provided the Polish people more spiritual empowerment on the road to democratization despite the Jaruzelski regime's oppressive martial law. They could gradually diminish hypocritical acquiescence and toleration of the still officially communist regime.

---

104) For severe criticism of Cardinal Glemp, see Spencer Davidson, March 26, 1984, "The Church Strives for Order", *Time*, p.37 and Tadeusz Kadenacy, 1983, "Developments in the Catholic Church in Poland before the Second Papal Visit", *Religion in Communist Lands*, V.11, pp.339–340.

105) Abraham Brumberg, May 23, 1983, "The Church Unmilitant", *The New Republic*, p.16.

106) Timothy Garton Ash, 1983, "Poland' s Hope", *The New Republic*, V.189, p.17.

107) Timothy Garton Ash, February 15,1990, "Eastern Europe: The Year of Truth", *New York Review of Book*, pp.17–22.

108) Jan B. de Weydenthal, 1986, *The Communists of Poland: An Historical Outline*, Stanford, California: Hoover Institution Press, p.175.

Thus. this chapter argues that it was because of the Pope's visit that ordinary Polish people were able to realize their "preference falsification" rather than as a result of a bandwagon of individuals' choice as Kuran contends.[109] Without these sense of empowerment provided by John Paul Ⅱ, it was unlikely that individual Poles would have jumped on that bandwagon.

제4절 The Roman Catholic Church

Religion is a powerful mobilizing force in the Middle East and Latin America. Bill and Hardgrave see a religious elite as a main base of social acceptance of the leading elite in less developed societies. Bill and Hardgrave agree that "competence in the manipulation of religious symbols becomes the most prized value."[110] And Kosela claims that "religion strengthens and consolidates inter-group ties."[111] As I mentioned above, Polish Catholicism was no exception. The spiritual and political unity that it provided contributed a great deal of empowerment to ordinary Polish people on the road to democracy.

Yet, how was the Polish church able to emerge as a symbol in the process of democratization in Poland? It is argued by Polish scholars that the emergence of the Polish church was closely related to the historical revolts in 1956, 1968, 1970, and 1976 in Poland. The 1956 demonstration broke out in the form of worker protests complaining about their severe economic difficulties such as acute housing and food shortages. It was dispersed by the security police's cruel coercion, but, it brought about semiautonomous public spaces such as the increased religious

---

109) Timur Kuran, *op. cit.*, pp.7 – 48.

110) James A. Bill and Robert L. Hardgrave, Jr., 1981, *Comparative Politics: The Quest for Theory*, Maryland: University of Press of America, p.149.

111) Krzysztof Kosela, *op. cit*, p.136.

autonomy of the Catholic church under the Gomulka regime. The 1968 student protests were organized by students who called for liberation of Polish culture from ties with the Soviet system and its ideology. The 1968 student protests also were harshly scattered by security – police forces, but the former protesting students later became ardent political supporters on the road to democracy during the day's of the Solidarity social movement.

In the 1970's, there were two important worker revolts in 1970 and 1976. When the Gomulka's regime tried to increase the price of basic foodstuffs on December 12, 1970, workers in the coastal cities of Gdansk, Gdynia, Elblag, and Szczecin protested against it, but they were brutally repressed. The revolt signified the political alliance of the Polish working class with the Catholic church and intellectuals opponents to the regime. In June 1976, the workers again resorted to mass protests when Gierek's regime attempted to deal with the deteriorating economic crisis by restructuring the price of food and consumer goods. Again there was an harsh crackdown. However, this time, in a pastoral letter, the church officially demanded an end to repression against the workers involved in protests. Then, the church openly supported the workers protests. More important, John Paul Ⅱ's visit to Poland in 1979 opened a new round of political struggle between the communist government and the workers.[112] There emerged a triadic relationship among the Roman Catholic church of John Paul Ⅱ, the church in Poland, and Solidarity when it was organized in 1980. IN her article, Osa quotes Walesa's statement that "during their memorable strike in 1980, the first thing the Gdansk workers did was to affix a cross, an image of the Virgin Mary, and a portrait of John Paul Ⅱ to the gates of the shipyards, They became the symbols of victory ."[113] Put differently, the causal relationship is that the Polish church that had

---

112) Grzegon Ekiert, 1997, "Rebellious Poles: Political Crises and Popular Protest under State Socialism, 1945 – 89", *East European Politics and Societies*, V.11, NO.2, pp.309 – 326 and Jan B. de Weydenthal, *op. cit.*, pp.170 – 175.

113) Maryjane Osa, *op. cit.*, p.362.

been influenced by the Vatican of John Paul Ⅱ became the spiritual reinforcements of the Solidarity movement.

The Roman Catholic Church of the Pope

⇓

The Church in Poland

⇓

The Rise of The Solidarity Social Movement

Let me address the impact of the Pope on the Polish church. It is of interest that the Roman Catholic church of John Paul Ⅱ has influenced the church in Poland, both directly. Based on the theology of Vatican Ⅱ[114] as a blueprint of Vatican Ostpolitik, John Paul Ⅱ has become the most activist incumbent of the papal office. The Pope has been willing to engage his office and the Holy See in direct diplomatic intervention. That is, continuing Vatican Ⅱ, John Paul Ⅱ has stressed the need for the church to maintain its religious identity, while simultaneously seeking to contribute to the solution of major social issues.

The Pope has an abiding commitment to the church's public role in the shaping of the European continent. The combined influence of Vatican Ⅱ and John Paul Ⅱ has produced a church that "must protect and support human dignity as part of its religious ministry."[115] For John Paul Ⅱ, Poland was the country where his spiritual religious socialization took place. It is argued by some Polish scholars that the Pope led the church in Poland to the process of democratization. In other words, the Pope was the main driving force behind the Polish church. As a result,

---

114) Vatican Ⅱ justifies popular involvement and priestly activity at the base of the church. According to Vatican Ⅱ, it is Church leaders' responsibility to "pass moral judgments, even on matters of the political order whenever basic personal rights······make such judgement necessary." Quoted in Samuel P. Huntington, 1991, *The Third World, op. cit.,* p.78. See also Brayn Hehir, Bryan Hehir, op. cit., pp.26 − 48.

115) Bryan Hehir, *op. cit.,* p.125.

Kosela defines the church in Poland as "an exclusively populist, activist ecclesiastical body."[116]

According to a survey in 1989, "87 percent of Poles said they trusted the church, whereas 68 percent trusted the Solidarity government and only 11 percent trusted the communist Party."[117] There is another example of the Pope's influence. A concordat which was signed in July, 1993 by the Vatican and the government guarantees the Polish church's autonomy, secures maintenance of relations and communications between the Vatican and the Polish episcopate, and includes church-supervised religious instruction in the public schools.[118] Since then, the Polish Catholic church, as a major political actor, has had a substantial impact on public policy. It frequently intervened in political matters such as the abortion law reform, religious education in schools, and the issues of church-state separation.[119] However, now the political success of the Polish church becomes a problem both for the church and Walesa's presidency.

In the long postwar struggle with the Communist regime, the Poles relied on the institutional strength and pastoral support of the "activist church" which was backed up by the Roman Catholic church of John Paul Ⅱ.[120] The Catholic church and Solidarity were firmly tied with each other in the 1980's. In my view, Hann properly points out the importance of this relationship as follows.

"The fusion of Polishness and Roman Catholicism came to a giddy climax in the 1980s in the context of "Solidarity", a social movement that has been aptly

---

116) Krzysztof Kosela, *op. cit.*, p.125.

117) *The Christian Century*, December 20-27, 1989. Editorials on "Religion and Revolution: Top Story of 1989", p.1187.

118) Timothy A. Byrnes, 1996, "The Catholic Church and Poland's Return to Europe", *East European Quarterly*, V.30. No.4, p.442.

119) Chris Hann, *op. cit.*, p.36.

120) Osa distinguishes "activist churches" as a model of bottom-up from "state church" as a model of top-down and emphasizes the role of activist churches against the communist government. Maryjane Osa 1989, "Resistance, Persistence, and Change: The Transformation of the Catholic Church in Poland", *East European Politics and Societies*, V.3, No.2, pp.268-275.

described as "the swan song of Polish Romanticism"······From the first strikes in Baltic shipyards in 1980s, Solidarity was closely identified with the church: the image of "Mary, Queen of Poland"······As an institution, it was extremely successful in extending its network of parishes and its reach into citizens everyday lives."[121]

Yet, after the parliamentary election on October 27, 1991, the church lost support as a result of its political intervention. It is interesting that the results of the 1991 parliamentary election was the entire defeat of the prochurch Catholic Action. As Roskin puts it, "the most Catholic country in the world thus had no deputies from a Catholic party. Poles are Catholic but not necessarily clerical."[122] His conclusion is reinforced by later polling data. According to one poll in 1994 the Poles seemed to disapprove of growing the political involvement of the Polish church.[123]

제5절 The Communist Government

In this section, we will analyze the significance of economic difficulties on the regime changes which were occurred five times during the time period covered by this study, 1978 − 1995: Gierek, 1970 − 1980, Kania, 1980 − 1981, Jaruzelski, 1981 − 1990,[124] Walesa, 1990 − 1995, and Kwasniewski, 1995 − present. The role of the

---

121) Chris Hann, *op. cit.*, p.31.

122) Michael G. Roskin, *op. cit.*, p.153.

123) Chris Hann, *op. cit.*, Endnote 24, p.45.

124) The consolidation of Jaruzelski's power was established by the formation of the Military Council of National Salvation(Wojskowa Rada Ocalenia Narodowego, WRON) after the military coup d'etat in 1981.
During the time, December, 1981 − December, 1984, the communist party government(the Polish United Workers' party, PUWP or Polsia Zjednoczona Partia Robtnicza, PZPR) was overwhelmed by the Jaruzelski's military government which did not much devote its efforts to the

communist government can be identified by the triadic relationship between economic difficulties, the decline in the legitimacy of the communist party government, and the rise of the Solidarity social movement.

Economic Difficulties

⇓

The Decline in the Legitimacy of the Communist Party Government

⇓

The Rose of Solidarity Social Movement

Economic factors came to play an increasingly important role as what Arendt called the "social question" became more and more preoccupying.[125] In August 1980, general strikes in Gdansk and Szczecin menaced to engulf the entire country. Already weakened by a severe economic crisis, Gierk's government capitulated and signed the Gdank. Accord on 31 August, legalizing the independent trade union, Solidarity.[126] With its rapid growth and expansion, the Solidarity movement became radicalized. While the moderate leaders of Solidarity had no intention of transforming it into a political party, its radical leaders, especially younger ones, sought a vision of the transformation of Polish society.[127]

Meanwhile, it quickly became clear that Solidarity's very existence threw the communist regime into crisis. Weiner properly points out as follows: "Once the Gdansk Accords, based on the 21 demands, had been signed, the next stage in the crisis was the struggle between Solidarity and the administration to secure the

---

normalization with Polish society. Wiatr contends that the Jaruzelski's military government "became the supreme guardian of the state······executing its power in all major fields of public policy." Jerzy J wiatr, 1998, *op. cit,* p.175.

125) Hannah Arendt, 1963, On Revolution, New York: Viking.

126) David Ost, 1993, "Solidarity", in Joe Krieger, ed., *The Oxford Companion to Politics of the World,* New York and Oxford: Oxford University Press, p.841.

127) Robert Weiner, 1994, *Change in Eastern Europe,* Westport, Connection, London: Praeger, p.38.

implementation of these Accords. This meant that peace did not follow the signing of the Social Accords in August, 1980, but rather what followed was a constant series of confrontations between the regime and the strikers through out Poland."[128]

By demanding political rights such as functioning as a free and independent organization in Polish society beyond economic rights, de facto Solidarity became a political opposition movement. Solidarity menaced the existence of the August Accords where Solidarity representatives explicitly pledged not to challenge the official political leading role of the Polish United Workers' Party(Polska Zjednoczona Partia Robtnicza, PZPR). And also, it was argued that Poland genuinely was threatened by the Brezhnev Doctrine which justified the Soviets' intervention in the Polish political situation at that time. Therefore Jaruzelski's regime[129] declared the martial law and suspended Solidarity on December 13, 1981. Then, 1982, Solidarity was declared illegal. After the martial law was imposed, many Solidarity leaders were imprisoned, injured, and even killed. Lech Walesa had to spend nearly a year in internment near the Soviet border.[130] Jaruzelski rationalized martial law as needed to protect Poland from the invasion of the Soviets. However, in the popular mind, he was seen as backed by Moscow's power and acted as its agent. Jaruzelski was accused of using military forces to protect his own political power. As a result, during the 1980's, martial law destroyed the Polish military's mystique that "the army was the guardian of the country's independence."[131]

---

128) Robert Weiner, Ibid., p.36.

129) Jaruzelski' s regime was established in October 18, 1981 by assuming the position of the PUWP first secretary beside his premiership and the portfolio of defense minister. See Andrew A. Michta, *op. cit,* pp.80 - 107 and 208 - 209.

130) Robert Weiner, op. cit., p.39 and David Ost, 1990, Solidarity *and the Politics of Anti - Politics: Opposition and Reform in Poland since* 1968, Philadelphia: Timple University Press, p.151.

131) Andrew A. Michta, *op. cit.*, p.20. The Polish military's mystique in Polish political culture was created from Pilsudski' s May Coup against the elected government in 1926 in the name of the survival or independence of the motherland, Poland, resulting in a very high respect for military values and for the armed forces in the eyes of Polish society. See also Jezy J Wiatr, *op. cit.* pp.131 - 142.

Meantime, to regain its declining legitimacy, the communist party(the Polish United Worker's Party, PUWP) sought to take on the mantle of political and economic reforms. However, the Polish economy became worse to the extent that its foreign debt reached $ 40 billion and an annual inflation rate exceeded 1,000 percent.[132] As Ekiert points out, in the late 1980s, the communist regime experienced profound instability because of economic crises which "engulfed all branches of the economy and resulted in the erosion of all official power structures."[133] This further deteriorated the authority of the Jaruzelski's regime. As a result, it was imperative that the communist government called for a reform of political and economic institutions as Ekiert argues.[134]

As the government faced new economic difficulties and new social protests after Gorbachev's radicalizing of perestroika of the Soviet Union in 1989, the authorities negotiated a power－sharing deal with the former union leaders. The party reform wing now favored economic reform but lacked the legitimacy needed to implement it. Solidarity, meanwhile, also wanted to introduce economic reform, and it alone did have legitimacy. Using strikes as a weapon to force concessions from the party, the leadership of Solidarity, as the representative of the interests of workers, collaborated with the communist government in drafting measures such as work rules, labor conditions, economic reforms, and other areas that the union and the government would agree to work on. One of the three sub－tables at the Round Table negotiations concerned, economic affairs.[135] Solidarity representatives to those negotiations, at this point, did not try to touch political demands such as

---

132) See Andrew A. Michta, 1994, *The Government and Politics of Postcommunist Europe*, Westport, Connecticut, and London: Praeger. pp.12－14 and Wlodzimierz Wesolowski, 1995, in Michael Bernhard and Henryk Szlajfer, eds, *From the Polish Underground: Selections from Krytyka, 1978－1993*, University Park, Pennsylvania: The Pennsylvania State University Press, pp.125－142.

133) Grzegorz Ekiert, *op. cit.*, p.326.

134) Grzegorz Ekiert, *op. cit.*, p.302.

135) For more detail, see Andrzej W. Tymowski, 1993, "Poland's Unwanted Social Revolution", *East European Politics and Societies*, V.7, NO.2, p.187.

free elections or a change in foreign policy orientation, as it prepared for Solidarity's return to legality.[136)]

On June 4, 1989, parliamentary elections were held. The result was that the communist candidates were completely defeated. Solidarity candidates won 99 of the 100 seats in the Senate. The one other seat belonged to an independent candidate. Held as partially free elections, 161 out of 460 seats in the Sejm(the lower house) were occupied by all Solidarity candidates as well. It should be noted that the parliamentary elections resulted from the outcomes of the restored Solidarity social movement.[137)]

However, the Solidarity government could not become efficient and successful to cope with declining economic difficulties and even got involved in political struggles before it could enjoy its political victory against the Jaruzelski's government. In particular, the split of Solidarity leadership between Walesa and Mazowiecki in the 1990 presidential election showed the limitation of the Solidarity government as a united governing political entity.[138)] While Walesa attacked the Mazowiecki government's economic policy(i.e., "shock therapy"[139)]) during the campaign, Mazowiecki tried to vindicate his economic performance.[140)] The presidential election showed that "even Poland's Solidarity, which seemed to be so well organized and cohesive during its struggle with the Communist regime, quickly broke up in the new conditions of political freedom coupled with economic hardship induced by the 'shock therapy' marketization of Finance Minister Leszek

---

136) David Ost, *op. cit.*, pp119-121.

137) Grzegorz Ekiert, *op. cit.*, p.335.

138) Jerzy J. Wuatr, 1992, "Fragmented Parties in a New Democracy: Poland", A Paper presented at the Conference on "Political Parties in the New Democracies", p.10.

139) Since "shock therapy" was grounded in an IMF formula adopted by minister of finance Balcerowicz, it is true that the IMF contributed to factionalism within the Solidarity leadership. Then, IMF pressure for "shock therapy" as the way to go for the Polish economy should be considered as an international factor which I do not address in this paper. See Raymond Taras, *op. cit.*, pp.230-233.

140) Robert Weiner, *op. cit.*, pp.74-80.

Balcerowicz."[141] Put different, the Solidarity leadership failed to shift from opposition movement politics to a functioning government.[142] The leaders of the Solidarity social movement should have sought their role or function from mere opposition movement leaders to governing elites such as able politicians or technocrats. At any rate, the former reform communists and their allies were able to come back to power. They managed to reestablish their power base through the 1991 and parliamentary and 1995 presidential elections.

제6절 Solidarity

Solidarity is properly esteemed as one of the most important and innovative social movements of twentieth century. It sprang up as a labor union movement in August 1980, when the Polish industrial workers participated in massive strikes to protest price increases and to demand the right to form labor unions independent or th party/state control.[143] Confronting fierce workers' strikes, the Gierk's regime had to agree "to talks because they were unprepared to use force to exclude the opposition from politics."[144]

More specifically, the Gierek's regime was unable to use military force at that time. In this respect, Wiatr properly points out the relationship between the regime

---

141) Michael G. Roskin, *op. cit.*, pp.149-150.

142) It Is worth noting Huntington's argument that "usually an organization is created to perform one particular function. When that function is mo longer needed, the organization faces a major crisis: it either finds a new function or reconciles itself to a lingering death." Samuel P. Huntington, 1968, Political Order in Changing Societies, New Haven and London: Yale University Press, p.15.

143) David Ost, op. cit., p.841.

144) Janos Kis, 1990, "Poland and Hungary in Transition." Journal of Democracy, V.1, No.1, p.75. See also Nicloas. Andrews, 1985, Poland 1980-1981: Solidarity versus the Party, Washington D.C.: National Defense University Press; Jozef Tischner, 1984, The Spirit of Solidarity, San Francisco: Harper & Row, Publishers; and Leopold Labedz and the Staff of Survey Magazine, eds., op. cit.

and the army as follows:

"Remembering the tragic epilogue to Gomulka's reign, Gierek(a man ofconciliatory nature) did not attempt to oppose the workers with force.

"Moreover, to quote the British scholar Zbigniew A. Pelczynski, "had he askedthe Polish army to intervene by force, it is doubtful whether the high command would have agreed. What might be called the 'party – military complex' from which Giereck's successors – Stanislaw Kania and WojciechJaruzelski – both came would have regarded it as disastrous for the image, prestige and possibly discipline of the army."[145]

In other words, the attitude of Solidarity towards the army prior to the martial law was favorable in that the Solidarity leadership believed that the army was on its side.

To see more detail on the emergence of the Solidarity social movement, we need to go back to the role of the Catholic church which led to the decline in the legitimacy of the communist government as follows.

The Catholic Church in Poland

↓

The Decline in the Legitimacy of the Communist Government

↓

The Rise of the Solidarity Social Movement

Yet, how can we measure the influence of the church on Solidarity? To address this question, it should be noted that Solidarity advocated nonviolence in the face of government harassment and repression in 1980 – 81, as opposed to bloody and violent uprisings in other countries. Describing the role of the Catholic church as

---

145) Jerzy J Wiatr, 1988, op. cit., p.147.

"the symbols of victory", Osa argues that the main reason was "an effect of prior pastoral mobilization and the adoption(and adaptation) by mobilized workers of Great Novena rhetoric, symbols, and tactics."[146] Thus, according to her analysis, there is little doubt that the Solidarity movement was supported by Catholic intelligentsia and many individual priests. Indeed, in this interpretation, Solidarity's moral mission even meant making Poland a true Catholic country. Whether or not one goes this far and despite the martial law in 1981 which suspended Solidarity's legal organizational structures and its resources, as Ekiert argues, "the movement soon emerged as a loose network of groups organized around territorial, institutional, professional, and personal bases united by common goals, values, and symbols."[147]

In December 1990, Walesa who was supported by the Center Alliance was elected president. His priority was de−communization by sweeping both communist personnel and bureaucratic practices out of Poland's institutions. That is, Walesa was less prone to forgive and forget than Mazowiecki. This resulted in institutional instability.

In addition, "the Catholic Church, now calling the shots on education and abortion, earned the anticlerical resentment of many educated Poles, especially women."[148] Unfortunately, for Walesa, the popular attitude towards the Polish church had been thus changed. Giles reports that "in the 1980s, the Catholic church enjoyed approval ratings near 90 percent in public opinion polls. Yet in a poll last year, 59 percent of church, and politics is politics." says 20−year−old Bartek Stawski, "These two−they shouldn't mix."[149] This time, the church still upheld him.

---

146) Maryjane Osa, op. cit., p.362.

147) Grzegorz Ekiert, op. cit., p.332.

148) Michael G. Roskin, op. cit., p.153.

149) Thomas S. Giles, 1994, "Is Catholic Influence on the Wane in Poland?" *Christianity Today*, V.38, No.6, p.49.

In sum, although the church's political involvement led to the collapse of the communist regime in the past, a majority of the Poles no longer accepted it. They had long fought for Polish democracy to have more freedom of choice, not to allow the Catholic church to manipulate their political life.

제7절 The Institutional Arrangement of the Church, Government, and Solidarity

Social institutions such as the Polish church and Solidarity were major political actors, influencing both political elites and their membership. Yet, the roles of those institutions were rather complex and complicated when they. simultaneously interacted with each other. To capture such interactive and dynamic aspects, it is imperative that we develop a large and dynamic picture. The Figure 1 on the next page attempts to portray the democratization process in Poland, 1978 – 1995.

After Karol Woytyta was elected as the Pope, the Pope, the church which was backed up by the Roman church of the Polish John Paul Ⅱ functioned as a spiritual and political patron for the Poles. I have been argued that the Polish Catholicism made ordinary Polish people to throw away their "preference falsification" by providing them a sense of spiritual unite and empowerment. Yet, to better understand the democratization.

Figure4 − 1 The Democratization Process in Poland, 1978 − 1995

The Election of the Polish Pope Karol Woytyta

↓

The Roman Church of the Pope John Paul Ⅱ

↓

The Catholic Church's Activism in Poland

Deteriorating Economics Situations

↓

The Decline in the Legitimacy of the Communist Government

↓

The Rise of Failed, 1981.

The Imposition of the Martial Law the Solidarity Social Movement Succeeded, 1989.

↓

The Rise of the Solidarity Coalition Government

Polish United Workers' party The Democratic Party(Polska Zjednoczona Partia Robotnicza, PZPR)(Stronnictwo Demokratyczne, SD) United Peasant Party(Zjednoczone Stronnictwo Ludowe, ZSL)

↓

The Split of the Solidarity Leadership

The Backlash of the Catyolic Church's Hyper − Activism

Economic Difficulties

↓

The Rise of the Reform Communists and their Allies'Government

↓

The Alliance of Democratic LeftThe Aleksander Kwasmiewski's(Sojusz Lewicy Demokratycznej, SLD) Government

Polish Peasant Party(Polsker Strommictwo Ludowe, PSL)

* Arrawos represent directional chronologically.
** Interal dotted lines represent a situation where those factors happened simultaneously.

Process in Poland, we need to take into account the simultaneously deteriorating Ploish economic situation which contributed to igniting the Polish worders' opppsition.

What is called a carriage and pair of religious activism and worsening economic condition in communist society in Poland thus brought about two important outcomes. First, it nade it impossible for the Solidarity social movement to be a labor union of the Polish workers alone since it was a form of political opposition movement beyond an economic protest as mentioned above.[150] Second, once the Solidarity social movement gained legitimacy after ordianry Polish people has thrown away their "Preference falsification", it contributed to rapid expansion of the Solidarity social movement. Its membership amounted to about 10 million in 1981. There is little doubt that political demonstrations of the Polish workers supported by the Catholic church created a chain reaction or revolutionary bandwagon which made other ordinary Polish people jump on the road to democracy in Poland. Thus, it is highly likely that during the early Solidarity movement, a combination of spiritual empowerment provided by Polish church and economic difficulties was the main driving force in the rise and then direction on the road to democracy in Poland.

After the marital law in 1981,the similar political events happened in terms of the behavior of these three institutional actors that are the focus of this analysis. The Jaruzelski regime was shaken by both the political influence of the Catholic church and the worsening economic situation which resulted in the decline of legitimacy of Jaruzelski's government. Therefore, the Solidarity social movement was able to reemerge into the political area.

However, once Solidarity came to power, the major problem changed. Economic difficulties rather than religious activism became the maim concern of ordinary Polish people. In this respect, Miller properly points out that Polish Church could

---

150) David Ost, op. cit., p.842.

"nl longer lead the nation. Now it must focus on leading the faithful."[151] Although the Poles were very religious, they could not tolerate their government's economic failure which was directly related to their common and imminent financial interests. After Solidarity became the government, it got involved in internal political struggle and officially allowed the rising religious fundamentalism into the political area. Meanwhile it neglected the common interests of now Polish voters such as their declining personal welfare. In a word, the Solidarity leadership failed to shift from opposition movement politics to a well functioning government. As a result, former reform communists and their allies were able to come back to power. That was a clear message which contained a warning concerning the cost of economic failure of the Solidarity coalition government from ordinary Polish voters who were no longer the slaves of "preference falsification" to an authoritarian regime.

More specifically, once multiparty elections became the central procedures of representation in Poland, the Poles were able to reveal their real preferences by casting a ballot. It was evident that the outcome of the elections in June 1989 were the first chance for ordinary Polish people to throw away their: preference falsification" in the newly introduced semi−voting system. Then, the 1991 parliamentary election showed so little support for the communist party that Solidarity representatives themselves who were supported by the church again formed the government because of the communist failure on economic policy,[152] as mentioned above.

Yet, the result of 1993 parliamentary election was totally different from the 1991 election. As Ramet predicted, the former communist party and its coalition partners within the Alliance of the Democratic Left(SLD) and Polish Peasant Party(PSL) won.[153]

---

151) Karen Lowry miller, op. cit., p.26D.

152) Besides economic problems, ti is argued that Jaruzelski' s regime sufferd from its delegitimation because of martial law and the crackdown on Solidarity movement which had become the symbol of the Poles. See Andrew A. Michta, 1994, op. cit., p.13.

The proportion of voters supporting the SLD and the PSL represented over one −
third of voters, approximately 35.8 percent as compared to 20.7 percent in 1991
parliamentary election. Yet, the total votes for both the Solidarity party, Solidarnosc('S'),
and Walesa's own creation party, the Non party Bloc for Reform(BBWR) were
only about 10.3 percent.[154] Under the Solidarity coalition government, the Polish
economy had deteriorated. During the election campaign, the reformed communists
and their allies skillfully took advantage of economic difficulties such as high
inflation and unemployment. The 1993 election results reflected two facts. On the
one hand, not only the Solidarity social movement but also economic difficulties
led the dynamic transformation of Polish society from the communist regime to
the Solidarity coalition regime and then to the former reform communists and
their allies' regime.[155] On the other hand, church support was mo longer a
political asset. Indeed, according to Miller, "many Catholics, especially younger
ones, aren't heeding the Church's virulent anti − communist opposition to the
government. They want the Church to stick to the gospel and stay out of politics.[156]

Further, the results of the 1995 presidential election showed strong rejection of
church's influence on the lives of ordinary Polis people. The 1995 election was
the victory of the former communist, Aleksander Kwasniewski. The election result
indicates the church's diminished influence on the political life of the Polish
people.

Michaels' report aptly describes the changed political environment as follows:

""Under communism it was a different situation − the church united people

---

153) Ramet warned that the former Communists would be back to the power, if economic recovery
   were dubious. See Sabrina P. Ramet, 1991, "The New Church − state Configuration in Eastern
   Europe", East European Politics and Societies, V.5, No.2, p.226.

154) Raymond Taras, op. cit., pp.191 − 198.

155) Economic failure would get rid of any ruling government, whetyer democratic or not. Huntington
   argues that political stability of countries depend on "not their form of government but their
   degree of government." See Samuel P. Huntington, 1968, op. cit., p.1.

156) Karen Lowry Miller, op. cit., P.26D.

against communism." recalls Elzbleta Kosikthinks clerhymen" shouldn't be talking about the election and politics in the sermon. According to Poland's CBOS survey, 84% of Poles fell that the church has tried to influence the election. 74% oppose church activism in politics."[157]

Grabowski properly spells out the institutional consequences. "The main beneficiaries of the swift collapse of the anticommunist movement in Poland[and the economic success by the former reform communist] were the old regime parties, the Social Democrats and the Peasant party.[158] As Miller puts it, "the most palpable force in Poland now is the economy."[159] In short, although over 90 percent of the 39 million Poles are Catholic, they do not blindly follow the church in political and secular matters any more.

제8절 Conclusion

This paper has investigated the role of Polish Catholicism in the dynamic process of Polish democratization in the light of the triadic institutional arrangement between the Polish Catholic church, the communist government, and the Solidarity social movement with regard to the utility of Kuran's "preference falsification" of individual choice theory. I found that because of the Pope's visits, ordinary Polish people were able th realize their "preference falsification" rather than as a result of a bandwagon of individuals' choice as Kuran argued. Then, once multiparty elections became the central procedures of representation in Poland since 1989, the Poles

---

157) Daniel Michaels, November 7, 1995, "Religion Plays Key Role in Polish Voting: Rejection of Church's Influence Aids Ex-Communist", Wall Street Journal, p.A18.

158) Daniel Michaels, November 7, 1995, "Religion Plays Key Role in Polish Votiong: Rejection of Church's Influence Aids Ex-Communist", Wall Street Journal, p.A18.

159) Tomek Grabowski, 1996, "The Party that Never Was: The Rise and Fall of the Solidarity Citizen' Committees in Poland", East European Politics and Societies, V.10, No.2, p.251.

were able to reveal their true preferences by casting a ballot. The election results were a dynamic and two-stage transition: not only a transition from a communist regime to the Solidarity coalition government, but also a transition from the Solidarity coalition government to the government of the former reform communists and their allies.

Ironically, what the Polish politics indicates is that the very religious Poles also need to first feed themselves to grow into spiritual maturity. Any Polish government could not keep its political power without fulfilling the population's basic need for food.

In this respect, Abraham Maslow's need theory[160] is a better fit when it comes to explaining and understanding the democratization process in Poland than Kuran's theory. Or, it seems to me, that both Maslow and Kuran are, at best, on the same side. Thus, I argue that Polish mass movement supported by the church which made the Poles to throw out their "preference falsification." In other words, as Maslow's need theory argues, the Polish politics showed that the economic requisite, that is, basic needs for food and shelter, must be satisfied before any politics comes in.

Since this paper is mainly based on individuals' choice analysis, it would be helpful in future research to incorporate political cultural analysis into the study of Polish democratization. Polish unique political culture in terms of religion and military tradition appeared to have contributed to the dynamic and two-stage transition.

Secondly, although I attempted to portray the dynamic democratization process in Poland, 1978-1995, I found that to capture political, economic, religious events

---

160) Maslow's need theory argues that the collection of fundamental physiological need for food, water, sleep, and so on, in the dynamics of the individuals have to be satisfied before seeking higher needs such as self-actualization or self-fulfillment. See Anne E. Freedman and P.E. Freedman, 1975, The Psychology of Political Control: Comprising Dialogues between a Modern Prince and his Tutor on the Application of Basic Psychological Principles to the Realm of Politics, New York: St. Martin's Press, pp.13-20.

which happened simultaneously is a difficult task. Because of that limitation, my analysis slipped back into a linear explanation from time to time. Yet, I hope that effect of this analysis to focus on interactive institutional development can be served as a stepping stone for students of Polish democratization who intend to investigate the dynamics of Polish politics

Thirdly, the study on the role of party and army which I addressed under the same section, The Communist Government, probably should be separated in order to better explain and understand the dynamics of political struggle among the communist elites at that time when they dealt with Solidarity. That is, in future research, I would suggest splitting the Polish army as a fourth institution from the communist government rather than lump the army and the communist party together under the communist government.

Fourthly, while I could isolate the international aspect of the Vatican II Because John Paul II is a polish pope, I could isolate the international impact of the role of the IMF on factionalism within the Solidarity leadership between Walesa and Mazowiecki was more difficult to dismiss. Indeed, the impact of the removal of the Soviet military veto on Polish domestic politics in the Summer 1989 should be addressed more explicitly along with the Solidarity social movement to better understand the democratization process in Poland.

Lastly, since the way that Jaruzelski came to power in the 1980s was similar to the way that Park Jung Hee in Korea came to Power in the 1960s, it would be interesting to study to compare those two in future research. They both argued that they used military forces because they intended to save their nation and people, but they both ended up with military dictatorship.

〈참고자료〉

1. 국내자료

Ahn Sungho. 2002. "A Study on Foreign Relation and Global Strategy of Eastern Europe after Democratic Change", *Journal of Central & East European Studies,* Vol.4 No.2, pp.577 – 608.

Ahn Sungho. "A Study on Prospect of Ethnicity Solution and USA role in the BalkanStates", *Journal of Central & East European Studies,* No.5, 2001, pp.215 – 244.

Ahn Sungho. 2004. "A Study on Ukraine President Election and Deliberative democracy." The Fifth International Conference of KACEEBS, *Siberia, Central & Eastern Europe and Korea.*2005(3th – 7th July).

Ahn Sungho. 2003. "Relationship between Bulgaria and the Central – East European Countries in the 21th", 한국동유럽발칸학회, 『동유럽발칸학』, 제5권 2호.

Ahn Sungho. 2006. "A Comparative Study on Global Democracy Between Hungary and Rumania", 한국외국어대학교 외국학종합연구센터 동유럽발칸연구소, 『동유럽연구』, 제17권.

이경태. 2007. 『2007세계경제지역별 10대 이슈』(KIEP 세계지역연구센터).

≪경향신문≫, 2007.3.16.

≪중앙일보≫, 2007.5.4.

2. 국외자료

Aklaev, Airat R., *Democratization and Ethnic Peace*(Brookfield; Ashfate), 1999.

Andreff, The Benefits of EU Enlargement and Euro Membership for Central and Eastern European Countries, *Revue d'Economie Financiere, 2001.*

Andrews, Nicloas G. 1985. *Poland 1980 – 1981: Solidarity versus the Party.* Washington

D.C.: National Defense University Press.

Arendt, Hannah. 1963. On Revolution. New York: Viking.

Armingeon, Klaus and Michelle Beyeler. 2004. *The OECD and European Welfare States*(Cheltenham, UK: Edward Elgar).

Ash, Timothy Garton. 1983. "Poland's Hope" The New Republic. V.189.

Armingeon, Klaus and Michelle Beyeler. February 15,1990. "Eastern Europe: The Year of Truth", New York Reviewof Books.

Baylis, John & Steve Smith(2006) The Globalization of World Politics(Oxford Univ. Press), 118 – 120.

Beichelt, Timm(2004) *Die Europäische Union nach der Osterweiterung*(VS Verlag für Sozialwissenschaften).

Bill James A. and Robert L. Hardgrave, Jr. 1981. Comparative Politics: The Quest for Theory. Maryland: University of Press of America.

Black, J.L.and.W. Strong. eds. 1986. Sisyphus and Poland: Reflections on Maritial Law. Winipeg, Canada: Poland P. Frye & Company, Publishers.

Blair, Alasdair(2006) *Companion to the European Union*(London: Routledge): 133 – 134/170 – 171.

Bohle, Dorothee. 2004. "The EU and Eastern Europe: Failing the Test as a Better World Power." in *Socialist Register 2005: the Empire Reloaded* edited by Leo Panitch and Colin Leys(London: The Merlin Press).

Brumberg Abraham. May 23, 1983. "The Church Unmilitant." The New Republic.

Byrnes, Timothy A 1996. "The Catholic Church and poland's Return toEurope." East European Quarterly. V.30, No.4.

Cini, Michelle.2005.*European Union Politics*(Oxford Univ. Press).

Davidson, Spencer. March 26,1984. "The Church Strives for Order." Time.

de Weydenhal, Jan B. 1986. The Communists of Poland: An Historical Outline. Stanford, California: Hoover Institution Press.

Cini, Michelle(2005) *European Union Politics*(Oxford Univ. Press), 225 – 226.

Dinan, Desmond(2004) *Europe Recast: A History of European Union*(London: Lynne Rienner).

Fredrik Engelstad and Øyvind Østerud. eds(2004) *Power and Democracy: Critical Interventions*(Hants, U.K.: Ashgate).

Dinan, Desmond. 2004. *Europe Recast: A History of European Union*(London: Lynne Rienner).

Ekiert, Grzegorz. 1997. "Rebellious Poles: Political Crises and Popular Protest under State Socialism, 1945 – 89." East European Politics and Societies. V.11, No.2.

Fredrik Engelstad and Øyvind Østerud. eds. 2004. *Power and Democracy: Critical Interventions*(Hants, U.K.: Ashgate).

Freedman Anne E. and P.E. Freedman. 1975. The Psychology of political Control: Comprising Dialogues between a Modern Prince and his Tutor on the Application of Basic Psychological Principles to the Realm of Politics. New York: St. Martin's Press.

Gideon Baker and David Chandler. eds. 2005. *Global Civil Society: Contested Futures*(London: Routledge).

Giles, Thomas S. 1994. "Is Catholic Influence on the Wane in poland?" Christianity Today. V.38, No.6.

Global Information Co, *Wealth Management in Central and eastern Europe 2005*(London: Data monitor Co., 2006).

Goddard, C., Roe, Patrick Cronin, and Kishore C. Dash. 2003. *International Political Economy: State —market Relations in a Changing Global Order*(Boulder, Colo.: Lynne Rienner).

Grabowski, Tomek. 1996. "The Party that Never Was: The Rise and Fall of the Solidarity Citizens' Committees in Poland." East European Politics and Societies, V.10, No.2.

Harrison, Graham. 2004. "Introduction: Globalization, Governance and Development." *New Political Economy,* Vol.9(2).

Hann, Chris. 1997. "The Nation — State, Religion, and Uncivil Society: Two Perspectives from the Periphery." Daedalus. V.126, No.2.

Hehir, Bryan. 1990. "Papal Foreign Policy." Foreign Policy. V.78.

Held, David. 2004. *Global Covenant: The Social Democratic Alternative to the Washington Consensus*(Cambridge, UK: Polity).

Huntington, Samuel P. 1968. Political Order in Changing Societies. New Haven and London: Yale University Press.

Huntington, Samuel P. 1991 — 92. "How Countries Democratize." Political Science Quarterly. V.106, No.4.

Huntington, Samuel P. 1991. The Third Wave: Democratization in the late Twentieth Century. Norman and London: University of Oklahoma Press.

Jabko, Nicolas & Craig Parsons(eds.). *The State of the European Union, Vol.7: With Us or Against US? European Trends in American Perspective*(Oxford Univ. Press, 2005).

Jungerstam — Mulders, Susanne. 2005. *Post — Communist EU Member States: parties and party System*(Hampshire: Ashgate, 2005).

Jonathan, Michie, and John Grieve Smith(1999) *Global Instability: the Political Economy of World Economic Governance*(London: Routledge).

Kadenacy, Tadeusz. 1983. "Developments in the Catholic Church in Poland before the Second Papal Visit." Religion in Communist Lands. V.11.

King, Roger and Gavin Kendall. 2004. *The State, Democracy and Globalization*(N.Y.: Palgrave Macmillan). Kis, Janos. 1990. "Poland and Hungary in Transition." Journal of Democracy, V.1, No.1.

Kosela, Krzysztof. 1990. "The Polish Catholic Church and the Elections of 1989." Religion in Communist Lands. V.18.

Kuran, Timur. 1991. "Now out of Never: The Element of Surprise in the East European Revolution of 1989." World Politics. V.44, No.1.

Kurian, George Thomas. 2001. *The Illustrated Book of World Rankings*(N.Y. M.E. Sharpe).

Labedz, Leopold and the Staff of Survey Magazine. ed. 1983. Poland under Jaruzeski: A Comprehensive Source book on Poland duringand after Martial Law. New York: Charles Seribner's Sons.

Larner, Wendy and William Walters. 2004. *Global Governmentality*(N.Y.: Routledge).

Lipset, Seymour Martin. 2004. *The Democratic Century*(The Univ. of Oklahoma).

Linden, Ronald H. 1997. "Putting on Their Sunday best: Rumania, Hungary and International Relations Theory", *The XVII World Congress of the International Political Science Association*(Korea, 17 − 21 August 1997).

Magstadt, Thomas M. 2007. *Contemperary European Politics*(belmont: Thomson Wadsworth).

Martin Penny. 2000. *Geographica's World Reference*(San Diego: Random House).

Michaels. Daniel. November 7. 1995. "Religion Plays Key Role in Polish Voting. Rejection of Church's Influence Aids Ex − Communist." Wall Street Journal.

Michie, Jonathan and John Grieve Smith(1999) *Global Instability: the Political Economy of World Economic Governance*(London: Routledge). Michta, Andrew. A. 1990. Red Eagle: The Army in Polish Politics, 1944 − 1988. Stanford, California: Hoover Institution Press.

Michie, Jonathan and John Grieve Smith 1994. The Government and Politics of Post-communist Europe. Westport, Connecticut, and London Institution Press

Miller, Karen Lowry. September 2, 1996. "The Catholic Church's Divorce from Power." Business Week.

Milosz, Czeslaw. July 8, 1991. "A Theocratic State?" The New Republic.

Owen, John. 2004. "Human Rights, Peace, and Power." in *The Future of Liberal Democracy* edited by Robert Fatton Jr. & R. K. Ramazani(N.Y.: Palgrave Macmillan).

Osa, Maryjane. 1997. "Creating Solidarity: The Religious Foundations of thePolish Social Movement." East European Politics and Societies. V.11, No.2.

Osa, Maryjane. 1989. "Resistance, Persistence, and Change: The Transformation of the Catholic Church in Poland." East European Politics and Societies. V.3, No.2.

Ost, David. 1993. "Solidarity." in Joe Krieger, ed., The Oxford Companion to Politics of the Worl. Now York and Oxford: Oxford University Press. pp.841 − 842.

Ost, David.. 1990. Solidarity and the Politics of Anti − Politics: Opposition and Reform in Poland since 1968. Philadelphia: Temple University Press.

Owen, John. 2004. "Human Rights, Peace, and Power." in *The Future of Liberal Democracy* edited by Robert Fatton Jr. & R. K. Ramazani(N.Y.: Palgrave Macmillan).

Rapley, John. 2004. Globalization and Inequality: Neoliberalism's Downward Spiral(London: Lynne Rienner).

Rachwald, Arthur. 1990. In Search of Poland: the Superpower's Response to Solidarity, 1980 − 1989. Stanford, California: Hoover Institution Press.

Ramet. Sabrina P. 1991. "The New Church − State Configuration in Eastern Europe." East European Politics and Societies. V.5, No.2.

Rein, Martin and Winfried Schmahl. 2004. *Rethinking the Welfare State: the political economy of pension reform*(Cheltenham, U.K.; Northampton, MA: Edward Elgar).

Roskin, Michael G. 1997. The Rebirth of East Europe, Upper Saddle River. Chapter 7 1989: The Gorbachev Factor, New Jersy: Prentice Hall.

Sindzingre, Alice. 2004. "Truth, Efficiency and Multilateral Institutions: A Political Economy of Development Economics", *New Political Economy*, Vol.9(2).

Scully, Roger. 2005. *Becoming Europeans?*(Oxford Univ. Press). pp.134 − 148.

Sindzingre, Alice. 2004. "Truth, Efficiency and Multilateral Institutions: A Political Economy of Development Economics", *New Political Economy*, Vol.9(2).

Taras, Raymond. 1995. Consolidation Democracy in Poland. Boulder, Colorado: Westview Press.

Tischner, Jozef. 1984. The Spirit of Solidarity. San Francisco: Harper & Row, Publishers.

Tsoukalis, Loukas. 2005. *What kind of Europe?*(Oxford Univ. Press).

Tworzecki. Hubert. 1996. Parties and Politics in Post − 1989 Poland. Boulder, Colorado: Westview Press.

Tymowski, Andrzej W. 1993. "Poland's Unwanted Social Revolution." East European Politics and Societies. V.7, No.2.

Valverde, Mariana and Michael Mopas. 2004. "Insecurity and the Dream of Targeted Governance", in Global Governmentality: Governing International Spaces edited by Wendy Larner and William Walters(London: Routledge).

Wade, Lakky L., Alexander J. Groth and Peter Lavelle. 1994 "Estimating Participation and Party Voting in Poland: The 1991 Parliamentary Elections." East European Politics and Societies, Ⅴ.8, No.1.

Wagner, Helmut, 2006. "The Legal studies of the European Union why Hungarians Might like it more than other EU members" *The Sixth International Conferences of KACEEBS(ELTE, Budapest, Hungary)*

Weiner, Robert. 1994. *Change in Eastern Europe.* Westport, Connecticu, London: Pracger.

Wesolowski, Wlodzimierz. 1995. "The Transition from Authoritarianism to Democracy: the Case of Poland", in Michael Bernhard and Henryk Szlajfer. eds. From the Polish Underground: Selections from Krytyka, 1978 – 1993. University Park, Pennsylvania: The Pennsylvania State University Press.

Wiatr, Jerzy J. 1988. The Soldier and the Nation: The Role of the Military in Polish Politics, 1918 – 1985. Boulder and London: Westview Press.

Wiatr, Jerzy J. 1992. "Fragmented Parties in a New Democracy: Poland." A Paper presented at the Conference on "Political Parities in the New Democracies."

Woodward, Richard. 2004. "The Organisation for Economic Cooperation and Development." *New Political Economy*, Vol.9(1).

3. 기타 자료

A.T. Kearney. Foreign Policy m*agazine Globalizat*ion Index 2005.

CIA. *The World Fact book*(2006.2).

CIA. The World Fact book/Rumania – Bulgaria(2006.2).

Christian Science Monitor, 2007, March 25.

Cristianity Today. March 5, 1982. Editorials on "The Plight of Poland: News behind the News: Pulling all the Pieces toward some Conclusions."

Global Corruption Report 2006.

Department of Public Information, UN 2005.

Deutsche Bank, *EU Enlargement Monitor* 2002 – 2003.

Deutsche Bank Research, "EU summit in Nice: widening to precede deepening", December, 2000.

Dyson and Featherstone, The Road to Maastricht, OUP, 1999.

EU Report, 2007. January.

EBRD, *Transition Report, 2001 –2003.*

European Commission, Europe's Agenda 2000－2003: Strength and widening the European Union, 2003.

European Commission, *Towards the Enlarged Union, 2002－3.*

European Parliament, *Overview of the results of the Intergovernmental Conference, 2000－2003.*

European Union, *Treaty of Nice*, December 2000.

EIU: Country Report: 2000－2003(London: The Econimist Intelligence Unit), 2003.

EU Report(2007), January

Financial Times(2007) 24－27 March

Freedom in the world 2006: the Annual Survey of Political Rights and Civil Liberties(N.Y.: Freedom House).

Global Information Co(2006), *Wealth Management in Central and eastern Europe 2005*(London: Data monitor Co.).

IMD, *The World Competitiveness yearbook*(2006.4).

IMF, *Stabilization and Structural Reform in CSFR: First Stage*, 1992.

IMF Report, 2007.

International Herald Tribune, March 24－27, 2007.

Ministry of Industry, *Trade and Tourist of Hungarian Republic－on the basis of Custom Statistics, 1996－2003(Hungary).*

New York Times, 2007, November 25.

OECD, *Economic Survey*, CSFR, 1998－2003.

The Christian Century. December 20－27, 1989. Editorials on "Religion and Revolution: Top Story of 1989."

The Business Week, March 24－27, 2007/November 15, 2006.

The Europa World yearbook, 1997－2003(London: Europa publications Limited).

The World Bank, *World Development Report, 1999－2003.*

Time, May 21/27, 2007.

Transparency International Annual Report 2006.

UNESCO, Forum Report, 2007.3.20.

WIIW, *Monthly Report*, 1995－2003.

WMRC(World Markets Research Centre), *World Markets Country Analysis.* "European Union: Enlargement: A Process Review", Oct. 4th, 2002.

World Mark Yearbook 2000－2003.

World Development Report 1997－2003(The World Bank).

Yearbook of Foreign Trade Statistics: 2000－2003.

4. 인터넷 자료

http://www.fordemocracy.net/timeline.shtml(2008.8.6.)
http://www.transparency.org/policy(2008.5.10.)
http://www.weforum.org(2008.5.4.)
http://www.iht.com/pages/index(2007.4.20.)
http://www.naver.com/Bulgaria(2007/4/25.)
http://www.naver.com/Rumania(2007.4.25.)
http://www.chosun.com(2007.1.23.)
http://www.atkearney.com(2007.3.26.)
http://www.oecd.org(2007.3.22.)
http://www.nato.org(2007.3.15.)
http://www.eu.org(2007.3.10.)
http://www.unfccc.int(2007.4.5.)
http://www.reuters.com(2007.4.25.)
http://www.cpib.gov.sg(2007.4.17.)
http://www.europarl.eu.int(2007.4.17.)
http://www.fordemocracy.net/timeline.shtml(2007.4.6.)
http://www.cd2002.go.kr(2007.4.21.)
http://www.lwv.org/join/global(2007.5.2.)
http://www.santiago2005.org(2007.4.25.)
http://www.weforum.org(2007.4.4.)
http://www.01.imd.ch/wcc/ranking(2007.4.10.).
http://www.hani.co.kr(2007.3.25.)
http://www.kancellaria.gov.hu/1999 - 2003
http://www.iht.com/pages/index(2007.4.20.)
http//www.kyunghyang.co.kr(2007.3.25.)
http://bbs.yonhapnews.co.kr(2007.4.25.)
http://blog.joins.com/media(2008.6.3.)
http://kr.news.yahoo.com/sevice(2007.3.20.)
http://www.ft.com/home.uk(2007.4.22.)
http://www.cia.gov (2008.1.29.)

제 2 부

구 소 련

제5장 우크라이나와 글로벌민주주의

제1절 서론

　지난 우크라이나 대통령 선거 과정은 우크라이나 민주주의 발전과 우크라이나 민주화에 대한 직·간접적인 미국, 러시아 등 국제사회에서의 관심이란 관점에서 글로벌민주주의와 깊은 연관관계를 갖고 있다.

　탈냉전 이후 신국제질서가 형성되는 과정에서 민주주의가 핵심 가치이자 국가 간의 연결고리가 되고 있다. 민주적 국가 간 연대의 실질적인 국제적 틀을 만들어 가고 있는 것이다. 이와 관련해서는 인터내셔널민주주의, 글로벌민주주의, 코즈모폴리턴 민주주의, 코스모크라시(Cosmocracy), 글로벌 시민사회, 글로벌거버넌스 등이 구체적으로 제시되고 있다.[1] 글로벌민주주의의 원칙은 자유, 인권, 민주적 평화, 국제협력, 자유주의적 평화, 개방·개혁, 투명성과 신뢰 등 민주주의 실천이 될 것이다. 현재로서는 민주적 가치와 제도, 절차는 지구를 평화와 협력으로 지켜 낼 수 있는 유일한 선택이라고 본다. 자유민주주의 국가는 국가 간 분쟁을 전쟁으로 해결하려 하지 않고, 인권존중, 경제적 문화적 개방, 친환경적인 보존, 국제법, 자유주의적 평화, 민주적 평화를 추구한다는 점이다.[2] 이는 바로 민주주의의 세계화 및 국제사회로의 확장을 의미하며,[3] 개별국가의 민주주의

---

1) Roger King & Gavin Kendall, *op. cit.*, pp.182 - 183; David Held, *Global Covenant: The Social democratic Alternative to the Washington Consensus*(cambridge, UK: Polity, 2004), pp.82 - 83; Fredrik Engelstad, & Øyvind Østerud(ed.), *Power and Democracy*(hants, UK: Ashgate Publishing, 2004), pp.150 - 152; John Keane, "Cosmocracy and global civil society", in Gideon Baker and David Chandler(ed.), *Global civil Society: Contested Futures*(London:Rouledge, 2005), pp.34 - 52.

2) John Owen, "Human Rights, Peace, and Power", in Robert Fatton Jr. & R. K. Ramazani(ed.), *The Future of Liberal Democracy*(N.Y.: Palgrave macmillan, 2004), pp.275 - 275.

3) Gideon Baker and David Chandler(ed.), *op. cit.*, p.6.

실천과 민주주의 공고화에 대한 국제사회의 압력과 영향력이 점차 증대되고 확산되고 있음을 의미한다.4) 글로벌 경제에서는 제너럴일렉트릭(GE: Genearl Electric), 도요타, 휴렛페커드(HP: hewlett Packard) 등을 글로벌기업이라고 부른다. UN의 세계무역기구(WTO: World Trade Organization)나 국제통화기금(IMF: international Moneytary Fund), 또한 EU, 북대서양조약기구(NATO: North Atlantic Treatment Organization), 그리고 국제적인 비정부기구(INGO: International Non-Government Organization)들이 국경을 초월하여 정치, 경제 등에서 글로벌 거버넌스를 적용하고 글로벌 시민사회를 형성하면서 글로벌민주주의를 실천하고 있다.5) 1945년 한 줌의 국가에서 시작하여 동구권, 남미권, 아프리카권, 아시아권 등에서 민주주의가 권위주의를 대치하면서 지금은 우크라이나를 포함하여 190여 개국에서 다당제 선거를 통한 새로운 글로벌민주주의 시대를 전개하고 있다.6)

지난 2004년 우크라이나 대통령 선거는 동구권 국가의 글로벌민주화 과정이 제대로 진행되고 있는지를 분석하는 데 좋은 사례를 제공하였다. 공식적인 대통령 선거의 결과를 시민들이 반대하여 재선거하는 이변이 돌출하였다. 여기에는 우크라이나 내부의 시민들의 요구와 데모뿐 아니라 국제사회의 압력과 영향도 크게 작용하였다. 어느 나라이든지 선거의 공정성은 민주주의의 중요한 필수요건이다. 과연 우크라이나 민주화 과정의 일환으로서 대통령 선거에 글로벌 데모크라시가 어떤 영향을 주었는지 그리고 우크라이나 민주화가 글로벌민주주의로 편입하는 데 어떠한 문제점과 과제가 있는지 논의의 필요성이 있다고 판단하였다. 이는 향후 동구권 국가들과 구소련하에 있었던 CIS 국가들의 민주화 과정에 국제사회의 압력과 글로벌민주주의의 영향이 크게 작용하리라는 것을 암시한다고 볼 수 있다. 이러한 논리에서 이번 우크라이나 대통령 선거 과정을 분석하면서 과연 글로벌 데모크라시와 어떠한 연관이 있는지를 분석하는 것을 연구목적으로 하였다.

---

4) Larry, Diamond, Developing Democracy: Toward Consolidation(Baltimore: The Johns Hopkins Univ. Press, 1999), pp.56-58.

5) Roger King & Gavin Kendall, *op. cit.*, pp.146-147.

6) Paul Hirst, "what is Globalization?" in Fredrik Engelstad, & Øyvind Østerud(ed.), *op. cit.*, pp.154-155.

연구내용은 첫째 글로벌 데모크라시의 개념, 내용, 평가기준을 정리하고 둘째, 우크라이나 대통령 선거 과정에 대한 구체적인 사례를 분석한 후 셋째, 우크라이나 대통령 선거 과정에 미친 국제사회의 압력과 글로벌 데모크라시의 적용의 사례를 분석할 예정이다. 그리고 넷째, 우크라이나 민주화와 글로벌 데모크라시의 상호영향을 분석한 예정이다.

제2절 글로벌민주주의의 논의와 쟁점

1. 글로벌민주주의의 원칙

민주화는 개별국가 차원에서 이야기되어 오는 것을 범세계적 민주주의(Global Democracy)로 추구해야 할 방향을 모색해야 한다. 이웃의 비민주국가에 대한 민주화 지원과 협력이 필요하다. 구소련의 붕괴와 민주화도 결국은 선진자본주의 국가들의 영향과 지원으로 가능했다. 제3세계권의 민주화 투쟁도 서구선진국가와 국제기구의 협력으로 한 것이다. 특히 우리는 북한의 민주화와 인권문제에 대하여 소홀히 할 수 없다. 민주화 수준으로 전 세계는 하나의 연결고리를 하고 있는 것이다. 국제기구 내에도 주권국가 간의 평등이 보장되어야 할 것이다. UN, OECD, EU, CSCE, NAFTA, APEC 등의 국제기구도 국가 간의 관계개선과 국제적 승인과 관련된다. 한국은 안보리 비상임국, 일본, 독일은 안보리상임이사국을 희망한다. 이미 헝가리, 체코, 폴란드는 OECD, NATO, EU에 가입하였다. 러시아는 G-7을 G-8으로의 전환을 요구한다. 그리고 우크라이나는 NATO, EU에 가입하기를 희망하고 있다. 국제기구, 지역협력기구 등에서 이 모든 국가 간의 관계는 국가 간의 신뢰와 내적인 민주주의의 발전, 건전한 시민사회, 경제적 발전 정도와 직접적인 관련이 있다. 이것이 글로벌시대의 민주주의인 것이다.

매년 미국 포린폴리스지는 세계화 지수(GI: Globalization Index)를 발표하고 있다. 경제교류, 기술교류, 인적 교류, 정치적 관계 등 16개의 지수(Key Indicators)

를 가지고 매년 60여 국가의 세계화 순위를 측정한다. 여기서도 보면 주로 깨끗한 정치를 하는 국가(국제투명성기구의 정치적 투명성, 프리덤하우스의 자유의 수준이 높은 국가)가 세계화 지수도 비례해서 순위가 높은 것을 알 수 있다.[7] 물론 아주 드물게 예외의 경우도 간혹 있으나 이러한 통계분석은 글로벌민주주의가 국제사회에서 매우 중요함을 의미한다.

예컨대 남유럽권 국가들은 유럽경제공동체(EEC: European Economic Community), EU, NATO의 영향을 받으면서 그리고 중남미권 국가는 OAS(Organization of American States), IMF 등 국제사회의 영향으로 민주화와 민주주의 공고화에 영향을 받는다.[8] 그리고 빈곤, 불평등, 억압, 분노, 폭력 등도 국제사회의 공조 속에서 글로벌민주주의를 통해서 해결하고 있다. 예컨대 지난 2005년 3월 15일 솔라나 EU 외교대표가 범세계적인 시민사회 네트워크를 통하여 대량살상무기와 핵무기 확산 방지에 총력을 기울이자고 강조한 것도 바로 글로벌민주주의 실천의 하나인 것이다.

이처럼 UN, EU, NATO, OECD, G7, 국제투명성기구(TI: Transparency International), 프리덤하우스(FH: Freedom House), 스위스 다보스 세계경제포럼(WEF: World Economic Forum), 스위스 국제경영개발연구소(IMD: International institute for Management Development), 글로벌시민단체 등의 각종 국제사회 기구와 단체들이 국가 간 비교 조사와 분석을 통해서 개별국가에 압력과 영향력을 행사하고 있다.[9] 데이비드 헬드(D. Held)는 글로벌민주주의 실행 과정 중 하나로 UN에 대한 글로벌 거버넌스를 분석하면서 안보, 경제, 복지, 환경의 네 변수를 실행의 주요변수로 제시하였다. 그리고 각 변수의 실천기구로서 ① 주요 UN기관, ② UN의 프로그램, ③ UN의 전문기구, 그리고 ④ UN 밖의 기관들을 분류하여 제시하고 있다.[10] 이는 국제사회가 신의와 신뢰로 협력하고 있음을 의미한다. 이러한 UN의 노력도 글로벌민주주의의 중요한 예라 할 것이다. 글로벌 자본주의경제하에서

---

7) *A. T. Kearney/Foreign Policy magazine Globalization Index 2005*(May – June), pp.52 – 61; http://www.atkearney.com(2004.4.28. 검색)

8) Steven J. Hood, *Political Development and Democratic Theory: rethinking Comparative Politics*(N.Y.: M. E. Sharpe, 2004), pp.100 – 101.

9) Paul Hirst, *op. cit.*, pp.157 – 158.

10) David Held, *op. cit.*, pp.82 – 83.

빈곤국가와 부국 간의 불평등의 심화 국가 간 빈부격차의 증대를 반세계화 운동
이 비판하지만 이러한 문제도 결국 UN 같은 국제기구에서 논의하여 원조나 지
원정책으로 해결하려는 것이다.11) 물론 글로벌민주주의 실천을 위해서도 부국
스스로가 이러한 불평등을 해결하기 위해 노력해야 할 것은 당연하다 할 것이
다. 반글로벌자본주의자(anti-Global Capitalist)들이 시애틀, 프라하, 워싱턴, 다
보스 등에서 인간의 얼굴을 가진 세계화를 위하여 저항하고 있는 것에도 당연히
국제사회가 관심을 가져야 할 것이다.12) 미국을 비롯한 선진국의 민간단체들은
동구권, 발칸, 러시아, 우크라이나, 중동, 아프리카지역 등의 민주주의 발전을 위
한 글로벌민주주의 프로그램을 운영하고 있다.13) 글로벌민주주의는 결국 성숙된
민주주의를 개별국가에 적용하고 이끌어 주면서 국제사회가 민주적 평화를 통하
여 분쟁과 갈등을 최소화하려는 노력인 것이다.

2. 글로벌민주주의의 현실적 적용

최근에 와서 한 개별국가 내의 선거 과정, 경쟁적 정당제, 의회정치, 관료수준,
시민사회 활성화 등이 국제사회에서 감시와 평가의 사례로 분석되고 국가별 순
위를 정하는 네 활용되며 반내로 타 국가에 영향을 주는 글로벌민주주의의 실천
대상이 되고 있다.14) 국제사회에서 시민자유지수, 부패지수, 선거의 공정성과 자
유에 대한 지수, 정부의 질 지수가 좋게 나오는 국가, 즉 부패지수가 작고 경제
적 자유지수가 큰 국가는 경제성장률이 높다는 식의 설명을 할 수 있는 것이
다.15) 우크라이나도 예외는 아닌 것이다. 물론 국제사회에서 국가 간 치열한 경

---

11) *John Rapley, Globalization and Inequality: Neoliberalism's Downward Spiral*(London: Lynne Rienner
   Publishers, 2004), pp.88-90.

12) Paul Hirst, op. cit., p.164; James heartfield, "Contextualising the anti-capitalism movement in
   global civil society", in Gideon baker and David Chandler(ed.), op. cit., pp.85-93.

13) The League of Women Voters, Global Democracy Programs. *http://www.lwv.org/join/global*(2005.4.26.
   검색)

14) Lipset, Seymour Martin, The democratic century(The Univ. of Oklahoma press, 2004), pp.36-37.

15) Alice Sindzingre, "Truth, Efficiency and Multilateral Institutions: A Political Economy of Development
   Economics", in *New Political Economy*, Vol.9, No.2, June 2004, p.240.

쟁이 존재하고 아무리 보편사적인 기준이 적용되더라도 정치적으로 외교적으로 이를 거부하면 그만이다. 그럼에도 불구하고 인권의 신장, 세계평화와 인류공동체사회 구현을 목표로 글로벌민주주의가 확산되어 가는 것이 국제사회의 보편사적인 흐름이라면 반드시 거기에도 일정 기준의 규칙과 원칙이 존재하고 있다는 것을 인식해야 한다. 이를 지킬 때 존중받고 이를 어길 때 비난과 비판을 받는 것이다. 그래서 언젠가는 이를 반드시 평가받게 되는 것이다. 이처럼 세계화는 직·간접으로 민주주의를 진전시키고 있는 것이다.[16]

당장 미국의 이라크전쟁 수행에 대하여 유럽의 여러 나라가 반대하고 있는 것도 같은 맥락이다. 미국이라고 글로벌민주주의에서 예외는 아닌 것이다. 우크라이나나 러시아도 마찬가지이다. 잘못하면 국제사회로부터 비난받고 잘하면 존중받는 것이다. 특히 INGO의 활동이 글로벌 거버넌스의 개념하에서 평화유지, 인권문제나 전쟁문제에 있어 점점 더 증대되고 있다.[17] 이것은 바로 국가의 신뢰, 이웃 국가와의 진실한 협력, 민주적 평화, 조약, 협약이나 약속의 성실한 이행 등과 같은 것으로 국제사회에서 평가받는 것을 뜻하는 것이다. 예컨대 우크라이나와 EU나 러시아와의 협력관계가 과연 이러한 기준에 부합하는지에 대하여 국제사회가 이를 양해하느냐 못 하느냐에 따라서 이들 국가의 평판은 달라질 수도 있는 것이다. 예컨대 세계화 지수로 세계 1위인 아일랜드(2002, 2003, 2004년)는 국제사회에서 아일랜드정신으로, 핀란드는 국제투명성기구가 발표한 투명지수가 세계 1위(2000, 2001년)로서 부패가 없는 나라라는 국가브랜드를 얻었고 핀란드 정체성이 되었다.[18] 그러나 2000년 기준 국민소득이 룩셈부르크가 45,100$, 에티오피아가 100$이라는 국가 간 격차를 보는 것도 중요하나 반대로 이러한 대를 잇는 국가 간 빈부격차를 줄이는 노력과 인도주의를 실천하는 것도 글로벌민주주의의 소중한 과제인 것이다.[19]

---

16) Jagdish Bhagwati, *In defense of Globalization*(Oxford University press, 2004), p.93.

17) Mariana Valverde and Michael Mopas, "Insecurity and the dream of targeted governance", in Wendy larner, William Walters(ed.), *Global governmentality: Governing international spaces*(London: Routledge, 2004), p.235.

18) http://www.oecd.org(2005.10.12. 검색). 핀란드는 국제경쟁력지수, 이동전화·인터넷 보급률이 세계 1위이고 1세 미만 유아사망률이 세계최저이며(0.4%), 여성의 사회진출이 대단히 활발하고 남녀평등이 세계적으로 잘 실현된 국가로 정체성을 확립하고 있다.

선진국가가 추구하는 민주주의 제도화와 공고화, 국가의 투명성과 국가의 신뢰도 신장, 인권의 보장과 자유의 확대, 휴먼이즘 확대, 부정과 부패에 대한 척결, 이웃 국가와의 경제적 군사적, 외교적 협력관계 강화, 이웃 국가와의 분쟁에 대한 민주적 평화로 해결 등이 오늘날 글로벌민주주의의 내용이며 평가기준이라고 할 것이다. 이러한 맥락에서 같은 지역에서 이웃하고 있는 국가와의 갈등과 분쟁을 최소화하고 서로 세계평화와 국제적 협력을 한다는 것은 우크라이나가 글로벌민주주의를 실천하는 민주화 진행 국가로서 기본적 과제인 것이다.

이러한 글로벌민주주의 실천 기구 및 조직체는 다음과 같다.

첫째 국제연합(UN)이다. 국제평화와 안전유지를 주요 목적으로 하는 보편적 평화기구로 가장 진보한 일반적이고도 포괄적인 국제기구이며 주권국가의 연합체이며 각 가입국의 주권은 안전보장이사회(Security Council)의 상임이사국제도를 예외로 하고는 모두 평등하다.[20] 헬드(David held) 는 민주주의, 세계화, 글로벌 거버넌스를 강조하면서 UN의 20가지 글로벌 이슈 중 하나를 보면 평화유지, 갈등해결, 테러방지 등이 있고, UN의 밀레니엄 발전목표(1999 - 2015)를 보면 극단적인 빈곤과 굶주림 근절, 보편적 초등교육 달성, 양성평등과 여권 신장, 영아 사망율 축소, 환경보존 확립, 발전을 위한 글로벌 동반자 증대 등이다.[21] 또 다른 예로는 1999년 11월 15일 미국과 중국은 국제무역기구(WTO: World Trade Organization) 가입조건에 관한 13년간의 협상을 마치고 미국의 기업들이 넓은 중국시장으로 진출하는 것과 중국이 134번째로 WTO회원국이 되는 것을 인정하는 협정에 서명한 경우이다.[22]

둘째, 북대서양조약기구(NATO)이다. 나토에 대칭되었던 바르샤바조약이 폐기되었고 99년에는 체코, 폴란드, 헝가리 등 동구권 국가가 합류하였고 2004년에는 에스토니아, 리투아니아, 라트비아, 슬루베니아, 슬루바키아, 루마니아, 불가리아 등 7개국이 합류하여 EU보다 1개국이 많은 26개국으로 확대되었다. 이미 냉

---

19) William A. Edmundson, *An Introduction to Rights*(N.Y.: cambridge Univ. press, 2004), pp.275 - 3766.

20) ≪중앙일보≫, 2001년 5월 31일 - 6월 5일.

21) David Held, *op. cit.*, pp.12 - 13 & 64 - 65.

22) http://www.wto.org(2005.4.10. 검색). 관세 및 무역에 관한 일반협정(GATT)의 125개국은 94년 4월 15일 마라케시에서 국제무역기구체제를 출범하여 UR 최종의정서에 서명하여 새로운 국제경제협력시대를 열었다.

전체제하에서의 미·소관계가 아니고 러시아가 적대국가가 아닌 것으로 전환되고 있다. 그러나 최근 러시아는 우크라이나와 그루지야가 나토에 가입할 경우 외교경제제재 등의 응징에 나설 것을 천명하는 등 문제가 없는 것은 아니다.[23] 미국 국방부는 북한, 중동남아시아, 중앙아시아 등 불안정 지역이 미국의 국가안보에 가장 큰 잠재적 위협이 되고 있다는 판단 아래 해외 주둔 미군을 50년 만에 최대 규모로 재배치하고 있다.[24] 그럼에도 불구하고 여전히 다른 지역보다도 글로벌민주주의 원칙하에서 움직이고 있다는 점에 이의가 없다. 물론 서구에 의해 일방적으로 행해지는 일방적인 국제적 기준을 강압적으로 해서는 안 될 것이다.

셋째, 유럽연합(EU)이다. 이를 주목하는 것은 개별 국민국가들의 글로벌민주주의 실천이나 순위가 매우 근접한 정도로 지역의 정체성을 형성하고 있다는 점이다. 유럽 이외의 타국인이 유레일패스를 갖고 있으면 EU의 거의 모든 국경을 통과할 수 있다. 그만큼 이웃 국가 간의 신뢰와 협력이 깊이 자리 잡고 있는 것이다. 체코, 헝가리, 폴란드, 슬로바키아, 리투아니아, 에스토니아, 라트비아, 슬로베니아, 키프로스, 몰타 등 10개국이 2004년 5월 1일 정식 회원국이 되었다. 그런데 터키, 불가리아, 루마니아는 탈락하였다. 다만 루마니아와 불가리아는 가입기준이 미달하여 2005년 4월 25일 가입동맹국서명을 하였고 가입 시기는 2007년 1월로 연기되었다.[25] 99년 후보국이 된 터키는 가입협상 시기를 정할 수 없다고 무기한 보류를 결정하였다. 거절 이유는 경제 불황, 고문, 사형제도, 쿠르드족에 대한 인권탄압 등 EU기준에 어긋나기 때문이다.[26] EU는 자유, 민주주의, 인권존중과 소수민족, 난민, 이민자들에 대하여 EU 국가 내에 어느 곳에서도 보호한다는 글로벌민주주의를 강력하게 실천하고 있는 것이다.[27] 이제는 한 개별국가의 문제를 국제사회가 나서서 해결해 가는 글로벌민주주의가 보편화되어 가고 있는 것이다. 우크라이나 유시첸코 대통령도 자기의 목표는 EU 가입이라고 지난 2005년 취임식에서 공언한 바 있다.

---

23) ≪중앙일보≫, 2005.9.15.

24) *The Wall Street Journal*, 2003.5.28.

25) http://www.reuters.com(2005.4.26. 검색)

26) Desmond Dinan, *Europe Recast: A History of European Union*(London: Lynne Rienner Publishers, 2004), pp.275-276.

27) *Ibid.*, p.292.

넷째, 경제협력개발기구(OECD)이다. 이는 경제, 통계, 환경, 발전협력, 공공거
버넌스, 무역, 재정·기업, 과학·기술·산업, 고용·노동·사회복지, 교육, 식
량·농업·수산업 등 11개 부문의 부서에서 매년 전 세계 국가를 대상으로 철
저한 분석조사발표를 하고 있다. 그리고 국제에너지, 핵에너지, 운송, 발전, 교육
조사 및 혁신, 서아프리카지역클럽 등의 반자율적인 부서가 있다. 이처럼 글로벌
한 국제기구를 통해서 각 국가의 경쟁력과 실적을 순위별로 발표하는 것이다.[28]
멕시코나 그리스 경우는 예외라고 하더라도 OECD 가입국 하면 국제사회에서
미국이나 EU 국가를 중심으로 한 선진국, 민주주의국가로 정체성을 확립했다고
해도 과언이 아닌 것이다.[29] 벨지움, 그리스, 이태리, 스페인의 개혁 과정에서도
OECD와 EU의 제안을 동시에 함께 수용할 때 더 큰 국민적 동의를 얻고 있다.[30]

OECD는 결정(30), 권고(121), 협정(1), 합의(2), 협약(6), 선언(14), 지침(4), 약정
(1) 등 181개의 법령을 통하여 국제적인 기준을 만든다.[31] G7, G8, G9, G10,
G20, G22, G24, G30 등 G들의 소리가 거버넌스 구조 속에서 OECD에 신선한
도전을 하고 있는 것이다.[32] 헝가리, 폴란드, 체코, 슬로바키아 등 동구권 국가의
가입으로 이들 국가의 국제사회에서의 정체성이 뚜렷이 부각되었고, 글로벌민주
주의는 한층 더 발전되었다.

다섯째, 프리덤 하우스(Freedom House)다. 이는 매년 자유와 테러리즘, 종교,
선거민주주의, 경제적 부와 빈곤 등의 관계를 분석한다. 그리고 정치적 권리(Political
Rights)와 시민의 자유(Civil Liberties)의 변수로 각 국가의 자유의 정도를 평가하
고 있다. 물론 정치적 권리에는 ① 선거 과정, ② 정치적 다원주의와 참여, ③
정부의 기능 등이 주요변수로 조사된다. 시민의 자유는 ① 표현과 신앙의 자유,
② 집회결사의 자유, ③ 법의 통치, ④ 개인의 자율성과 인권 등이 변수로 조사

---

28) Martin Marcussen, "multilateral surveillance and the OECD: playing the idea game", in Klaus
   Armingeon, *op. cit.*, pp.22 - 23.

29) *Ibid.*, pp.41 - 42.

30) Klaus Armingeon, "OECD and national welfare state development", in Klaus Armingeon, *op. cit.*,
   pp.230 - 231.

31) Richard Woodward, "the Organisation for Economic Cooperation and Development", *in New
   Political Economy*, Vol.9, No.1, March 2004, p.121.

32) *Ibid.*, p.121.

되었다.[33] 이는 글로벌민주주의의 기준과도 부합된다고 본다. EU 국가와 북·남미국가 등 39개국이 평균치 1.0의 점수를 받았다. 반면 북한, 버마, 쿠바, 리비아, 사우디아라비아, 수단, 시리아, 투르크메니스탄 등 8개국이 평균치 7점을 받았다. 이것도 일종의 각 국가의 인권에 대한 국제사회의 압력인 것이다.

여섯째, 국제투명성기구(TI)다. 93년 비정부기구로 출범한 국제투명성기구(TI: the Berlin-based group Transparency International)는 신UN부패헌장(UN Convention on Corruption)이나 OECD뇌물헌장(OECD Bribery Convention)과 연계하여 국가별 투명성을 조사하고 있다.[34] OECD가 중심이 돼서 만든 부패방지협약은 뇌물을 준 기업을 응징토록 되어 있다. 부패라운드로 불리는 국제기구들의 부패척결운동은 국제무역으로 먹고사는 한국으로는 긴밀히 대응해야 한다. 글로벌한 부패의 척도가 되고 있다. 부패인식지수(CPI :Corruption Perceptions Index)가 뇌물받는 쪽에 대한 지수라면 뇌물공여지수(BPI:Bribe Payers Index)는 뇌물 주는 쪽에 대한 지수라고 할 것이다.[35]국제투명성기구에서 개발한 부패지수(Corruption Index)도 국가신뢰도와 경쟁력을 알 수 있는 비교기준이 되고 있는 것이다.

제3절 우크라이나 대통령 선거 과정과 글로벌민주주의

1. 우크라이나 민주적 선거 과정

1) 1999년 대통령 선거

1999년 쿠츠마와 시모넨코와의 2차까지의 결선투표에서 무난히 민주적 선거의 시험을 경험한 바 있다. 민주화 과정에서의 정치과열과 혼란 등이 민주주의

---

33) Aili Piano & Arch Puddington, *Freedom in the World 2004*(N.Y.: Freedom House, 2004), pp.716-718.

34) Devid Held, *op. cit.*, pp.82-84.

35) http://www.transparency.org/activities(2005년 3월 23일 검색); *Global Corruption Report 2005*.

제도화에 대한 장애가 되는 경우가 보통 있으나 다행이 99년의 우크라이나 대통령 선거는 결선투표까지 이르는 팽팽한 긴장감이 있었지만 심의민주주의의 틀에서 벗어나지 않고 원만한 민주적 선거절차를 보여 주었다. 시민사회 활성화, 정당갈등, 권위주의엘리트 출현, 동서지역갈등, 경제적 빈곤 등이 우크라이나에도 민주적 선거에는 부정적 요인으로 나타났지만 슬기롭게 넘어갔다. 그리고 유시첸코와 티모센코는 1999년 쿠츠마 대통령 정부에서 총리와 부총리로 처음 만난 후 민주화의 협력자가 되었다. 이를 위협으로 여긴 쿠츠마는 유시첸코를 경질하고 티모센코는 뇌물수수죄로 구속한 바 있다. 이후 두 사람은 야당블록을 결성하고 쿠츠마 측에 맞서 결국 2004년 민주화 승리의 주역으로 떠올랐다.[36] 쿠츠마 이후의 차기 대통령 선거에서의 유시첸코와 야누코비치의 대립과 경쟁관계는 과연 우크라이나가 민주화 성공과 글로벌민주주의로의 편승을 할 수 있는지 없는지의 최대의 시금석이었다.

2) 우크라이나 대통령 선거 항의 민주화 시위(2004년)

2004년 10월 31일 실시된 대통령 선거 1차 투표에서 1, 2위를 차지한 야당 후보인 빅토르 유시첸코 전 총리, 빅토르 야누쿠비치 현 총리가 재대결을 벌였다. 당시 1차 투표에서는 39.87%를 획득한 유시첸코가 39.32%에 그친 야누코비치를 0.55% 포인트 차로 앞섰다. 결국 우크라이나 중앙선관위는 2차 투표에서는 야누코비치가 49.46%의 득표율로 46.61%의 유시첸코를 누르고 승리했다고 밝혔지만 시민들의 재선거요구의 민주화 열기와 글로벌민주주의를 통한 국제사회에서의 대대적인 관심과 여론으로 의회와 대법원은 이를 무효화하였다. 2004년 12월의 재신거는 극렬한 민주화 과성에서 11월 21일 있은 2차 투표에 대해 대법원이 2004년 12월 3일 무효 선언과 함께 재선거 실시를 결정한 데 따른 것으로 우크라이나 시민의 승리였다고 할 것이다. 유시첸코 지지자 20만여 명은 수도인 키예프 독립광장에 모여 부정선거가 자행됐다며 시위를 벌였고 유시첸코의

---

36) ≪조선일보≫, 2005.9.21.

표밭인 서부의 르보프, 테르노필 등 4개 도시는 야누코비치를 대통령으로 인정할 수 없다는 선언을 발표했다.[37]

사태가 과격 양상을 띠게 된 것은 11월 24일 중앙선관위가 "야누코비치가 49.46%의 득표율로 46.61%를 얻은 유시첸코를 제치고 최종 승리했다."고 공식 발표하면서 비롯됐다. 유시첸코는 다음 날인 11월 25일 법원에 선거무효소송을 제기했고 대법원은 당일 밤 이를 받아들여 대법원의 조사가 이뤄질 때까지 선거 결과 공표를 금지키로 결정했다.

하지만 11월 28일에는 야누코비치의 지지 기반인 동부의 도네츠크 주(州)에서 자치공화국 수립을 위한 주민투표를 결의하는 등 극심한 동서 분열 양상을 보이기도 했다.

의회(라다)는 11월 27일 비상총회를 열어 선거 무효를 결의했으며 12월 1일에는 야누코비치 총리 내각에 대한 불신임안을 결의하며 대정부 압박을 강화했다.

11월 29일 대법원이 유시첸코가 제기한 무효 소송에 대한 심의에 착수한 데 이어 쿠츠마 대통령은 이날 새로운 후보가 참가하는 재선거 실시를 처음으로 제안했다.

유시첸코는 12월 1일 쿠츠마 대통령, 야누코비치, 국제 중재단과 2차 협상을 가진 뒤 12월 19일 재선거를 치르자고 주장했다. 11월 27일 비상 총회를 연 우크라이나 국회(라다)에서도 선거 무효와 이에 따른 재선거 실시 주장이 제기됐다. 의회는 2004년 11월 21일 치른 대통령 선거는 무효이며 유권자들의 의사를 대변하는 데 실패했다는 결의문을 채택했다. 또 중앙선관위가 헌법과 관련법에 따른 의무의 수행에 실패했다며 중앙선관위에 대한 불신임을 결정했다.

---

37) 「연합뉴스」, 2004.12.26.

〈표 5-1〉 우크라이나 대통령 선거 결과(2004.10.31.)

후보자	소속 정파	득표율(%)	득표수
Viktor A. Yushchenko	Self-nominated	39.87	11,125,395
Viktor Yanukovych	Party of Regions	39.32	10,969,579
Oleksander Moroz	Socialist party of Ukraine	5.81	1,621,154
Petro Simonenko	Communist party of Ukraine	4.97	1,388,045
Nataliya Vitrenko	Progressive Socialist party of Ukraine	1.53	426,897
Anatoliy Kinah	Party of Manufacturers and Entrepreneurs of Ukraine	0.93	260,890
Olaksander yakorenko	Communist party of Workers and Peasants	0.78	218,214
Oleksander Omelchenko	Unity Party	0.48	136,502
Leonid Chernovetsky	Self-nominated	0.45	128,037
Yuriy Zbitnyev	New Power party	0.05	16,249
Oleksander Bazilyuk	Slavic party of Ukraine	0.03	8,917
Vitaly kononov	Green Party of Ukraine		withdrew
other(write-in)		2.98	834,425
none		1.98	556,963

(자료) PAP; Joanne Maher(ed.), The Europa World Year Book 2004. vol. II (London: Europa Publications, 2004).

볼로디미르 리트빈 국회의장은 의회가 선거 결과를 법적으로 무효로 하고 선관위를 불신임할 권한은 없지만 이를 지지하는 정치적 결의를 채택할 수 있다고 강조했다. 한편 11월 27일 수도인 키예프에서는 유시첸코 지지자들이 주요 정부청사를 둘러싸고 출입을 봉쇄했으며 7천 명의 지지자들은 의회 비상총회 개시에 맞춰 건물을 둘러싸고 '유시첸코!'를 연호했다. 우크라이나 민주화 시위에서 휴대전화가 혁명의 무기가 된 것은 휴대전화를 통해 사람들이 여론을 형성하고 전파하는 속도가 빨라졌기 때문이다.[38] 반대로 야누코비치의 지지 기반인 동부와 남부 지역에서는 유시첸코를 비판하며 자치공화국을 세우겠다고 밝혀 국가 분열이 우려되고 있었다.

---

38) ≪한겨레신문≫, 2004.11.27. 미국의 저명한 과학 칼럼니스트 하워드 라인골드는 첨단장비에 능숙한 현대인을 '영리한 군중(smart Mobs)'이라고 지칭했다. 그는 "이들은 네트워크를 바탕으로 정보를 주고받으면서 사회의 각종 이슈나 사안에 직접 참여해 의견을 제시하고, 자신들의 생각에 맞지 않으면 직접 실력 행사에 나선다."고 정의했다. 클래런스 페이지 시카고트리뷴 칼럼니스트가 디지털카메라를 대량살상무기(weapons of mass destruction)에 빗대 '대량영상무기(weapons of mass photography)'라고 지칭한 것도 이런 가능성 때문이다.

이런 와중에 우크라이나 대법원은 지난 12월 3일 대선 2차 투표를 무효화하고 12월 26일까지 재선거를 실시하라는 판결을 내렸다. 유시첸코 진영이 벌여온 시위의 정당성을 인정한 것으로 이후 양 후보는 대통령 권한 약화를 골자로 한 개헌안과 선거 부정 재발을 막기 위한 선거법 개정안 처리 문제로 갈등을 빚었다. 결국 2004년 12월 8일 의회는 개헌안과 선거법 개정안을 일괄 의결함으로써 양 후보는 12월 26일 재선거를 앞두고 본격적인 준비에 들어갔다.

<표 5-2> 우크라이나 대통령 선거 과정

후보자	소속정파	1차 투표 (2004.10.31.)	2차 투표 (2004.11.21.)	재선거(3차 투표) (2004.12.26.)
Viktor Yushchenko	self-nominated	11,125,395 (39.87%)	46.69%	51.99%
Viktor Yanukovych	party of regions	10,969,579 (39.32%)	49.42%	44.19%

(자료) PAP; Joanne maher(ed.), The Europa World Year Book 2004, vol. II (London: Europa Publications, 2004).

3) 결선투표 무효와 재선거 과정

재선거 이후 관심사는 어느 후보가 당선되든 간에 또다시 충돌이 일어날 것인지에 있었다. 아무리 공정한 선거를 치렀다고 하더라도 양 후보의 지지 기반이 확연히 갈라져 있고 상대 후보를 대통령으로 인정하지 않겠다는 마당에 감정적 충돌이 발생할 수 있기 때문이다.

야누코비치의 지지 기반인 동부의 도네츠크, 루간스크 주(州)에서는 분리 독립을 위한 주민투표 실시를 일단 보류한 상태지만 야누코비치가 패배할 경우 분리의 목소리가 득세할지 모르는 상황이다. 이는 유시첸코의 텃밭인 르보프 등 서부 지역도 마찬가지다. 특히 유시첸코 선거 운동원들이 재투표가 결정된 후 50여 대의 차량을 몰고 동부 지역에 가서 선거 운동을 벌이려고 했지만 야누코비치 지지자들은 이들의 출입을 수차례 봉쇄하며 마찰을 겪었다.

그럼에도 불구하고 국제사회가 지켜보는 가운데 우크라이나 국민들은 성숙한 민주시민의식을 보였다. 그것은 글로벌민주주의의 영향 아래서 우크라이나에 대한 국제사회의 평가와 함께 우크라이나가 글로벌민주주의로 편승하고 있음을 의미한다.

최근 세계를 휩쓴 혁명의 물결 뒤에도 휴대전화가 자리하고 있다. 미국 뉴욕 타임스는 우크라이나의 오렌지혁명, 레바논의 백향목혁명 과정에서도 휴대전화 메시지는 시위대의 중요한 의사소통 수단이었다고 전했다.[39)]

오렌지혁명 당시 학생조직을 이끈 블라디슬라프 카스키우 씨는 인터넷과 휴대 전화를 통해 내용을 전파하고 동지를 모았다며 첨단기술이 없었다면 혁명은 불 가능했을 것이라고 말했다.[40)] 유시첸코는 우크라이나에서 새로운 정치 원년이 시작되었으며 새로운 시대의 시작이자 위대한 민주주의의 시작이라고 강조했다.

당시 우크라이나 시위대가 오렌지색을 택한 것은 혁명의 상징이라고 생각해서 였다. 결국 대통령 재선거(2004.12.26.)에서 우크라이나 서부에서는 유시첸코 최 고 96.03%(서부 유럽 접경 지역) – 최저 63.42%(서부의 최동부 지역), 동부에서 는 야누코비치가 최고 93.54%(러시아 접경 지역) – 최저 51.32%(동부의 최남부 크리미아 인근 지역)를 얻는 등 지역대립이 분명했지만 결국 유시첸코가 당선되 었다.[41)]

2. 우크라이나 대통령 선거 과정에 대한 국제사회의 관심

1) 유시첸코 후보 독극물 중독건

한편 유시첸코는 지난 12월 11일 오스트리아의 병원에서 얼굴 변형에 대한 정밀 검사를 받고 그 원인은 독성 화합물인 다이옥신에 의한 약물 중독이라는 판정을 받았다.[42)]

---

39) The New York Times, 2004.11.27.

40) http://www.kr.ks.yahoo.com: 2005.6.13. 검색.

41) 재선거의 총유권자 수는 2차 투표 당시의 3천700만 명 수준이었다. 11월 20일 양 후보 간 TV 토론을 앞두 고 14~19일 우크라이나 여론정보센터가 전국 유권자 2천8명을 대상으로 실시한 여론조사에 따르면 유시첸코 가 53.3%의 지지율로 야누코비치(41.7%)를 11.6% 포인트 앞선 것으로 나타났다. 양 후보 간 TV 토론 직후 실시한 여론조사에서는 시청자의 73%가 유시첸코를 지지했다.

42) 유시첸코는 2004년 대선 1차 투표를 앞둔 9월 5일 우크라이나 국가보안국 국장 일행과 저녁식사를 한 뒤 복 통과 함께 얼굴 피부가 심하게 손상되는 증세를 보였다. 곧이어 이뤄진 수도 키예프 병원에서 1차 검진결과 식 중독 진단을 받았으나 오스트리아 병원에서는 다이옥신 중독이라고 확인했다. 다이옥신 중독설은 2004년 12 월 치러진 우크라이나 대선에서 야당 후보였던 유시첸코 후보의 승리에 결정적 역할을 했다.

　　12월 26일 재선거가 예정된 가운데 유시첸코 후보에 대한 독살 음모 기도가 밝혀지면서 드라마는 더욱 고조되고 있다. 현재 치열한 재선거 열풍이 우크라이나 전역을 몰아치고 있는 가운데 빅토르 유시첸코 야당 후보가 대선 재결선 유세에서 크게 앞섰다.

　　유시첸코는 현 정권이 이를 자행했다고 주장했으며 재선거 이후 진상을 철저히 가리자고 밝혔다. 이는 빅토르 야누코비치 측이 독극물 중독을 주도했다는 의혹 때문이었다. 유시첸코는 대통령에 취임한 뒤인 1월 말, 자신이 중독된 다이옥신이 어디에서 온 것인지 알고 있다고 밝힌 바 있다. 그는 이 물질은 러시아 미국을 비롯한 몇몇 국가의 4-5군데 군 실험실에서 생산된다며 우크라이나 보안 당국은 이 물질이 어떻게 우크라이나로 들어왔는지에 대한 증거 있다고 주장했다. 그러나 유시첸코 대통령의 독극물 중독검사에 참여했던 오스트리아의 병원 루돌피너하우스의 로타르 비케 박사가 최근 유시첸코의 혈액에서 독극물이 발견되지 않았다고 주장했다. 비케박사는 유시첸코의 중독 사실을 부인했다는 이유로 병원에서 해고당했다. 유시첸코 후보 측으로부터 살해협박까지 받았다. 유시첸코 후보는 2004년 9월 9일과 9월 30일 두 차례에 걸쳐 루돌피너하우스 병원에서 검사를 받았다. 비케 박사는 검사 후 유시첸코의 혈액 안에서 독극물 흔적을 발견할 수 없다고 밝혔다. 독극물 흔적이 있어 추가 검사가 필요하다는 병원 측 입장을 반박한 것이었다. 얼마 뒤 비케는 병원 측으로부터 유시첸코 검진결과에 대한 견해를 바꿀 것을 요구받았다. 유시첸코 후보 지지자들이 병원에 압력을 행사하고 있다는 이유였다. 그래도 비케 박사가 독극물 검출 확인을 거부하자 그의 집으로 낯선 사람의 협박 전화가 걸려왔다. 그는 어색한 영어로 조심하라. 당신의 생명이 위험하다고 경고했다. 이후 경찰은 비케 박사와 가족에 대한 밀착 경호를 계속해 왔다. 비케 박사는 부당해고를 이유로 병원 측을 고소한 상태이다.[43] 어느 쪽이 진실이든 간에 이는 우크라이나 대통령 선거가 국제사회와 깊은 연관이 있음을 보여 주는 단적인 사례이다.

---

43) ≪중앙일보≫, 2005.3.29.

2) 친러파와 친서방파의 대결장

사실상 2004년 11월 21일 치러진 우크라이나 대통령 선거 결선투표 직후 친러시아파인 빅토르 야누코비치 총리가 승리한 뒤 승리가 예상됐던 친서방 후보 빅토르 유시첸코 야당 후보 지지자 수십만 명이 부정선거를 외치며 수도 키예프 독립광상에 모여 재선거를 족구했다. 독일을 방문 중인 블라디미르 푸틴 러시아 대통령도 12월 21일 유시첸코가 당선되어도 개의치 않을 것이라고 화해의 손짓을 보였다. 푸틴은 게르하르트 슈뢰더 독일총리와 회담이 끝난 뒤 예전에 유시첸코와 협력했으며 우리 관계는 나쁘지 않다며 유시첸코가 당선되어도 아무 문제가 없다고 강조했다.

12월 26일 실시된 재투표 종료 직후 실시된 3개 조사기관의 출구 조사 결과는 유시첸코가 친러시아 성향의 빅토르 야누코비치 후보를 15 - 20%의 표 차이로 크게 앞지른 것으로 나타났다.[44] 유시첸코는 민족주의 성향이 강한 우크라이나어 사용 지역인 서부 농촌 주민들의 지지를 얻고 있으며 EU와 NATO 가입과 민주주의 확대를 공약으로 내세우고 있다. 반면 산업화된 친러시아 동부 지역에서 인기를 얻고 있는 야누코비치는 러시아와의 전통적인 동맹관계를 강화할 것임을 강조한 바 있다.

---

44) ‘연합뉴스’, 2004.12.27. 국영 우크라이나 사회조사연구소와 사회감시센터의 출구 조사 결과는 유시첸코 58.1%, 야누코비치 38.4%의 득표율을 보여 줬으며 서방세계가 지원하는 라줌코프 정치학 연구소 및 키예프 국제사회학 연구소의 출구조사는 유시첸코 56.5%, 야누코비치 41.3%, 미국 공화당의 출구조사기관인 프랑크 런츠와 워싱턴의 시장조사회사 더글러스 쉰은 유시첸코 56%, 야누코비치 41%의 득표율을 각각 기록했다.

<표 5-3> 우크라이나 대통령 선거 과정과 글로벌민주주의 관계

일 자	우크라이나 대통령 선거 과정	글로벌민주주의 관계
2004.10.31.	빅토르 유시첸코 야당 후보가 대선 1차 투표에서 빅토르 아누코비치 여당 후보에 0.5% 차로 승리. 과반수 득표에는 실패	–
2004.11.21.	2차 결선 투표 실시: 아누코비치(49.42%) 유시첸코(46.69%)	블라디미르 푸틴 러시아 대통령 아누코비치 공개적인 지지 (서방국가의 전폭적인 지지를 받은 유시첸코 지지 시위대 핵심 정부기관들을 봉쇄.).
2004.11.24.	유시첸코 약 3% 차로 아누코비치에게 패배. 유시첸코 진영 선거 결과 불복 운동전개, 여야 결선 재투표 합의.	11월 25일부터는 국제적인 중재 노력 가시화: 레흐 바웬사 전(前) 폴란드 대통령이 키예프 방문. 11월 26일 밤에는 쿠츠마 대통령과 두 후보, 알렉산드르 크바스니예프스키 폴란드 대통령 등 국제 중재단이 모여 협상 시작.
2004.11.27.	–	유럽연합(EU) 순회 의장국인 네덜란드의 벤 보트 외무장관은 새로운 선거를 치르는 것이 가장 훌륭하고 이상적인 대안이라고 발언.
2004.12.3.	대법원판결 12월 26일 재선거(rerun)	–
2004.12.11.	–	오스트리아 루돌피너하우스 유시첸코 독성화학물인 다이옥신 중독 공식 발표
2004.12.20.	아누코비치는 레오니드 쿠츠마 현 정권과 거리를 두는 발언으로 자신이 수구정치인이라는 인상을 벗는 데 주력. 반면 유시첸코는 상대 후보의 지지 기반인 동부 지역 주로 방문. 선거로 분열된 지역 간 분열을 그만두고 화합할 것을 촉구함.	유시첸코 진영은 러시아는 대국일 뿐만 아니라 우크라이나에게는 큰 이웃이자 영원한 전략적 파트너라고 치켜세움. 유시첸코는 러시아어를 우크라이나의 제2 공용어로 사용하자는 주장에 대해 기존의 반대 입장에서 한발 물러나 토론을 통해 결정할 수 있다는 입장을 밝힘.
2004.12.21.	아누코비치는 레오니드 쿠츠마 대통령과 거리를 두면서 러시아 일변도에서 벗어나 서구와의 협력 의지를 과시함.	아누코비치는 우크라이나 주재 외교단에게 나토 가입에 찬성한다는 입장을 처음으로 밝힘(선거 기간 내내 나토 가입을 부정).
2004.12.26.	유시첸코 결선 재투표에서 52.2% 득표해 약 8%차로 아누코비치에게 승리. 아누코비치 44.19%	재투표 참관을 위해 중앙선관위에 공식 등록한 국제 감시단 규모가 1만 2,187명 정도
2004.12.31.	아누코비치 패배 인정. 총리 사임	–
2005.1.6.	대법원 아누코비치 요구 거절	–
2005.1.10.	선거관리위원회 유시첸코 승리 선언	–
2005.1.11.	최종선거 결과 인쇄	–
2005.1.23.	대통령취임식	–
2005.3.28.	–	러시아 일간 이즈베스티야, 영국 데일리 텔레그래프 등은 유시첸코 중독설은 거짓이라고 주장.

야누코비치와 러시아로부터 유시첸코의 선거운동 비용을 지원했다는 비난을 받아 온 미국은 이날 투표가 끝난 뒤 우크라이나에 공정한 개표를 촉구했다. 한편 우크라이나의 권위 있는 비정부 선거감시기구인 우크라이나 유권자위원회는

이날 투표에서 대규모 부정이 적발되지 않았다고 말했다. 1만 2천542명이란 유례없는 규모의 외국인 선거 감시단을 동원한 이 위원회는 투표 마감 직후 발표한 성명에서 초기 개표 결과에 따르면 대규모 부정은 없었다고 말했다.[45] 재선거에 나서는 두 후보는 지난 12월 8일 우크라이나 의회(라다)가 대통령의 권한 약화를 골자로 한 개헌안과 공정 선거 보장을 위한 선거법 개정안을 일괄 승인한 뒤 본격적으로 선거전에 뛰어들었다. 친서구와 친러 성향을 각각 대변하는 유시첸코와 야누코비치 후보는 재투표에 앞서 역설적으로 기존의 부정적인 이미지를 탈피하는 데 힘을 쏟아 왔다. 먼저 야누코비치는 레오니드 쿠츠마 대통령과 거리를 두면서 러시아 일변도에서 벗어나 서구와의 협력 의지를 과시했다. 야누코비치는 지난 12월 21일 우크라이나 주재외교단과 가진 회견에서 나토 가입에 찬성한다는 입장을 처음으로 밝히기도 했다. 선거 기간 내내 NATO 가입을 부정해 왔던 그는 우크라이나 정치 상황과 안보를 위해서는 NATO 가입은 필수라고 주장했다. 야누코비치는 또 레오니드 쿠츠마 현 정권과 거리를 두는 발언으로 자신이 수구정치인이라는 인상을 벗는 데도 주력해 왔다. 지난 20일 유시첸코와 가진 TV 토론에서 우리 두 후보는 힘을 합쳐 낡은 현 정권을 퇴장시켜야 한다고 말하기도 했다.

반면에 유시첸코 진영은 미국 등 서구뿐만 아니라 러시아와도 좋은 관계를 유지할 수 있는 정치인이라는 이미지를 부각시켜 왔다. 그는 러시아는 대국일 뿐만 아니라 우크라이나에게는 큰 이웃이자 영원한 전략적 파트너라고 치켜세웠다. 유시첸코는 러시아어를 우크라이나의 제2 공용어로 사용하자는 주장에 대해 기존의 반대 입장에서 한발 물러나 토론을 통해 결정할 수 있다는 입장을 밝히기도 했다. 유시첸코는 특히 상대 후보의 지지 기반인 동부 지역을 주로 방문해 선거로 분열된 지역 간 분열을 그만두고 화합할 것을 촉구하기도 했다. 그만큼 우크라이나 대선은 국제사회 및 국제정치조류와 직·간접으로 연계되어 있었다.

---

45) 「연합뉴스」, 2004.12.27.

3) 국제사회의 대통령 선거 관심과 민주주의 선거 감시 역할

EU 순회 의장국인 네덜란드의 벤 보트 외무장관은 11월 27일 새로운 선거를 치르는 것이 가장 훌륭하고 이상적인 대안이라며, 연내에 가장 빠른 시일 내에 실시해야 한다고 밝혔다. 11월 25일부터는 국제적인 중재 노력도 가시화되면서 레흐 바웬사 전 폴란드 대통령이 키예프를 찾았다. 11월 26일 밤에는 쿠츠마 대통령과 두 후보, 알렉산드르 크바스니예프스키 폴란드 대통령 등 국제 중재단이 모여 협상을 시작했으며 사태 해결을 위한 실무그룹 구성이 결정됐다. 특히 재선거 참관을 위해 중앙선관위에 공식 등록한 국제 감시단 규모가 1만 2,187명에 달할 만큼 우크라이나 대선은 올 연말 최고의 국제 이슈가 되고 있다. 이번 국제 감시단 규모는 1차 투표 때 2,354명, 2차 투표 때 5천여 명에서 2배 이상 늘어난 것이다. 유시첸코는(비공식 감시단원까지 포함해) 이번 재선거에 8만여 명의 외국 감시단원들이 와서 모든 투표소를 참관할 것이라고 말하기도 했다. 지난달 2차 투표에서 40명을 파견했던 캐나다는 이번에는 존 터너(75) 전 총리가 500여 명을 직접 이끌고 우크라이나를 찾았다. 캐나다에는 100만 명이 넘는 우크라이나계가 살고 있으며 캐나다는 1991년 우크라이나에 대해 제일 먼저 국가 승인을 했다. 미국은 100명 규모의 공식 감시단을 보냈으며 러시아 국가두마(하원)는 31명의 의원을 파견했다. 이러한 개별국가의 대선에 대한 국제사회의 관심은 바로 글로벌민주주의의 구체적인 실천의 예증이 되고 있는 것이다.

3. 우크라이나 민주화와 글로벌민주주의의 관계

1) 국제사회가 우크라이나 민주화에 미친 영향

구소련 국가들의 분열이 가속화되고 있다. 그루지야, 우크라이나, 아제르바이잔, 몰도바 등 4개국은 시민혁명바람에 편승해 친서방 노선을 강화하는 반면 벨로루시 같은 국가는 친러시아 노선에 박차를 가하고 있다.

(1) 친서방 조직 활성화

반러시아 친서방 노선을 표방하는 구소련 국가들의 협의체인 구암(GUUAM)은 지난 2005년 4월 22일 정상회담을 열고 활동재개를 선언했다. 구암은 1997년 그루지야, 우크라이나, 아제르바이잔, 몰도바 등 4개국이 러시아의 영향권에서 벗어나 미국 등 서방과의 협력을 통해 국가발전을 이루려는 목적으로 설립됐다. 99년 우즈베키스탄이 추가로 가입하면서 회원국들의 영문 머리글자를 따서 GUUAM으로 불리게 됐다. 구암은 회원국들 간 갈등으로 한때 해체 위기까지 갔었다. 그러다 최근 이 지역에서 시민혁명을 계기로 잇따라 친서방 정권이 들어서면서 재건 움직임이 본격화되었다. 참가국 정상들은 유럽 및 미국과의 협력을 더욱 강화하고 서구식 민주주의 도입에 노력하기로 합의했다.

(2) 친러시아 연대 강화

벨로루시의 알렉산드르 루카센코 대통령은 2005년 4월 22일 모스크바를 방문, 블라디미르 푸틴 러시아 대통령과 정상회담을 했다. 오래전부터 추진돼 오고 있는 러시아와의 국가통합 문제를 논의하기 위해서였다. 양국은 미국에 대한 양국의 공동 대응책 마련도 심도 있게 논의한 것으로 알려졌다.[46] 러시아가 5월 초부터 우크라이나에 대한 원유공급을 전반 정도 줄이면서 우크라이나가 오일쇼크에 빠졌다. 러시아 메이저 원유생산 업체들인 루코일, TNK-BP 등은 우크라이나의 대규모 정유회사들을 소유하고 있다. 러시아 기업들이 지난 5월 1일부터 가격수지가 맞지 않는다며 우크라이나에 대한 원유 공급량을 대폭 줄였다. 석유, 가스 등 전체 에너지원의 80% 정도를 러시아에서 수입해 쓰는 우크라이나 경제는 반달도 지나지 않아 휘청거리고 있다. 자동차용 기름이 부족해 대부분의 주유소가 차량당 10리터씩 제한 판매하고 있다. 일부 주유소들은 아예 고정구매 쿠폰을 가진 운전자들에게만 기름을 팔기도 한다. 유가가 급속히 치솟는 것은 물론 인플레이션 조짐도 나타나고 있다. 자칫 국가 경제 전반의 혼란으로 이어져 시민혁명을 통해 올해 초 집권한 빅토르 유시첸코 정권에 커다란 타격을 줄

---

46) ≪중앙일보≫, 2005.4.25.

수 있다. 반러시아 친서방주의자인 율리야 티모셴코 우크라이나 총리는 러시아 기업들이 고의로 위기를 조장하고 있다고 비난했다. 러시아 정부가 지난해 우크라이나 대선결과에 불만을 품고 보복을 가하는 것이라는 주장이다. 러시아의 집요한 방해공작에도 불구하고 시민혁명을 통해 집권에 성공한 유시첸코 정권이 EU와 NATO 가입을 추진하는 등 친서방 노선을 걷는 데 대한 응징이란 것이다. 다급해진 유시첸코 대통령은 러시아에 유화 제스처를 취했다. 정부가 국내 에너지회사들에 시장원칙에 어긋나는 압력을 가하고 가격형성에 과도한 간섭을 한 것이 이번 사태의 주요 원인이라며 티모셴코 내각을 질타했다. 유시첸코 대통령은 러시아 원유생산업체 대표들에게 에너지 공급문제를 협의하기 위한 회담을 5월 19일 하자고 제안하였다.[47]

(3) 그루지야 민주화

2003년 그루지야의 장미혁명은 색깔혁명의 원조 격이다. 시위대는 장미가 평화를 뜻하는 것으로 생각했다. 진압군들은 시위대로부터 붉은 장미를 나눠 받고 총부리를 거뒀다. 당시 친서방 성향의 야권지도자 미하일 사카슈빌리는 세바르드나제 대통령의 하야를 요구하는 행진을 하면서 장미꽃다발을 품에 안았다. 혁명을 하려면 상징하는 색깔부터 잘 골라야 한다는 언론의 주장도 있었다.[48]

〈표 5-4〉 구소련 지역 국가의 민주주의 투자

지 역	국 가	국제공화국기구 (IRI: International Republican Institute)	프리덤 하우스(Freedom House)	국제문제를 위한 민족민주적 기구 (NDIIA: National democratic Institute for International Affairs)	소로스 가문 기금 (The Soros Family Foundation)
러시아연방	러시아	O	X	O	O
서유럽 국경	우크라이나	O	O	O	O
	몰도바	O	X	X	X
	벨로루시	O	X	X	X

---

47) 《중앙일보》, 2005.5.20.
48) *The New York Times*, 2003.11.3-11.15.

지 역	국 가	국제공화국기구 (IRI: International Republican Institute)	프리덤 하우스(Freedo m House)	국제문제를 위한 민족민주적 기구 (NDIIA: National democratic Institute for International Affairs)	소로스 가문 기금 (The Soros Family Foundation)
트랜스 고기시스	그루지야	O	X	O	O
	아르메니아	X	X	O	O
	아제르바이잔	O	X	O	O
중앙 아시아	카자크스탄	O	O	X	O
	투르크메니스탄	X	O	X	X
	우즈베키스탄	O	O	X	X
	타직스탄	X	O	X	O
	키르기스스탄	O	O	O	O
발틱 국가	에스토니아	X	X	X	O
	라트비아	X	X	X	O
	리투아니아	X	X	X	O

(자료) *The Wall Street Journal*, February 25, 2005.

2) 우크라이나 민주화가 국제사회에 미친 영향

(1) 키르기스스탄

반정부세력이 레몬 색을 상징 색으로 택하면서 레몬혁명으로 불린 키르기스스탄 반정부시위는 2003년 그루지야의 장미혁명 2004년의 우크라이나의 오렌지혁명을 잇는 시민혁명이었다. 2005년 3월 18일 남부 제2의 도시 오슈에서 첫 시위가 시작되었고 첫 대규모시위는 21일 오슈를 비롯한 4개 도시에서 시작됐다. 2월 27일과 3월 13일 실시된 총선 1차 투표와 결선투표에서 대규모 부정이 이뤄졌다는 의혹이 제기되면서 야당 지지자들이 항의하는 시위를 벌였다.

임기를 마감하는 키르기스스탄 의회는 3월 전격적인 혁명과 구소련 시대적인 정권의 붕괴로 말미암은 위기상황을 해소하기 위해 새 의회에 권한을 이양하기로 했다. 구의회 혹은 2주 전 심한 분규 중 치러진 선거에서 선출된 새 의회 의원들 중 어느 쪽이 의회 회의권이 있느냐의 문제가 핵심이다. 시위대를 이끌고 있는 야당지도자 쿠르만베크 바키예프는 시위대가 청사를 점령한 직후 행한 연설을 통해 경찰과 군인을 회유했다.

키르기스스탄 의회는 2005년 3월 25일 쿠르만베크 바키예프를 대통령 직무 대행으로 펠릭스 쿨로프를 내무장관에 각각 임명해 국정수습에 나섰다.

유러안보기구(OSCE)의 잔커비스 의장이 6월 26일로 예정된 새 대통령 선거를 앞두고 의회가 임시대통령으로 임명한 쿠르만베크 바키예프를 포함한 임시 지도자들을 만나 상황을 논의하기 위해 중재대표단을 이끌고 3월 24일에 비슈케크에 와 있었다. 법원과 선거관리 당국이 3월 13일의 의회결선 투표를 둘러싼 분쟁들에 대해 판결을 내릴 때까지 새 의회는 75명의 의원 중 55명을 갖춘 상태로 있을 것이라고 중앙선거관리위원장은 말했다.

15년 동안 독재권력을 휘둘러 온 아스카르 아카예프 대통령이 3월 24일 레몬혁명으로 무너진 것이다. 3일 25일 아카예프는 국외로 도망갔다. 키르기스스탄의 시민혁명에선 대표적인 지도자나 주도세력이 없었다. 아카예프는 4월 4일 모스크바키르기스스탄 대사관에서 대통령직을 사임했다. 야당지도자인 쿠르만베크 바키예프가 대통령 대행을 맡아 정국수습에 나선 키르기스스탄에서 3월 26일 반혁명시위가 발생하는 등 혼란이 지속되고 있다. 수도 비슈케크에 모인 전 대통령인 아스카르 아카예프 지지자들은 일부 야당세력이 무력으로 권력을 장악한 것은 불법이라고 주장했다. 이처럼 우크라이나 민주화 과정은 키르기스스탄에도 많은 영향을 주었다.

〈표 5-5〉 독립국가연합(CIS: CommonWealth Independant States 1991.12)
민주주의 확산 현황

지 역	국 가	별 칭	채택 경위	민주화 내용
러시아 Russian	러시아 Russia			고르바초프 대통령 선출(1990.3), 쿠데타 실패했으나 고르바초프 사임(1991.12) 옐친(1992, 1996), 푸틴(2000, 2004) 민주적 대통령 선출. 현재 푸틴의 권력독점 강화와 반대세력 간 긴장
트랜스코카사스 Transcaucasia	그루지아 Gruziya	장미혁명 GUUAM	시위대가 진압군인에게 장미를 나눠 줌. 평화의 상징	2003년 11월 여권의 총선부정에 저항한 장미혁명 성공. 에두아르드 세바르드나제 대통령 축출. 친서방 미하일 사키슈빌리 대통령 집권.
	아르메니아 Armenia	살구혁명		로베르트코차란 대통령이 1996년 이래 집권. 2003년 재선되면서 부정선거 의혹으로 2004년 대규모시위 일어남.

지 역	국 가	별 칭	채택 경위	민주화 내용
트랜스코카서스 Transcaucasia	아제르바이잔 Azerbaidzhan	GUUAM		게이다르알리예프 대통령이 1993－2003년까지 장기집권. 2003년 대선에서 아들 일함 일리예프 승리. 대통령 부자세습. 5월 21일 수도 바쿠에서 야당이 주도한 대규모 반정부시위. 2005년 11월 총선 예정.
서유럽 국경 Western frontier	우크라이나 Ukraine	오렌지혁명 GUUAM	야당 지지 세력이 변 회의 상징으로 채댁	2004년 12월 부정선거로 얼룩진 대선결과 뒤집는 오렌지혁명 성공. 결선재투표 끝에 친서방 성향의 빅토르 유센코 야당후보 승리.
	벨로루시 Belorus			알렉산드르 루카 센코 대통령 1994년 이래 집권. 3선이 금지된 헌법을 지난해 국민투표 통해 개정.
	몰도바 Moldova	GUUAM		2005년 3월 총선에서 여당 승리. 당초 시민혁명 예상됐으나 비교적 공정한 선거 치른 것으로 평가됨.

(자료) ≪중앙일보≫, 2005.3.26, 2005.5.23.
* 독립국가연합(CIS)은 1991년 소련이 해체되면서 공화국 중 11개국이 결성한 정치공동체이다. 93년 그루지아가 가입하여 현재 12개국이다.
** 1997년 그루지야, 우크라이나, 아제르바이잔, 몰도바 등 4개국이 러시아의 영향권에서 벗어나 미국 등 서방과의 협력을 통해 국가발전을 이루려는 목적으로 설립됐다. 99년 우즈베키스탄이 추가로 가입하면서 회원국들의 영문 머리글자를 따서 GUUAM으로 불리게 됐다(우즈베키스탄 탈퇴).

(2) 우즈베키스탄

우즈베키스탄의 이슬람 카리모프 대통령에 대한 정치적 압력이 고조되고 있다. 국제사회는 안디잔 사태의 진실규명을 위한 국제진상조사단 구성을 촉구하였다.[49] 우즈베키스탄의 대표적 야당인 자유농민당의 니가라 히도야토바 여성 당수는 2005년 5월 18일 현 정권은 이슬람 극단주의와 싸우기보다는 시민들에 대한 테러를 자행하며 권력을 유지하고 있다고 비난하였다. 대통령과 내각은 즉각 사임하고 3개월 안에 대선을 실시해야 한다고 주장했다.

반면 카리모프 대통령은 5월 17일 안디잔 사태로 무고한 시민은 단 한 명도 희생되지 않았으며 사망자는 무기를 든 반군뿐이라고 주장했다. 루이즈 아버 UN 인권고등판무관은 5월 18일 안디잔에서 우즈베키스탄 정부군이 수백 명의 시위대를 학살했다는 보도를 검증하기 위해 국제진상조사단을 구성할 것을 제안했다. 잭 스트로 영국 외무장관과 EU 대표들은 즉각 이를 지지하였다. 미 국무부도 안디잔사태와 관련하여 혼란스러운 보도들이 나오고 있어 신뢰할 수 있고 투명한 조사가 필요하다며 국제조사단 파견에 지지입장을 밝혔다. 지난 5월 18

---

49) ≪중앙일보≫, 2005.5.20.

일 우즈베키스탄 정부의 주선으로 안디잔을 방문한 타슈켄트 주재 외국외교관 및 기자들은 일반 주민과의 접촉이 금지돼 제대로 된 조사활동을 하지 못하고 있다. 카리모 프대통령은 안디잔 유혈사태 진실규명을 위한 서방국가들의 국제 진상조사단 입국 요구를 거부했다.[50]

카라수 지역에서는 정부진압군과 시민군과의 대화와 타협을 중재하고 절대로 상호 발포하지 않는 가운데 협상을 통해서 해결하는 방안을 UN이나 EU가 중재 하고 있어 글로벌민주주의의 적용과 실천의 예를 보여 주고 있다.

〈표 5-6〉 중앙아시아 5개국(CIS포함)의 민주주의 확산 현황 표 계속

중앙아시아 Central Asia	키르기스스탄 Kirgizstan	레몬혁명	반정부학생단체가 변화의 상징으로 사용	2005년 2월 실시된 총선에서 여당의 대규모선거부정에 항의. 반정부시위 확산. 3월 24일 90년부터 15년 장기 집권한 아스카르아카에프 대통령 하야. 쿠르만베크 바키에프 임시대통령체제, 2005년 6월 말 대선예정이다.
	카자흐스탄 Kazakhstan			1990년 대통령이 된 누르술탄 나자르바예프와 딸이 양대 정당 이끌어. 대통령족벌이 경제도 장악. 2006년 대선 실시 예정.
	타지키스탄 Tadzhikistan			에모말리 라흐모노프 대통령 1992년 이래 장기집권. 2003년 국민투표 통해 2020년까지 장기 집권하는 개헌안 통과.
	우즈베키스탄 Uzbekistan	GUUAM 탈퇴		이슬람 카리모프 대통령 1989년 이래 장기집권. 야당탄압, 언론통제, 인권유린 등 국제사회 비난. 2007년 총선 예정. 안디잔 2005년 5월 반정부시위 무차별 발포. 난민탈출.
	투르크메니스탄 Turkmenistan			사파르무라트 니야조프 대통령이 1991년 집권. 1888년 헌법 개정해 종신집권

(자료) ≪중앙일보≫, 2005.3.26. 2005.5.23.

(3) 아제르바이잔

2005년 5월 21일 아제르바이잔 수도 바쿠에서 수백 명의 시위대가 반정부구 호를 외치며 도심 진입을 시도하다가 진압경찰과 충돌했다. 무사와트, 인민전선, 민주당 등 아제르바이잔 3대 야당은 5월 21일 시내 중심가에서 반정부 시위를 강행하려 했으나 당국이 이를 저지하자 도심외곽에서 결집했다. 야당 지도자들 과 시민들은 언론자유 보장, 구금된 반체제 인사 석방 등을 요구하며 시위를 벌 였다. 이틀간 30여 명의 반체제 인사가 구금됐다고 주장했다. 경찰과 보안당국은

---

50) ≪중앙일보≫, 2005.5.23.

도심 진입로를 모두 차단한 채 철저한 검문검색을 벌였다. 미국의 인권단체 프리덤 하우스는 구금된 아제르바이잔 반체제 인사의 석방을 촉구하고 아제르바이잔 당국은 민주개혁을 위한 진정한 행동을 보여야 한다고 강조했다.

풍부한 석유자원을 가진 아제르바이잔의 정치적 혼란은 2003년 10월 일함 알리예프 현 대통령이 사망한 아버지 게이다르 알리예프 전임 대통령의 뒤를 이어 대통령에 당선되면서 불거졌다. 일함 알리예프 대통령은 30년 동안 독재통치를 해 왔던 아버지로부터 독재권력을 고스란히 넘겨받은 셈이다. 야당은 이 선거에서 관권 개입 등 대규모 선거부정이 저질러졌다고 주장하며 알리예프의 사퇴를 촉구해 왔다. 2005년 11월 총선을 앞두고 있는 아제르바이잔의 정국은 여야 간 대립으로 앞으로도 계속 혼미 양상을 보일 것으로 관측되고 있다.

(4) 벨로루시

구소련국가로 독재가 가장 심한 나라인 벨로루시에서는 2005년 3월 25일 격렬한 반정부시위가 열렸다. 94년부터 철권통치를 해 오고 잇는 알렉산드르 루카셴코 대통령의 사임을 요구했다. 루카셴코는 2004년 10월 자신의 3기 연임을 허용하는 헌법개정안을 통과시켜 시민들의 불만이 극에 달해 있다. 이것도 우크라이나 민주회와 국제사회의 글로벌민주주의 확산에 영향을 받은 것이라 볼 수 있다.

(5) 러시아

러시아 주변국들의 자유화, 민주화는 결국 러시아를 더 큰 번영으로 이끌 것이라고 라이스 국무장관은 지적하면서 러시아의 민주화를 촉구하면서도 미국과의 우호관계는 계속 유지해야 한다는 딜레마가 부시정권의 가장 큰 외교적 과제라고 지적했다. 러시아 극좌파 정당인 볼셰비키 운동 당원들이 2005년 5월 4일 모스크바 크렘린궁 맞은편 로시야호텔 건물 밖에 푸틴 물러나라는 구호가 적힌 현수막을 걸었다. 이 정당은 블라디미르 푸틴 러시아 대통령의 정책을 비판해 왔다.[51] 러시아도 글로벌민주주의 확산의 영향을 받고 있다는 점에서 예외는 아닌 것이다.

---

51) http://www.kr.ks.yahoo.com: 2005.6.12. 검색.

제4절 결론

그동안 구소련권을 휩쓸고 있는 민주시민혁명열기가 그루지야-아르메니아-우크라이나-키르기스스탄-우즈베키스탄-아제르바이잔으로 확산되고 있다. 시민혁명의 파도가 구소련 전 국가에 확산되고 있는 것이다. 그루지야, 우크라이나에 이어 키르기스스탄에서도 성공한 무혈혁명의 영향으로 옛 소련권 국가들에서 반정부시위가 격화되고 있다. 이처럼 우크라이나 민주화 교훈 중 하나는 전 러시아 지역으로의 민주화 확산이 크다고 할 것이다.

우크라이나 경우 빅토르 유시첸코 신임 우크라이나 대통령은 2005년 1월 23일 취임식을 갖고 5년 임기의 대통령직을 시작했지만 이것이 우크라이나 민주주의공고화로 갈지는 분명하지 않다. 그러나 폴란드 알렉산드르 크바스니예프스키 대통령, 콜린파월 전 미국 국무장관, 세르게이 미로노프 러시아 연방회의 상원의장 등 40여 개국 축하사절이 참석하여 글로벌민주주의의 영향이 많음을 알 수 있다. 유시첸코는 우크라이나는 유럽역사에서 새로운 장을 열었으며 내 목표는 우크라이나가 EU에 가입하는 것이라고 강조했다. 유시첸코는 앞으로 민주적이고 번영된 우크라이나 건설에 나서겠다고 다짐했지만 최근의 우크라이나 국내사정은 민주주의 제도화와 관련하여 낙관적이지만은 않다. 물론 2005년 4월 미국을 공식 방문하여 빅토르 유시첸코 대통령이 부시 미대통령과 정상회담을 하였고 EU와 WTO 가입 등에 대하여 논의하는 등 국제사회의 지지를 얻기 위한 노력은 계속되고 있다.

우크라이나는 EU 가입, NATO 가입을 희망하고 있다. 우크라이나를 비롯한 동구권의 민주화 과정을 EU와 NATO 국가들이 지켜보면서 평가하고 있다. 그리고 직·간접으로 이러한 민주화 확산을 지원하고 있다. 반면에 우크라이나 민주화 과정은 이웃 국가들에게도 많은 영향을 미치고 있는 것은 글로벌민주주의의 한 예가 되는 것이다. 우크라이나는 국내적으로는 민주주의 공고화를 국제적으로는 글로벌민주주의의 보편적 원리에 따르는 과제 등을 수행해야 한다. 이러한 노력의 결과는 결국 EU와 NATO 가입 여부 문제로 판가름될 것이고 우크라이나 글로벌민주주의의 시금석으로 나타날 것이다.

제6장 우크라이나와 심의민주주의

제1절 Introduction

The main theme of this paper is to discuss Democratization and Deliberative democracy in the Ukraine after Presidential Election in 1999. I will first review relationship between President election and democratization of the Ukraine. Second review, I will relationship between Deliberative democracy and democratization of the Ukraine. In fact, formal relationship with Deliberative democracy in Ukraine begins with president election in 2004. The democratic values of Western European countries in the Ukraine anti authoritarianism increased from in 2000s. EU and U.S.A. cannot consider that the Ukraine separated from the other part of Europe anymore with plan of joining EU. It will play an important role in various democracy as well as freedom, liberty, human rights in the Ukraine. Writing or speaking about historical and political legacies and democratization processes of the Ukraine represents real and specific difficulties, because the areas referred to as the Ukraine have always been vaguely defined, with shifting historical boundaries and political structures. In a purely geographical sense the Ukraine covered territories from the Black Sea and western frontier and from Poland to Russia, which are conventionally regarded as Europe's natural USSR border. However, particularly since World War Ⅱ, the Ukraine has been viewed as one region because of its generally accepted connotation of Soviet domination.

And I will third review the broad relationship between the Ukraine and Russia, focusing on political and democratic influence. Then I am going to discuss and prospects of the relationship between democratization of the Ukraine and Deliberative democracy.

How do we go from a definition of deliberative democracy to looking at how countries become democratic? How do we preserve the accomplishment of deliberative democracy and yet do a better job of assessing the quality of Ukraine democratization?

Our conceptualization of Ukraine democratization strives to move us beyond short definitions, and it is hoped that within the context of each chapter, the reader will come away with a richer and more theoretically satisfying appreciation of what the concepts of Ukraine democratic transition, democratization, deliberate democracy, democratic consolidation, and established democracy entail. Chapter 2 begins with an analysis of contemporary studies of deliberate democracy in Ukraine, and Chapter 3 assesses presidential election process in Ukraine. Chapters 4 and 5 are more deliberate in my approach, considering how Ukraine presidential election can help us produce richer and more accurate studies of deliberative democracy in Ukraine.

제2절 Democratization and Deliberative Democracy

Hollow, illiberal, poorly institutionalized democracy is by no means unique to Latin America. It is characteristic of many third–wave(and Third World) democracies. Political violence and disorder, human rights violations, overweening executives, legislative and judicial inefficacy, corruption, and military impunity and prerogatives diminish the quality of democracy not only in major third–wave electoral regimes such as Turkey, Pakistan, Russia, and Ukraine but also in a wide range of smaller ones, such as Georgia, Moldova, and most of the other new democracies of Africa and the former Soviet Union.[52] The end of the 1980s saw a surge of transitions from communist authoritarian rule in Eastern Europe and the former Soviet Union and a trend toward democracy in Central America as well.

Deliberative Democracy is instrumental to freedom in three ways. First, free and fair elections inherently require certain political rights of expression, organization, and opposition, and these fundamental political rights are unlikely to exist in isolation from broader civil liberties. Second, Deliberative democracy maximizes the opportunities for self−determination, for persons to live under laws of their own choosing. Third, it facilitates moral autonomy, the ability of each individual citizen to make normative choices and thus to be, at the most profound level, self−governing. Consequently, the Deliberative Democratic process promotes human development(the growth of personal responsibility and intelligence)while also providing the best means for people to protect and advance their shared interests.[53] Indeed, the more closely countries meet the standards of electoral democracy, the higher their human rights rating. With their protection for rights to protest and organize, their freer flows of information, their wider deliberation, debate, and transparency in policy making, their greater respect for law, and their mechanisms hold rulers accountable, democracies do a much better job of protecting the environment.[54] The seminal elaboration is Dahl's conception of polyarchy, which has two overt dimensions: opposition(organized contestation through regular, free, and fair elections) and participation(the right of virtually all adults to vote and contest for office). Yet embedded in these two dimensions is a third, without which the first two cannot be truly meaningful: civil liberty. Polyarchy encompasses not only freedom to vote and contest for office but also freedom to

---

52) Larry Diamond, *Developing Democracy: Toward Consolidation*(the johns Hopkins Univ. Press, 1999), p.49.

53) *Ibid.*, p.3.

54) Ibid, p.6. Deliberative democracy and Electoral democracy: Deliberate, free and fair discussion, free and fair, multiparty elections by secret and universal ballot.

speak and publish dissenting views, freedom to form and join organizations, and alternative sources of information. Both Robert Dahl's original formulation and a later, more comprehensive effort to measure polyarchy take seriously the nonelectoral dimensions.[55]

Some basic principles that enhance the prospects for, and maintenance of, Deliberative Democracy therefore include:

① accepted standards of right and wrong based on individual accountability, and an acknowledgement that an individual's personal behavior has a direct influence on the well-being and happiness of others;

② a sense of moderation, tolerance, fair play, courage, and frugality-which bring civility to public and private life;

③ leaders who esteem high standards of virtue and believe that their words and actions provide a moral example for others to follow.[56]

This model of democratic processes entails several normative ideals for the relationships and dispositions of deliberating parties, among them inclusion, equality, reasonableness, and publicity. These ideals are all logically related in the deliberative model.[57]

Though both models rely on the actual experience of democracy, the deliberative model is more adequate to the set of commitments than bring us to value democratic practice than bring us to value democratic practice than is the aggregative.[58]

Theories of deliberative democracy consist of a set of principles that are intended to establish fair terms of political cooperation in a democratic society.[59]

---

55) Robert Dahl, *Polyarchy*(Yale Univ. press, 1976), pp.25-26.

56) Steven J. Hood, *Political development and democratic Theory: Rethinking Comparative politics*(N.Y.: M. E. Sharpe, 2004), pp.24-25.

57) Iris Marion Young, "The deliberative Model", in Colin Farrelly(ed.), *Contemporary Political theory*(London: SAGE Publications, 2004), pp.228-230.

58) *Ibid.*

59) Amy Gutmann and dennis Thompson, "Deliberative Democracy Beyond process", in Colin Farrelly(ed.), *Contemporary Political theory*(London: SAGE Publications, 2004), p.232; John S. Dryz ek, "legitimacy and economy in Deliberative democracy", in Colin Farrelly(ed.), *Contemporary Political theory*(London: SAGE Publications, 2004), pp.247-250.

Freedom levels recede as one moves east and south. Moldova, Ukraine, and the Kyrgyz Republic are illiberal electoral democracies, resembling the Russian mix of emergent economic, civic, and political pluralism(and relatively vibrant mass media in the latter two cases) combined with domineering executives, weak countervailing institutions, feeble, politicized judiciaries, widespread constraints on civil liberties and the rule of law, abusive police, and high levels of corruption.[60]

International relations scholarship is not limited to national security issues but extends to what I call international policy processes. These seem to be more numerous and significant with the increase of globalization, as international interest groups and multilateral corporations attempt to lobby national states and international organizations. For instance, there is a human rights policy process involving national governments. Sectors of the United Nations, the new international criminal court, Amnesty International, and local within－country groups and social movements, with protest groups, state officials, and international officials banding together in advocacy coalitions.[61]

Habermas famously analyzed the consequences to public deliberation and to the public sphere when, as a result of social, economic, and cultural forces, the system originally established by the liberal and bourgeois revolutions expanded its social base, and the liberal foundation of government and politics was compelled to democratize because of pressure from below.[62]

The transformation of liberal politics into mass politics－the rise of mass parties and mass elections, mass communication, and mass media－not only destoryed the exclusive class basis of the public sphere, but made it more difficult to devise mechanism to prevent the distortion or manipulation of public deliberation. Thus

---

60) Larry Diamond, *op. cit.*, p.53.

61) Andrew S. Mcfarland, *Neopluralism: the Evolution of political process theory*(Univ. of Press of Kansas, 2004), pp.171－172.

62) Benedetto Fontana, Cary F. Nederman, and Gary Remer(ed.), *Talking democracy: Historical perspectives on Rhetoric and democracy*(The Pennsyvania State Univ. Press, 2004), p.11.

the concern with the integrity of the public sphere, and with the integrity of the means by which public deliberation is conducted, is a reflection of the fear that mass politics and mass democracy may destabilize the liberal constitutional order lead to authoritarian or despotic regimes.

It is procedural because the discussion necessary to democratic deliberation presupposes fair structures in which all participate, and fair rules that apply equally to all. It is epistemic because the process of deliberation is inherently transparent and reflexive, such that discussion, argument, and counter−argument lead to a decision or to a consensus rationally and substantively(or morally) superior to one arrived at by a different or alternative method.[63]

Deliberative democracy, therefore, is a method by which political decisions issue out of the force or the power of the rationally and morally superior argument. The only force recognized as legitimate is the force of reason. There, when properly structured and institutionalized(when all the formal/procedural and constitutive/normative preconditions have been satisfied and are operative), democratic deliberation filters out of the political decision−making process elements and considerations extraneous to rational discussion, factors such as brute force, material(socioeconomic) interest, personal bias, and whim. Passion, desire, appetite, emotion, and setiment, factors normally present in decision making and otherwise intractable and difficult to isolate, are factored out of the process by meas of its reflexive reciprocity and its unmediated transparency. In a word, Deliberative democracy, emphasizing the rational force of the better argument, tries to uncover, or to formulate, conceptual and empirical conditions by which the force of utility is reduced while at the same time the weight of reason and knowledge is increased.[64]

Cohen says we must conclude our decision−making process with a vote

---

63) *Ibid*, pp.11−12. In recent years works on democracy and deliberation have sought to establish a close and necessary relationship between democratic politics and discussion, between democratic legitimacy or authority and conversation, discussion, and reason.

64) *Ibid*, p.12.

governed by majority rule, and then affirm the results of that vote as authoritative, at least until we deliberate the issue again. That is, participants apparently need to regard themselves as bound not only by the results of their deliberation but by the results of their voting as well.[65]

Deliberative democracy rests on the assumption that when a group of people get together and deliberate, the conclusion they arrive at, if their deliberations are good, is reason－based. For lack of a better name, let's call this assumption the principle of reason－based deliberation. It does not mean that deliberation always comes to the right conclusion.[66]

We should be moving toward a grand theory of democratic development: a theory that transcends the narrowness of a single debate about whether a democratic transition is complete when a first election is held; or whether a regime is consolidated when people believe in democratic reforms; or whether there are no longer significant groups who seek to overthrow the democratic government; or whether leaders initially elected in a democratic fashion voluntarily step down when they are voted out of office in a subsequent election.[67]

Ukraine need a new leadership that is a composition of ideas and frameworks that Ukraine currently use, based on a philosophical foundation that analyzes human nature, understands democracy as a regime, and allows Ukraine to assess states in transition to democracy and states that are already democratic.

Ukraine need Democratic government that help Ukraine look beyond the single self－interests of leaders making democratic compromise and encourages us to consider other motives. Ukraine need a Deliberative democracy that help Ukraine

---

65) Gary Shiffman, "Deliberation versus decision: platonism in Contemporary democratic Theory", in Benedetto Fontana, Cary F. Nederman, and Gary Remer(ed.), *Talking democracy: Historical perspectives on Rhetoric and democracy*(The Pennsyvania State Univ. Press, 2004), p.91.

66) Douglas Walton, "Criteria of rationality for Evaluating democratic Public Rhetoric", in Benedetto Fontana, Cary F. Nederman, and Gary Remer(ed.), *Talking democracy: Historical perspectives on Rhetoric and democracy*(The Pennsyvania State Univ. Press, 2004), p.301.

67) Steven J. Hood, *op. cit.*, pp.145－146.

determine if leaders have a concept of what the best regime is, and whether policy proposals to realize the best are too ambitious or not ambitious enough, and whether they contain the seeds of liberalism. In democratization process, Deliberative Democracy would help Ukraine determine if regimes have strayed from the democratic standard and whether politicians and civil society leaders are asking the right kinds of questions about these regimes. A democratic regime is constituted by its complex parts and interplay of rights, virtues, and institutions that are both inside and outside the formal boundaries of established government.

제3절 Presidential Election in Ukraine

1. After Ukraine president election(1999.10.31./1999.11.14.)

Leonid D. Kuchma(elected 10 July 1994, re－elected 14 November 1999, re－inaugurated 30 November 1999), the President of the Republic of Ukraine is the Head of State, and is guarantor of state sovereignty and the territorial integrity of Ukraine. The president is directly elected for a period of five years. A presidential candidate must be aged over 35 years and a resident of the country for the 10 years prior to the election. The President may hold office for no more than two consecutive terms.[68]

The President's main responsibilities include: the scheduling of elections and of referendums on consitutional amendments, the conclusion of international treaties; and the promulgation of laws. The president is responsible for appointing a prime minister, with the consent of the Verkhovna Rada, and for dismissing the Prime Minister and deciding the issue of his resignation. The President appoints members

---

68) Joanne Maher(ed.), *op. cit,* p.4308.

of the Cabinet of Ministers on the recommendation of the Prime minister. The President is the Supreme Commander of the Armed Forces of the Republic of Ukraine and chairs the National Security and Defence Council. The President may be removed from office by the Verkhovna Rada by impeachment, for reasons of state treason or another crime. The decision to remove the President must be approved by at least a three-quarters' majority in the Verkhovna Rada. In the event of the termination of the authority of the President, the Prime Minister executes the duties of the President until the election and entry into office of a new President.[69]

In the more recent electoral democracies of Russia and Ukraine, freedom scores have declined slightly since the transition and have remained stuck for several years in a state of illiberal democracy encompassing widespread crime and corruption and pervasive weakness of state institutions. The relative success of Russia's 1996 presidential elections was an important step toward institutionalizing electoral competition, but is may also be seen as more of an aversion of political disaster than a decisive gain for political freedom(as Russia's freedom score registered no change).[70]

Mr. Yushchenko also suggested that he was willing to prosecute Mr. Kuchma, who has been accused of election-rigging, corruption and abuse of state power, including a role in the murder of a journalist, Georgy Gongadze, in 2000. "The president has to answer under the law like any other citizen", Mr. Yushchenko said, "he should not get any preferential treatment."[71]

And he restated his intention to investigate privatization deals he says were rigged by Mr. Kuchma's administration to sell state assets at absurdly low prices, particularly that of a metallurgical plant earlier this year to Viktor M. Pinchuk, the president's son-in law.[72]

---

69) *Ibid.*

70) Larry Diamond, *op. cit.,* p.29.

71) *The New York Times,* December 30, 2004. A3.

Executive power is vested in the president and the Prime Minister, while legislative power is the prerogative of the 450 – member verkhovna Rada. The President is elected by direct, popular vote for a mandate of five years. The president appoints the prime minister and the members of the Cabinet of Ministers.

In mid – November 2002 Kuchma dismissed Kinakh as Prime Minister; he was replaced, on 16 November, by Viktor Yanukovych, Latterly Governor of Donetsk Oblast; a new Government, in which several principal positions remained unchanged, was appointed later in the month. In early December a stable propresidential majority was finally established in the Verkhovna Rada. Later in the month, amid violent disturbances, the legislature voted, at the second attempt, to dismiss Volodymyr Stelmakh as Governor of the NBU, and to approve Tihipko as his replacement. Tihipko's appointment to the post necessitated his resignation as a parliamentary deputy. Kuchma's position also appeared to be strengthened by the removal of opponents of Kuchma(principally deputies of Our Ukraine) from the leadership of parliamentary committees, following a vote in the Verkhovna Rada later in the month.

In February 2003 Yushchenko issued a public statement, addressed to Kuchma, Yanukovych and Lytvyn, urging an end to what was described as political terror, including alleged physical assaults against a number of political activists and the unsolved murders of several journalists. Later in the month anti – Kuchma demonstrations were held in several major cities; attendance at a rally in Kiev, at which Yushchenko, Tymoshenko and Symonenko issued addresses, was estimated at up to 15,000 according to police figures, or up to 150,000, according to the organizers of the rally.

---

72) *Ibid.*

〈table 6-1〉 Ukrainian presidential election, First Ballot(1999.10.31.)

candidates	nominated by	%	votes
Leonid D. Kuchma	For a United Ukraine	36.49	9,598,672
Petro M. Symonenko	Communist party of Ukraine	22.24	5,849,077
Oleksandr O. Moroz	Socialist Party of Ukraine	11.29	2,969,896
Nataliya M. Vitrenko	Progressive Socialist Party of Ukraine	10.97	2,886,972
Yevhen K. Marchuk		8.13	2,138,356
Yuriy I. Kostenko	Ukrainian People's Party	2.17	570,623
Hennadiy Y. Udovenko		1.22	319,778
Others		1.73	456,021
Against all candidates		1.81	477,019
Total		100.00	26,305,163

(source) Joanne Maher(ed.), The Europa World Year Book 2004, vol. II
(London: Europa Publications, 2004), p.4310.

〈table 6-2〉 Ukrainian presidential election, Second Ballot(1999.11.14.)

candidates	nominated by	%	votes
Leonid D. Kuchma	For a United Ukraine	57.70	15,870,722
Petro M. Symonenko	Communist party of Ukraine	38.77	10,665,420
against all candidates		3.52	970,181
Total		100.00	27,506,323

(source) Joanne Maher(ed.), The Europa World Year Book 2004, vol. II
(London: Europa Publications, 2004), p.4310.

2. Ukraine president election(2004.10.31./2004.11.21.)

In late April 2003 the two highest-ranking members of the Government were elected to senior positions in the PR: Yanukovych was elected as party Chairman and the First Deputy Prime Minister and Minister of Finance, Mykola Azarov, became the Chairman of the party's Political Council.

There were renewed concerns about the use of force to inhibit political debate, after Our Ukraine was prevented from holding a conference in Donetsk at the end of October. Reports stated that as many as 2,000 people had prevented members and supporters of the grouping from entering the building where the meeting was to have been held, and that propaganda material linking Mr. Yushchenko with Nazi symbols and ideology had been disseminated around the city. Our Ukraine, the YuTB and the SPU subsequently issued a statement accusing the Kuchma administration of dictatorial methods, and an investigation into the events commenced. In mid−November members of Our Ukraine were refused permission to hold a meeting in Sumy, and the electricity supply to the offices of a newspaper in the town was reportedly disconnected for the duration of a visit by Yushchenko. In late October Kuchma had ordered the Ministry of Internal Affairs and the State Security service to investigate allegations made by Yushchenko that he was the target of an assassination plot.[73]

On 24 December, 2003 the Verkhovna Rada gave provisional approval to the Medvedchuk Symonenko draft on constitutional reform. However, the 274 votes cast in favour of the proposals, although sufficient to enable the bill to receive a second reading in the legislature, fell short of the 300 votes required for the approval of a constitutional amendment. The leadership of he Our Ukraine, YuTB and SPU factions did not support the proposals, and subsequently alleged that the vote had been invalid, because votes had been counted manually, after opposition deputies damaged the electronic voting system, with the aim of preventing the vote from taking place. On 3 February 2004 the Verkhovna Rada voted to amend the Medvedchuk−Symonenko draft on constitutional reform, removing those proposals pertaining to the election of the president by the legislature, which was approved by 304 votes, was supported by the SPU, although Our Ukraine and the YuTB refused to participate in the voting.[74]

---

73) Joanne maher(ed.), *op. cit.* p.4296.

74) *Ibid.*, pp.4296−4297. On 30 December 2003 the Constitutional Court ruled that Kuchma would be eligible to seek re−election upon the expiry of his term of office in October 2004, on the grounds that the constitutional provision that prevented the President from holding more than two consecutive mandates had been introduced during Kuchma's first term and did not apply retroactivly. However, Kuchma denied that he intended to seek re−election.

In march 2004 the Verkhovna Rada approved measures, which introduced a proportional−representation system for the election of all 450 parliamentary deputies, within the existing 225 constituencies; the percentage of the votes required for a party to obtain election was to be reduced from 4% to 3%. The new legislation was supported by the SPU and the CPU, but the vote was boycotted by the Our Ukraine and YuTB factions; it was signed into law by Kuchma in early April, 2004. Also in March a bill to modify the presidential− election procedure, in accordance with which candidates would be required to collect the signatures of 500,000 eligible voters, rather than the 1m. required under legislation adopted in 1999, was approved. In early April 2004 the Verkhovna Rada approved legislation that envisaged the use of majority voting in elections to rural councils and proportional party−list systems in elections to all other councils, including that of the Supreme Council of the Autonomous Republic of Crimea. Despite the new measures, which had been regarded as an inducement to opposition parties to support the proposals for constitutional reform, on 7 April the Verkhovna Rada failed to approve the amended Medvedchuk−Symonenko draft, after 289 votes were cast in its favour, fewer than the 300 required. In accordance with the Constitution, the draft could not be re−introduced to the legislature for the period of one year.

Meanwhile, concerns about media freedom in Ukraine were expressed both nationally and internationally in early 2004; in late January a district court in Kiev ordered the closure of Silksi Visti(Rural News), which had the largest readership of any pro−opposition newspaper, on charges of fomenting inter− ethnic antagonism. The publication's closure was postponed, pending an appeal. In march the offices of an independent radio station in Kiev, Radio Kontynent, were raided by the authorities, reportedly on the grounds that the station had no license to broadcast on a frequency over which it had re−broadcast transmissions of international radio stations. In mid−April Serhiy Tulub was reappointed as

Minister of Fuel and Energy; his predecessor, Yermilov, had been dismissed in early March.

Most Political comparativists have focused on rights more than virtues because rights establish real citizenship. In order for free elections to be held in a country, some acknowledgment of rights must be accepted. The problem in many countries struggling to democratize is that very often the only right initially granted is the right to vote.[75] This can often result in elections that are democratic in the sense that people have the right to choose their leaders, but rights of speech, assembly, and dissent are withheld. When limited rights are extended, it is not a very large step backward to withdraw voting rights before or after an initial election is held. Hence even though rights are claimed to be instinctual, they are not easily won, and time is required to establish rights as a characteristic of a democratic regime.[76]

Rights give people the vote, establish free speech, freedom to assemble, and freedom to pursue their own interests in life(within the acceptable limits of a democratic society). Rights establish a basic sense of justice and equality. Rights stake a claim that democracy is the best regime and that democracy offers a greater chance for people to pursue happiness than any other form of government.

In the disputed presidential election, Ukrainian voters were split along an east－west line. The division appears in population and economic maps as well, with more population, money and industry in the east.[77]

Mr. Yanukovich, in the interview, portrayed himself as the candidate who would unify, not divide the country, a picture that is somewhat at odds with the outpouring of public dissent over the Nov. 21 results, which showed Mr. Yanukovich winning by 879,000 votes. Mr. Yanukovich said, he had repeatedly sought a compromise with Mr. Yushchenko to amend the changes curtailing absentee and home voting

---

75) Steven J. Hood, *Political development and Democratic theory: Rethinking Comparative politics*(N.Y.: M. E. Sharpe, 2004), pp.142－143.

76) *Ibid.*

77) *The New York Times,* December 25, 2004, A6.

and to move up the effective date of constitutional changes, adopted by the Parliament on Dec. 8, to pass some powers of the new president to the prime minister, under the agreement between Mr. Kuchma and parliament, the changes are not to take effect before next september at the earliest.[78]

In Kiev, the tent city at the core of the mass protests still occupies the city's main street, Kreshchatik, though the number of protesters has dwindled significantly. Pavel

〈table 6−3〉 Ukrainian presidential election(2004.10.31.)

candidate	nominated by	%	votes
Viktor A. Yushchenko	Self−nominated	39.87	11,125,395
Viktor Yanukovych	Party of Regions	39.32	10,969, 579
Oleksander Moroz	Socialist party of Ukraine	5.81	1,621,154
Petro Simonenko	Communist party of Ukraine	4.97	1,388,045
Nataliya Vitrenko	Progressive Socialist party of Ukraine	1.53	426,897
Anatoliy Kinah	Party of Manufacturers and Entrepreneurs of Ukraine	0.93	260,890
Olaksander yakorenko	Communist party of Workers and Peasants	0.78	218,214
Oleksander Omelchenko	Unity Party	0.48	136,502
Leonid Chernovetsky	Self−nominated	0.45	128,037
Yuriy Zbitnyev	New Power party	0.05	16,249
Oleksander Bazilyuk	Slavic party of Ukraine	0.03	8,917
Vitaly kononov	Green Party of Ukraine		withdrew
other(write−in)		2.98	834,425
none		1.98	556,963

(Source) PAP; Joanne Maher(ed.), The Europa World Year Book 2004, vol. II (London: Europa Publications, 2004).

---

78) *Ibid.* Mr Yanukovich said, "If before the election Yushchenko does not answer my questions, the prospect of the election's failure on Dec. 26, of the recognition of this election as illegitimate, or that the president will not be considered legitimate, is very high. "Mr. Yanukovich's position and statements by some of his supporters have kept tensions high. Already rumors have spread of plans for demonstrations and counter demonstrations, of arms being distributed, of the possibility that the election could, even now, be somehow scuttled.

<table 6-4> Ukrainian presidential election processing

candidate	nominated by	first(2004.10.31.) Preliminary Vote	second ballot (2004.11.21.)	re-election(third) (2004.12.26.)
Viktor Yushchenko	self-nominated	11,125,395 (39.87%)	49.42%	51.99%
Viktor Yanukovych	party of regions	10,969,579 (39.32%)	46.69%	44.19%

(sources) PAP; Joanne maher(ed.), The Europa World Year Book 2004, vol. II (London: Europa Publications, 2004).

Ananyev, a 19-year-old from Sumi who recently finished his army service, has been there since Nov. 21,2004. He expressed hope that the crisis was nearing an end and that Mr. Yushchenko would become president, but added a word of caution. "We will wait until the votes are counted", he said, "probably we will have to celebrate New Year's here."[79]

3. Ukraine president re-election(2004.12.26.)

For all of the festive air in the capital, the election commission said it did not expect to release a final count until later December 27(Monday), 2004. Mr. Yanukovich, speaking shortly after the polls closed at 8 p.m. on December 26(Sunday), 2004, did not concede the race, although he implicitly acknowledged that his prospects for victory were slight, and he spoke indirectly of life out of power. "If I lose, there will be a harse opposition means." Still, he remained defiant, saying many of his supporters had been denied a chance to vote. His campaign predicted a court challenge.[80]

---

79) *Ibid.*

80) *The New York Times,* December 27, 2004.

〈table 6-5〉 Viktor A. Yushchenko careers

years	contents	remarks
1954.2.23.	Khoruzhivka, Sumy Oblast	
1975	Ternopil Finance and Economics Institute graduation	
1976	the USSR State Bank(Sumy)	
1984	graduate degree in finace and Credit from the Ukrainian Institute of Economics and Agricultural Management	
1991 - 1993	Deputy chairman of the Board of Directors First deputy Chairman of the Board at Bank Ukraine	
1993 - 1999	Governor of the national bank of Ukraine(NBU)	
1999.12 - 2001.4	Prime Minister of Ukraine	
2002.1	Our Ukraine(101MPs in 450 seats)	
2004.10.26.	candidate 39.87%	first preliminary ballot
2004.11.21.	candidate 46.69%	second ballot
2004.12.3.	suprime court - rerun December. 26	
2004.12.26.	candidate 51.99%	re - election
2004.12.31.	Yanukovych give up, prime minister resignation	
2005.1.6.	suprime court reject Yanukovych request	
2005.1.10.	election board final result - Yushchenko victory	
2005.1.23.	Yushchenko inaugurated	

Regardless of the widespread violations the Supreme Court cited in ordering a new Turnout was down nearly 3 percent from the last race, but remained high; the election commission's preliminary count said 77.96 % of the electorate had voted. Ukraine sits at one of the crossroads between Russia and the West, and the election forced into the open an impassioned dialouge about the course this nation of 48 million should choose.[81] Mr. Yanukovich represents nearly half of Ukraine's voters, especially those in the predominantly Russian - speaking regions of the south and east. Even his lowest poll numbers show him supported by more than 40 percent of voters, and the depth of anger among them will be a significant challenge for Mr. Yushchenko to overcome, should he win.[82]

---

81) *Ibid.*

82) *The New York Times,* December 25, 2004, A6.

Mr. Yanukovich's rallies lack the size and fevor of Mr. Yushchenko's, but the atmosphere of anger and bitterness is palpable. In Poltava, a provincial capital east of Kiev, a couple of hundred people gathered in the cold on Wednesday evening outside a television studio where Mr. Yanukovich aired his grievances. One after another his supporters climbed a small platform and angrily denounced the United states, NATO, religions other than Russian Orthodoxy and the specter of rising prices and foreign expropriation of Ukraine's farmlands. Most of all, they derided the orange revolution that overturned the election's results and set the stage for a new vote on December, 26(Sunday), 2004.[83]

Mr. Yanukovich's support among regional leaders – all of them appointed by Mr. Kuchma – remains a source of concern for Mr. Yushchenko's supporters. Those leaders still have sway over government resources, television channels and even state employees, who have reportedly faced pressure to vote for Mr. Yanukovich.[84]

Another assessment of the conduct by the two campaigns and the government was expected to be released Monday afternoon in the form of the initial report of the observer mission from the Organization for security and Cooperation in Europe. The organization's report after the Nov. 21 election provided one of the most cogent and thorough criticisms of the government's abuses, and it added to the momentum of resistance that eventually led to the Supreme Court's decision to overturn the official result.[85]

Much about the day felt different than before, and Kiev assumed a much calmer feel. The election commission, formerly ringed by riot fencing and guarded

---

83) *Ibid.*

84) *Ibid.* Anatoly T. Kukoba, deputy director of Mr. Yushchenko's campaign in Poltava, said the new election laws and a revision of local election commissions would minimize the possibility of fraud, which he said deprived Mr. Yushchenko of 10 to 12 percentage points in the last vote. He said he remained wary about the fairness of the next round. "We only want an honest struggle", he said. But A supporter of Viktor F. Yanukovich held a picture of him December 24, 2005 at a demonstration on his behalf in Kiev. A mood of anger was palpable.

85) *The New York Times,* December 27, 2004.

by police officers with water cannons mounted on armored trucks, appeared almost deserted. The fencing were gone. Moreover, the rally in the square had a more familiar feel. The revolution had even gone retail, with vendors selling orange scarves, coffee cups and santa hats, as well as CD's with the greatest hits from the demonstrations.[86]

It mostly highlights weak institutions and weak property rights; the number of elections and newspapers and the existence of parliaments and legislation are equated with political rights, civil liberties and the rule of law. Political accountability can be proxied by composite measures of rent extraction, said to be synonymous with the quality of government and less predatory conduct, which is itself proxied by its likelihood of defeaulting on loans and by the mobility of resources which is measured by financial depth. Obvious ambiguities stem from the definitions of free and fair elections and free press, and from the aggregation process. Many data – bases come from surveys that mix heterogeneous material which is aggregated to produce ratings(civil liberties index, corruption index, quality of government index, and so on), which then constitute the variables for the empirical testing of models that explain, for instance, that growth increases if there is less corruption or greater economic freedom.[87]

Much that Mr. Yushchenko said Wednesday(12. 29) affirmed his positions in the bitterly fought election campaign and the period of political disorder that followed Nov. 21,when Mr. Yanukovich was the nominal winner of an election that the Supreme Court later nullified, citing widespread fraud by the government.[88]

---

86) *Ibid.* President Kuchma, casting his vote on Sunday, signaled his hope that the political impasse, which had almost paralyzed Ukraine and had at one point flirted with violence or separatism, would soon end. "Dear God, let this be the final vote", he said, according to reports from news agencies.

87) Alice Sindzingre, "Truth, Efficiency and Multilateral Institutions: A Political Economy of Development Economics", in *New Political Economy*, Vol.9, No.2, June 2004, p.240.

88) *The New York Times*, December 30, 2004. A3.

제4절 Deliberative Democracy in Ukraine

The system of justice and conditions of human rights constitute a partial regime, in which we can observe the close interconnection between three variables: democratic quality, democratic legitimacy, and democratic consolidation(and hence stability).[89] The seminal elaboration is Dahl's conception of polyarchy, which has two overt dimensions: opposition(organized contestation through regular, free, and fair elections) and participation(the right of virtually all adults to vote and contest for office). Yet embedded in these two dimensions is third, without which the first two cannot be truly meaningful: civil liberty. Polyarchy encompasses not only freedom to vote and contest for office but also freedom to speak and publish dissenting views, freedom to form and join organizations, and alternative sources of information. Both Dahl's original formulation and a later, more comprehensive efforts to measure polyarchy take seriously the nonelectoral dimensions.

Democracy must periodically revalidate not only its efficacy(its capacity to address the problems that society confronts) but also its openness to reform and renewal in the ongoing quest for political freedom, responsiveness, and transparency.[90]

As the election commission labored into the early morning to count the votes, Mr. Yushchenko's campaign described a day of voting starkly different from the previous two rounds, saying that it had received reports from all but two eastern regions and that nothing had prevented free voting.[91]

This view was not shared by Mr. Yanukovich's campaign, whose officials complained of aggressive campaigning by poll workers supporting Mr. Yushchenko. The officials said many of Mr. Yanukovich's supporters had been intimidated. "We

---

89) Larry Diamond, *Developing Democracy: Toward Consolidation*(the johns Hopkins Univ. Press, 1999), p.47.

90) *Ibid.*, pp.8 – 23.

91) *The New York Times*, December 27, 2004.

have a lot of problems with this election", said Taras Chornovol, the prime minister's campaign manager. Mr. Chornovol also said the decision on Sunday by Ukraine's Constitutional Court to overturn an amendment to the election law limiting the number of disabled voters who could vote at home had caused confusion and led to inaccurate voter results.92)

But there were no independent reports of the sort of widespread violations documented in the previous rounds, when busloads of voters were reported to be roaming the country to vote multiple times, and when observers were blocked from the polling places or ballot counting. More than 12,000 election observers were registered to monitor the race. The largest group, the Ukrainian Committee of Voters, which deployed 10,000 observers, issued a statement late Sunday in which is said it had not documented the kinds of massive falsifications seen in the first two rounds.93)

Deliberative Democracy is obstructed or destroyed by the effects of institutional shallowness and decay. To become deliberated, therefore, electoral democracies must become deeper and more liberal. This requires greater executive and military accountability to the law, to other branches of the government, and to the public; a reduction in the barriers to political participation and mobilization by marginalized groups; decentralization of power to facilitate broader political access and accountability; more space, energy, and autonomy for independent action by civil society; and more effective protection for the political and civil rights of all citizens and law − abiding groups.94)

Signaling an unease felt by many, though, Mr. Yushchenko has tried to sustain the energy of those who took part in the mass demonstrations against the fraudulent

---

92) *Ibid.* Mr. Chornovol predicted that Mr. Yanukovich would file formal complaints, which, like the election on Nov. 21, 2004, could force Ukraine' s judicial branch to consider whether it wanted to examine the conduct of the race.

93) *Ibid.*

94) Larry Diamond, *op. cit.*, p.75.

results that briefly declared Mr. Yanukovich the country's next president.[95]

Mr.Yanukovich, on leave from his job as prime minister, remains defiant and, he said, confident that he has the support of a majority of Ukrainian voters, despite the accusations of ballot stuffing, which he insists never took place in the regions that provided the bulk of his support. It is a measure of how much the electoral dispute has upended politics here that Mr. Yanukovich, the man who served under Mr. Kuchma for two years and was chosen as his favored successor, now campaigns as an angry outsider.[96]

Mr. Yushchenko, he said, was seizing power in an anti−constitutional putch, aided by Mr. Kuchma and the United states. "It is power without limits, which does not recognize Ukrainian law, the Constitution, human rights", Mr. Yanukovich said, "It recognizes only force and money."[97]

Viktor A. Yushchenko, the presumptive president−elect, began December 29, 2004 to draw up the shape and early priorities of Ukraine's next government, even as his opponent in December 26's election continued to refuse to acknowledge his defeat. Power could be felt shifting in the capital toward Mr. Yushchenko, the opposition leader who won the election by nearly 8 points, according to the first tally by the central Election Commission.[98]

His opponent, Prime Minister Viktor F. Yanukovich, emerged as an increasingly awkward loser, and was further humiliated in the morning when his effort to convene a meeting of government ministers was thwarted by demonstrators who blocked access to the cabinet building. The prime minister's prospects seemed remote. Political momentum was with Mr. Yushchenko and he and his supporters

---

95) *The New York Times*, December 25, 2004, A6.

96) *Ibid.* Denied some of the government resources that aided his first two campaigns and deprived of the overshelmingly fawning coverage he once received on national television networks loyal to Mr. Kuchma, Mr. Yanukovich has begun to sound as Mr. Yushchenko did in the first two rounds of voting.

97) *Ibid.*

98) *The New York Times*, December 30, 2004, A3.

went about the business of forming a new administration.[99]

A mature democracy emerges when a civil society is established. A civil society is the successful unity of both the liberal democracy of rights and republican democracy based on virtues.[100]

Hence the real measure of democratic success is not whether people could hold election, or whether those holding reserve domains of power within the government decide to go along with the laws promulgated in a democratic fashion by democratically elected leaders. Real democracy is measured by people's abilities to govern their affairs by themselves in a self-disciplined manner. Hence with the creation of civil society, we have the establishment of a deliberative democratic regime in its fullest.

The proof of this would be the emergence of a dynamic and vigorous civil society. All democracies wrestle with the problems of balancing rights and virtues in connection with the challenges of public policy. Deliberative democracies struggle to elect leaders with high moral standards and keep their standards of morality steady just as developing countries do. And while we can reject arguments made against democracy or in qualifying exceptions to democracy by critics such as Viktor Yanukovych and eleswhere, their assertions about the decadence of the West should be warning to us to reconsider the question of civic virtues and their relation to the good life provided by democracy.

Ukraine leaders need to accept a plural definition of deliberative democracy that is based upon an understanding of rights and complemented by virtues. Ukraine leadership need to accept that a democratic regime means more than a form of government and a set of procedures; it is in fact a way of Ukraine living in future.

---

99) *Ibid.* In an interview at his office on December 29(Wednesday), Mr. Yushchenko said he had commissioned a working group to make recommendations for the ministers who would succeed those of president Leonid D. Kuchma, who is stepping down after 10 years in office. He did not provide names for any future appointments, and his staff later said he was considering as many as six people for the post of prime minster.

100) Steven J. Hood, *op. cit.*, p.144.

Ukraine people need a deliberative democracy that help us scrutinize how traditions, cultures, religions, and leaders stand in relation to Ukraine democratic ideal in 2004.

Ukraine civil society need deliberative democracy that help us look at how convincing the idea of democracy is compared to the principles that uphold other regimes. This will help them understand how the groundwork is prepared for conflict and compromise that lead to democracy. It also gives them a barometer to consider issues being debated in established democracies. Ukraine citizens need to consider the problems of democratizing countries in CIS and deliberative democracies as essentially the same.

They need to consider that democratic politics is more than simply who gets what and more than an elaboration of what Ukraine expect. International civil society need to determine whether Ukraine people's expectations are realistic and suggest what kinds of things a polity should be debating.

Ukraine civil society leaders must consider how democracy is taught in the Ukraine they study. Ukraine civil society leaders need to look at formal institutions, schools, and religions and determine whether or not the principles of democracy are accepted and what kinds of civic duties and virtues are taught that will have political significance for regime development. They also need to look at the ways Ukraine children are taught at home and educated by government leaders because so much of their ethical outlook on life is fostered within the family and by leaders who provide standards for them to follow.

제5절 Global Democracy have Influence on Ukraine Deliberative Democracy

Ukraine now increasingly define the rational, or expected, structure of state power as one selected through regular, competitive, multiparty elections with universal franchise. Clearly, multiple processes of global democratic diffusion and convergence are at work in Ukraine. This positing of global civil society as a new political reality can be understood, in the first instance, as a matter of highlighting – describing intensifying long – term trends that are giving greater prominence to transnational actors and activity.[101]

Global civil society is a syndrome of processes and activities which have multiple origins and multiple dynamics, some of them more conjunctural than deep – seated. It can be argued that global civil society is also the by – product of governmental or intergovernmental action, or inaction. Examples include a body like the international Committee of Red Cross which, although nongovernmental, is mandated under the Geneva convention and is linked to states through the organization of the International Federation of red cross and Red crescent societies; similarly, the International Association of Religious freedom, a forum for interreligious dialogue, has accredited NGO status at the UN and UNESCO levels.[102] Globalization promotes democracy both directly and indirectly. The concern that democracy is constrained by globalization, even as globalization promotes it, takes several forms, each of which goes back much farther in time, even leaving aside Shakespeare.[103]

Humanitarian NGOs confirm the multitude as a global entity, in acting on behalf of humanity as such they also confirm the passivity, in acting on behalf of humanity as such they also confirm the passivity of the multitude. Whereas anti – lobalization protests and indigenous revolutionary politics are the multitude acting in – and for – itself, albeit in a fragmentary and uncoordinated way.[104]

---

101) Richard Falk, "the changing role of global civil society", in Gideon Baker and David Chandler(ed.), *Global Civil Society: Contested futures*(London: Routledge, 2005), p.69.

102) Gideon Baker and David Chandler(ed.), *Global Civil Society: Contested futures*(London: Routledge, 2005), pp.34 – 35.

103) Jagdish Bhawati, *In defense of Globalization*(Oxford University press, 2004), pp.93 – 96.

104) Kimberly Hutchings, "Global civil society: thinking politics and progress", in Gideon Baker and David Chandler(ed.), *Global Civil Society: Contested futures*(London: Routledge, 2005), pp.139 – 140.

Cosmocracy is much messier, a far more complex type of polity. It is better understood as a salmagundi of multiplying, highly mobile and intersecting lines of governmental powers. It is a conglomeration of interlocking and overlapping sub − state, state and supra − state institutions and multi − dimensional processes that interact, and have political and social effects, on a global scale.[105]

There are many differences & similarity between the Ukraine and Russia. In the political arena, not only does the Ukraine have ideologically diverse political parties but also their leaders are relatively westernized mind. In the Ukraine, however, most political parties could be considered conservative and many democratic leaders take the initiative.

Global democracy between the Ukraine and CIS. Democratic Problems of the Ukraine should be solved through this peaceful global democratic process with western European countries. INGOs are licensed by bodies like the Council of europe and the United nations. Non − governmental groups participate in election monitoring and as amici curiae in the proceedings of such bodies as the European Court of Justice and the Inter − american Court of Human Rights.[106] Recently not only democratization but also global democracy significance of the Ukraine has been risen. In this sense, The Ukraine can cooperate with EU, NATO, and UN for democratization, marketization, and peaceful solving civil society conflicts in the Ukraine as well as CIS.

Facing democratization in the Ukraine, and a New World order as like global democracy, the Ukraine has to get international support from various areas in the world to enhance her international standing. The Ukraine can cooperate with western european countries for democratization and marketization in the CIS as well as Russia. EU has supported the Ukraine's globalization and the Ukraine's policy about it in CIS. Furthermore, regarding the Ukraine as present and future

---

105) Gideon Baker and David Chandler(ed.), *op. cit.*, p.37.
106) *Ibid.*, p.39.

partner in the international society, the Ukraine should make short and long term strategies from personal to democratic interchange as well as strengthen the trust in the political and diplomatic relationship with Russia. All of these things would be good for the Ukraine's democratization and human rights value in global democracy. OECD is frequently cited as one of the foremost institutions of global governance. The OECD has been variously described as a rich man's or rich − country club, a consultative forum, a think tank and pool of statistical and economic expertise. The OECD has sought to become a more inclusive organization by fortifying links with non − member states and providing new avenues for civil society organization to become involved with OECD work.[107] It is obvious to many that a pressing constitutional agenda confronts both the actually existing cosmocracy and global civil society: the need to find the appropriate methods for enabling something like effective, publicly accountable government to develop on a global scale.[108]

In this context, Western states, firms, and advisors as well as international financial institutions like the IMF and World Bank became the anchors of the Eastern European reforms. Although its agenda in eastern Europe was more encpmpassing than that of the IMF and the world Bank, it was far from providing an alternative economic model.[109] International civil society must ground their work in global democracy, showing linkages of human nature and human being' potential to do good. Democratic countries can suggest how Ukraine citizens should live their loves and see how this compares to what regimes are doing in practice.

While Mr. Yushchenko spent much of the day acting like the head of state −

107) Richard Woodward, "the Organisation for Economic Cooperation and Development", in *New Political Economy*, Vol.9, No.1, March 2004, pp.113 − 114.

108) Gideon Baker and David Chandler(ed.), *op. cit.*, p.48.

109) Dorothee Bohle, "The EU and Eastern Europe: failing the Test as a better World Power", in Leo Panitch and Colin Leys(ed.), *Socialist Register 2005: The Empire Reloaded*(London: The merlin Press, 2004), p.303.

meeting advisers, holding a lengthy televised interview, discussing his plans with a small group of journalists — Mr. Yanukovich refused to yield. At an appearance at his own campaign headquarters, now nearly deserted, he denounced Mr. Yushchenko once again, saying the demonstrations against him had been coordinated by foreign governments, and amounted to "a scenario of the seizure of power."[110]

"This scenario was planned in overseas centers", he added, "which was tested in Yugoslavia, Georgia, Rumania and now is being introduced into the Ukrainian reality." He predicted that court complaints he had filed on the election would restore his nominal victory of Nov. 21.[111]

The citizens make more demands on government and on their fello citizens on the basis of rights, which has increased the ambivalence citizens in these countries feel toward their government. This is also a problem of democratizing countries or countries that have established rights for the first time. Because rights give citizens the ability to challenged as well; this leaves citizens with the responsibility of choosing how to moderate their own lives in a world where self — interests can easily lead to the ruination of individuals, family, and the nation — state.[112]

Democratic ideals of EU or OECD countries(such as tolerance, civility, self — restraint, self — transcendence, frugality, courage, and moderation) helped people rely more upon sound judgment and less upon the limits of state law to check behavior that might otherwise undermine democracy.

Notably, in January 2003 Kuchma was elected as Chairman of the CIS, becoming the first non — Russian to hold that post. Later that year proposals to form a single economic zone with Belorus, Kazakhstan and Russia became increasingly popular, and were approved by the Verkhovna Rada in september, on the condition that participation did not constravene the Ukrainian Constitution.

---

110) *The NewY ork Times*, December 30, 2004, A3.
111) *Ibid.*
112) Steven J. Hood, *op. cit.*, pp.142 — 143.

Ukraine citizens accepted standards of right and wrong based on individual accountability and the acknowledgement that one's personal behavior has a direct influence on the well−being and happiness of others. They should include that tolerance, self−restraint, frugality, courage, and moderation bring civility and pride to public and private life in a democracy. They should include that political leaders in democratic societies honor high moral standards and virtues. Ukraine democratic leaders believe that their words and actions provide a moral example for others in the regime to follow. This conceptualization of a consolidated democracy is useful and will be compared to the formulation of democracy described in the preceding discussion.

Political Comparativists are once again researching and writing about the types of problems that established democracies face. Many comparativists are primarily concerned with the transition and consolidation phases of democracy because most countries of the Third Wave are wrestling with these phases. Some scholars do not refer to states where democracy persists as being established, but rather, as being advanced or mature democracies.[113]

⟨table 6−6⟩ Investing in democracy(Former Soviet Republics)

Area	State	IRI(International Republican Institute)	Freedom House	NDIIA(national democratic Institute for International Affairs)	The Soros Family Foundation
Russia	Russia	O	X	O	O
Western frontier	Ukraine	O	O	O	O
	Moldova	O	X	X	X
	Belorus	O	X	X	X
Trans Caucasia	Georgia	O	X	O	O
	Armenia	X	X	O	O
	Azerbaidzhan	O	X	O	O

---

77) *Ibid.,* pp.25−26.

Area	State	IRI(International Republican Institute)	Freedom House	NDIIA(national democratic Institute for International Affairs)	The Soros Family Foundation
Central Asia	Kazakhstan	O	O	X	O
	Turkmenistan	X	O	X	X
	Uzbekistan	O	O	X	X
	Tadzhikistan	X	O	X	O
	Kirgizstan	O	O	O	O
the Baltics	Estonia	X	X	X	O
	Latvia	X	X	X	O
	Lituania	X	X	X	O

(Sources) The Wall Street Journal, February 25, 2005.

Perhaps an established democracy can be characterized by the existence of a strong notion of rights, democratic virtues, and confidence that democracy has an enduring quality not found in other regimes. While comparativists today are doing much more theoretical work on established democracies, political philosophers have studied the enduring qualities of democracy and the problems of rights and virtues in these regimes for centuries. Thus, we will turn to the work of both modern and contemporary political philosophers to broaden our understanding of established democracies.[114]

The main reason to consider the Ukraine as a coherent region was related to the fact, that all countries of this region were liberated from Nazis Germany by Soviet Union, that they adopted similar constitutions in which all became, to use the official term peoples democracies. These similarities existing among the CIS gave birth to the concept of soviet — type societies, so commonly used by scholars and political analysts in the West. But, apart from belonging to the Soviet sphere of influence and from similarities that cover a much wider spectrum than what is described above, there were also a number of distinct identities among all the CIS that should not be ignored. Basically, there are two things that one should bear in mind:

---

114) *Ibid.*, pp.25 − 26.

a. communist the CIS was not all the same as prewar Eastern Europe except for having been poorer part of the continent.

b. remarkable differences have existed among all the CIS countries with regard to their political experiences, social structures, economic development, cultural heritage, legal traditions, ownership patters, educational levels, language, ethnic cleavages, religions, and, of course, sizes.

c. differences existed also with regard to their ethnicity population – the Ukraine organized as minor Russian, while the other CIS countries are major Russian.

제6절 Conclusion

I believe that ordinary people in Ukraine were in favor of democracy and capitalism as they perceived the system. But, because of totalitarianism and authoritarianism, they actually knew very little about how and why the democratic system worked. The average person identified democracy with bountiful supplies of freedom, equality, and human rights.

Civil society designed institutional reforms that are known as the orange demonstration approach in the transition to democracy. They were in a hurry to promote institutional changes that were alien to beliefs and behaviors embedded in the fabric of democratic community life in Ukraine.

The first and most fundamental of them is that for some unexplained and not even discussed reason an eastern european giant with an authoritarian political culture and a totally militarized economy is unlike after 1989 Poland or Hungary, assumed capable of self – transformation into a modern democracy.

The second premise is that the population and political elite of Ukraine, again unlike those in Poland and Hungary after democratic reforms, may some how come to an immediate consensus on the desirability of democracy amidst the collapse of an authoritarian civilization.

The third premise is that Ukraine's current anti−authoritarian leadership, although completely lacking any experience in democratic politics, is some how capable of working out an elaborae political strategy of self−transformation.

The forth premise is that, based on these unproven assumptions, we in the western europe may limit our participation in Ukraine's democratic transition to aid. That is, that some smart financial manipulations related, say to rescheduling of Ukraine's debts and multi−billiond dollar credits would do the job.

The fifth premise is that, as long as we fulfill our financial duty, we may safely entrust our own security to the weak and unstable reformist government in Kiev iust as we entrusted it to an unstable Rumania government in the 1990s.

The new president of Ukraine frees a dove with an orange ribbon symbolizing his opposition campaign.

The premise of this study has been that deliberative democracy have made real progress in democratizing Ukraine but not as much as if Ukraine had a better grounding in democratic ideals. As a result, Ukraine old political leaders teach what they know to Ukraine people and children and give them a mistaken view of democratic ideals, one that is in large part technique and only in small measure founded on deliberative democracy. This study is to suggest that deliberative democracy that look at multiful aspects of democratization, or that global democracy that measure international attitudes or analyses of specific policies, are important. The point that this study is not useful, but can help Ukraine learn even more if Ukraine political leaders are able to anchor their work upon the foundation where all subfields of democratization in CIS should be anchored. That foundation is deliberative democracy and global democracy.

By not doing this, Ukraine run a risk of doing what they did in the 1990s − dividing along democratic and authoritarian lines, undermining their ability to champion democracy. This study has suggested that Ukraine need a understanding of deliberative democracy that is not a hard currency but a gold standard, one that provides an ideal to measure democratic regimes in their various stages of development. This requires Ukraine, CIS and Russia to look at the first questions political leaders consider. Then their practice will have grounding, and they will know better what they are looking for when they want democracy. The road to increased democracy and cooperative CIS is not through a complete suppression of the role of the national state within CIS, but through an Global democracy based on respect for individuals and the creation of a climate of trust in international relations. Then the borders between Ukraine and Russia will no longer stand in the way of human understanding.

제7장 발틱 3국과 EU

제1절 Introduction

The main theme of this paper is to discuss EU integration and ethnicity in the Baltics(Estonia, Lituania, Latvia) after EU Membership.[115] I will first review the historical relationship between the Baltics and EU. In fact, the Baltics formal relationship with Western Europe begins with the collapse of East European communism and EU & NATO expansion policy in the late 90s. Through signs of change in the Baltics in the 90s as follows; ① Standing as leading candidate for EU admission(1997.7) and ② EU membership of Hungary, Poland, Czech republic, Slovakia, Slovenia, the Baltics(2004), ③ NATO membership of Hungary, Poland, and Czech republic(1999.4), and Rumania, Bulgaria, Slovakia, Slovenia, the Baltics(2004). The market share of EU in the Baltics import market increased from in 2000s. Western Europe cannot consider that the Baltics separated from the other part of Europe anymore with joining NATO & EU. It will play an important role in various cultural exchanges as well as in the political, diplomatic and economic relationships with the Baltics. Writing or speaking about historical and political legacies and democratization processes of the Baltics represents real and specific difficulties, because the areas referred to as the Baltics have always been vaguely defined, with shifting historical boundaries and political structures. In a purely geographical sense the Baltics covered territories from the Baltic Sea and the

---

115) Central and East Europe Countries; Poland, Hungary, Czech, Slovakia, Slovenia, Rumania, Bulgaria, Baltics countries(Estonia, Latvia, Lituania).

Scandinavia peninsula to Finland, and from Poland to Belaus(and Russian Federation), which are conventionally regarded as Europe's natural USSR border. However, particularly since World War II, the Baltics has been viewed as one region because of its generally accepted connotation of Soviet domination.

And I will second review the broad relationship between the Baltics and Russian in the Baltics, focusing on political and economic relationship. Then I am going to discuss and prospects of the relationship between the Baltics and Russian ethnics in the Baltics from 1990s.

제2절 EU Membership of the Baltics

1. Background of EU Integration

The first place of the Baltics is focusing on economic cooperation with EU.[116] Initially, as the relationship between the Baltics and EU began in the political and national security dimension, marketization and capitalization in EU make the Baltics pay attention to the economic dimension. The Baltics is the most competitive and dynamic industrial area in the Central–east Europe. In these days, as economic relations with EU has been enhanced, the Baltics is now focusing more on economic diplomacy with EU. It means that the importance of this area has increased in the entire Europe. The different strategies the EU economies used to access and absorb foreign technologies, and the interaction of technology imports with domestic technological effort, have not sufficiently been explored.[117]

---

116) 15 Countries EU membership: Belgium, Demark, Ireland, Italy, Luxemburg, Netherlands, Norway, Portugal, UK, France, Greece, Germany, Austria, Sweden, Finland.

117) Reference of the paper presented at International Academic Conference organized by The Korean Association of Central & East European Studies, 14th – 15th July, 2003.

In July 1997(Amsterdam Agreement) the EU executive committee announced that Hungary, Poland, Czech, Slovenia, Estonia, and Cyprus are first leading candidate(wave) for EU admission and Malta, Latvia, Lituania, Slovakia, Rumania, Bulgaria are second leading candidate(wave) for EU admission.[118] The EU's decision to invite six more countries to start negotiations at its December 1999 summit will stretch its institutional capacity and divert resources away from the front − runners.[119]

Hungary, Poland, Czech, and the Baltics are among the front − runners for accession, but was forced to push back its official target date for joining to May 1st, 2004(from the beginning of 2002) because of the timetable for institutional changes within the EU.

Estonia, Latvia, and Lituania in the Baltics are now very careful that the pursuit of becoming EU membership(2004.5) will not threaten the relationship with non EU membership countries among USSR. I highlight different strategic approaches and looks at different capability development within industrial enterprises of the Baltics. The Baltics had better join in multinationals overseas of EU.

The Baltics understand the three stages of the Russian failure: the Onset, the Policy Reaction, and the Economic Response. In the globalization era, the Baltics should cooperate with EU for the development and security of the region.

Therefore, diplomatic policy of governments for EU should be closely related to globalize free marketing economy and democratization. Furthermore, in terms of the globalization of democracy, the Baltics which experienced their democratic transitions in the 90s would cooperate with each other for democracy in EU as well as in the world. EU would be a good chance to enhance cooperation between EU. The EU executive committee suggests having negotiation tables for EU membership with Malta, Latvia, Lituania, Slovakia, Rumania, and Bulgaria from early Oct., 1999.

---

118) *The Time ALMANAC, 2003,* 231 − 232; *Britannica Book of the year,* 2003, 435; Tucker, Joshua A., 2002. 557 − 571.

119) Viljar Veebel, Viljar, 2002. 18 − 20.

The EU's decision to invite six more countries to start negotiations at its December 1999 summit will stretch its institutional capacity and divert resources away from the front - runners.[120]

The first place of cooperation is in the Baltics itself. Countries in this area are vigorously trying to improve their regional relationship. Among the countries in the EU, the front - runner group is composed of Hungary, Czech, Poland, Slovakia, Baltics and Slovenia.

The second area of cooperation with western Europe is military and international security. The former communist - run nations were invited to join NATO in May, 2004 after invitations were extended to them last year. The Baltics have made new relationships with NATO.[121] And in 2004, Slovenia, Slovakia, Rumania and Bulgaria finally.

〈table 7 - 1〉 Major economic indicator of the Baltics(2001)

items	GDP (million Euro)	GDP(one person Euro)	GDP(EU average comparison %)	GDP growth rate(%)	price rise rate(%)	unemploy ment rate(%)	current account(GDP comparison)	financial account(GDP comparison)
Estonia	13.4	9,800	42	5.0	5.6	12.4	- 6.1%	- 0.4
Lativa	18.1	7,700	33	7.7	2.5	13.1	- 9.7%	- 1.6
Lituania	30.3	8,700	38	5.9	1.3	12.4	- 4.8%	- 1.9

(Sources) European Commission, 2002, 97 - 98; CIA - the World factbook, 2004.
http://www.cia.gov/cia/publications/factbook(2004.5.24.)

become a member of NATO and a military alliance of western nations along with the Czech, Hungary, and Poland. In varying degrees the new democracies are being socialized to the West's culture of voluntary cooperation and the talking

---

120) *EIU Country Report: Hungary,* 2000, 8; Krastev, Ivan, 2002. 39 - 53.

121) 19 Countries NATO membership Belgium, Canada, Demark, Iceland, Italy, Luxemburg, Netherlands, Norway, Portugal, UK, USA, France(April, 1949), Greece, Turkey(Feb., 1952), West Germany(May, 1955), Spain(May, 1982), Czech, Poland, Hungary(March, 1999). In April 4th, 1999, the year of the 50th anniversary of NATO, Hungary finally became a member of NATO and a military alliance of western nations along with the Czech republic, and Poland. *The Time ALMANAC 2003,* 231 - 232; *Britanica Book of the year,* 2003, 435; M. Fierke, K, 1999, 40.

out of disputes. The Baltics will try to return to the west and maintain some distance from Russian Federation and other CIS countries. NATO membership help the growing interdependency between the Baltics and Western Europe and provides suggestions to prevent army conflicts in the future.

2. Prospects of EU integration

In fact, the Baltics may face some ethnicity problems in furthering relationships with Russia. On the other hand, the Baltics have their own economic problems that EU should carefully consider. Since the Baltics has not sufficient natural oil, electricity the Baltics imports above half of its total energy resources. The Baltics are trying to reduce are also not so positive. There is some anxiousness about the amount of deficit. Although there are some differences, the inflation rates in 1999 are still high in Estonia(5.6%). Unemployment rates are also relatively high in Lituania(12.4%), Latvia(13.1%), Estonia(12.4%), while it is a bit lower in Czech(3.2%).[122] USSR Communist tendencies in the work site still cause low productive efficiency. A reduced the dependence on petroleum for industry and electricity.[123] General economic conditions budget, and reduction of wage has been necessary for economy. Reform was also insufficient in some countries. The dual phenomena of development and undevelopment in a society is one of the idiosyncratic features of the Baltics.

A major goal is accession to the EU, possibly by 2004, the economy is greatly influenced by developments in EU.[124] Facing the above possible problems, the relationship

---

122) *EIU, 2000, 7; CIA – the World factbook.* http://www.cia.gov/cia/publications/factbook(2004.5.240). Unemployment rate will be 9.2% in 2000, and 8.8% in 2001.

123) *CIA – the World factbook.* 2004. http://www.cia.ggov/cia/publications/factbook(2004.5.24.)

124) *CIA – the World factbook, 2004.* http://www.cia.gov/cia/publications/factbook(2004.5.24.)

<Table 7-2> NATO, EU and OECD Member Countries

NATO(North Atlantic Treatment Organisation)	EU(Europe Union)	OECD(Organisation for Economic Co-operation and Development	Remarks
1. Belgium	France	Canada(1961.4.10.)	
2. Canada	West Germany(1950.5.9.)	United States(1961.4.12.)	
3. Denmark	Belgium	United Kingdom(1961.5.2.)	
4. France	Italy	Denmark(1961.5.30.)	
5. Iceland	Luxemburg	Iceland(1961.6.5.)	
6. Italy	Netherlands ESCS(1952.8.)	Norway(1961.7.4.)	EC(1967)
7. Luxemburg	Denmark	Turkey(1961.8.2.)	
8. Netherlands	United Kingdom	Spain	
9. Norway	Ireland(1973)	Portugal(1961.8.4.)	
10. Portugal	Greece(1981)	France(1961.8.7.)	
11. United Kingdom	Spain	Ireland(1961.8.17.)	
12. United States (1949.4.4.)	Portugal(1986)	Belgium(1961.9.13.)	EU(1992)
13. Greece	Austria	West Germany	
14. Turkey(1952)	Sweden	Greece(1961.9.27.)	
15. West Germany(1955) Germany(1990)	Finland(1995)	Sweden	EU(15)
16. Spain(1982):	Cyprus	Switzerland(1961.9.28.)	NATO(16)
17. Hungary	Hungary	Austria(1961.9.29.)	
18. Poland	Poland	Netherlands(1961.11.13.)	
19. Czech Republic (1999)	Czech Republic	Luxemburg(1961.12.7.)	NATO 3plus
20. Estonia	Estonia	Italy(1962.3.29.)	
21. Lituania	Lituania	Japan(1964.4.28.)	
22. Latvia	Latvia	Finland(1969.1.28.)	
23. Slovakia	Slovakia	Australia(1971.6.7.)	
24. Slovenia	Slovenia	New Zealand(1973.5.29.)	OECD(24)
25. Rumania	Malta(2004.5.1.)	Mexico(1994.5.18.)	EU 10plus
26. Bulgaria(2004.3.29.)	Rumania	Czech Republic(1995.12.21.)	NATO 7plus
27.	Bulgaria(2007.1.1)	Hungary(1996.5.7.)	EU 2plus
28.		Poland(1996.11.22.)	
29.		Korea(1996.12.12.)	
30.		Slovakia(2000.12.14.)	OECD6 plus
Total: 26 Members	27 Members	30 Members	

(sources)www.oecd.org; www.nato.org; www.eu.org(2004.9.10.)

between the Baltics and EU should be based on world peace and mutual cooperation. Peace in the Baltics means the peace of entire Europe. Peace in the Baltics leads to peace in Central — East Europe and Russia which directly affects world peace. The Baltics have already showed their democratic maturity in solving ethnic problems with other countries in peace. The Baltics government, however, takes a diplomatic principle in which although the Baltics has a will to openly cooperate with all countries including Russia except Latvia, it would be impossible to do so with countries which are against Euro — Atlantic values, assist terrorism, and violate international law. In the globalization era, conflicts with neighbor countries and undemocratic domestic rule may threaten world peace and the stability of international order. Considering this chain reaction we should have interest in other countries' politics and economics even though the countries are far from ours.[125] Democracy's developmental strength has been its capacity for constructive and non — violent conflict management.[126]

But the Baltics has a lot of political, economic and cultural potentiality. In terms of confirming a future market, The Baltics is an important country for EU. Central — East Europe can learn many lessons from the Baltics.

First, social equality and social welfare that the Baltics has well developed can offer useful examples and be a good role model for Central — East Europe.

Second, strengthening the relationship with EU and learning from their experience of extending their ideological spectrum in the society would be helpful in escaping from ideological tightness and Cold War thinking that is prevalent among Baltic area.

Even though the Baltics's financial crisis and the transitional situation of the Baltics economy can be problems, EU should make the Baltics a friend based on mutual trust and sincere diplomacy. The Association Agreement between EU and

---

125) Sung Ho Ahn, 2002, 577 — 608.
126) Airat R. Aklaev, 1999. 21.

the Baltics contains a detailed regulation on the rules of origin. This is necessary in order to define the products enjoying preferential treatment. Since 1989, The Baltics also has

<Table 7-3> Membership of the Baltics in International Organization

state	Declare Independence	Independence	UN	EU		NATO
				leading candidate for EU admission	membership	
Estonia	1990.8	91.9.6.	91.9.17.	first 1997.7	2004.5.1.	2004.3.29.
Latvia	1990.8	91.9.6.	91.9.17.	second 1997.7	2004.5.1.	2004.3.29.
Lituania	1990.3	91.9.6.	91.9.17.	second 1997.7	2004.5.1.	2004.3.29.

(Source) CIA - the World factbook(2004). http://www.cia.gov/cia/publications/factbook(2004.5.24.)

gone through some changes. These changes will affect the future relationship between the Baltics and Russia. I hope that membership of EU will be held between the Baltics and Russia in the foreseeable future for more diplomatic relationship and economic cooperation. For the future, The land marking Summit between NATO and the Batics(2002) will continue to produce positive effects on the relationship between NATO and the Baltics. NATO membership of the Baltics(2004.3.29.) to which the world paid attention would be one example.

Western Europe today is understood first of all as area of integration and the division is often perceived as a contradiction to the general integration trend. It may seem paradoxical, but the integration of Europe played an important role in the dividing of the Baltics from USSR, in the sense that it affected the pace of the split.

Although the Baltics and Russia' relationship has been stagnated and even shrunk since membership problems of EU, the Baltics government has emphasized real cooperative relationship about economy, trade, and cultural exchange. Recently the

Baltics have seen historical landmarks. Democratization and Capitalism have been contribute to relaxing ethnicity tension and economic development in the Baltics. Membership of EU will continue to produce positive effects on the relationship between the Baltics and Russia. Ethnicity Problems of the Baltics should be solved through this peaceful democratic process with Russia.

〈Table 7-4〉 Introduction of the Baltics

state	capital (1000)	population (Million)	istmate (1000㎢)	ethnics (%)	USSR	independence	EU membership
Republic of Estonia	Tallinn (482)	1.41	45.1	Estonian(65) Russian(28) Ukrainian(3) Belorusian(2)	1940	1991.8	2004.5.1.
Republic of Latvia	Riga (915)	2.35	64.1	Lativian(54) Russian(33) Belorusian(5) Polish(3) Ukrainian(3)	1940	1991.9	2004.5.1.
Republic of Lituania	Vllnius (582)	3.69-3.5	65.2	Lituanian(80) Russian(9) Polish(7) Belorusian(2)	1940	1991.9	2004.5.1.

(Source) Penny Martin, 2000, 352-353; European Commission, 2002, 97-98.

제3절 Ethnic minorities in the Baltics

1. Latvia

Through the decades of Soviet rule, the Baltic peoples still hoped for freedom. Pent-up Baltic bitterness came into the open and national feelings surged into mass demands for self-rule. Like Estonia and Lituania, Latvia has for most of its history been ruled successively by Germans, Poles, Swedes, and finally Russians. In

1991 Latvia declared its independence from the Soviet Union. It is now a multi-party parliamentary democracy with an elected president as its head of state. Since independence, the Communist Party of Latvia has been banned. Latvia is the most heavily industrialized of the Baltic Republic.[127]

Like majority of European countries, Latvia is not a homogeneous country. As well as Latvian(54%), other ethnic groups live in Latvia: Russian(33), Belorusian(5), Polish(3), Ukrainian(3)[128](See Table-4). Latvia contains Russian minority, the largest and most populous among the three Baltic countires.

Some of the Russian ethnic minority live mostly in southern and eastern Latvia. The Russian(44%) live more than the Latvian(41%) in capital Riga.[129] There are many of ethnic conflicts in Liga. The others are spread all over the country. And the members of Belorusian and Ukrainian nationalities live in eastern of Riga. According to a recent census in 2003, the national structure in Latvia is as follows: Latvian and Russian.

Using the present students of the most important Russian minority, let us illustrate the standards and aims of the Lativa national policy since 1990 in order to uncover the veil over the mythical character of information on the Russian problems in Lativa. The minority policy of the Latvia continues in the tradition which it respected in the year 1989, at the time one of the new states in Central-east Europe, in order to prove its willingness to respect and protect the rights of its Russian minorities. In spite of all the shortcomings, there is no doubt that the policy of that state towards its Russian minorities was one of the most progressive ones in Central-east Europe. Due to this Latvia is able today to accept European standards for the rights for Russian minorities as established in documents of various international organizations. These documents guarantee the preservation and

---

127) Penny Martin, 2000, 459-460.

128) *CIA-the World factbook, 2004.* http://www.cia.gov/cia/publications/factbook(2004.5.24.)

129) Nicola Williams, et.al., 2003, 219.

development of ethnic, cultural, linguistic and religious identity for minorities, they are the following: language rights, the school system, cultural and religious activities, participation in public life and in public matters which directly concern the life of the minorities, and the area of self adminstration. the standard of national policy of the country in question and the position of ethnic minorities in it should be judged according to the extent of the decisive areas of ethnic minority life.

The above mentioned facts are respected in the Constitution of the Latvia to an extent which is not common in west European constitutions, in the criminal code and civil code, in the law on official language: in the government decisions on the principles of government policy towards the Russian, on providing financial means from the regulations for the establishment and running of schools in nationally − mixed areas and others. Some tasks accepted by the government in 1990 has still remained in projects or good will. Lativa's final aim is not to make the life of neglected ethnic minorities(such as 29.6% Russian, 4.1% Belorusian, 2.7% Ukrainian and 2.3% Polish) similar to that led by the Latvia Russian and partly the Ukrainians.[130] But since getting EU membership, on May First, 2004, the above mentioned facts are not respected in the law on official language: in the government decisions on the principles of government policy towards the Russian, on providing financial means from the regulations for the establishment and running of schools in nationally − mixed areas and others. The Russian Duma refuses to ratify boundary delimitation treaty with Latvia.[131] And the using Russian language of school in Latvia has been banned from May, 2004.

---

130) *CIA − the World factbook, 2004.* http://www.cia.gov/cia/publications/factbook(2004.9.24.)
131) *Ibid.*

2. Estonia

Estonia, the smallest and least populous of the three Baltic countires is not a homogeneous country. As well as Estonian(65%), other ethnic groups live in Estonia: Russian(28), Ukrainian(3), and Belorusian(2)[132](See Table – 4).

Some of the Russian ethnic minority live mostly in southern of Tallinn, the others of Russian are spread all over the country. Russia has been the dominant power in estonia's recent history and the large ethnic Russian minority bears witness to this. From the thirteenth until the eighteenth century the Estonians were ruled by outsiders, first the germans and then the Swedes. In 1721 Russia assumed control and ruled the country for almost 200 years. occupied by germany during the First world war, estonia declared its indenpendence in 1918. This was achieved in 1920 when, after an armed struggle, Russia formally recognized the small country.

However, during the second World war Estonia was overrun first by the Russians and then by the Germans. In 1944 it was returned to the Soviets and remained part of the USSR until it once again declared itself independent in August 1991.[133] According to a recent census in 2003, the national structure in Estonia is as follows Estonian & Russian. Russia continues to reject signing and ratifying the joint December 1996 technical border agreement with Estonia.[134]

Compared with other former Soviet republics, the people of Estonia enjoy a high standard of living. The economy, after declining for some years following independence, has improved steadily as increasing trade with Western countires has shielded Estonia from some of the effects of the declining Russian economy.[135]

---

132) *Ibid.*

133) Penny Martin, 2000, 352 – 353.

134) *CIA – the World factbook, 2004.* http://www.cia.gov/cia/publications/factbook(2004.9.24.)

135) Penny Martin, 2000, 352 – 353.

Using the present students of the most important Russian minority, let us illustrate the standards and aims of the Estonia national policy since 2000 in order to uncover the veil over the mythical character of information on the minority problems in Estonia. The minority policy of the Estonia continues in the tradition which it respected in the year 1989, at the time one of the new states in Eastern－central Europe, in order to prove its willingness to respect and protect the rights of its ethnic minorities. In spite of all the shortcomings, there is no doubt that the policy of that state towards its ethnic minorities was one of the most progressive ones in Central－east Europe. Due to this Estonia is able today to accept European standards for the rights for minorities as established in documents of various international organizations.

The life of the minorities, and the area of self－adminstration. the standard of national policy of the country in question and the position of ethnic minorities in it should be judged according to the extent of the decisive areas of ethnic minority life. Some tasks accepted by the government in 1990 has still remained in projects or good will. Our final aim is to make the life of neglected ethnic minorities(such as 2.5% Ukrainian, and 1.5% Belorusian) similar to that led by the Estonia－Russian and partly the Ukrainians.

3. Lituania

In the thirteenth century, the largest of the baltic states, Lituania was united under a christian king, in the sixteenth century it merged with Poland, then in 1795 it came under Russian control. Occupied by Germany in the First World War, Lituania became independent in 1918. It became part of the Soviet Union in 1940 and was then invaded by Germany. When Soviet armies arrived in 1944, over 200,000 people, more than three－quarters of them Jews, had perished. In

1991 the country declared its independence from the Soviet Union. It is now a multi−party democracy with a president as head of state and a prime mister as head of government.[136] Lituania−like majority of European countries−is not a homogeneous country. As well as Lituanian(80%), other ethnic groups live in Lituania: Russian(8.7), Polish(7), Belorusian(1.6)[137](See table−4).

The members of the Russian ethnic minority live mostly in western and northern Villnius, the members of the Polish nationalities live in southern and western Villnius. Other minorities are spread all over the country.

According to a recent census in 2000, the minority ethnic structure in Lituania is as follows 8.7% Russian, polish7%, Belorusian 1.6%. Using the present students of the most important Russian minority, let us illustrate the standards and aims of the Lituania national policy since 1990 in order to uncover the veil over the mythical character of information on the minority problems in Lituania. The minority policy of the Lituania continues in the tradition which it respected in the year 1989, at the time one of the new states in Central−east Europe, in order to prove its willingness to respect and protect the rights of its ethnic minorities. In spite of all the shortcomings, there is no doubt that the policy of that state towards its ethnic minorities was one of progressive ones in Central−east Europe. Due to this Lituania is able today to accept European standards for the rights for minorities as established in documents of various international organizations(EU). These documents guarantee the preservation and development of ethnic, cultural, linguistic and religious identity for minorities, they are the following: language rights, the school system, cultural and religious activities,

participation in public life and in public matters which directly concern the life of the minorities, and the area of self−adminstration. the standard of national policy of the country in question and the position of ethnic minorities in it should

---

136) Ibid., 467−468.

137) *CIA−the World factbook, 2004.* http://www.cia.gov/cia/publications/factbook(2004.5.24.)

be judged according to the extent of the decisive areas of ethnic minority life. The above mentioned facts are respected in the Constitution of the Lituania, in the government decisions on the principles of government policy towards the Russian, on providing financial means from the regulations for the establishment and running of schools in nationally − mixed areas and others. Some tasks accepted by the government in 1989 has still remained in projects or good will. Lituania final aim is to make the life of respected ethnic minorities such as Russian similar to that led by the Lituania Polish. Optimistically in May 2003, the Russian parliament ratified a 1997 land maritime bound treaty with Lituania.[138]

제4절 Relationship of the Baltics − Russian

The main reason to consider the Baltics as a coherent region was related to the fact, that all countries of this region were liberated from Nazis Germany by Soviet Union, that they adopted similar constitutions in which all became, to use the official term peoples democracies. These similarities existing among the Baltics countries gave birth to the concept of soviet − type societies, so commonly used by scholars and political analysts in the West.

But, apart from belonging to the Soviet sphere of influence and from similarities that cover a much wider spectrum than what is described above, there were also a number of distinct identities among all the Baltics societies that should not be ignored. Basically, there are two things that one should bear in mind:

① communist the Baltics was not all the same as prewar Eastern Europe except for having been poorer part of the continent.

② remarkable differences have existed among all the Baltics countries with

---

138) *Ibid.*

regard to their historical experiences, social structures, economic development, culturalheritage, legal traditions, ownership patters, educational levels, language, ethnic cleavages, religions, and, of course, sizes.

③ differences existed also with regard to their ethnicity population − Lituania organized as minor Russian, while the other two countries are major Russian.

In dealing with postcommunist transformation, unravelling the complexity, also the history we can see that most of the peoples in this area had lived for centuries under foreign rule, having been subject to domination by four great multinational empires: Austro − Hungarian, Prusso − German, Ottoman an Russian.[139] Most of them attained national independence only during the nineteenth century or before and after the First World War. There is no doubt that the legacies of their former rulers have powerfully influenced the later political, cultural and economic developments of all these societies.

Pointing out the existing differences among the former socialist countries of the Baltics many authors mention historical reasons, same process of sovietization after World War II., degree of political repression etc(this problem will be discussed in the lecture in detail form for three country).[140] The role of opposition and the measure of freedom were among factors which influenced democratic movements in the Baltics. Historical reforms which took place in a small country, the Baltics, under the guidance of former member of the Communist Party − leaders represented significant change in democratization of the Baltics. For the first time the divided world was facing the possibility of the free utilization of good will and mind for the benefit of all mankind. But world politicians were not ready then support the Baltics democratic leadership. when all the tools of oppression failed, many of soldiers and some of tanks arrived in order to stop the revival process, then in the Baltics from reaching further inside the Soviet Empire. But

---

139) Zigmantas Kiaupa, et.als., 2002, 129 − 135.

140) *Ibid.*, 165 − 178.

the fact is there for ever: the fact that 1988 started the irreversible decomposition of that empire. Democratic leaders of the Baltics proved their qualities by being resistant to the pressure and degrading self−criticism and blaming in the 1989 Spring−they remained an honest leaders till independency. Here is their own critique of activities they performed in the year 1989. Although present strategists criticize a lot and blame one for failure, one thing is certain, We kept on trying to find a compromise in order to stop or prevent the bloodshed. We reject the idea of showing bravery without the hope of success and at the cost of thousands of human lives. It is easier to decide about one's own life, but it is more difficult to decide about the lives of others. We am more than ever convinced that we could have won only morally.

Common sense among the the Baltics countries were strongly evident particularly with regard to their economic development and, therefore, to the preconditions for starting their economic reforms. Starting their transformation and transitions at different points, the countries of Baltics(and the former Soviet republics) moved and move along their post−communist roads at different speed but with a clear concept for the integration into the European Union as well as into the security systems of Western Europe(Pact of Stability, NATO). The efforts leading to a closer cooperation in the area of foreign policy and security are an expression of a return to the values with which these countries were historically connected. Both nations(between the Baltics and Russian) came to the conclusion that the ideas about the coexistence of the three republics were quite apart from each other. The tendency to strengthen the federal power was dominant on the Russian side, while on the Baltics side prevailed the tendency to decentralize the federal power. After two years of intense discussions there was no prospect of coming to an agreement. We concluded that the international crisis brought about by the protracted discussions would damage all republics far more than the eventual independency of the USSR. Now the Baltics had signed as Association agreement with the EU(membership 2004.5.1.).

It was necessary to concentrate on the integration. Also from that standpoint, it was more acceptable for both republics to prepare for the integration independently. Moreover, some international problems such as the ethnic minorities and the USSR frontier project were concerning only the Baltics, which in essence encouraged the tendencies toward independency.

〈Table 7-5〉 Ethnic Groups and Religions in Countries of the Baltics

State/items	Ethnic Groups (Nationality) before independency(%)	Ethnic Groups(nationality) at 2000(%)	Religions at 2000(%)
Republic of Estonia	Estonian(65), Russian(28), Ukrainian(3), Belorusian(2)	Estonian(61.5), ussian(30.3), Ukrainian(3.2), Belorussian(1.8), finish(1.1), other(2.1)	Evangelical Lutheran(96), Eastern Orthodox(2), Baptist(2)
Republic of Latvia	Latvian(54), Russian(33), Belorusian(5), Polish(3), Ukrainian(3)	Latvian(57), Russian(30), Belorussian(4),Ukrainian(3), Polish(3), other(3)	Mainly Lutheran with Russian orthodox and Roman Catholic minorities
Republic of Lituania	Lituanian(80), Russian(9), Polish(7), Belorussian(2)	Lituanian(80.1), Russian(8.6), Polish(7.7), Belorusian(1.5), other(2.1)	Roman Catholic(90), Russian Orthodox, Muslim and Protestant minorities(10)

(Sources) USSR Yearbooks, 1990, 40-43; Penny Martin, 2000, 352-353; *CIA-the World factbook, 2004.* http://www.cia.gov/cia/publications/factbook(2004.5.24.)

The independency of the Baltics was not a result of nationalism on the part of either side. It was accomplished by an agreement that envisioned a common integration of the Baltics into the evolving European Union. The strong ties we intended to retain after the independency between the Baltics and Russia would be useful not only in their future integration into Europe but would also encourage good relations between our respective citizens. We created some treaties concerning our mutual relations.

The well thought out manner of independency of the Baltics, its peaceful realization fully under control by the governments of both ethnics and the fact that we kept good relations between the Baltics are the main reasons why the dire predictions of severe economic repercussion of the indenpencency did not come about. I am definitely not mentioning this in order to encourage the indenpendency of further countries. The Baltics has in many respects a unique and unimitable case. Particularly problems related to ethnic minorities are very sensitive(see table－5) and I am aware of the meaning and the importance of the minority question is very illustrative example.

It is not possible to issue of ethnic minorities exclusively as a bilateral relations problem(the Lituania－Russian, the Latvia－Russian, and the Estonia－Russian). It should be considered rather as a problem concerning all of world community. It is necessary to consider members of ethnic minorities first of all as citizens of a certain country and only secondly as members of an ethnic minorities as an issue that is inseparable from the matters pertaining to the basic human rights and freedoms. I am convinced that if a country, as it is developing its democratic institutions, is able to guarantee the protection of individual rights of each of its citizens, the rights of ethnic minorities will be guaranteed as well.

My vision of the Baltics, Russia and Baltics's place in it is a vision of a multinational and multi－ethnic community. In such a community, individual must have equal rights and opportunities for self－realization and for expression of their own identity, based on the same rules everywhere and regardless of nationality, religion or ethnic background. The road to unified Europe and cooperative World is not through a complete suppression of the role of the national state within the European Union, but through an unification based on respect for individuals and the creation of a climate of trust in international relations. then the borders will no longer stand in the way of human understanding.

제5절 Conclusion

Briefly speaking, there are many differences & similarity between the Baltics and Russia. In the political arena, not only does the Baltics have ideologically diverse political parties but also their leaders are relatively westernized mind. In the Baltics, however, most political parties could be considered conservative and many democratic leaders take the initiative.

Geographically, the Baltics is located at northern of Europe with Finland and Sweden. The Baltics is facing Baltic seas along her coastline, in Russia. On the other hand, between the Baltics and EU have several important things in common.

Politically, according to the Freedom House index they are listed on the same level of democratic development. Considering these differences and similarities between the Baltics and Russia, the Baltics may find some important points which can help advance in the relationship. With EU's capitalist experiences and technical background and the Baltic's needs for capitalization procedure Central – East – Europe and the Baltics may produce positive development of the relationship. Between the Baltics and Russia can share lessons of democratization and cooperate with each other for the Baltics's ethnicity, world peace, NATO membership for Central – East – Europe, and UN affairs.

Economically the Baltics and Central – East Europe are going to members of EU in 2004. The Baltics and Central – East Europe share many common interests areas. Cooperation in the EU, building a new economic relationship in the post – USSR era, and cooperation with the Baltics three countries are other important matters of mutual concern. Furthermore, the Baltics does not finish restructuring the technical and financial limitation of economy, as we see problems of inflation and restructuring process of privatization. But it will improve in near future, because the new government has renovated the Baltic's outdated economic structure and made some positive achievements with increasing international trust.

Recently not only political but also economic significance of the Baltics has been risen. In this sense, The Baltics can cooperate with Russia for democratization, marketization, and peaceful solving ethnicity conflicts in the Baltics as well as Russia.

The constitutions of newly formed Central－east Europe combine national, civil and international principles. Based upon the spiritual heritage of their ancestors constitutions are an expression of, and concern for, fundamental rights and freedom of citizens. These constitutions also represent real step to economic prosperity. For example, the most characteristic features of the Baltics Constitution include:

① the unity of civil and national interests, ② the principles of a democratic multi－party system, ③ the exclusion of any ideology and religion from the system of government, in all its forms, structures and functions, ④ a market economy, with due regard to ecological and social aspects, that may gradually affect the social system and inspire spiritual revival of the society, ⑤ constitutional guarantees of rights and freedoms of citizens in accordance with European standards, ⑥ openness towards other democratic countries of the European community and the community of the whole world, and cooperation based on good will, ⑦ local self－government in municipalities with the participation of the citizens, ⑧ constitutional, legal and judicial protection of citizens and other persons: consistent distribution of governmental powers into legislative, executive(including presidential) and judicial branches.[141] The judicial power represented by the Constitutional Court is to be specifically emphasized. The three powers are relatively autonomous branches controlled by a system of checks: the new office of President of the Republic, the head of

---

141) Annus, Taavi, 2002, 11－16.

state, replacing the residuum of the collective head.

Facing joining in EU, and a New World order, the Baltics has to get international support from various areas in the world to enhance her international standing. The Baltics can cooperate with EU for democratization and marketization in Russia as well as relationship of western Europe. EU has supported the Baltic's globalization and the Baltic's policy about it in Russia. Furthermore, regarding the Baltics as present and future partner in the international society, the Baltics should make short and long term strategies from personal to cultural interchange as well as strengthen the trust in the political and diplomatic relationship with Russia. All of these things would be good for the Baltics's national strength and human rights of Russian ethnic in the new millennium.

제8장 중앙아시아 5개국의 정치경제

제1절 서론

91년 8월 구소연방을 구성하고 있던 중앙아시아의 5개 공화국들은 독립 움직임을 본격화하였다. 독립 후 구소련의 협조체제의 붕괴로 심각한 경제체제에 직면하게 되자 전환기의 경제적 어려움을 구성했던 각 공화국 간에 독립국가연합 (CIS: Commonwealth of Independent States)을 성립시켜 상호 긴밀한 협조체제를 구축하고 있다. 그동안 구소련권을 휩쓸고 있는 민주시민혁명열기가 그루지야 – 아르메니아 – 우크라이나에 이어 중앙아시아 키르기스스탄 – 우즈베키스탄 – 타지키스탄 – 투르크메니스탄 – 카자흐스탄으로 확산되고 있다. 시민혁명의 파도가 중앙아시아 5개국은 물론 구소련 전 국가에 확산되고 있는 것이다.[142] 그루지야, 우크라이나에 이어 중앙아시아 5국 중 하나인 키르기스스탄에서도 성공한 무혈혁명의 영향으로 옛 소련권 국가들에서 반정부시위가 격화되고 있다. 키르기스스탄의 독재정권이 2005년 3월 시민혁명으로 전복됐고, 얼마 안 지나 우즈베키스탄에서 반정부소요로 유혈사태가 발생하기도 하였다.[143] 이처럼 중앙아시아에서의 민주화 과정에 대한 연구는 CIS는 물론 전 러시아 지역으로의 민주화 확산의 마지막 모델을 보여 준다는 데 의의가 크다고 할 것이다. 이러한 점에서 중앙아시아 5개국의 소련 및 사회주의 붕괴에 이은 민주화를 어떻게 진행시키는가에 대하여 연구할 필요성을 갖게 되었다.

중앙아시아 5개국은 각각 다르긴 해도 EU 가입, NATO 가입을 희망하고 있

---

142) Ahn Sung – Ho, "A Study on Ukraine President Election and Deliberative Democracy", 한국외대, 『동유럽연구』, 제15권(2005), pp.278 – 279; 안성호, 「우크라이나 대통령 선거와 글로벌민주주의와의 관계에 대한 연구」, 한국도유럽발칸학회, 제7권 2호(2005), pp.370 – 371.

143) http://www.chosun.com/international/news(2005.5.24.)

다. 이미 우크라이나의 경우도 EU와 NATO 국가들이 지켜보면서 평가하였다. 그리고 직·간접으로 이러한 민주화 확산을 지원하고 있다. 반면에 중앙아시아 5개국의 민주화 과정은 이웃 국가들에게도 상호 많은 영향을 미치고 있는 것은 글로벌민주주의의 한 예가 되는 것이다. 특히 민주화 과정은 개별국가 차원이 아니라 민족문제, 종교 갈등, 역사 등에서 밀접한 관계를 갖고 있어 5개 국가와의 글로벌한 관계를 갖고 있다는 점이다. 이들 국가들은 아직 심의민주주의의 경험이 부족하다.[144]

5개국의 지도자들은 권위주의정권을 향유하고 있으나 시민사회가 성장하면서 향후 민주주의 제도화 및 공고화, 권위주의 청산, 지역갈등 봉합 – 민족통합, 시민사회 활성화, 정당민주화 확립, 심의민주주의 실천, 경제 살리기 등의 산적한 과제에 봉착해 있다. 앞으로 중앙아시아 5개국은 국내적으로는 민주주의 공고화를 국제적으로는 글로벌민주주의의 보편적 원리에 따르는 과제 등을 수행해야 한다. 이러한 노력의 결과는 결국 내부적인 시민사회의 성숙과 동시에 국제사회에서의 지원과 평가 여부 문제로 판가름될 것이고 5개국의 글로벌민주주의의 시금석으로 나타날 것이다. 이러한 점을 중심으로 논문을 정리하는 것을 연구의 목적으로 하였다.

본 언구는 기르기스스스틴, 카자흐스단, 우즈베키스탄, 타지키스탄, 두르크메니스탄 등 5개국의 1990년 이후부터 2000년대 들어 각국에서 보이는 민주화 진행 과정에 대하여 비교 분석할 예정이다.

제2절 중앙아시아 5개국 독립과 정치 과정

정치적 혼란으로 인해 각국들은 내란, 민족분규 등으로 장기 독재정권의 출현과 민주화 시위 등 정치적 불안정으로 경제침체, 시민사회의 혼란 등 국가 전체

---

144) Gary, Shiffman, "Deliberation versus decision: platonism in Contemporary democratic Theory", in Benedetto Fontana, Cary F. Nederman, and Gary Remer(ed.), Talking democracy: Historical perspectives on Rhetoric and democracy(The Pennsyvania State Univ. Press, 2004).

가 침체기를 못 벗어나고 있다.

1. 카자흐스탄

과거 1917년 볼셰비키혁명 동안 카자흐스탄 내 소비에트 정권이 신속하게 수립되었다. 1920년 카자흐스탄은 키르기스스탄 자치공화국의 일부로 편입되었으나 25년 4월 소련의 영향으로 카자흐 소비에트 사회주의 자치공화국(ASSR)이 탄생하였다. 그러나 1936년 12월 카자흐스탄은 소련구성 공화국(SSR)의 하나로 승격하였다.

소련의 개방개혁으로 1989년 카자흐스탄 공산당서기장으로 선출된 나자르바예프(Narsultan Nazarbayev)는 1990년 4월 카자흐스탄 최고인민회의에서 카자흐스탄공화국 대통령이 되었다. 고르바초프 소련대통령과 함께 소련(USSR)체제를 유지하려 노력했지만 1990년 소련은 붕괴되었고 공화국 중 가장 늦게 독립을 선언하였다. 그리고 1990년 12월 21일 독립국가연합(CIS)에 가입하였다.

카자흐스탄은 겉으로는 자유민주주의체제하에서 헌법에서 보장되는 삼권분립에 입각한 정부처럼 보이나 사실상 민주적 선거가 실천되지 않고 중앙집권적으로 운영되고 있다. 고속경제개발을 위해 신헌법으로 개정하면서 독재정권으로 운영되고 있다. 정부의 실체는 폭력적이지는 않지만 독재정권으로 삼권, 인사권, 언론, 법률, 군사권 등을 나자르바예프가 장악하고 있다. 정당체계도 패권적 정당제로 민주적 사회화 기능이나 정부와 국민과의 교량적 역할을 충실히 이행하지 못하고 있다. 나자르바예프를 중심으로 강력한 대통령제를 중심으로 중앙집권체제를 구축하고 있다. 1991년 12월 1일 선거로 나자르바예프가 대통령으로 당선된 후 93년 1월 카자흐스탄헌법을 채택하였다.[145] 그리고 문제점을 보완하고 강력한 중앙집권체제와 대통령제를 규정한 신헌법이 1995년 8월 30일 채택되었다. 물론 겉으로는 95년 헌법 개정을 바탕으로 자유민주주의에 기초한 삼권분립체제형태를 채택하였다.[146] 1998년 대통령 임기가 5년에서 7년으로 연장되

---

145) http://en.wikipedia.org/wiki/kazakhstan(2008.5.5.)

었다. 1997년 12월 10일에는 아스타나로 수도를 이전했으며 1999년 10월 12일 나자르바예프가 대통령에 재선되었다. 2005년 12월 4일에 다시 나자르바예프가 71.96%의 투표율을 보인 가운데 91.15%의 압도적인 득표율로 3선에 성공하여 대통령에 당선되었다. 바르마한 투야크바이(카자흐스탄 정의를 위하여) 야당연합 대표는 6.64%의 득표에 그쳤다. EU 선거감시단은 전국적으로 투표소 설치 안내가 적절하였고 외국참관인들뿐만 아니라 야당의 감시위원들도 자유롭게 투표소를 방문해 진행상황을 감시할 수 있었다며 긍정적으로 평가하였다. 물론 많은 대외적 기구와 언론에서는 대통령 선거가 부정선거 의혹을 여전히 가지고 있다는 시각을 표출하였다. 유럽안보협력기구(CSCE) 선거감시단은 원활한 후보등록, 국영방송국의 적절한 시간 편성 등 긍정적인 면이 있었으나 투·개표 과정에서의 부정, 야당후보의 언론매체 노출제한, 야당유세장 전기 끊기, TV 선거방송 독점, 협박과 회유 등 옛 소련식 정치부정이 만연했다는 의견이다.[147)

〈표 8-1〉 중앙아시아 5개국의 기본현황

항 목	카자흐스탄 (Kazakhstan)	투르크메니스탄 (Turkmenistan)	타지키스탄 (Tadzhikistan)	우즈베키스탄 (Uzbekistan)	키르기스스탄 (Kirgizstan)
면적(㎢)	2,717,300	488,100	143,100	447,400	198,500
인구(명)	15,233,244	5,097,028	7,076,598	27,780,059	5,284,149
수 도	아스타나 (Astana)	아슈하바트 (Ashkhabad)	듀산베 (Dushanbe)	타쉬켄트 (Tashkent)	비쉬케크 (Bishk ek)
언 어	카자크어, 러시아어	투르크멘어	타지크어	우즈베크 74.3, 러시아 14.2, 타지크 4.4, 기타 7.1	키르기스 64.7, 우즈베크 13.6, 러시아 12.5, 기타 9.2
인종(%)	카자크인 53, 러시아인 30, 우크라이나인 3.7, 우즈베크인 2.5, 기타 10	투르크멘인 85, 우즈베크인 5, 러시아인 4, 기타 6	타지크인 79.9, 우즈베크인 15.3, 러시아인 1.1, 기타 3.7	우즈베크인 80, 러시아 5, 타지크인 5, 카자크인 3	키르기스인 64.9, 우즈베크인 13.8, 러시아인 12.5, 기타 8.9

---

146) 외교통상부, 『카자흐스탄개황』(서울: 외교통상부, 2006), p.21.

147) http://en.wikipedia.org/wiki/kazakhstan(2008.5.5.) 국제감시기구 조사 결과 유세기간 동안 4개 TV 방송은 전체 선거방송 시간의 절반 이상을 나라르바예프 대통령 얼굴 비추기에 할애하였고, 2위를 한 자르마한투야크바이 후보는 평균 12% 정도만 다뤄졌다.

항 목	카자흐스탄 (Kazakhstan)	투르크메니스탄 (Turkmenistan)	타지키스탄 (Tadzhikistan)	우즈베키스탄 (Uzbekistan)	키르기스스탄 (Kirgizstan)
카레이치 (고려인들)	10만 명	8천 명	1만 2천 명	17만 명	2만 명
종교(%)	무슬림 47, 동방정교 44, 기타 9	무슬림 89, 동방정교 9, 기타 2	수니무슬림 85, 시아무슬림 5, 기타 10	수니무슬림88(대부분) 동방정교 9, 기타 3	무슬림 75, 러시아정교 20, 기타 5
USSR편입	1936	1924	1929	1924	1936
독 립	91년 12월 16일	91년 10월 27일	91년 9월 9일	91년 9월 1일	91년 8월 31일
정체/정부	공화제/대통령중심제	공화제/대통령중심제	공화제/대통령중심제	공화제/대통령중심제	공화제/대통령제
대통령	Nursultan A. Nazarbayev (90.2.22.)	Gurbanguly Berdimuhamedow (2007.2.14.)	Emomali Rahmon (94.11.6.)	Islom Karimov (90.3.24.)	Kurmanb ek Bakiyev (2005.8.14.)
GDP($)	1,703억	473억 7천만	118억 7천만	622억 7천만	103억 8천만
1인당GDP($)	11,100	9,200	1600	2200	2000
수출($)	448억 8천만	63억 3천만	17억 3천6백만	65억 8천만	10억 4천만
수입($)	299억 천만	45억 천만	23억 5천7백만	45억 7천만	25억 9백만

(자료) CIA－The World Fact Book(2008.4.20.); ≪중앙일보≫. 2007.10.23.

　　2004년 9월과 10월 두 차례에 걸친 총선에서 오탄(조국)당을 비롯한 친정부 성향의 정당들이 하원의석 77석 중 76석을 차지하였으나 야권의 결집력은 상대적으로 약한 상황이었다. 대선 전부터 CIS 국가들에서 나타난 민주화 혁명을 사전에 방지하기 위해 대선 이후 부정선거를 주장하는 반정부시위가 발생한다면 무력으로 진압하겠다고 강조하여 부정선거 의혹은 더욱 증폭되고 있다.[148]

　　과거 공산권 영향력이 자유민주주의에 기초로 한 발전을 약화시켰고 독재정치의 강력한 중앙집권체제정치에 영향을 주었다. 강력한 중앙정부, 외세에 의한 식민화, 독재적 공산주의 등에 익숙해 있다. 카자흐스탄 국민들의 오랜 억압적 역사 경험과 정치사회화 미비로 오랫동안 독재정권이 진행되어도 이를 받아들이고 있는 실정이다. 여당을 견제할 수 있는 야당의 권력이 너무 미약하고 민주화에 대한 국민의 열망이 낮은 편이다.

---

148) http://en.wikipedia.org/wiki/kazakhstan(2008.5.5.)

2. 우즈베키스탄

1991년 독립을 선언한 후 동년 독립국가연합에 가입하였다. 다른 중앙아시아 국가처럼 강력한 개발주의형 독재체제를 유지하고 있다. 구소련 시절 우즈베키스탄공화국 제1서기장이었던 이슬람 카리모프(Islam Karimov)는 91년 12월 우즈베키스탄 최초로 시행된 대통령 선거에서 86%의 압도적 지지로 5년 임기의 대통령에 당선되었다. 92년 12월 8일 제정된 헌법에는 민주주의, 언론의 자유, 양심과 종교의 자유, 법치주의, 공정한 재판 등을 수호한다고 되어 있다. 그러나 실제로는 행정부, 의회, 사법부가 대통령을 행정적으로 보조하며 대부분의 권력은 대통령에게 집중되어 있다. 95년 국민투표에 의해 임기를 2000년까지 연장하였고 2002년 4월에도 국민투표를 통해 5년의 대통령 임기를 7년으로 연장하였다.[149] 2004년 하원선거에서 친정부 성향의 자유민주당이 34%의 득표율을 얻어 다수 의석을 차지하였다. 미르지야예프 총리는 대통령의 고향인 사마르칸트 주지사를 지냈으며 카리모프 대통령의 잠재적 후계자로 알려져 있다. 2004년 12월 실시된 의원선거에서 올리 마즐리스(Oliy Majlis: 최고의회)라고 불리는 의회는 양원제로 분리되었으며 직접선거에 의해 선출되는 120명의 하원과 100명으로 이루어진 상원으로 구성되어 있다.[150] 상원의 경우 우스베키스탄 12개 지역구, 카라칼파크 자치공화국, 타쉬켄트 시에서 84명의 상원을 선출하고 카리모프 대통령이 나머지 16명을 임명한다. 의회에 진출한 정당은 모두 친정부정당으로 실질적인 야당은 정권의 방해로 의회선거 등록조차 하지 못했다. 2004년 선거에서 자유민주당(41석)이 압도적인 승리를 거두었고 제1당이던 국민민주당(33석)이 제2당으로 밀려났고 아돌라트(정의)사회민주당(10석), 피도코를라르당(순교자당: 18석), 밀리 티클라니시당(국민부활당: 11석)으로 역시 친정부 성향을 띠고 있다. 무소속은 7석이었다. 카리모프정권은 92–93년 야당지도자를 구금하였고 의회선거에서는 야당후보자들의 선거 등록을 거부하는 등 반정부 성향의 야당을 지속적으로 탄압해 왔다.

---

149) http://en.wikipedia.org/wiki/uzbekistan(2008.5.5.)

150) http://en.wikipedia.org/wiki/uzbekistan(2008.5.5.)

3. 타지키스탄

1991년 9월 독립을 선언하고 12월 소연방의 해체와 함께 독립국가연합(CIS)에 가입하였다. 타지키스탄은 에모말리 라흐모노프(Emomali Rahmon) 대통령에 의한 장기집권체제로 운영되고 있다. 92년 4월 이후 국내의 정치대립이 격화되어 해결에 어려움을 격자 정부는 CIS에 평화유지군 파견을 요청하였고 이 대립으로 5월 이후 1만 8500여 명 이상이 사망하였고 30만 명 이상이 난민화되었다. 국토의 1/3이 황폐화되고 2만 명 이상의 사망자, 40여만 명의 무주택자, 13만여 명 이상의 아프가니스탄으로의 난민을 만들어 냈고 경제는 마비상태에 있었다. 내전에 승리한 공산당파는 이슬람원리주의자에게 책임이 있다고 하나 이슬람 부흥당에만 있는 것은 아니었다. 사실상 우즈베키스탄과 러시아가 직·간접으로 공산주의 세력을 지원하였다. 우즈베키스탄은 자국 내의 부하라사마르칸트에 이슬람 세력이나 타지크인을 포함하고 있어 타지키스탄의 민족주의와 이슬람주의 세력의 신장을 두려워하였고 러시아연방은 타지키스탄에 있는 자국민의 지위에 관심이 있었기 때문이었다.

키르기스스탄과는 토지와 관개용수의 이용문제가 국경문제까지 확대될 우려가 있다. 독립 이후 구체제를 유지하려는 공산당세력과 이에 반대하는 타지키스탄 민주당이나 라스타히즈 등 세속적인 민족주의 조직, 이슬람 부흥당이 정권을 놓고 대립하였다. 이 배경에는 극도의 경제부진과 빈곤, 커다란 지역 간 격차, 소수민족집단의 다양성 등의 문제가 있었다.

94년 9월 정부와 반정부세력이 내전종식에 합의하였고 정부와 회교민주연합과의 내전은 96년에도 계속되었으나 12월 모스크바에서 평화협정을 체결하였다. 97년 보리스 옐친 러시아 대통령의 중재로 평화협정을 맺은 정부와 회교반군은 국민화합위원회를 설치 연립내각을 구성하는 등 평화회복에 노력하고 있다. 97년 8월 우즈베크민족 출신 전 육군 대령 마흐무드 후도베르디예프가 평화협정에 불만을 품고 우즈베크민족이 대부분인 북부도시 후잔드를 거점으로 반란을 주도하였다. 98년 반군 천여 명이 일시 후잔드시 청사를 기습 점령하여 제2의 내전의 우려를 초래하였다. 이들은 조기총선과 정치범 석방, 지역지도자들이 참여하는 정부위원회의 창설을 요구하고 연립내각구성에서 40%의 지분을 요구하였다. 그러나 라흐모노프 대통령과 이슬람 야당은 반군 측 요구를 묵살하였다. 99년 11월 대통령 선거에서 에모말리 라흐모노프가 재선되었다. 이후 2005년 라흐모노프는 2020년까지 장기 집권하는 헌법을 통과시켜 야당의 강렬한 저항을 받고 있다.[151]

4. 키르기스스탄

1991년 독립 후 러시아와 상호간의 이익과 평화를 위한 정치경제문제와 관련된 조약에 서명하였다. 92년에는 중국과 국교수립에 합의하였고 93년에는 중국과 국경의 일부를 이루는 호르고스 강 주변에 저수시설 공동건설협정을 체결하였다. 중앙아시아 5개국 중 아카예프 대통령 영도하에 독립국 중 가장 민주적인 나라로 지목되고 있다. 아카예프의 자유주의 정책은 야당이 존재하는 가운데 언론의 자유 및 시장경제를 지향하는 노력과 더불어 표면상 민주적 이미지를 강하게 해 주었다. 키르기스 국가발전에 항상 상호 의존적이었던 정치체제와 시민사회가 깊이 뿌리내리고 있다.

아카예프 대통령과 측근들은 외국의 관심과 원조를 끌어들이는 데 있어 그들이 직면하고 있는 문제점을 잘 인식하고 있다. 소국으로서 비교적 자원이 빈약하여 외진 곳에 있어 도움을 받아야 하는 상황이다. 아카예프는 비단혁명에 바탕을 둔 민주주의가 실현될 수 있도록 노력하면서 일관되게 키르기스스탄의 정치적 잠재력도 강조하여 왔다. 아카예프는 청정산업의 육성에 역점을 두어 아시아의 스위스로 만들겠다고 다짐하여 왔다. 아카예프는 국영기업의 민영화, 가격의 자유화, 정치적 민주화도 함께 추진하고 있다. 96년 7월까지 546개 국영기업이 완전히 민영화되었다. 아카예프 대통령의 전략은 미래의 잠정적인 투자가들이 키르기스 민주화를 위해 지원하고 자본을 투자하도록 하는 데 있다.

---

151) http://en.wikipedia.org/wiki/tajikistan(2008.5.5.)

문제는 키르기스스탄의 이웃 국가들인 타지키스탄, 아프가니스탄, 파키스탄과 연계하여 이루어지는 무기와 마약의 밀수는 점차 규모가 커지고 있다. 아프가니스탄의 정치불안과 그들이 보유하고 있는 막대한 양의 무기로 인하여 사실상 개방되어 있는 남쪽 국경은 키르기스스탄의 안보관계 담당자들을 불안하게 한다. 98년 9월 초 마약과 무기밀매를 차단하기 위해서 키르기스 – 타지키스탄 양국은 관세협정에 서명한 바 있다.

새로 독립한 키르기스스탄은 다른 구소련 공화국들이 그랬던 것처럼 군대창설의 의지를 천명해야 했으나 재정이나 여타 상황이 따라 주지 못했다. 아카예프는 외국기업들에게 키르기스스탄에는 투자위험요소가 없다는 인식을 심어 주기 위하여 외국의 법을 채택하기 시작했다. 외국기업의 참여를 통한 합작기업의 설립도 장려되고 있다. 키르기스스탄 정부 지도자들은 내부적으로 조국이 자본가들에게 팔려 나가고 있다고 주장하는 극단적 애국자들과도 싸움을 벌여야만 한다.

95년 키르기스 평화유지군이 타지크반군의 공격에 직면하여 200여 명의 군대를 증파하였다. 95년 2월 5일과 19일 105석의 당선자를 확정하였다. 95년 의회는 아스카르 아카예프 대통령이 제출한 각료 임명안 가운데 일부를 동의하지 않고 다른 형태의 대통령 요구도 거부함에 따라 대통령과의 관계가 경색되었다. 95년 대선에서 투표율 82%, 지지율 60%로 아스카르 아카예프 대통령의 재임이 확정되었다. 96년 러시아 – 벨로루시 – 카자흐스탄 3국에 의해서 이미 설립된 관세동맹에 가입하였다. 96년 타지크내전이 발발하여 1만 5천여 명의 타지크난민이 국경을 넘어 탈출하여 왔다. 아카예프 대통령에게 더욱 강력한 권한을 부여하는 헌법개정안이 압도적 지지로 통과되었다. 96년에 카자흐스탄과 우즈베키스탄과 함께 국제연합이 지원하는 평화유지군 구성에 합류하였다. 97년에는 러시아와 군사협력을 확대하기 위한 협정에 서명하였다. 98년 7월 중앙아시아 관세동맹에 가입하고 이를 중앙아시아 경제공동체로 개명하였다.

아스카르 아카예프 대통령이 2004년까지 통치하여 왔다. 장기집권을 위해 잦은 부정선거 시비에 휩싸였고 강압적인 통치로 2005년 총선에서는 매표, 흑색선전, 언론조작 등을 자행한 것이 드러나 레몬혁명이라 불린 반정부 시위가 이어져 망명하고 말았다.

5. 투르크메니스탄

91년 10월 독립 후 92년 5월 신헌법을 제정하여 직접선거에 의한 5년 임기의 대통령을 선출하였다. 90년 10월 구소련 붕괴 직전에 98.8%의 득표율로 대통령에 선출된 이후 줄곧 대통령직을 수행하고 있다. 의회나 정부도 여전히 공산세력이 차지하는 등 보수적인 체제가 뿌리 깊게 남아 있다. 92년 유엔에 가입하였고 독립국가연합 5개국과는 집단안전 보상조약을 체결하였고 95년 유엔총회에서 영세중립국으로 승인되었다. 니야조프는 92년, 94년 재선출에 이어 99년 12월에 헌법을 개정하여 종신 대통령이 되었다.

95년 5월 니야조프 대통령은 인권정책의 개선을 요구하는 외국의 압력을 무시하였다. 95년 7월 12일 독립 후 처음으로 300－500여 명의 시민이 아슈하바트에서 임기연장을 한 대통령의 독재에 항의하였고 대통령 선거실시를 요구하며 시위를 벌였다. 모스크바에 본부를 둔 투르크멘 야당은 시위와 관련이 없었다고 부인하였고 오히려 러시아 언론은 니야조프 대통령의 친이란 정책에 불안해진 러시아가 시위를 지원했을 가능성이 있다고 지적하였다.

96년 5월 60년대 파키스탄, 이란, 터키, 중앙아시아 5국이 설립한 지역그룹인 경제협력기구의 의장이 되었다. 97년 /월 미국은 투르크메니스탄의 천연가스가 이란을 가로질러 운송되는 것에 반대하지 않기로 결정하였다. 이는 러시아 종속에서 벗어나 외국시장에 접근할 수 있도록 해 줌으로써 천연가스사업이 발전 할 수 있는 좋은 기회를 제공하였다. 97년 한 해에 걸쳐 투르크메니스탄과 아제르바이잔은 카스피 해 연안의 유전지대에 대한 소유권을 놓고 분쟁하였다. 97년 8월 니야조프 대통령이 모스크바를 공식 방문하여 러시아가 천연가스시장을 독점하려는 목적에서 투르크메니스탄이 CIS 이외의 국가들에 천연가스를 수출하는 것을 방해하고 있다고 비난하였다.

제3절 중앙아시아 5개국 민주화 과정 비교

1. 카자흐스탄

1990년 대통령이 된 누르술탄 나자르바예프와 딸이 양대 정당을 이끌고 있다. 대통령족벌이 경제도 장악하고 있다. 95년 8월 30일 신헌법에 의해 대통령제를 기초로 하는 강력한 중앙집권체제를 운영하도록 보장받았다. 95년 4월 개헌으로 대통령에게 의회해산권 등 절대적 권한을 부여하였다.[152]

사법부의 고위 간부 및 판사들 인사권은 대부분이 대통령에 의해 결정된다. 입법부도 대통령 권력 영향권 아래에 있어 대통령 권력을 위한 보조적인 수단에 불과하다.

외형적으로는 다당제에 기초하고 있으나 악졸당을 제외한 정당들은 나자르바예프 대통령을 추종하는 수준의 정치적 이념을 가지고 있다. 강력한 정당을 중심으로 들러리 정당들이 있어 패권적 정당체계를 보인다. 패권적 정당체계에서는 독재정권을 반대하는 정당도 있으나 형식이고 정권교체는 일어나지 않으며 선거 또한 공명정대하기 힘들다.[153] 2004년 3월에 개정된 정당법에 따라 새롭게 정당등록을 마친 정당은 2006년 8월 11개로 확인된다. 정치적 이념이나 정책보다는 친 나자르바예프 대통령이냐 반나자르바예프 대통령이냐로 나뉘어 있다. 실제로 구소련에서 독립한 이후 정권교체는 없었다. 반대하는 정당이 존재하나 이러한 정당들의 공통점은 저항력이나 권력기반이 약해 대통령에 대한 저항이 약하다.

98년 12월 창당한 오탄(Otan)당은 카자흐스탄민주당, 자유운동당, 카자흐스탄 통일당이 합당하여 구성되었다. 99년 1월 대통령 선거에서 나자르바예프 대통령을 위한 정당이었고 99년 10월 10일 총선에서 제1당이 되었다. 물론 당 강령에는 자유민주주의체제 유지, 시장경제로의 전환, 생산과 분배에 있어 국민 전체의

---

152) http://www.chosun.com/international/news(2005.5.24.)
153) 심지연편저, 『현대정당정치의 이해』(서울: 백산서당, 2004), pp.154-55.

공동이익과 번영을 중심으로 하고 있다. 2005년 12월 대통령 선거에서 나자르바 예프가 압승함으로써 지금까지 집권당을 유지하고 있다. 2006년 7월에는 대통령 의 장녀인 다리가(Dariga)가 총재로 있는 아사르(Asar)당을 흡수 통합하였다. 98 년 11월 창당한 시민당(Civil Party)이나 99년 1월 창당된 카자흐스탄 농업당 (Agrarian Party)도 2004년 10월 총선 이후 친여권으로 돌아섰다.

91년 10월 창당한 공산당은 친여정당이면서도 오탄당과는 다른 분배를 중심 으로 하는 정책을 선호하고 있고 2004년 총선 시 주요정당으로 부상하였으나 2006년 이후 의석 획득에 실패하여 정당기능이 약화되었다. 1991년 이후 장기집 권 중인 나자르바예프 대통령이 지난 1월 야당인 민주선택당을 정부전복의 기도 혐의로 해산시켰다.[154]

악졸당(White Path)은 권위주의정권에 대하여 평화적 정권교체를 목표로 하고 있다. 강령은 시장경제로의 완전한 이행과 자유민주주의를 표방하고 있으며 집 권세력의 강력한 견제대상이 되고 있다. 경제발전과 함께 등장한 중산층 및 기 업계 인사들로부터 지지확대를 보이고 대통령은 헌법에서 보장된 권한과 기능을 통하여, 행정부, 사법부, 입법부를 직·간접으로 간섭 및 조종할 수 있다. 신헌 법을 제정하여 대통령의 권한과 기능이 강화되고 사실상 삼권분립이 유명무실해 졌다. 재선과정에서 나자르바예프는 행정력을 동원하여 관권선거 빛 부성선거있 으나 2005년 3월 당 내부 갈등으로 악졸당과 신악졸당으로 분열되어 집권당에 대한 견제가 약화되었다.

를 자행하였고 부정부패가 만연하고 있다. 대통령은 의회해산권을 가지며 국 내 특정정당의 정치활동을 중지시킬 수 있는 권한이 있다. 나자르바예프는 지방 정부의 행정력 동원, 관권개입, 집권세력의 언론매체 장악 등 특수요인이 작용하 여 재선이 되었다. 결국 나자르바예프에 대한 부정적인 시각과 국민의 불만이 고조되고 있다. 물론 고도경제성장, 정치안정, 중앙아시아중심국 부상 등으로 카 자흐스탄의 위상제고에 대한 국민적 열망이 없는 것은 아니나 나자르바예프 독 재정권에 대한 저항은 고조되고 있다.

---

154) http://www.chosun.com/international/news(2005.5.24.)

2. 우즈베키스탄

2000년 4월 대통령 선거에서 이슬람 카리모프 대통령이 압도적 지지로 대통령에 재선되었으나 카리모프 대통령에 대한 정치적 압력이 고조되고 있다. 야당 정치인들이 퇴진을 요구하고 있다. 수백 명이 희생된 것으로 알려진 안디잔 유혈사태의 책임을 지라는 것이다. 국제사회는 안디잔 사태의 진실규명을 위한 국제진상조사단 구성을 촉구하였다. 2002년 개헌으로 대통령 임기가 5년에서 7년으로 연장되었다.[155]

우즈베키스탄의 대표적 야당인 자유농민당의 니가라 히도야토바 여성 당수는 2005년 5월 18일 현 정권은 이슬람 극단주의와 싸우기보다는 시민들에 대한 테러를 자행하며 권력을 유지하고 있다고 비난하였다. 대통령과 내각은 즉각 사임하고 3개월 안에 대선을 실시해야 한다고 주장했다.[156] 야당정치인 15명은 하루 전날 수도 타슈켄트 주재 미국대사관 앞에서 우즈베키스탄의 민주화 개혁과 미국정부의 사태개입을 촉구하는 피켓시위를 벌였다. 이는 키르기스스탄의 2005년 3월 민주화 혁명의 시발점인 오슈에서 불과 40킬로미터 떨어진 우즈베키스탄의 안디잔에서 반정부 소요가 발생 민주화 불길이 우즈베크로 번진 것이다.[157]

카리모프 대통령은 5월 17일 안디잔 사태로 무고한 시민은 단 한 명도 희생되지 않았으며 사망자는 무기를 든 반군뿐이라고 주장했다. 500여 명의 민간인이 사망했다는 주장은 억측이자 고의적인 정보 왜곡이라고 강조했으나 여론은 수긍하지 않고 있다. 카리모프 대통령은 현재 정치적 독재를 공고화하고 인권을 탄압하고 있다. 헌법에 보장되어 있는 복수정당제를 무시하고 반정부세력인 야당의 선거후보 등록을 금지시키고 있고 헌법개정을 위시한 국민투표를 통해 자신의 집권기간을 연장시키고 있다. 사회개혁도 미진하여 구공산당 출신이 지배층으로 남아 있고 민주적 시민사회의 기반도 부재한 상태이다. 미국과 서방정부 그리고 시민단체들이 야당탄압, 언론통제, 인권탄압 등에 대하여 비난을 하고 있

---

155) http://www.chosun.com/international/news(2005.5.24.)

156) 안성호, 전게논문, p.367.

157) http://www.chosun.com/international/news(2005.5.24.)

으나 대부분의 국민들은 정보통제하에 살고 있어 경제개혁의 성과 여부가 정치
안정 유지의 관건이다.

안디잔과 멀지 않은 우즈베키스탄 국경도시인 카라수 주민들이 주요 관공서를
점거하고 이슬람 자치정부 수립을 선포할 태세이다. 카라수는 현재 우즈베키스
탄 당국의 통제를 벗어나 무정부 상태인 것으로 알려졌다. 주민들이 자치를 공
식 선포할 경우 정부군의 무력진압이 예상돼 또 한 차례 유혈충돌이 벌어질 것
이란 우려가 제기되고 있다.

<표 8-2> 5개국의 장기집권 대통령 현황

항 목	카자흐스탄 (Kazakhstan)	투르크메니스탄 (Turkmenistan)	타지키스탄 (Tadzhikistan)	우즈베키스탄 (Uzbekistan)	키르기스스탄 (Kirgizstan)
	누르술탄 나자르바예프 (Nazar Bayev)	사파르뮤라트 니야조프(Saparmura t Nyyazow)	예모말리 라흐모노프(Emomali Rahmon)	이슬람 카리모프(Islom Karimov)	아스카르 아카예프(Askar Akayev)
장기집권 대통령	91년 12월 1일 (99% 지지) 95(95% 지지) 99(81% 지지) 2005년 12월 4일 (91% 지지)	90년 10월 – 2006년 12월 21일 사망)	92년 11월 19일 1994년 11월 6일 대통령 취임. 2006년 11월 6일 대선(79.3%)	1990년 3월 24일 2007년 12월 23일 대선	1990년 10월 (2005.3.14. 하야. 민중봉기로 러시아로 망명)
최근 새로 선출된 대통령	–	구방굴리 베르디무하메도우 Gubanguly Berdimuhamedov (2007년 2월 14일) 89.2%	–	–	Kurmanbek Bakiyev 바키예프 (2005.7.10. – 8.14.) 88.6%
대통령 차점자	자르마칸(Zharmakh an A. Tuyakbai) 2005 년 12월 4일 (6.6%) NSDP	?	2006년 11월 6일 Olimzon Boboyev(Party of Economic Reform) 6.2%	Aslidden Rustamov (구공산당NDP) 3.2%	Tursunbai Bakir – uulu 3.9%

(자료) CIA – The World Fact book – Uzbekistan(인터넷 자료 2008.5.4.); ≪중앙일보≫, 2006.12.22.

루이즈 아버 UN 인권고등판무관은 5월 18일 안디잔에서 우즈베키스탄 정부
군이 수백 명의 시위대를 학살했다는 보도를 검증하기 위해 국제진상조사단을
구성할 것을 제안했다.

잭 스트로 영국 외무장관과 EU 대표들은 즉각 이를 지지하였다. 미 국무부도 안디잔사태와 관련하여 혼란스러운 보도들이 나오고 있어 신뢰할 수 있고 투명한 조사가 필요하다며 국제조사단 파견에 지지입장을 밝혔다. 지난 2005년 5월 18일 우즈베키스탄 정부의 주선으로 안디잔을 방문한 타슈켄트 주재 외국외교관 및 기자들은 일반 주민과의 접촉이 금지돼 제대로 된 조사활동을 하지 못했다. 5월 20－21일 연이어 카라수에서 수백－천여 명의 주민이 참가한 항의시위가 열렸다. 주민들은 5월 19일 정부군의 도시장악 과정에서 체포된 시위 주동자들을 즉각 석방할 것을 요구했다. 카라수에서는 5월 13일 수백 명의 민간인이 사망한 안디잔 유혈사태에 이어 대규모 주민 봉기가 발생하여 수일간 무정부 상태가 지속됐었다. 카슈켄트에서도 카리모프 대통령의 민간인 학살을 비난하는 주민여론이 확산되고 있다.[158] 카리모프 대통령은 안디잔 유혈사태 진실규명을 위한 서방국가들의 국제진상조사단 입국요구를 거부했다.

여기서 우리는 광주민주항쟁의 비극을 교훈 삼아 국제사회가 조속히 우즈베키스탄정부에 이러한 비극적 결과가 다시 오지 않도록 한국의 사례를 알려 줄 필요가 있다고 본다. 카라수 지역에서는 정부진압군과 시민군과의 대화와 타협을 중재하고 절대로 상호 발포하지 않는 가운데 협상을 통해서 해결하는 방안을 UN이나 EU가 중재해고 있어 글로벌민주주의의 적용과 실천의 예를 보여 주고 있다.

3. 타지키스탄

에모말리 라흐모노프 대통령이 1992년 이래 장기집권을 하고 있고 2003년 6월 국민투표 통해 2020년까지 장기 집권하는 개헌안을 통과시켰다. 이는 대통령 7년 중임제 개헌을 의미한다.

라흐모노프 대통령이 쿠데타로 집권한 뒤 장기로 권력을 유지해 오고 있는 가운데 야당인 사회민주당이 2005년 2월 총선 때 전국적인 부정이 이뤄졌다며 반

---

158) ≪중앙일보≫, 2006.9.19.

발하였다.[159] 2020년까지의 장기집권이 헌법에서 통과되자 2006년 11월 6일 야당은 선거를 보이콧하기도 했다.[160]

〈표 8-3〉 중앙아시아 5개국의 민주화 진행상황

국 명	진행상황	비 고
키르기스스탄 Kirgizstan	2005년 2월 실시된 총선에서 여당의 대규모선거부정에 항의. 반정부시위 확산. 3월 24일 90년부터 15년 장기 집권한 아스카르아카에프 대통령 하야 망명. 2005년 7월 대선에서 쿠르만베크 바키에프 대통령 당선으로 정권교체	반정부학생단체가 변화의 상징으로 사용(레몬혁명-튤립혁명)정권교체(아카에프독재자 망명)
카자흐스탄 Kazakhstan	1990년 대통령이 된 누르술탄 나자르바예프와 딸이 양대 정당 이끌어. 대통령족벌이 경제도 장악. 2005년 대선.	나자르바예프 1인 독재자 장기집권
타지키스탄 Tadzhikistan	에모말리 라흐모노프 대통령 1992년 이래 장기집권. 2003년 국민투표 통해 2020년까지 장기 집권하는 개헌안 통과.	라흐모노프 1인 독재자 장기집권
우즈베키스탄 Uzbekistan	이슬람 카리모프 대통령 1989년이래 장기집권. 야당탄압, 언론통제, 인권유린 등 국제사회 비난. 2007년 총선 예정. 안디잔 2005년 5월 반정부시위 무차별 발포. 난민탈출.	카리모프 1인 독재자 장기집권
투르크메니스탄 Turkmenistan	사파르무라트 니야조프 대통령이 1991년 집권. 1988년 헌법 개정해 종신집권. 2006년 사망으로 베르디무하메도프로 정권교체	정권교체(니야조프독재자 사망)

(자료) CIA-The World Fact book(2008.5.); ≪중앙일보≫, 2005.3.26, 2005.5.23.

4. 키르기스스탄

2005년 2월 실시된 총선에서 여당의 대규모선거부정에 항의. 반정부시위가 확산되었다. 3월 24일 레몬혁명으로 불리는 야당 주도의 민주화 혁명이 일어나 지난 90년부터 15년 장기 집권한 아스카르아카에프 대통령이 하야 하면서 변혁이 시작됐다.[161] 쿠르만베크 바키에프 임시대통령체제로, 2005년 6월 말 대선을 치렀다.

반정부세력이 레몬 색을 상징 색으로 택하면서 레몬혁명으로 불린 키르기스스탄 반정부시위는 2003년 그루지야의 장미혁명 2004년의 우크라이나의 오렌지혁

---

159) http://www.chosun.com/international/news(2005.5.24.)

160) http://en.wikipedia.org/wiki/tajikistan(2008.5.5.)

161) http://www.chosun.com/international/news(2005.5.24.)

명을 잇는 시민혁명이었다. 2005년 3월 18일 남부 제2의 도시 오슈에서 첫 시위가 시작되었고 첫 대규모시위는 21일 오슈를 비롯한 4개 도시에서 시작됐다. 3월 23일 비슈케크에서 처음 발생한 시위는 경찰의 강경진압으로 한 시간도 안 돼 해산하면서 주동자 10명이 연행되었다.

<표 8-4> 5개국의 의회 및 정당 정치적 상황

항 목	카자흐스탄	투르크메니스탄	타지키스탄	우즈베키스탄	키르기스스탄
집권당	2007년 8월 18일 누르-오탄 (Nur-Otan) 당 88.1% (107석 중 98석)	2003년 4월 DPT(Democratic Party of Turkmenistan) 50석 중 50석	2005년 3월 25일(3월 13) PDPT(People's Democratic Party of Tadzhikistan) 74.9% 34석 중 29석	2004년 12월 26일(2005년 1월 9일) 모든 정당이 카리모프 지지 LDPU 41석 NDP 32석 Fidokorlar 17석	2007년 12월 16일 AK Jol(71석) 사유화, 정치자유, 부패축소, 국제관계 증진, 테러척결 강조
야 당	NSDP 4.6% (의석0) 7% 이상 지지정당만 의석확보	야당불법 NDMT(National Democratic Movement of Turkmenistan)의 Boris shikh Muradov 2002년 12월 25일 니야조프에 의해 체포 암살됨	CBT 13.6%(2석) Islamic Revival Party 8.9%	없 음	SDP(Social democraic Party) 11석, KCP 8석
정치적 압력단체	몇 개 존재	없 음	약간 있음	몇 개 존재	몇 개 존재
정치적 과정	93년 1월 28일 헌법, 95년 8월 30일 신헌법(국민투표), 2009년 10월 차기총선	2007.2.14. 구르방굴리 베르디무하메도(Gur banguly Berdimuhamedow)	1992-97 내전 1994.11.6. 헌법개정 2003년 2020년까지 장기집권개헌안 통과	92년 12월 8일 헌법 2002년 헌법개정 2009년 12월 차기총선	헌법 93.5.5. 헌법개정(2003년) 쿠르만베크 바키예프(Kurmanb ek Bakiyev) 2005년 7월 10일 대통령 선거 당선. 2006.12.3. 헌법개정. 2007.10.21. 국민투표

(자료) CIA - The World Fact book - Uzbekistan(인터넷 자료 2008.5.4.)

2월 27일과 3월 13일 실시된 총선 1차 투표와 결선투표에서 대규모 부정이 이뤄졌다는 의혹이 제기되면서 야당 지지자들이 항의하는 시위를 벌였다. 임기를 마감하는 키르기스스탄의회는 3월 전격적인 혁명과 구소련 시대적인 정권의 붕괴로 말미암은 위기상황을 해소하기 위해 새 의회에 권한을 이양하기로 했다. 안정을 지키고 국가의 이익을 위해 이 같은 결정이 취해졌다고 구의회 의장 이센바이 카다르베코프는 비공개 회의에서 결정을 내렸다. 구의회 혹은 2주 전 심한 분규 중 치러진 선거에서 선출된 새 의회 의원들 중 어느 쪽이 의회 회의권이 있느냐의 문제가 야당시위대들이 정부의 주요 직을 무너뜨린 후 노련한 통치자 아스카르 아카예프가 국내로부터 도피한 3월 이후 이 나라에서 아직 해결되지 않고 있는 가장 중요한 문제들 중 하나이다. 아카예프 대통령은 시위대가 청사 안으로 난입하기 직전 대피했다. 시위대를 이끌고 있는 야당지도자 쿠르만베크 바키예프는 시위대가 청사를 점령한 직후 행한 연설을 통해 경찰과 군인을 회유했다.[162] 키르기스스탄 의회는 2005년 3월 25일 쿠르만베크 바키예프(Kurmanbek Bakiyev)를 대통령직무대행으로 펠릭스 쿨로프를 내무장관에 각각 임명해 국정수습에 나섰다. 유러안보기구(OSCE)의 잔커비스 의장이 6월 26일 대통령 선거를 앞두고 의회가 임시대통령으로 임명한 쿠르만베크 바키예프를 포함한 임시 지도자들을 만나 상황을 논의하기 위해 중재대표단을 이끌고 3월 24일에 비슈케크에 와 있었다. 법원과 선거관리 당국이 3월 13일의 의회결선 투표를 둘러싼 분쟁들에 대해 판결을 내릴 때까지 새 의회는 /5명의 의원 중 55명을 갖춘 상태로 있을 것이라고 중앙선거관리위원장은 말했다.[163] 법원은 아카예프가 실각하기 전 이의가 제기된 6개 선거구의 결과를 조사하고 있으며 선거관리위원회는 2주 안에 또 다른 14개 선거구에서의 분쟁에 대한 결정을 발표할 것이다. 결국 민주화혁명은 성공하여 황색(Yellow)혁명이라고도 한다. 일부에선 튤립혁명(Tulip Revolution)이라고 부르기도 한다. 시위현장에서 직접 쓰이지는 않았지만 키르기스스탄에는 튤립이 60여 종이나 있기 때문이다.[164] 15년 동안 독재권력을 휘둘러 온 아스카르 아카예프 대통령이 3월 24일 레몬혁명으로 무너진 것이다. 3일 25일 아카예프는 국외로 도망갔다.[165] 독재자의 장기집권에 염증을 느낀 민초들이 부정선거

---

162) 안성호, 전게논문, p.365.

163) 상게논문, p.367; http://en.wikipedia.org/wiki/kyrgyzstan(2008.5.5.)

164) 키르기스스탄 반정부 시위에서 노란색이 상징색이 된 것은 반정부학생단체 '켈켈' 덕분이다. 노란색은 변화를 상징한다. 이들은 시위현장에 레몬 22㎏을 날라 와 시위대와 경찰 등에게 나눠줬다.

를 도화선으로 들고 일어난 것이다. 그러나 민주화를 위해 노력해 온 야당지도자가 없고 민주화 역량도 부족하다. 수도 비슈케크 등 전국에는 약탈과 방화가 잇따르는 등 극심한 혼란이 벌어지고 있다. 오히려 또 다른 독재정권이 들어설 수 있는 상황이다. 아카예프는 4월 4일 모스크바 키르기스스탄 대사관에서 대통령직을 사임했다. 야당지도자인 쿠르만베크 바키예프가 대통령 대행을 맡아 정국수습에 나선 키르기스스탄에서 3월 26일 반혁명시위가 발생하는 등 혼란이 지속되고 있다. 수도 비슈케크에 모인 전 대통령인 아스카르 아카예프 지지자들은 일부 야당세력이 무력으로 권력을 장악한 것은 불법이라고 주장했다. 이처럼 구소련국가들은 상호간에 민주화 과정에서 많은 영향을 주고 있다.166)

5. 투르크메니스탄

1991년 독립 후 사파르무라트 니야조프(Saparmurat Niyazov) 대통령이 1991년 집권하였다. 1999년 12월 의회가 연임제한 규정을 철폐하면서 헌법을 개정해 종신 집권하였다. 1999년 12월 야당을 해산하고 종신대통령을 선언한 니야조프가 지난 2002년 피살위기 모면 후 의회의 헌법 개정권을 없애고 자신이 임명하는 2000여 명의 인민위원회를 통해 전권을 행사 중이다.167)

집권 후 행정, 의회, 사법, 군대를 차례로 장악해 나갔고 자신의 정적들을 가차 없이 숙청하는 등 독재자로서의 자질을 전 세계에 보여 주었다. 니야조프는 김일성처럼 전 도시를 자신의 동상과 초상화로 장식하고 도시명을 자신과 가족의 이름으로 개칭하고 어느 지역을 방문할 때면 어린 여학생들이 단체로 몰려와 그에게 빨간 꽃을 바치며 감격에 겨워 울먹이는 장면이 언제나 대대적으로 방영되어 신격화, 우상화 작업은 김일성에 못지않다고 한다. 이슬람은 정치적 지도자의 신성성을 강조하며 단순한 종교적 기능을 넘어 사회적인 윤리와 정치적 법규

---

165) http://en.wikipedia.org/wiki/kyrgyzstan(2008.5.5.)

166) 안성호, 전게논문, p.367.

167) http://www.chosun.com/international/news(2005.5.24.); ≪중앙일보≫, 2006.12.22.

로 자리 잡았다고 할 것이다. 정치지도자는 코란의 신성성에 기초하는 신의 대변인이라는 인식이 강하게 자리 잡혀 있고 정치지도자는 무소불위의 권력을 이양받기가 용이해진다. 이슬람 율법에 어긋나지 않으면 그 외의 현실적인 부분에서는 얼마든지 국민의 의사에 반하는 자의적 권력을 행사한다 하여도 신의 뜻이라는 이슬람에 있어서는 최고의 변명을 통하여 독재에 거짓된 정당성을 부여할 수 있다는 것이다. 이슬람교도들의 정치지도자의 신성성에 대한 뿌리 깊은 오신이 독재 권력의 발현과 유지에 결정적인 자양분 역할을 하게 되는 것이다. 실제로 니야조프 대통령은 서구문명이 이슬람의 순수한 정신을 훼손한다 하여 모든 방송에서 서구의 음악, 서적, 기타 외신을 소개하는 것을 전면 금지하였는데 이는 국제무대에서 독재자로 지탄받고 있는 본인의 약점을 은폐하고 자신의 지배력이 약화되는 것을 방지하기 위한 반민주적인 수단에 지나지 않는다. 97년 자신이 심장수술을 받아 담배를 피울 수 없게 되자 전 국민에게 금연령을 내렸고 2001년에는 국민정서에 안 맞는다고 발레 오페라 공연을 금지했고, 2002년에는 외국학위 소지자들과 국가는 병립할 수 없다고 유학파를 해외로 추방하여 엽기적 독재자로 불렸다.[168]

정치권력의 입장에서는 언제나 정당성의 부재에 대한 불안을 겪고 있고 반대로 권력에 대응하는 피지배지들의 입장에서는 종교를 세외한 성지영역에서의 부당한 권력행사에 대항할 논리가 그들 최고의 가치인 코란의 교리상 부재되어 있다는 점에서 만성적인 위기상태에 놓여 있는 것이다. 정치에 대한 부정적인 태도는 현실정치에 대한 관심과 행동을 교리에 어긋나는 부정적이고 비천한 행위라는 인식을 이슬람세계에 뿌리 깊게 심어 놓아 투르크메니스탄 국민들이 정치에 대한 관심과 행동을 적극적으로 표출할 수 없게 만들어 정치에 대한 무관심을 조장하였다. 국가가 강제하는 정식 국교는 존재하지 않지만 전 국민의 90%에 달하는 이슬람교도가 있다. 다른 종교의 자유가 허용되지 않는 것은 아니지만 민주공화제라는 정치적 외양에 맞춰 가는 제도일 뿐 실질적으로는 다른 대다수의 회교권 국가들이 그렇듯이 이슬람의 율법이 나라를 지배하고 있다. 엄격한

---

168) ≪중앙일보≫, 2006.12.22.

교리로 무장하여 국가 주민들의 일상에 강한 지배력을 행사한다. 실정헌법 위에 이슬람법이 더욱 강력한 규범력을 행사하고 있는 경우가 많다.

제4절 민주화 과정에 대한 과제와 전망

1. 빈곤에 대한 반정부 저항 확산

중앙아시아 5국이 민주화 혁명으로 불안정한 정국을 보이는 배경에는 장기독재에 대한 혐오와 염증이 깔려 있다. 5개국에서는 구소련에서 독립 후 취임한 초대 대통령들이 오랫동안 대통령을 해 왔다. 예컨대 2005년 2월 투르크메니스탄의 사파르무라트 니야조프 대통령은 수도를 제외한 전국의 병원과 도서관을 폐쇄하라고 지시한 바 있다. 이는 병에 걸리면 수도에 와서 치료받고 지방 사람들은 어차피 책을 읽지 않는다는 말도 안 되는 논리에서였다.[169]

타지키스탄의 라흐모노프 대통령은 2003년 국민투표로 2020년까지 자신의 임기를 연장한 개헌안을 통과시켰다. 극도의 빈곤에 따른 민심이반도 중요 변수이다. 우즈베키스탄, 타지키스탄, 키르기스스탄은 1인당 국민총생산(GDP)이 300$ 수준으로 세계최빈국 중 하나이다.[170]

키르기스스탄의 백태현 교수는 중앙아시아 국가들의 반정부 기류를 민주화 혁명으로만 단정하기는 힘들며 이슬람세력이 개입된 종교적 성격에 빈곤에 빠져있는 국민들의 생존권적 저항이 겹친 민중봉기적 성격이 강하다고 지적하였다.[171]

자원대국인 카자흐스탄은 2003년 기준 1970$, 투르크메니스탄 2002년 기준 2278$이지만 국민들은 별 차이 없이 빈곤하다. 카자흐스탄의 나자르바예프 대통령은 스위스 은행에 8500만$의 예금이 있는 것으로 알려졌지만 국민들은 빈곤

---

169) http://www.chosun.com/international/news(2005.5.24.)

170) http://www.chosun.com/international/news(2005.5.24.)

171) http://www.chosun.com/international/news(2005.5.24.) 백태현 교수(키르기스스탄 비슈케크 인문대학) 인터뷰 기사.

에 시달리고 있다.[172] 카자흐스탄, 타지키스탄, 우즈베키스탄은 빈곤과 인권탄압으로 국민들의 저항이 심각하며 투르크메니스탄과 키르기스스탄은 내용은 다르지만 2005년 정권교체로 일단 새로 선출된 대통령의 리더십에 희망을 걸고 있다.

2. 민주화 혁명과 종교 갈등

5개국에 공통된 것은 일반적으로 민주화를 먼저 경험한 국가들에서 보이는 평화적인 종교집단, INGO나 시민단체가 성숙하지 못해서 시민사회가 주도하는 민주화가 쉽지 않다.[173] 이슬람극단주의 세력 중 하나인 우즈베키스탄 이슬람 운동당은 90년대 초부터 카리모프 정권의 탄압을 피해 아프가니스탄과 타지키스탄에서 활동하고 있다. 97년 우즈베키스탄과 타지키스탄의 평화협정으로 본거지를 잃은 후 아프가니스탄의 탈레반 세력과 연계해 왔으며 알카에다로부터 훈련을 받고 있는 것으로 알려졌다.[174] 99년 7월 650명의 우즈베키스탄 이슬람운동당원이 키르기스스탄 국경을 통해 우즈베키스탄에 침투하려 했으나 정부에 의해 무산되었고, 2000년 8월에 재침투를 시도했으나 군대에 의해 저지되었다. 우즈베키스탄의 카리모프정권은 이 단체의 소탕을 안보의제의 최우선순위로 상정하여 2000년 9월에는 탈레반과도 외교적 대화를 시도한 바 있다. 2001년 9·11테러 이후 탈레반과의 공조관계를 포기하고 친미로 돌아섰다. 이후에도 이들은 지하드 이슬람정당을 결성하여 테러를 자행하고 있다.

카리모프 대통령은 1989년 이래 장기 집권하면서 야당탄압, 언론통제, 인권유린 등 국제사회의 비난이 크다.[175] 2004년 3월 28 - 4월 1일에는 폭탄 테러가 빈발하였다. 특히 안디잔에서 2005년 5월 반정부시위 때 무차별 발포하였고 난민탈출이 심하였다. 카자흐스탄 10만여 명, 우즈베키스탄 17만여 명, 키르기스스

---

172) http://www.chosun.com/international/news(2005.5.24.)

173) Kimberly Hutchings, "Global civil society: thinking politics and progress", in Gideon Baker and David Chandler(ed.), *Global Civil Society: Contested futures*(London: Routledge, 2005), pp.139 - 140.

174) http://en.wikipedia.org/wiki/uzbekistan(2008.5.5.)

175) http://en.wikipedia.org/wiki/uzbekistan(2008.5.5.)

탄에 2만여 명 투르크메니스탄에 8천여 명, 타지키스탄에 1만 2천여 명 등이 있
는 고려인(카레이치)에 대한 차별도 극복해야 할 과제 중 하나이다.[176]

3. 내전과 반독재 민주화 혁명의 반복

러시아, 카자흐스탄, 키르기스스탄, 우즈베키스탄 등은 타지키스탄의 내전상황
이 심화됨에 따라 타지키스탄과 CIS의 남부국경이 조직적으로 침범되고 대량의
불법무기가 타지키스탄으로 유입되는 현상을 우려하고 있다. 타지키스탄의 내전
은 아프가니스탄, 러시아 등 주변국들의 개입을 불러일으키며 국제전으로 비화
되는 양상을 보이기도 하여 중앙아시아 전체의 정치적 안정에 위협요소 중 하나
가 되었다. 이처럼 타지키스탄의 내전은 지역적 연고와 정치 종교적인 배경을
달리하는 정치세력 간에 빚어진 내전으로 지역갈등을 내포하고 있다. 특히 러시
아군이 파견되어 타지키스탄의 안보를 책임지고 있기 때문에 CIS 어느 지역보다
도 러시아군의 역할이 중요한 상황이다.

2005년 3월 레몬혁명으로 독재를 종식시킨 키르기스스탄과 민주화 혁명을 했
던 우즈베키스탄을 제외한 나머지 국가들에서도 변혁의 조짐은 잠재되어 있다.
물론 정부에 대항할 만한 저항세력이 제대로 형성돼 있지 않고 미국과 러시아
등 주변 국가들이 극단적인 정치적 변화를 원치 않고 있다.[177] 그러나 언제 어
디서 무슨 일이 벌어질지 알 수 없는 상황인 것이다. 5개국 중 어느 한 곳에서
민주화 불길이 일어나면 이웃하고 있는 다른 나라로 급속히 확산되는 등 동시다
발적으로 정치적 변혁이 진행될 수 있는 소지가 많다.[178]

일단 5개국 중 대통령장기독재정권에서 변화가 있는 나라는 투르크메니스탄과
키르기스스탄이다. 투르크메니스탄은 니야조프가 2005년 사망함으로써 베르디무
하메도프로 정권교체가 되었고, 키르기스스탄은 2005년 아카예프가 러시아로 도

---

176) ≪중앙일보≫, 2007.10.23.

177) http://www.chosun.com/international/news(2005.5.24.)

178) http://www.chosun.com/international/news(2005.5.24.). 백태현 교수(키르기스스탄 비슈케크 인문대학)
    인터뷰 기사.

피하여 바키예프로 정권교체가 되었다. 카자흐스탄은 나자르바예프, 우즈베키스탄은 카리모프, 타지키스탄은 라흐모노프가 장기집권을 하고 있다.

그러나 신대통령제, 패권정당체제 등으로 나자르바예프의 독재가 행하여지고 있어 불만의 목소리가 점점 커지고 있다. 나자르바예프의 장기집권, 신헌법 채택으로 신대통령제로 변질은 반대세력의 반발을 증대시키고 있다. 이를 억제하기 위해 경제발전을 내세우고 있다. 카자흐스탄 집권세력은 과거처럼 대선을 치렀다가는 권력을 빼앗길지 모른다는 걱정 때문에 더러운 술수를 치밀하게 이용하였다.

92년부터 나자르바예프 대통령이 압도적인 득표율로 3선에 성공한 이유는 무엇보다도 강력한 경제성장우선정책을 절대적으로 지지하였기 때문이다.[179] 2005년 대선에서 일부 엘리트와 상공인들을 제외한 대부분의 유권자들은 나자르바예프 대통령을 변화의 상징으로 여기고 있으며 대부분 국민들이 원하는 변화라는 것은 성장성책을 통한 변화발전을 지지한다. 나제르바예프 정권은 성장을 지속하기 위해 1996년 당시 호텔이 2개밖에 없던 아스타나로 수도이전을 강행한 것처럼 변화를 가져올 정책을 계속적으로 추진해야 한다.

대내외의 민주화 요구에 대한 수용도 큰 관건이다. 나자르바예프는 야당이 필요하고 비판이 필요하지만 무작정 반대하는 것에 대해서는 반대한다고 강조한다. 나제르바예프에 대한 신뢰도는 높은 편이기 때문에 국민들에 의한 민주화 혁명가능성은 낮은 것으로 보이지만 일부 지적 엘리트와 야당세력이 지금보다 더 적극적인 모습으로 보인다면 그루지야, 우크라이나, 키르기스스탄 등과 같은 색깔 혁명의 민주화 혁명으로서의 모습 아닌 점진적 개혁이 이루어질 가능성이 높다. 경제적 잠재력과 대외외교관계를 통해서 나제르바예프 대통령이 개발독재형 지도자라고 하더라도 그의 리더십에 국민들이 지지를 보내고 있는 것이다.

---

179) 개발독재형 리더십, 친인척들의 정지, 경제계 요직 독점, 살인적인 물가상승이라는 악조건에도 불구하고 나제르바예프 대통령이 당선된 이유는 정치적, 사회적 문제점에도 불구하고 매년 10% 정도의 경제성장을 통한 경제성과 때문이다. 카스피 해의 석유, 가스자원 등 풍부한 에너지자원과 국민소득 향상에 기여하여 우즈베키스탄을 제치고 중앙아시아의 주도국이 되었다.

4. 중앙아시아 5개국 상호간의 갈등관계

CIS 12개국 중 중앙아시아 5개국 상호간에 민주화 세력은 민주화 세력대로 독재정권은 독재정권대로 서로 국제적 정보를 통해서 협력적 누대관계를 갖고 있다고 볼 수 있다. 우즈베키스탄, 카자흐스탄(경제는 서방에 개방), 투르크메니스탄, 타지키스탄은 친러시아이고 키르기스스탄은 중립이다. 키르기스스탄과 인접한 우즈베키스탄, 카자흐스탄, 투르크메니스탄, 타지키스탄과의 관계는 미래의 정치적 안정을 위해 매우 중요하다. 공통된 지리적 공간과 역사적 경험은 비슷한 언어, 관습, 그리고 동일한 수니 무슬림으로 구체화되는 유전적 문화적 친족관계를 이루게 하였다. 카자흐인과는 달리 키르기스인은 러시아를 이 지역에서 유일한 그들의 보호자로 인식한다. 중앙아시아 5국 중 카자흐스탄만이 키르기스인에게 어느 정도 신뢰감을 주고 있으나 그들에게 충분한 보호막을 제공하지 못하고 있다. 키르기스인들은 이웃한 타지크내전이 자국으로 번질 가능성을 두려워하는 만큼 우즈베키스탄과 중국의 제국주의적 야심 또한 두려워한다. 타지크내전 발발 이전에는 키르기스스탄에 타지크인이 약 3만여 명 거주했고 타지크에 사는 키르키스인은 6만 명 정도 되었다. 내전 발발 이후 타지크 거주 키르기스인의 약 3분의 1이 모국 키르기스스탄으로 도피해 오고 더구나 96년 8월 1만 5천여 명의 타지크 난민이 국경을 넘어 탈출해 옴으로써 경제적으로 여유가 없는 아카예프정부에 부담을 가중시켰다.

밀려드는 난민의 행렬과 더불어 타지키스탄의 공권력이 전반적으로 와해되는 것에 당혹한 아카예프는 92년 부통령 쿨로프에게 평화유지군을 이끌게 하였고 이스칸다로프의 이슬람-민주연합이 집권하고 있는 타지키스탄에 질서와 안정을 확립하기 위해 진주하려 했으나 키르기스스탄 의회가 거부함으로써 기각되기도 하였다. 92년 11월에 다른 중앙아시아국가처럼 이스칸다로프를 축출하고 집권한 라흐모노프 정부를 승인하였다.

〈표 8-5〉 중앙아시아 5개국에 대한 글로벌민주주의 투자현황

국가/항목	CIS (Common Wealth Independent States)	IRI(International Republican Institute)	Freedom House	NDIIA(National Democratic Institute for International Affairs)	The Soros Family Foundation
카자흐스탄	친러시아(유전개발에 서구 메이저 진출허용 등 경제는 서방에 개방)	O	O	X	O
투르크메니스탄	친러시아	X	O	X	X
우즈베키스탄	친러시아(친미노선 걷다 2005년 안디잔 유혈사태에 대한 서방비판으로 천러로 전환)	O	O	X	X
타지키스탄	친러시아	X	O	X	O
키르기스스탄	중립(러시아와 관계 좋으나 비슈케크에 미 공군기지 주둔 허용)	O	O	O	O

(자료) *The Wall Street Journal*, February 25, 2005; ≪중앙일보≫, 2006.12.20.

키르기스스탄은 중앙아시아의 맹주로 만들려는 우즈베키스탄의 이슬람 카리모프의 야망을 더 우려하고 있다. 키르기스스탄 인구의 55%가 살고 있는 오쉬와 자랄아바드 지방은 우즈베키스탄과 국경을 맞대고 있다. 오쉬 지방 인구의 약 3분의 1이 우즈베크인으로 120만 키르기스인과 더불어 약 50여 만의 우즈베크인이 살고 있다. 오쉬에 증폭되는 불만이 어느 정도 우즈베키스탄의 카리모프 정부에 의해 조직화되고 있느냐는 점이다. 카리모프는 오쉬와 그 주변 지역에 관심을 갖고 있는데 키르기스스탄 내의 우즈베크인뿐만 아니라 지역 지도자에게도 관심이 크다고 한다. 지난 90년 오쉬 폭동 이후 우즈베키스탄이 개입할지 모른다는 두려움은 커지고 있다. 키르기스스탄은 카자흐스탄, 우즈베키스탄과 가장 안정적인 외교관계를 갖고 있다. 아직 타지키스탄과 투르크메니스탄과의 관계는 비교적 약한 편이나 키르기스스탄과 타지키스탄과의 관계는 점차 확대되고 있다. 96년 두 국가는 다양한 경제, 문화, 정치부분의 협정을 체결했다. 키르기스스탄 내의 민족상황은 우즈베키스탄과의 관계를 훼손시킬 우려를 낳고 있는데 아카예프 대통령과 카리모프 대통령이 각자 상대방 국내에 있는 자국민의 이익

을 고수하고 있기 때문이다. 두 지도자는 우즈베크-키르기스스탄 관계를 형제 국가들의 유전적 역사적 뿌리를 강조하면서 평화적인 협상으로 발전시켰다.

5. 글로벌민주주의의 압력

이들 5개국은 EU, UN, NATO, OECD 등 하나같이 국제사회로부터 민주화, 인권, 평화적 선거 등 글로벌민주주의를 강요받고 있다.[180] 이제는 일개국가의 민주화도 국제사회가 함께하는 글로벌민주주의로 간다.[181] 글로벌 시민사회, 글로벌 방위가 형성되고 있는 것이다. 그러나 5개국의 시민사회는 아직은 그런 조짐이 약하나 방위와 안보는 미국과 러시아사이에서 갈등에 직면해 있다.[182] 투르크메니스탄의 국민들이 정치변혁에 대한 자각을 새로이 하지 않는다면 서구선진국과는 달리 맹목적인 이슬람종교와 불합리한 독재정권이 지배하여 민주주의와는 요원한 길을 오래도록 갈 수밖에 없을 것이다. 미국, 러시아, 중국과 유럽이 투르크메니스탄에 가스관을 꽂기 위한 에너지각축장이 되고 있다는 점도 국제적 관심사이다.[183] 정치적 안정이 무엇보다 중요하다. 따라서 투르크메니스탄이 반민주주의체제와 독재를 청산하고 국민이 주인이 되는 진정한 민주국가로 변모하기 위해서는 무엇보다도 종교의 교리라는 제한에서 벗어나 정치에의 관심과 행동을 보여 줄 것이 요구된다. 이는 정치와 종교의 영역이 다름을 인식하는데서 출발할 것이다. 이는 중앙아시아 5국에 있어서도 마찬가지라고 생각된다. 카자흐스탄은 안정적 지속적인 개혁정책 추진을 위한 호의적 국제환경 조성이다. 카자흐스탄은 미국과 EU 등의 서방국가들과 경제협력과 천연자원 수출시장 확보에 중점을 두고 발전시키고 있다. 그러나 국내적으로는 중앙집권화, 경제성장에 관련된 법 제도와 절차의 간소화, 국외적으로는 실리적 외교활동을 통한

---

180) 안성호, 전게논문, pp.369-370.

181) Richard Falk, "the changing role of global civil society", in Gideon Baker and David Chandler(ed.), *Global Civil Society: Contested futures*(London: Routledge, 2005), p.69; Gideon Baker and David Chandler(ed.), *Global Civil Society: Contested futures*(London: Routledge, 2005), pp.34-36.

182) Jagdish Bhawati, *In defense of Globalization*(Oxford University press, 2004), pp.93-97.

183) *Aisa World Street Journal*, September 4, 2007.

외자유치 등을 벌이고 있다. 카자흐스탄은 대중앙아시아 구상을 가지고 있다.[184] 그루지야, 우크라이나, 키르기스스탄 등 이웃나라 집권자의 실패를 다시 반복할 수는 없었다. 나자르바예프 대통령은 야당이 우크라이나 오렌지혁명을 따 노란색을 상징 색으로 쓰려 한다는 정보를 입수하고 먼저 노란색을 자신의 상징 색으로 이용하였다. 러시아는 그루지야에서 시작한 민주화 바람이 카자흐스탄까지 이어질 경우 러시아에도 영향을 받을 것을 염려하여 러시아 정부여론 분석책임자인 그레브 파블로프스키는 선거를 앞두고 나자르바예프 대통령 딸인 실세인 다리야를 만나 선거전략을 전수하였다. 그러나 카자흐스탄의 부정선거 의혹은 그루지야, 우크라이나, 키르기스스탄에서 일어났던 것과 같은 심각한 상황으로 확대되지는 않았다. 지난 2006년 9월 8일 유네스코가 우즈베키스탄의 카리모프에게 특별공로상을 준 것에 대해 국제인권단체들은 비판하였다. 프리덤하우스, 휴먼라이츠워치(HRW) 등이 민간인 대량학살의 주범이자 고문과 인권유린으로 악명 높은 독재정권의 최고통치자에게 공로상은 납득하기 어렵다고 비판하였다.[185] 중앙아시아 5개국은 현대판 실크로드의 중심이다. 중국 - 몽골 - 아프가니스탄 - 카자흐스탄 - 키르기스스탄 - 타지키스탄 - 우즈베키스탄 - 아제르바이잔 - 터키 - 동유럽 - 서유럽으로 이어지는 동서교역로 형성의 중앙지역이기 때문에 국제적 관심이 크다는 점에서도 이들의 민주화 과정은 글로벌한 이슈인 것이다.[186]

---

184) 토카에프 외교장관, "Partership, Trade and Development in the Great Central Asia", 미국 Johns Hopkins Univ(2006.4.3.). 중앙 5개국, 아프가니스탄, 파키스탄, 이란 북서부, 아제르바이잔 북서부 중국신장, 러시아 서시베리아, 서몽고, 터키, 아랍에미리트, 인도북부를 포함한다.

185) ≪중앙일보≫, 2006.9.19.

186) ≪매일경제≫, 2007.10.22.

<표 8-6> 중앙아시아 각국의 글로벌 협력 상황

항 목	집단안보조(CSTO: Collective Security Treaty organization)	상하이 협력기구(SCO: Shanghai Cooperation Organization)	유라시아경제공동체(EAEC: Eurasian Economic Community)	중앙아협력기구(CACO: Central Asian Cooperation Organization)	단일경제지역(SES: Single Economic Space)	아시아 교류 및 신뢰구축회의(CICA: Conference on Interaction & Confidence-Building Measures in Asia)
키르기스스탄 Kirgizstan	92.5.15.	96.4	가입	98.7	-	2006.6.16-17
카자흐스탄 Kazakhstan	92.5.15.	96.4	가입	98.7	2004.5	2006.6.16-17
타지키스탄 Tadzhikistan	92.5.15.	96.4	추후 가입	98.7	-	2006.6.16-17
우즈베키스탄 Uzbekistan	92.5.15.	2001.6.14.	-	98.7	-	2006.6.16-17
투르크메니스탄 Turkmenistan	92.5.15.	-	-	-	-	2006.6.16-17
중앙아시아 5개국 외 가입 국가	92.5.15. 러시아, 아르메니아,	96.4 러시아, 중국	가입 러시아, 벨로루시	2004.10 러시아	2004.5 러시아, 벨로루시, 우크라이나	2006.6.16-17 러시아, 중국, 인도, 파키스탄, 아프가니스탄, 이스라엘, 팔레스타인, 이집트, 이란, 몽골, 터키, 아제르바이잔, 태국, 한국

(자료) 외교통상부, 『중앙아시아 5개국 개황』(서울: 외교통상부, 2006); ≪조선일보≫, 2007.10.13.

제5절 결론

구소련의 영향 아래 놓여 있었던 중앙아시아 5국들이 여전히 자유화, 민주화라는 세계사 흐름에 역행하는 낙후된 정치적 수준에서 벗어나지 못하고 있다. 5국들은 반세기를 이어온 냉전의 시대에 구소련의 압제를 통한 공산주의 이념에서 자유롭지 못하였고 독립 이후에는 독재정권과 종교에 지배되어 독재의 그늘에서 자유롭지 못하고 있다. 1인 장기집권과, 패권적 1당의 독주, 헌법의 부당한 개정 등 정치적 압제하에 놓여 있는 중앙아시아 5국의 정치 과정이 민주주의로

가는지 못 가는지를 분석하였고 반민주주의를 타파하고 민주개혁의 시민사회와 정치적 리더십이 등장하여 서구국가들과 동반자가 되어 글로벌민주주의가 정착되지 못하고 있음을 분석하였다.

중앙아시아 5개 국가들의 독립은 중앙아시아 세계의 통일에 대한 희망을 고무시켰다. 그러나 이들의 역사와 오늘날 관계들은 그들 사이에서 나타난 극심한 폭력적인 문제의 예들로 가득 차 있음을 볼 수 있었다. 더욱이 중앙아시아 국가들 간의 정치적, 경제적 사회적 발전 수준의 차이도 많은 장벽으로 존재한다. 광범위한 인종적, 종교적, 문화적 다양함이 존재하는데 이들 민족은 아직 정치, 군사, 경제적으로 러시아에 의존하고 있으며 이슬람과 정교회 등이 복잡하게 존재하고 있다는 점이다. 중아아시아 국가 내에 이러한 이질성은 민주화 과도기의 어려움을 완화시키는 긍정적인 요소로도 작용할 수도 있을 것이다. 민주화는 분열보다는 통합을, 정치 종교적 갈등보다는 협력을, 민족 간의 투쟁보다는 민족 간의 화해를 중요내용으로 하고 있기 때문에 중앙아시아의 5개국의 민주화는 개별국가 차원뿐 아니라 이들 5개국 간의 긴밀한 협력과 네트워크를 통한 글로벌 민주화가 무엇보다도 중요하다. 공산국가에서 자유민주주의국가로 이행하는 것에 대하여 언론의 보도통제. 교육미비, 시민사회 약화 등으로 잘못된 1인 독재로 폭력적 억압과 사회직 길등으로 파행을 서듭하고 있다.

또한 지난 90 – 2000년대 중앙아시아 5개국은 CIS 동구권 국가의 글로벌민주화 과정이 제대로 진행되고 있는지를 분석하는 데 좋은 비교사례를 제공하였다. 예컨대 공식적인 대통령 선거의 결과를 시민들이 어떻게 반응하는지를 보여 주었다. 여기에는 5개국 내부의 시민들의 요구와 데모뿐 아니라 국제사회의 압력과 영향이 얼마나 크게 작용하였는지를 분석하는 데 도움을 주었다. 어느 나라이든지 대통령이나 국회의원 선거 과정의 투명성과 공정성은 심의민주주의의 중요한 필수요건이다. 5개국의 민주화 과정의 일환으로서 대통령 선거에서 심의민주주의와 글로벌 데모크라시가 어떤 영향을 주었는지 잘 보여 주고 있다.

이러한 논리에서 이번 5개국의 민주화 과정을 분석하면서 내전, 민주화 시위, 종교적 갈등, 권위주의적 리더십. 부정선거 등 복잡한 정치현상에서도 심의민주주의와 글로벌 데모크라시와 많은 연관이 있음도 확인하였다. 본 연구를 통하여 다음과 같은 5개국의 정치 과정에서의 특성을 정리할 수 있었다. 첫째, 이들 국가에서 보인 민주화 과정이 민주주의 공고화, 심의민주주의의, 글로벌민주주의 등의 평가기준을 정하는 데 도움을 주었고, 둘째, 5개국 정치, 선거 과정에 대한 구체적인 사례를 분석하여 타국의 민주화 사례와 비교할 수 있도록 해 주었고, 셋째, 5개국 총선이나 대통령 선거 과정에 미친 EU, NATO, UN, 그리고 미국과 러시아 등 국제사회의 압력과 글로벌 데모크라시의 영향이 있음을 알 수 있었다.

넷째, 5개국의 민주화가 글로벌민주주의로 편입하기 위해서는 어떠한 문제점과 과제가 있는지도 보여 주었다. 이는 향후 구소련하에 있었던 CIS 국가들의 민주화 과정에서 내부적인 정치적 성숙과 함께 국제사회의 압력과 글로벌민주주의의 영향이 크게 작용할 것으로 본다. 끝으로 중앙아시아 5개국 민주주의가 정상적으로 이행되어 글로벌 데모크라시의 기준에 적합하려면 개별국가 차원에서 민주화를 하려는 정치적 리더십이 등장해야 하고, 동시에 성숙한 시민사회가 형성되어야 하고, 경제적 빈곤의 극복과 교육수준이 높아져야 하며, 종교적 갈등이 최소화되어야 하는 것 등의 과제가 있음을 알 수 있었다.

〈참고자료〉

1. 국내자료

고재남, 『트랜스코카서스 중앙아시아의 신거대게임과 러시아의 대응』(서울: 외교안보
　　　연구원, 2005).
권형필, 김호동편, 『중앙아시아의 역사와 문화』(서울: 솔, 2007).
김선영, 신현준, 이재영, 「우즈베키스탄의 정치, 경제 현황과 경제협력방안」(KIEP,
　　　2005).
김준희, 『실크로드의 땅 중앙아시아의 평원에서: 우즈베키스탄, 카자흐스탄, 키르기스
　　　스탄 3개국의 과거와 현재를 따라가는 여행에세이』(서울: 평민사, 2007).
신범식편, 『21세기 유라시아도전과 국제관계』(서울: 한울, 2006).
안성호, 「우크라이나 대통령 선거와 글로벌민주주의와의 관계에 대한 연구」, 한국동유
　　　럽발칸학회, 『동유럽발칸학』, 제7권 2호(2005).
안성호, 「Relationship between Bulgaria and the Central — East european Countries in the
　　　21th」, 한국동유럽빌칸학회, 『동유럽발칸학』, 제5권 2호(2003).
Ahn SungHo, 「A Study on Rthnicity in the Baltics after EU membership」, 한국동유럽
　　　발칸학회, 『동유럽발칸학』, 제6권 2호(2004).
Ahn SungHo, 「A Study on EU Integration and Ethnicity in the Baltics」, The 4th
　　　international Academic Conference of KACEES, The KoreanAssociation of Central
　　　& East European Studies/Tartu Univ., Estonia(2004).
Ahn Sung Ho, 「A Study on Ukraine President Election and Deliberative democracy」, 한
　　　국외국어대하교 외국학종힙연구센터 동유럽발칸연구소, 『동유럽연구』 제15권
　　　(2005).
Ahn Sungho(2002) 「A Study on Foreign Relation and Global Strategy of Eastern
　　　Europeafter Democratic Change」, *Journal of Central & East EuropeanStudies,* Vol.4
　　　No.2,: 577 − 608.
외교통상부, 『우즈베키스탄 개황』(서울: 외교통상부, 2005).
유재형, 「나자르바예프 대통령 3선 성공의 의의와 전망」.

이재영, 박상남 편저,『중앙아시아의 부상과 한국의 대응전략』(서울: 대외경제정책연구
　　원, 2007).
이재영, 신현준, 김선영 공저,『우즈베키스탄의 정치경제현황과 경제협력방안』(서울:
　　대외경제정책연구원, 2005).
이지아,「우즈베키스탄 최근 테러 발생 현황 및 전망」, 한국수출입은행 해외경제연구
　　소(2004).
임채완 외,『재외 한인단체의 형성과 현황』(서울: 집문당, 2007).
예르텐 카쥐베코프, 김일겸 역,『카자흐스탄의 문화와 역사』(서울: 강남대학교, 2003).
장병옥,『중앙아시아 국제정치의 이해』(서울: 한국외국어대 출판부, 2001).
주카자흐스탄한국대사관,『카자흐스탄은 어떤 나라』(2007).
최한우,『중앙아시아학입문』(서울: 도서출판펴내기, 1997).
임채완 외,『러시아중앙아시아한상네트워크』(서울: 북코리아, 2007).
코트라,『이책을 들고 해외출장가자: 러시아, 벨로루시, 아제르바이잔, 우크라이나, 우
　　즈베키스탄, 카자흐스탄』(서울: 넥서스, 2007).
코트라,『우즈베키스탄: KOTRA 국가정보』(2005).
코트라,『카자흐스탄: KOTRA국가정보』(2005).
한종만,「CIS 중앙아시아 5개국의 경제현황과 경제전망」,『한국정치정보학회, 정치정
　　보연구』, 제10권 2호(2007).
홍완석,『현대 러시아 국가체제와 세계전략』(서울: 한울아카데미, 2005).
황성우,『국제지역정보』, 한국외국어대 외국학 종합연구센터.
≪매일경제≫, 2007.10.22.
≪중앙일보≫, 2005.3.26/5.23;2006.9.19/12.20.
≪조선일보≫, 2007.10.13.

2. 국외자료

Andreff, The Benefits of EU Enlargement and Euro Membership for Central and
　　EasternEuropean Countries, *Revue d'Economie Financiere, 2001.*
Annus, Taavi(2002)「The Legal Dimension of the Administrative capacity to join theEU:
　　The Influence of the EC Law on The Administrative Law of the Member States」,
　　*Eurocollege Working Papers, No.4.*Tartu Univ. Press: 1 − 25.
Armingeon, Klaus, Michelle Beyeler(ed.), *The OECD and European Welfare States*(Cheltenham,
　　UK: Edward Elgar, 2004).

Baburkin, Sergei, 「Russia's Search for identity, Nationalism, and National Security」, in Constantine P. Danopoulos, Dhirendra Vajpeyi, and Amir Bar－or(ed.), Civil－Military Relations, nation－Building, and national Identity: Comparative perspectives(London: Praeger, 2004).

Baker, Gideon and David Chandler(ed.), Global Civil Society: Contested futures(London: Routledge, 2005).

Berglund, Sten, eds.(2004) *The handbook of Poltical Change in Eastern Europe*(UK Glos: Edward Elgar Publishing Limited.

Brunner, Borgna, ed.(2002) *The Time ALMANAC 2003.* Information Please.

Bhagwati, Jagdish, In defense of Globalization(Oxford University press, 2004).

Bohle, Dorothee, 「The EU and Eastern Europe: Failing the Test as a Better World Power」, in Leo Panitch and Colin Leys(ed.), Socialist Register 2005: the Empire Reloaded(London: The Merlin press, 2004).

Diamond, Larry, *Developing Democracy: Toward Consolidation*(Baltimore: The Johns Hopkins Univ. Press, 1999).

Dinan, Desmond, *Europe Recast: A History of European Union*(London: Lynne Rienner Publishers, 2004).

Dahl, Robert, Polyarchy(Yale Univ. press, 1976).

Edmundson, William A., *An Introduction to Rights*(N.Y.: cambridge Univ. press, 2004).

Engelstad, Fredrik, 「Democracy at Work?」 in Fredrik Engelstad and ØyvindØsterud(ed.), *Power and Democracy: Critical Interventions*(Hants, U.K.: Ashgate publishing, 2004).

Eusepi, Giuseppe, eds.(2004) *Changing Institutions in the European Union*(UK, Glos: Edward Elgar Publishing Lt.

Falk, Richard, 「The changing role of global civil society」, in Gideon baker and David Chandler(ed.), Global civil society: Contested Futures(London: Routledge, 2005).

Fernandez, Mets(2002) The Common Agricultural Policy and EU Enlargement, *Eastern European Economics.*

Fertig, Rurner(2001) 「The Economic Impact of EU－Enlargement: Asscssing the Migration Potential」. *Empirical Economics* 26/4:57－74.

Fontana, Benedetto, Cary F. Nederman, and Gary Remer(ed.), Talking democracy: Historical perspectives on Rhetoric and democracy(The Pennsyvania State Univ. Press, 2004).

Gutmann, Amy and dennis Thompson, 「Deliberative Democracy Beyond process」, in Colin Farrelly(ed.), Contemporary Political theory(London: SAGE Publications, 2004).

Harrison, Graham, 「Introduction: Globalisation, Governance and Development」, in New Political Economy, Vol.9, No.2, June 2004.

Heartfield, James, 「Contextualising the anti-capitalism movement in globalcivil society」, in Gideon baker and David Chandler(ed.), *Global Civil Society: Contested futures*(London: Routledge, 2005).

Held, David, Global Covenant: The Social Democratic Alternative to the Washington Consensus(Cambridge, UK: Polity, 2004).

Herspring, Kelson(2003) *Putin's Russia: past Imperfect, Future Uncertain.* N.Y.: Eowman & Littlefield.

Hirst, Paul, 「What is Globalization?」 in Fredrik Engelstad and Øyvind Østerud(ed.), *Power and Democracy: Critical Interventions*(Hants, U.K.: Ashgate publishing, 2004).

Hood, Steven J., Political development and democratic Theory: Rethinking Comparative politics(N.Y.: M. E. Sharpe, 2004).

Huntington, S., The Third wave: Democratization in the Late Twentieth century(University of Oklahoma press, 1991). Harrison, Graham, Introduction: Globalisation, Governance and Development", in New Political Economy, Vol.9, No.2, June 2004.

Hutchings, Kimberly, 「Global civil society: thinking politics and progress」, in Gideon baker and David Chandler(ed.), Global civil society: Contested Futures(London: Routledge, 2005).

Ingham, Hilary.eds.(2004) *EU Expansion to the East: Prospects and Problems.* UK, Glos: Edward Elgar Publishing Lt.

Keating, Michael, ed.(2004) *Regions and Regionalism in Europe.* Florence: European Univ. Institute.

Keane, John, 「Cosmocracy and global civil society」, in Gideon baker and David Chandler(ed.), *Global civil society: Contested Futures*(London: Routledge, 2005).

King, Roger & Gavin Kendall, The State, Democracy and Globalization(N.Y.: Palgrave Macmillan, 2004).

Kiaupa, Zigmantas, et als(2002) *The History of the Baltic Countries.* Tallinn: AS BIT.

Krastev, Ivan(2002) 「The Balkans: Democracy without choies」, in *Journal of Democracy,* vol.13, No.3, July: 134-156.

Leib, Ethan J., Deliberative democracy in America: A Proposal for a popular branch of Government(2004).

Lipset, Seymour Martin, The democratic century(The Univ. of Oklahoma press, 2004).

Maher, Joanne(ed.), 「the Russian Federation」, in The Europa World Year Book 2004 Vol. Ⅱ (London: Europa Publications, 2004).

Maher, Joanne(ed.), 「Ukraine」, in The Europa World Year Book 2004 Vol. Ⅱ (London: Europa Publications, 2004).

Martin, Penny(2000) *Geographica's World Reference.* San Diego: Laurel Glen.

Mcfarland, Andrew S., Neopluralism: the Evolution of political process theory(Univ. of Press of Kansas, 2004).

Misiunas, Romualdas & Rein Taagepera(1995) *The Baltics States: Years of Dependence,* 1940 − 80. N.Y.: Free Press.

Nicoll Peter & Salmon Durter(2001) *Understanding the European Union.* Longman.

Owen, John, 「Human Rights, Peace, and Power」, in Robert Fatton Jr. & R. K. Ramazani(ed.), *The Future of Liberal Democracy*(N.Y.: Palgrave macmillan, 2004).

Piano, Aili and Arch Puddington(ed.), *freedom in the world2004: the Annual Survey of Political Rights & Civil Liberties*(N.Y.: Freedom House, 2004).

Prodi, Romano(2003) *Bulletin of the European Union.* Supplement 2000 − 2003.

Rapley, John, *Globalization and Inequality: Neoliberalism's Downward Spiral*(London: Lynne Rienner Publishers, 2004).

R. Aklaev, Airat(1999) *Democratization and Ethnic Peace.* Brookfield; Ashfate.

Riik, Heili, et als,(2002) 「estonia's Accession to the European Union: Implications for the Agricultural Sector」, *Eurocollege Working Papers, No.4.* Tartu Univ. Press: 1 − 35.

Sharansky, Natan, Dermer Ron, Shcharansky Anatoly, The Case for democracy: the Power of Freedom to overcome Tyranny and Terror(Jewis virtual Library, 2004).

Shiffman, Gary, 「Deliberation versus decision: platonism in Contemporary democratic Theory」, in Benedetto Fontana, Cary F. Nederman, and Gary Remer(ed.), Talking democracy: Historical perspectives on Rhetoric and democracy(The Pennsyvania State Univ. Press, 2004).

Sindzingre, Alice, 「Truth, Efficiency and Multilateral institutions: A Political Economy of development Economics」, in *New Political Economy, Vol.9, No.2,* June 2004.

Sinn, Keller(2002) 「EU Enlargement and the Future of the Welfare State」, *Scotish Journal of Political Economy,* 49(1): 68 − 82.

Tannberg, Tõnu, et als.(2002) History of Estonia. Tallinn: Avita.

Tucker, Joshua A, et als.(2002), 「Transitional winners and losers: Attitudes Toward EU membership in Post − Communist Countries」, in *AJPS: American Journal of Political Science*(Univ. of Wisconsin Press), Vol.46 No.3, July.

Turner, Barry, et als.(2004) *The Statesman's Yearbook: 2003.* N.Y.: St. Martin's Press.

Valverde, Mariana and Michael Mopas, 「Insecurity and the dream oftarget governance」, in Wendy larner, William Walters(ed.), *Global governmentality: Governing international spaces*(London: Routledge, 2004).

Veebel, Viljar(2002) 「Spillover Barrier in the Process of European Integration」, *Eurocollege Working Papers, No.4.* Tartu Univ. Press: 1 − 28.

Walton, Douglas, 「Criteria of rationality for Evaluating democratic Public Rhetoric」, in Benedetto Fontana, Cary F. Nederman, and Gary Remer(ed.), Talking democracy: Historical perspectives on Rhetoric and democracy(The Pennsyvania State Univ. Press, 2004).

Williams, Nicola, et.als.(2003) *Estonia, Lativa & Lituania.* Oakland: Lonely Planet Publications.

Woodward, Richard, 「The Organisation for economic Cooperation and Development」, in New Political Economy, Vol.9, No.1, March 2004.

Young, Iris Marion, 「The deliberative Model」, in Colin Farrelly(ed.), Contemporary Political theory(London: SAGE Publications, 2004).

3. 기타자료

Aisa World Street Journal, September 4, 2007.

A. T. Kearney/Foreign Policy magazine Globalization Index 2007.

CIA The World Fact book − Central Asia(인터넷2008).

CIA The World Fact book − Kazakhstan(인터넷2008)

CIA The World Fact book − Turkmenistan(인터넷2008)

CIA The World Fact book − Uzbekistan(인터넷2008)

CIA The World Fact book − Tadzhikistan(인터넷2008)

CIA The World Fact book − Kirgizstan(인터넷2008)

Department of Public Information, UN 2007.

Deutsche Bank(2004) *EU Enlargement Monitor* 2002 − 2004.

European Commission(2004) *Europe's Agenda 2000 −2004: Strength and widening the European Union.*

European Commission(2002)*Towards the Enlarged Union.*

European Parliament(2004)*Overview of the results of the Intergovernmental Conference, 2000 − 2004.*

EIU(2004) Country Report: 2000 − 2004. London: The Econimist Intelligence Unit.

Global Corruption Report 2007.

OECD(2004) *Economic Survey,* CSFR, 2000 − 2004.

Transparency International Annual Report 2007.

The Europa World yearbook, 2001 −2004.(2004) London: Europa publications Limited.

The Wall Street Journal, February 25, 2005.

The World Bank(2004) *World Development Report,* 2001 − 2004.

USSR Yearbooks'90(1990) Moscow: Novosti Press Agency Publishing House *Washington Post,* March 27, 2005.

WIIW(2004) *Monthly Report,* 2000 − 2008.

WMRC(World Markets Research Centre)(2002) *World Markets Country Analysis.* 「European Union: Enlargement: A Process Review」, Oct. 4th

World Mark Yearbook 2000 −2008.

Yearbook of Foreign Trade Statistics 2004 −2008.

CIA −the World factbook(2008). http://www.ccia.ggov/ccia/publications/factbook

4. 인터넷 자료

cdd_stanford@lists.stanford. edu(2008.2.20. 검색)

http://en.wikipedia.org/wiki/kazakhstan(2008.5.5.)

http://en.wikipedia.org/wiki/turkmenistan(2008.5.5.)

http://en.wikipedia.org/wiki/uzbekistan(2008.5.5.)

http://en.wikipedia.org/wiki/tajikistan(2008.5.5.)

http://en.wikipedia.org/wiki/kyrgyzstan(2008.5.5.)

http://www.atkearney.com(2008.4.28. 검색)

http://www.atkearney.com(2008.4.28. 검색)

http://www.cd2002.go.kr(2008.4.11. 검색)

http://www.chosun.com/international/news(2008.5.24.)

http://www.eu.org(2008.4.20.)

http://www.europarl.eu.int(2008.4.8. 검색)

http://www.fordemocracy.net/timeline.shtml(2008년 9월 6일 검색)

http://www.kotra.or.kr(2008.4.27.)

http://www.koreaexim.or.kr(2008.4.27.)

http://www.nato.org(2008.4.20.)
http://www.oecd.org(2008.4.20.)
http://www.reuters.com(2008.4.26. 검색)
http://www.unfccc.int(2008년 4월 10일 검색)
http://www.uzbek.co.kr(2008.5.5.)
http://www.wto.org(2008.4.10. 검색)
http://www.lwv.org/join/global(2008.4.27. 검색)
jfishkin@stanford. edu(2008.2.20. 검색)

제 3 부

발 칸 지 역

제9장 발칸지역 민족문제

제1절 1990년 이후 세르비아와 코소보

지난 80년 티토유고대통령의 사망과 이후 불어 닥친 민족주의 바람에 다시 민족갈등이 노출되었다. 구유고연방 때 자치주였던 코소보는 89년 밀로세비치 세르비아대통령에 의해 자치권이 박탈당했고 자치정부를 강제해산하는 등 무력으로 탄압하면서 알바니아계의 분리독립 움직임이 갈수록 격화돼 왔다(*Eastern Europe and CIS*, 1992: 278).

코소보 내의 소수의 세르비아인과 다수의 알바니아인의 갈등 속에서 세르비아인의 권리와 교회의 방어를 위하여 최선을 다하고 있으나 알바니아민족주의자들에 의하여 위협받고 있다고 주장한다. 예컨대 공산정권하에서도 1981년 4월 코소보 내 격렬한 알바니아폭도가 세르비아정교에 관련된 주교, 수녀, 성서, 성물들을 상당히 파괴했다는 것 등이다.

80년대 81년 89년 90년 3차에 걸쳐 알바니아인 유혈 민족분규가 발생하였다(Magaš, Brabka. 1992: 286).

슬로보단 밀로셰비치 세르비아대통령은 87년 코소보지역내 세르비아인의 권리를 지키겠다고 선언하면서 세르비아민족주의를 부추겨 이를 자신의 권력강화 기반으로 삼았다.

89년 이후 보스니아내전 과정에서 세르비아는 ① 슬라브민족주의와 국수주의 증대, ② 세르비아 내의 전생활 속의 이념화, ③ 종교에 저항하는 확대된 캠페인과 합리적, 과학적 세계에 대한 확대, ④ 사회주의적 우월한 도덕적 시민 탐색, ⑤ 밀로세비치 개인숭배 등이 스탈린주의적으로 적용되었고, 세르비아의 밀로세비치는 ① 마르크스레닌주의, ② 전통적 세르비아민족주의, ③ 1인지배체제를 중심으로 개인적 영향력 확대 등을 강조하였다. 이는 민족갈등의 문제를 억제시킬 수 있는 이념과 장치를 나름대로 갖고 있었음을 의미한다.

세르비아의 코소보지역에 대한 억압정책의 80년대 전후 역사적 사건을 보면 다음과 같다. 우선 슬로보단 밀로세비치 코소보지역 긴급사태선언(89. 2. 27), 밀로세비치 코소보 자치권박탈(89. 3. 23), 알바니아계 정치조직 해산(90. 7), 코소보공화국 독립선언(91. 9), 이브라힘 루고파 대통령 선출했으나 구유고는 이를 불법화함(92. 5. 24), 데이턴 평화협정(95. 12. 14), 코소보해방군 일련의 폭탄공격으로 존재과시(96. 2), 알바니아계 학생시위에 대한 세르비아경찰의 폭력진압(97. 9), 세르비아경찰과 군대의 무력진압(98. 10), 알바니아계의 무력저항(99. 2), 세르비아군대의 학살(99. 3), 그리고 나토의 세르비아공습(99. 3) 등으로 정리될 수 있다(Eastern Europe and CIS, 1992: 278 - 283).

밀로세비치 세르비아대통령은 평화협정장에서 평화만이 승자고 아무도 승리한 바 없는 패자들만의 합의였다고 말했는데 88년 10월에 보이보디나(Vojvodina)와 코소보(Kosovo)에서 세르비아계시위대의 영향력하에서 자치구를 없애 버릴 정도로 대세르비아우월주의를 강조했다(Schöpfin, 1993, 233). 89년 이 지역이 옛 유고의 티토정권 아래서 누리던 자치권을 박탈함으로써 알바니아계의 코소보 분리독립 움직임을 촉발시켰고 이에 대한 피의 진압과정이 이어졌다. 발칸지역 국가간 협력을 통한 발칸정세 안정과 경제발전 추구를 위해 88년 2월 제1차 발칸국가협력회의(알바니아, 유고, 루마니아, 불가리아, 그리스, 이태리 등이 참가)를 개최하였고 90년 10월에는 알바니아, 그리스, 불가리아, 터키, 유고 등이 외무장관회담을 개최하였다. 89년 3월 헌법을 수정하여 코소보자치주의 권한을 축소시키고 세르비아에 편입시켰다. 세르비아는 언론을 장악하는 등 코소보를 강압통치하며 알바니아계 10만여 명의 일자리를 빼앗았다(U.S.NEWS & WORLD REPORT, AUG28/1995: 56). 90년 9월 자치권을 종결시킴으로 알바니아인과 세르비아인 간의 갈등이 더욱 증폭되었다. 이미 코소보는 또 다른 발칸전쟁으로 예고된 바 있다(Patrick Moore, 1993: 18).

90년대 이후 미국의 알바니아에 대한 관계는 91년에 살리 베리샤 알바니아대통령의 초청으로 베이커(J. Baker) 미국무장관의 알바니아 방문으로 출발하였고 92년 4월 미국은 코소보문제에 대하여 알바니아입장을 지지하고 3천5백만 달러 추가 지원을 발표한 바가 있다. 본질적으로 미국은 알바니아계와 세르비아인 사이의 대화를 중심으로 문제가 해결되도록 유화정책을 기조로 하고 있었다(David Phillips, 1996: 828).

주변 유럽선진국가들도 입장의 차이는 있으나 발칸문제가 유럽 전체의 문제로 확산되는 것에는 반대하는 입장이다. 알바니아는 90년 5월 CSCE(구주안보협력기구)에 가입의사 피력하였고 90년 7~8월 CSCE 산하 인권회의 및 군축회담에 옵서버자격으로 참가하였다. 이태리는 90년 7월 이후 알바니아인의 이태리 불법이민사태가 빈발하여 이태리정부는 경제난민의 즉각 송환 및 펠리카노(Pellicano)작전이라는 대알바니아 원조작전을 수행하였다.[1]

1990년 7월 코소보의회 130명 중 114명의 알바니아인이 코소보의 완전공화국 수립에 찬성투표를 했으나 세르비아의회는 무효선언을 하고 직접통치로 들어갔다.

그리고 91년 6월 CSCE 베를린회의에서 35번째 회원국으로 가입하였다. 그러나 NATO 등 국제사회가 코소보사태의 궁극적 해결을 위한 마땅한 중재안을 마련하지 못하고 있는 점도 전망을 어둡게 한다.

세르비아당국의 저항 속에서도 알바니아인은 알바니아인 코소보지도자인 이브라임 루고바(Ibrahim Rugova)가 이끄는 코소보민주동맹에 의해서 1992년 5월 비밀리에 자칭 코소보공화국 의회와 대통령 선거 등 총선을 실시하여 알바니아인과 세르비아인 간에 긴장이 고조되었다(Almanack, 1993: 1024). 코소보의 알바니아계는 곧 이은 세르비아 총선을 보이콧하였다. 루고바는 알바니아계의 간디 같은 인물이며 비폭력 저항운동을 전개하는 시인으로서 온건노선으로 무장독립투쟁파들과는 노선이 다르디(David Phillips, 1996: 824).

독일은 92년 이태리, 그리스에 이어 7천5백만 마르크를 지원하여 제3의 대알

---

1) 외무부, "알바니아현황"(1995. 5), p.48. Pellicano(Pelican) 작전은 알바니아인의 대규모 불법이주로 인한 이태리 경제의 혼란을 방지하기 위해 알바니아인에 대한 비자발급규제와 동시에 생필품 긴급원조를 한다. 동 작진은 독일의 재정적 지원하에 이태리군대에 의해 수행되었으나 알바니아인의 자유로운 대이태리 노동력 수출을 바라고 있는 알바니아정부와 마찰을 빚었다. 주된 요인은 펠리카노 작전이 이태리 정부의 대알바니아인 비자발급규제 조치에 따른 반발 무마책이기 때문이다.

바니아 원조국이었다. 92년 4월까지 이태리는 2억 4천만 마르크 상당 지원하여
제1의 알바니아 지원국가였다. 영국과 미국 등은 사태가 악화될 경우 군사개입
이 불가피하다고 강력 경고하고 있으며 러시아, 중국 등은 이에 반대하고 나서
국제사회 전체의 긴장도도 높아졌다.

유럽연합(Europe Union)은 93년 11월 22일 외무회담에서 보스니아 민간인에
대한 UN구호품보급이 방해받을 경우 무력사용결의를 하였고, 보스니아 내 세르
비아가 4% 영토를 회교도에게 양보한다면 세르비아에 대한 UN의 경제제재를
완화한다는 독일, 프랑스안을 승인하였다. UN도 93년 11월 17일 구유고의 전쟁
범죄를 처벌하기 위하여 재판소를 정식 발족하였다.[2]

제2절 코소보지역의 민족갈등

1. 역사적 배경

지난 2008년에도 코소보문제는 여전히 민족갈등으로 심각하다. 90년 전후의
코소보갈등과 99년 코소보내전이 재발하지 않느냐는 우려가 있다. 코소보는 유
고연방 동남부지역에 있으며 유고연방에 4.3%인 10,887㎢이다. 인구는 92년
210만 명이다(Elez Biberaj, 1993: 7 – 8).[3] 민족구성은 알바니아인은 90%이고 세
르비아인이 9.5%이다. 종교는 알바니아인은 주로 이슬람교도이고 나머지는 대체
로 세르비아정교이다. 수도는 프리스티나(Pristina)며 인구는 21만 명이다. 알바니
아어, 세르보 – 크로아티아어(키릴문자)가 공용어로 되어 있다. 1인당 GNP는 90
년 기준으로 647$였고 유고연방 내 최하위였다. 그래서 연방 내 경제비중은 유
고연방에 1.5% 정도였다(Brian Hunter, 1992: 1619 – 1670). 옛 유고의 티토정권

---

2) UN국제사법재판소건물에서 거행된 발족식에서 UN총회에서 4년 임기로 선출된 검사와 11명의 재판관으로 구성.

3) 90년까지는 구유고연방의 세르비아공화국 내에 북부지역 보이보디나와 함께 코소보자치주로 존재했었는데 이후
   자치주개념이 없어졌다. 알바니아계는 이후 코소보는 스스로 독립된 지역으로 인식하고 코소바공화국(The
   Republic of Kosova)으로 부르며 독립운동을 전개하고 있다.

아래서 코소보는 상당한 자치를 향유했다. 발칸반도의 화약고 코소보분쟁의 발단은 기원전 7C 무렵으로 거슬러간다. 발칸은 원래 알바니아계의 조상 일리리언이 살고 있었으나 유고인의 조상 슬라브인이 이곳을 정복했었다.

12C께 발칸반도 진출 이후 부족국가에 머물러 있던 남슬라브족 중 한 종족인 세르비아인들이 이 지역에서 두각을 드러내 결국 왕조를 세우고 14C 초에는 스테판 두산이라는 탁월한 왕이 출현 왕조의 절정기에 이르렀다. 당시 세르비아는 지금의 알바니아와 크로아티아 등을 포함 발칸반도의 대부분을 장악해 대세르비아의 꿈을 이뤘다.

코소보는 원래 세르비아왕국의 근원지였으나 1389년 터키제국에 점령당했다. 당시 터키는 이슬람계인 알바니아지역 자국민들을 이 지역에 이주시켰으며 이 인구가 증가해 세르비아를 제치고 코소보지역 주민의 90%를 차지하게 되었다 (*Eastern Europe and CIS,* 1992: 278).

1389년 코소보전투에서 세르비아, 알바니아, 보스니아연합군이 터키군에게 패배하여 이슬람세력의 지배를 받았다. 코소보지역은 중세 세르비아왕국의 심장부였고 이슬람세력인 오스만 터키의 위협으로부터 유럽대륙을 보호하는 역할 담당을 하였다.

1389년 터키제국이 세르비아를 점령했던 코소보는 바로 스테판 두산왕 시절 수많은 세르비아 유적들이 보존되어 있는 곳으로 대세르비아의 근간으로 여겨진다. 그래서 세르비아인들은 코소보를 어떤 대가를 치르더라도 결코 포기할 수 없는 성지로 생각하고 있다. 반면에 알바니아계 사람들에게는 이 지역은 조상 대대로 살아온 역사적 고향이었다. 코소보는 마치 발칸의 예루살렘으로 되고 있는 것이다(Theo Sommer, 1996: 16).

이웃하고 있는 알비니아의 관심사항은 유고연방 내 자지수인 코소보지역에 거주하는 알바니아인들의 민족자결권과 인권보장이다. 알바니아는 유고사태의 항구적 해결을 위해서는 1913년 런던조약과 1차 대전 당시 무력점령으로 세르비아에 빼앗긴 코소보 내 알바니아인들의 지위문제가 해결되어야 함을 강력히 주상하고 있다.[4]

세르비아계의 정교와 슬라브주의, 크로아티아계의 게르만주의와 가톨릭, 그리고 보스니아모슬렘의 회교원리주의의 오랫동안의 갈등은 19C 이슬람과 기독교의 교차적 지배에 대한 반작용으로서의 민족주의의 폭발이다. 발칸지역에서는 항상 민족주의와 민족분규가 중요한 힘이었으며 공산주의 영향의 종식 이후 더욱 강해졌다(S. I. Griffiths, 1993, 34 - 36).

세르비아는 1차 대전 후에도 슬라브, 정교, 신성러시아의 기저 아래 세르비아왕국을 강조했었고, 언어, 종교, 인종 면에서 분명히 다른 전통과 역사를 갖고 있다(E. J. Hobsbaum 1991, 54 - 55, 126 - 27). 예컨대 1930년대에도 크로아티아 파시스트(Ustashis)는 세르비아가 가톨릭을 받아들이도록 강요했고 거절하는 세르비아인정교도를 학살하였고, 반대로 세르비아민족주의자(Cetnics)는 크로아티아인을 학살하여 당시 1600만 인구 중 170만 명이 학살되었는데 40여 년 후 작금에 와서 또 불행한 사태가 발생한 것이다.

유고내전과 함께 알바니안무슬림, 유고무슬림, 불가리안무슬림, 루마니안무슬림 등의 문제가 복잡하게 관련되어 있고, 이는 중동처럼 기독교권과 회교권, 동서양의 대결의 우려를 보인다(Zachary T. Irwin 1984, 207 - 25).

2차 대전 중에는 이태리 점령하에서 알바니아에 편입되었다. 45년 유고에 의해 점령되어 세르비아에 통합되어 46년 자치주로 승격되었다.

원래 세르비아의 영토지만 2차 대전 중 이탈리아가 세르비아인들을 집단 추방한 뒤 알바니아계 주민들을 이주시켰다. 2차 대전 이후 티토가 집권한 동안에는 코소보 주에 자치를 허용하면서 별 갈등이 없었다.

1974년에는 유고연방헌법에서 코소보의 자치권이 보장되면서 자치주가 되었다(John Zametica, 1992: 25). 원래 세르비아의 영토지만 2차 대전 중 이탈리아가 세르비아인들을 집단 추방한 뒤 알바니아계 주민들을 이주시켰다. 2차 대전 이후 티토가 집권한 동안에는 코소보 주에 자치를 허용하면서 별 갈등이 없었다. 45년 유고에 의해 점령되어 세르비아에 통합되어 46년 자치주로 승격되었다.

대세르비아를 주장하는 당시 밀로세비치 세르비아대통령에 의해 알바니아어마저 사용할 수 없게 되었다. 이때부터 코소보에서는 분리독립운동이 본격화되기

---

4) 런던회의에서 세르비아, 몬테네그로 간 코소보지역분할을 결정하여 1차 대전 당시 분할 점령하였다.

시작했고 96년 코소보해방군(KLA)으로 알려진 무장단체까지 등장하여 유혈충돌
이 계속되고 있다.[5] 우선 여기서는 1998년 코소보내전 직전상황을 정리하였다.

코소보 내의 소수의 세르비아인과 다수의 알바니아인의 갈등 속에서 세르비아
인의 권리와 교회의 방어를 위하여 최선을 다하고 있으나 알바니아민족주의자들
에 의하여 위협받고 있다고 주장한다. 그러나 알바니아는 민주화 개혁과 함께
그동안 공산정권이 유고 내 알바니아인 문제를 무시했다고 비난하고 코소보자치
주 내 알바니아인에 대한 억압을 중지할 것을 주장하고 나섰다. 99년 코소보내
전에서 보듯이 코소보는 독립적인 교육, 경제, 종교, 언어, 자치권쟁취를 위해 폭
력까지 사용하게 되었고 코소보의 알바니아인 민족문제는 발칸지역의 심각한 문제
로 등장했다.

90년대에도 세르비아인에 의한 알바니아인의 학살, 착취, 탈취행위가 심화되었
고 인종청소가 보다 위대한 세르비아를 건설하는 수단으로 받아들여졌고 코소보
내 수용소에서 알바니아인의 학살과 고문이 세르비아당국의 책임이라고 헬싱키
감시단(Watch Mission)은 보고한 바 있다. 따라서 UN은 시민정치권리, 경제사회
권리, 아동의 권리, 고문, 민족차별, 여성차별에 관한 조약에 응해야 한다고 주장
했었다.

당시 코소보의 알바니아계는 곧 이은 세르비아 총선을 보이콧하였다. 루고바
는 알바니아계의 간디 같은 인물이며 비폭력 저항운동을 전개하는 시인으로서
온건노선으로 무장 독립투쟁파들과는 노선이 다르다(David Phillips, 1996: 824,
Newsweek, June 21, 1999: 27). 그러나 코소보는 독립적인 교육, 경제, 종교, 언
어, 자치권쟁취를 위해 폭력까지 사용하게 되었고 코소보의 알바니아인 민족문
제는 발칸지역의 심각한 문제로 등장했다.

알바니아계의 닐슨만델라라고 칭하는 지도자 데마키(Adem Demaqi)는 세르비
아, 몬테네그로 그리고 코소보로 발카니아(Balkania)라는 새로운 연방을 구성해야

---

5) 《조선일보》, 1999. 6. 7. 사실상 코소보해방군(KLA)은 1982년 코소보인민운동(LPK)이 결성되어 1992년 마
   케도니아에서 LPK 주도로 설립되어 세르비아에 대하여 무력충돌을 시작하였다. 96년 6월에는 대세르비아 폭탄
   테러를 감행하였다. 코소부해방군 지도자는 하심타치, 라무쉬 하이레디나이, 레미, 이뎀 자샤리 등이 있는데 자샤
   리는 99년 2월에 피살되었다. 하심타치는 명목상 지도자이며 라무쉬와 레미 등 강경파지도자와 대립하고 있다.
   12,000~20,000여 명 정도의 병력으로 200~300여 명 단위로 게릴라식 활동을 하며 AK 소총, 러시아제
   RPG 장총, 기관총, 대전차 로켓포 등의 전력을 갖고 있다.

한다고 강조했다. 이는 무력적인 독립이 아니고 알바니아와의 통합도 아닌 새로
운 방법으로 코소보와 세르비아의 갈등을 종식시켜야 한다는 주장이었다.(*The Economist*,
Sep 7/1996).

코소보지역은 세르비아 경찰과 군인의 통제하에서 알바니아계에 대한 인종차
별, 인권탄압, 언론통제, 궁핍한 경제, 열악한 복지상태, 실업 등 어려운 상황에
직면하였다(Laura Bruni, 1994: 222). 자치권박탈 이후 세르비아의 군홧발에 의한
강요된 침묵이 흘렀고 자치권박탈은 초등학교 등에서 알바니어교육박탈, 언론통
제권박탈 등 사회 전반에 걸쳐 세르비아당국의 억압이 증대되었다(David Phillips,
1996: 830 – 831). 계엄상태에서 극도의 빈곤과 인권탄압에 시달리면서 현 코소
보 지도부의 대화를 통한 해결방식의 무력함에 환멸을 느낀 젊은이들이 점차 급
진화하면서 폭력에 의한 독립성취를 공언하는 해방군에 동조적인 경향으로 흘러
갔다. 사실상 반유태주의, 반서구주의, 반자유주의, 폭력 등을 강조하는 러시아의
지리노프스키, 보스니아 세르비아계의 블라지치, 세르비아의 밀로셰비치 같은 전
체주의적 공산주의 대신에 민족주의를 이용한 극단적 우파의 출현이 심각한 문
제였다(Ilija Vujačić, 1997: 7 – 8).

98년 초 세르비아보안군은 코소보 독립을 요구하는 무장 코소보해방군(UCK)
의 거점에 대한 소탕작전을 벌였다. 세르비아경찰이 탱크, 장갑차와 헬기 등 중
화기를 동원해 무차별학살을 자행하고 있으며 가옥에 방화하기도 했다. 세르비
아보안군의 알바니아계 무장단체에 대한 군사작전으로 다수사상자와 수만 명의
난민이 발생하고 있어 더욱더 갈등상태는 악화되었다. 문제는 보스니아내전 때
세르비아민병대가 이슬람교도들을 몰아낸 것처럼 코소보에서 알바니아인들을 몰
아내기 위해 인종청소를 시작했다고 비난했다.

그러나 98년 2월 이후 인종청소를 시작한 이후 몇 달 동안 신유고연방군이 코
소보의 알바니아계 주민을 공격하는 과정에서 300명이 넘는 희생자가 발생했고
60여만 명의 난민이 나올 정도로 양측 간의 원한은 깊어져 있었다. 실제로 89년
박탈된 코소보 주의 자치권을 되찾으려는 루고바와 이를 거부하고 있는 밀로셰
비치의 입장은 여전히 평행선을 달렸다.[6]

급기야 98년에 이르러서는 3월 5일 코소보 주 반군세력에 대대적인 중화기공

격을 가해 수십 명의 사상자가 생기는 등 코소보 유혈사태가 격화되기 시작했다. 세르비아 내무부는 코소보 주 알바니아계 테러분자 소탕작전을 펴는 과정에서 경찰 2명이 숨지고 테러분자 20명이 사살됐다고 발표했다. 또 세르비아보안군이 무장단체의 거점인 드레니차지역에서 98년 3월 7일 코소보 주 알바니아계에 대한 소탕작전을 재개, 지난 이틀간 알바니아계 무장 테러범 26명이 사망했다고 보안군 측이 발표했다. 이후 보안군은 코소보 독립을 요구하는 무장 코소보해방군(KLA)의 거점에 대한 소탕작전을 벌였다고 주장했고 모두 50명이 사망했다고 밝혔다. 반면 코소보 현지언론과 알바니아계 주민들은 세르비아경찰이 탱크, 장갑차와 헬기 등 중화기를 동원해 무차별학살을 자행하고 있으며 가옥에 방화하고 정부발표보다 훨씬 많은 최소한 75명이 숨졌다고 반박했다.

2. 코소보 알바니아계와 세르비아 간의 민족분규(99 코소보내전)

1) 세르비아의 코소보탄압

구유고연방의 해체와 관련하여 결정적인 중요성을 지닌 계기는 UN의 바딘터 위원회(Badinter Commission)[7]의 결정이다(강봉구, 1999). 이것은 유럽공동체가 1991년 9월 설립한 중재위원회인데, 구유고연방에 속했던 공화국들의 국가인정 및 권리계승의 문제에 대한 국제회의에 조언을 목적으로 한 것이다. 이 의견들은 법적인 구속력을 가진 것은 아니었지만, 향후 연방구성공화국들의 독립과 주권국가 형성 자격에 합리적인 근거를 제공했고 코소보의 정치적 장래에 중대한 결과를 초래하였다. 여기서 명시적으로 드러나는 것은 해체되는 유고사회주의연

---

6) 세르비아는 98년 3월 21일 지하선거에 참관하겠다는 미국 하원의원 3명에게 입국비자를 발급하지 않았고, 세르비아경찰은 코소보에서 활동하던 미국 평화봉사단 5명과 언론인 1명을 비자기간초과를 이유로 체포해 10일간의 구류처분을 내렸다.

7) 이 위원회가 1991년 11월에 내린 결정은 당시 구유고연방은 해체의 과정에 있으며, 독립을 추구하던 연방구성공화국들은 반란단체가 아니라는 것이었다. 즉 주권국가가 해체되는 상황에서 그 구성공화국들에 대한 지원은 분리주의적 탈퇴를 고무하는 것과는 다른 것이며, 유엔헌장에 위배되는 것이 아니라는 해석이다. 이 위원회의 명칭은 당시 프랑스 헌법재판소 의장이었고 이 위원회의 수석 법률가였던 로버트 바딘터(Robert Badinter)의 성을 따서 지은 것이다.

방으로부터 독립하는 국가들의 기본 단위는 과거 연방구성공화국들이며, 국경의 변경은 인정하지 않는다는 것이다.[8]

반유태주의, 반서구주의, 반자유주의, 폭력 등을 강조하는 보스니아 세르비아계의 믈라지치, 세르비아의 밀로셰비치 같은 전체주의적 공산주의 대신에 민족주의를 이용한 극단적 우파의 출현이 더욱 협상을 어렵게 했다. 코소보지역은 세르비아 경찰과 군인의 통제하에서 알바니아계에 대한 인종차별, 인권탄압, 언론통제, 궁핍한 경제, 열악한 복지상태, 실업 등 어려운 상황을 해결해야 했다.

유고정부는 스스로 유엔의 국제전범재판정 검찰관들이 라차크사건을 조사하는 것을 막았다. 이것은 라차크의 진상을 은폐하려고 기도했다는 국제사회의 비판을 가중시켰다. 유럽안보협력기구 윌리엄 워커에 대한 유고정부의 추방명령은 서방의 압력으로 곧 철회되었으나 구유고국제전범재판정(ICTY) 검찰관들은 사건 발생 후 나토의 유고공습이 시작되기 전까지 라차크 학살현장에 접근할 수 없었다(이삼성, 1999: 14). 이에 따라 국제전범재판정 재판장 커크 맥도널드는 99년 3월 18일에 발표한 성명서에서 유고 코소보 라차크에서의 범죄활동을 조사하기 위한 조사단 입국을 방해한 것을 지적했다. 맥도널드는 재판정이 그 임무를 수행하는 데 필요한 지지를 제공하고 유고가 국제법에 따른 의무를 준수하도록 충분히 강제할 수 있는 조치들을 취할 것을 촉구했다(이삼성, 1999: 14).[9]

2) 코소보 내 알바니아계

코소보에 대한 대대적인 무력충돌이 증폭되자 98년 5월 부자르 부코시 알바니아계 임시정부 총리는 세르비아의 유혈탄압에 맞서 코소보에서 자위조직을 결성할 것이라고 밝혔다. 부코시는 알바니아 수도 티라나 임시정부 청사에서 코소보 알바니아계 각 정파 대표들과 회의를 갖고 모든 수단을 동원해 자위조직을 결성할 것이라고 강조했다. 코소보 알바니아계 임정은 코소보해방군(UCK)과 공식접

---

8) Richard Caplan, "International diplomacy and the crisis in Kosovo", *International Affairs* 74, 4(1998), p.747.

9) 원전 Gabrielle Kirk McDonald, President of the United Nations International Criminal Tribunal for the Former Yugoslavia, "President McDonald Reports The Continued Non-Cooperation by the Federal Republic of Yugoslavia to the Security Council", The Hague, 18 March 1999.

촉을 갖지는 않았으나 협력의 길은 열려 있으며 코소보 영통의 1/3을 장악하고 있는 UCK는 합법적인 군사단체가 될 것이라고 했다. 독일에 있는 알바니아계 망명정부는 해외거주 40만 알바니아인들을 상대로 전비모금에 나서 발칸반도 전역으로 긴장이 확대되었다. 주로 이들은 민족주의적 차원에서 국제사회에 호소하고 있으나 코소보지역의 독립과 자치권 획득에는 간접적인 영향을 줄 뿐이어서 코소보 내의 이해 당사자들의 구체적인 대화가 조성되지 않는다면 코소보문제해결은 상당한 시간을 요할 것으로 보인다.

알바니아는 55년 12월 UN 가입 이후 지난 90년 9월 알리아 대통령이 UN총회에 참석하여 연설하였고 90년 5월 깔리아(Perez de Cuelia) UN사무총장이 알바니아를 방문하는 등 90년대 들어 알바니아문제가 발칸지역에서 국제문제화되었다. 90년 9월 알리아 대통령이 미국을 방문하고 부시 대통령과 정상회담 개최한 후 91년 3월 카플라니 외무장관이 워싱턴을 방문하여 관계정상화 수교협정에 서명하였다. 91년 베리샤 초청으로 베이커(J. Baker) 미국무장관이 알바니아를 방문하였고 92년 4월 미국은 코소보문제에 대하여 알바니아입장을 지지하고 3천5백만 달러 추가 지원을 발표하였다. 베리샤 대통령 등장 이후 NATO 가입을 신청하고 94년 2월 NATO와 PFP(Partnership for Peace: 평화동반)협정에 조인하였는데 알바니아의 궁극적 목표는 NATO 정회원국으로 가입하는 것이다. 90년 4월에는 EC와 관계수립의사표명을 하였고 91년 6월 관계수립 후 10월부터 EC의 Phare(Polish and Hungarian Aid for Reconstruction of Economy)프로그램 수혜대상국에 포함되어 92년부터 알바니아에 GSP 혜택을 부여하였다.[10] 그러나 알바니아는 적극적으로 나토를 지원하며 코소보지역 알바니아계의 보호를 강력하게 주장하고 코소보지역의 독립을 꿈꾸고 있다. 알바니아는 내부상황이나 코소보사태의 심각성에 비추어 보다 적극적으로 주변 강대국과의 협력을 통하여 세르비아와의 협상을 진전시켜 외교적 평화적으로 문제해결의 실마리를 찾지 못했다.

---

10) 외무부, "알바니아개황"(1995. 5), pp.55 - 56. 89년 7월 EC 집행위의 폴란드, 헝가리 경제원조 프로그램 발족하여 90년대 말 현재 상기 양국에 대하여 150억$ 지원하였다. 90년 7월 이후 모든 동구 국가들의 민주화 및 시장경제체제 이행을 지원하였다. MFN지위부여, GSP공여확대, Quota철폐 등 대서방 수출여건 개선, 식량지원, 기술지원, 투자증진, 경제개편지원 등이다.

3) 독립운동의 중지

코소보문제는 보스니아문제와는 다르다고 본다. 그것은 보스니아-헤르체고비나는 독립국가로서의 지위에서 내부적 분쟁이지만 코소보지역은 세르비아공화국 내에서의 문제이기 때문에 세르비아 내에서의 자치권을 쟁취하는 데 중점을 두어야 한다. 즉 보스니아-헤르체고비나처럼 완전독립으로 가는 문제가 아니라고 본다. 그것은 만약 코소보가 독립하게 되면 알바니아는 이 지역에서 대알바니아 영향권을 형성하게 되고 이는 오히려 세르비아와의 갈등이 더욱 조장될 수 있다. 또한 북부의 보이보디나지역에서의 헝가리인들의 권리주장이 다시 강화될 수 있기 때문이다. 2008년 다시 코소보독립문제가 재기되고 있는바 89년 이전 자치권 형태로의 복귀가 우선 세르비아와 알바니아의 타협안이면 좋을듯하다.

당시에는 코소보에 대한 대대적인 무력충돌이 증폭되자 98년 5월 부자르 부코시 임시정부 총리는 세르비아의 유혈탄압에 맞서 코소보에서 자위조직을 결성할 것이라고 밝혔다. 부코시는 알바니아 수도 티라나 임시정부 청사에서 코소보 알바니아계 각 정파 대표들과 회의를 갖고 모든 수단을 동원해 자위조직을 결성할 것이라고 강조했다. 임정은 코소보해방군(UCK)과 공식접촉을 갖지는 않았으나 협력의 길은 열려 있으며 코소보 영통의 1/3을 장악하고 있는 UCK는 합법적인 군사단체가 될 것이라고 했다. 독일에 있는 알바니아계 망명정부는 해외거주 40만 알바니아인들을 상대로 전비모금에 나서 발칸반도 전역으로 긴장이 확대되고 있다. 주로 이들은 민족주의적 차원에서 국제사회에 호소하고 있으나 코소보지역의 독립과 자치권 획득에는 간접적인 영향을 줄 뿐이어서 코소보 내의 이해당사자들의 구체적인 대화가 조성되지 않는다면 코소보문제해결은 상당한 시간을 요할 것으로 보인다. 여기서 알바니아와 구유고의 역사적 관계를 통해 이 지역 갈등을 좀 더 구체적으로 파악할 수 있다고 본다.

46년 1월 알바니아 인민공화국출범에 큰 역할을 수행한 유고는 알바니아 예산의 3/5을 제공하며 알바니아내정에 깊숙이 관여하였다. 48년 11월 이후 티토의 간섭으로부터 탈피하여 외교관계를 공사급으로 격하하였다. 61년 4월 간첩혐의로 양국 공관원을 상호 추방시킴으로써 사실상 외교관계 단절사태에 빠졌으나

69년 4월 소련의 체코침공에 대한 공동보조를 계기로 관계 개선을 하였다. 71년 2월 대사급 외교관계 재개 후 장기무역협정을 체결하였다. 75년 무역증대 및 이데올로기 비난중단 합의로 양국관계가 긴밀화되었다. 80년 7월 장기무역협정 (81~85년) 체결로 관계가 더욱 긴밀화되다가 81년 3월 제1차 코소보사태 발생으로 관계 악화되었다.[11] 당시 프리스티안(Pristian) 대학생을 중심으로 자유, 인권, 자치권 확대를 요구한 유혈 민족분규였다. 85년 11월 85~90년으로 장기무역협정 기간을 연장하였다. 88년 2월 제1차 발칸국가협력회의가 베오그라드에서 개최하여 알바니아대표가 참가했다. 89년 3월과 90년 2월 코소보 내 알바니아인의 독립 및 알바니아로의 편입을 요구하였고 시위에 대한 유고의 유혈진압이 발생하였고 밀로세비치(S Milosevic) 대통령이 주도하였다.

알바니아난민의 유고 불법입국 문제로 인한 관계악화 가중에도 불구하고 90년 9월 제2차 발칸국가협력회의에 유고대표단 티라나 방문했다. 그리고 90년 10월 론차르 유고연방 외무장관과 알리아 대통령은 40년 만에 이루어지는 양국 간 최고위급 회담을 개최했다. 91년 1월에는 베오그라드에서 개최한 발칸국가 경제협력회의에 알바니아대표단이 참가했다. 코소보지역 내 알바니아인들의 지위문제로 인한 양국 간 대립에도 불구하고 최근 슈코더르(Shkoder)와 티토그라드(95년 포드고리차로 개명) 간 철도가 개통되어 더욱 긴밀한 경제교류를 협력추진했다.

알바니아는 국경지역 영유권문제로 45년간 대결상태에 있던 그리스와의 교전상태선언을 87년 8월에 파기하고 관계 정상화를 이루어 발칸정세 안정을 위해 노력하였으며 이태리와도 관계를 개선하였다. 그러나 다른 나라에 비해서는 유고와의 관계는 90년 이후 코소보문제로 갈등관계가 더욱 악화되어 갔다. 91년 9월과 91년 10월 알바니아의 코소보 내 알바니아인 독립선언을 지원하였고 인정 결정에 따라 양국 산 관계는 악화되었고 알바니아정부는 세르비아에 의한 코소보 식민화가 코소보폭동과 전쟁으로의 비화가능성을 경고했다(Terence Duffy, 1995: 16 - 17).

알바니아의 관심사항은 유고연방 내 자치주인 코소보지역에 거주하는 알바니

아인들의 민족자결권과 인권보장이다. 코소보 주민의 90%가 알바니아인임에도 불구하고 종교가 다른 세르비아인들이 요직을 독점하고 있어 알바니아인들의 불만이 컸다. 코소보는 유고연방 내에서 가장 낙후된 지역으로 경제사정 악화와 차별대우에 대한 불만 때문에 81년 3월 공화국 승격을 요구하는 시위가 발생했으나 계엄령과 당, 정부공직자들에 대한 대량숙청에 의해 진압되었다.

89년 이후 유혈 민족분규가 과격파에 의해 주도되어 코소보의 완전독립과 알바니아로의 양도를 주장하자 세르비아가 강력 대응하여 양국 간의 관계가 악화되었다. 알바니아는 91년 9월 코소보 알바니아인들의 독립선언지원과 10월 독립선언을 인정하였다(Minto F. Goldman, 1997: 77 - 78). 92년 5월 알바니아정부는 코소보를 자치주로 규정하지 않는 헌법을 채택한 신유고연방에 대한 불승인 입장을 발표하였다.

알바니아는 유고사태의 항구적 해결을 위해서는 1913년 런던조약과 1차 대전 당시 무력점령으로 세르비아에 빼앗긴 코소보 내 알바니아인들의 지위문제가 해결되어야 함을 강력히 주장하고 있다.

영토와 주민까지 알바니아에 줄 수 없다면 최소한 유고 내 공화국으로 승격시키는 것이 세르비아와 알바니아 간의 갈등을 완화할 수 있다고 본다.

92년 5월 24일 코소보 내 알바니아인들은 자치 의회와 대통령 선거를 강행하여 루고바(Ibrahim Rugova)를 95% 지지로 대통령으로 선출하였으나 세르비아는 동선거의 무효를 주장하였다. 베리샤 대통령이 코소보의 독립공화국화 및 헬싱키 의정서상 인권향유를 강조하는 기본 정책을 취해 나감으로써 신유고연방(Federal Republic of Yugoslavia)과 항상 긴장상태에 있었다. 알바니아는 세르비아의 강압통치를 비난하고 이의 시정을 요구하고 있으나 세르비아는 이를 무시함으로 양국 간에도 긴장이 계속되고 있다(Minto F. Goldman, 1997: 77 - 78).

98년 4월 25일 파토스 나노 알바니아 총리는 코소보 주 알바니아인들의 무장투쟁을 지지한다고 밝혔고 유고연방은 알바니아가 병력과 무기를 지원해 가며 분리독립투쟁을 부추기고 있다고 비난했다. 알바니아는 98년 6월 난민이 대거유입하자 NATO에 국제사회의 개입을 요청했다.

4) 세르비아의 민주적 평화도입

밀로세비치는 코소보를 포기하지 않겠다고 했다. 역사적으로 코소보지역이 세르비아문명의 중심이었기 때문에 국가내부의 문제를 국제화할 이유가 없다는 주장이었다. 자신의 정치적 성장의 발판이 됐던 코소보문제가 원상복귀되는 것은 자신의 정치적 생명에 중대한 타격을 가할 것이기 때문에 쉽사리 이를 받아들일 수 없는 입장이다.

유고관측통들은 데이턴협정에서 미국과 밀로세비치 사이에는 코소보문제를 둘러싼 묵계가 있었을 것으로 추정한다. 밀로세비치가 보스니아 내전 종식에 합의해 주는 대가로 미국이 코소보에 대한 밀로세비치의 강경통치를 묵인해 주었다는 것이다(한겨레 98.3.6). 코소보의 현 긴장상태가 폭발상황으로 치달을 경우 데이턴평화협정 자체가 위험에 빠진다는 데 서방의 고민이 있다.

98년 4월 25일 세르비아계정부군과 알바니아계 분리주의자들의 충돌이 계속되고 있는 코소보 자치주 서부 알바니아 접경지역에 병력을 추가파견하여 경계를 강화했으며 알바니아도 이날 국경지역 보안조치를 강화키로 결정했다. 이와 관련하여 미·독·영·러·이 등 5개국은 4월 29일 로마에서 5개국 접촉그룹회의를 갖고 월드컵 참가저지 등 유고연방에 대한 추가제재문제를 논의했다. 유고연방은 이날 장갑차, 기관총 등 각종 군사장비와 병사들을 태운 약 40대의 군용차량을 코소보 주도 프리슈티나에서 서부 페치로 파견했다. 당시 세르비아는 극단적인 민족주의적 폭력이나 무력진압보다는 보다 관대한 민주적 관용을 통하여 세르비아문제를 해결해야 했었다(Vukasin Pavlovic, 1997: 13 - 14).

반면 알바니아의 최고 국방회의는 코소보 인접 국경지역의 안보를 강화하기로 하는 조치를 승인하고 알바니아 국경보호와 국경지역에서의 불법행위봉쇄에 필요한 모든 조치를 취할 것을 지시했다. 코소보인접지역의 알바니아 군과 경찰은 98년 6월 국경지역에서 신유고정부군과 알바니아인들 간 충돌로 26명이 사망하는 등 유혈사태가 계속됨에 따라 최고도의 경계태세에 돌입했다. 알바니아는 내부상황이나 코소보사태의 심각성에 비추어 보다 적극적으로 주변 강대국과의 협력을 통하여 세르비아와의 협상을 진전시켜 외교적 평화적으로 문제해결의 실마리를 찾아야 했다.

제3절 코소보평화협정

1. 98년 3월 11일 나토회의 전후

　1996년에 공식적으로 결성된 코소보해방군(Kosovo Liberation Army)을 중심으로 무장투쟁을 전개해 오다가 1998년 초부터 투쟁노선을 급진적으로 선회하였다. 이때부터 분리주의자들의 목표는 단순히 자치의 회복이 아니라 독립이었다. 이들의 테러와 이에 대한 대응으로서 밀로세비치 정권의 알바니아계에 대한 인권유린은 상황을 악화시키고 결국 나토의 개입을 초래하였다(강봉구, 1999). 코소보내전은 심각하고 대규모적인 인권침해를 저지하고 난민들을 복귀시키기 위하여 유엔 안보리의 동의 없이 주권국가의 내부문제에 군사력을 사용하였다는 것으로 요약될 수 있다.[12] 98년 3월 11일 유엔 안전보장이사회가 중국과 러시아의 반대로 코소보사태를 빚고 있는 신유고연방에 대한 제재조치 마련에 실패했고, 동일 유엔 안보리 15개 이사국은 이날 코소보사태 해결을 위한 첫 회의를 갖고 미국, 영국을 포함한 서방국들이 지지하는 무기금수 등 제재조치방안을 논의했으나 코소보문제가 신유고연방의 국내 정치문제임을 주장하는 중국, 러시아의 반대로 의장 성명을 채택하지 못했다. 그러나 빌 클린턴 대통령은 같은 날 사태 해결을 위한 군사행동 가능성을 강하게 시사한 것은 더 이상 인종청소라는 인권문제를 방치할 수 없다는 입장이었다고 본다.

　영국과 미국 등은 사태가 악화될 경우 군사개입이 불가피하다고 강력 경고하고 있으며 러시아, 중국 등은 이에 반대하고 나서 국제사회 전체의 긴장도도 높아졌다.

---

12) 유엔 안보리는 1998년 3월에 코소보 사태와 관련하여 유엔헌장 제7조의 조치들을 채택하였지만 무력을 통한 위협이나 무력 사용의 재가는 없다. "Resolution 1160(1998)" adopted by the Security Council at its 3868th meeting, on 31 March 1998.

결국 세르비아의 지속적인 알바니아계 탄압으로 6개국 접촉그룹은 무기금수를 포함한 5개 항의 행동계획에 합의했다. 유엔 안보리에 상정될 이 행동계획은 ① 세르비아에 대한 무기수출 금지 ② 주민 억압수단으로 이용될 수 있는 장비인도 중단 ③ 코소보 주 유혈사태와 관련 있는 세르비아 관리에 대한 비자발급 중단 ④ 세르비아 무역에 대한 금융지원 중단 ⑤ 세르비아 해외자산 동결 등이었다.

세르비아의 알바니아계 무력충돌이 가속되자 미국 매들린 올브라이트 국무장관과 서방국가들은 98년 3월 7일 세르비아 정부에 국제사회의 가차 없는 압력에 직면할 것이라고 경고하고 6개 접촉국가그룹인 미국, 영국, 프랑스, 독일, 이태리, 러시아 등이 98년 3월 9일 런던에서 코소보유혈사태를 종식시키기 위한 대책회의를 가졌다. 영국과 미국 등은 코소보사태가 악화될 경우 군사개입이 불가피하다고 강력 경고했으며 러시아, 중국 등은 이에 반대하는 입장에서 국제사회 전체의 긴장도도 높아졌다고 본다.

러시아와 프랑스를 제외한 나머지 국가들은 미국의 신유고연방제재방안을 지지하고 있으나 러시아는 불만을 표시했다. 로버트 겔바르 미국특사는 98년 3월 9일 유고연방 밀로세비치 대통령을 만나 런던에서 열린 6개국 접촉그룹회의에서 합의된 내용을 설명하고 알바니아계 주민들에 대한 무력행사 중지를 요구했다. 접촉그룹은 세르비아 측에 코소보에 대한 상당한 자치허용과 함께 알바니아계에 대해서도 협상에 임할 것을 요구했다(Newsweek, 1998/March/16:21 – 22). 문제는 알바니아무장세력들도 독립투쟁에 더욱 열기를 고조시키고 있어 보스니아에서와 같은 보다 적극적인 미국의 개입의지가 있어야 했다.

EU는 지난 98년 3월 12일 조란 릴리치 유고연방 부총리는 코소보 주의 분리독립협상에는 반대하지만 국제관례에 따라 코소보 주에 최고수준의 자치권을 부여하는 협상은 할 용의가 있다고 했다.

98년 3월 20일 슬로보단 밀로세비치 신유고연방 대통령은 코소보 주 알바니아계와 조건 없이 대화에 합의했었다.[13)]

이에 대해 알바니아계 지도자들은 세르비아 쪽의 공개대화 제의가 구체적 내

---

13) 밀로세비치 대통령은 예브게니 프리마코프 러시아 외무장관과의 면담에서 알바니아계주민과의 아무 전제조건 없는 대화에 동의했다.

용이 결여돼 있으며 선전공세에 불과하다며 이를 거부하고 국제 중재하의 협상을 요구했으며 3월 22일 독자적인 대통령 선거 및 의회선거를 강행했었다.

이런 관점에서 코소보도 마찬가지로 자유총선을 통하여 알바니아계 의회당선자들이 증대되고 세르비아의회 내에서 민주적 확산을 논의하여 보다 평화적이고 구체적으로 코소보 알바니아계의 실질적 지위를 향상시키는 노력도 모색되었어야 한다고 본다(David Phillips, 1996: 832, Vojislav Stanovčić, 1997: 7－8).

결국은 주변 강대국의 중재하에 이해 당사자인 세르비아, 코소보 알바니아계 그리고 알바니아가 상호 협상을 통해 74년 구유고헌법상태대로 세르비아에 의하여 코소보가 세르비아공화국 내에 자치주상태로 회복되는 것과 코소보는 알바니아와의 통합을 하지 않겠다는 것을 내용으로 하는 절충안을 통해 코소보문제가 평화적으로 해결이 되어야 할 것으로 본다.

세르비아인에 의한 알바니아인의 학살, 착취, 탈취행위가 점점 심화되었고 인종청소가 보다 위대한 세르비아를 건설하는 수단으로 받아들여지고 있었으며 코소보 내 수용소에서 알바니아인의 학살과 고문이 세르비아당국의 책임이라고 헬싱키 감시단(Watch Mission)은 보고했다. 따라서 UN은 시민정치권리, 경제사회권리, 아동의 권리, 고문, 민족차별, 여성차별에 관한 조약에 응해야 한다고 주장했다.

또한 코소보사태의 평화적 해결을 더욱 어렵게 만드는 것은 코소보의 완전독립만이 해결책임을 주장하는 코소보해방군(KLA)의 존재였다. 이들은 코소보를 신유고연방 내에 잔류시키면서 자치권만을 얻겠다는 루고파의 온건노선을 비판하고 있었다. KLA는 코소보 내 알바니아계 주민뿐 아니라 해외 거주 알바니아인들을 상대로 본격적인 무장독립투쟁을 위한 지원병 전비 모금에 나서고 있었다.

다른 한편 밀로셰비치 유고연방대통령의 정책에 반대하는 개혁파 밀로 듀카노비치 몬테네그로 대통령(36)이 이끄는 연립여당이 98년 5월 31일 실시된 의회선거에서 압승했다.[14]

---

14) 몬테네그로는 인구가 63만 명이지만 그동안 유고연방 중에서는 유일하게 세르비아를 지지하며 신유고연방을 결성하였는데 유고연방의회에서는 인구가 1천만 명인 세르비아 의석지분과 같다.

듀카노비치는 알바니아계 주민에 대한 무차별 유혈진압에 반대하는 세르비아의 야당과 힘을 합쳐 선거에서 밀로셔비치에게 대항했었다. 듀카노비치 대통령이 이끄는 '더 나은 삶을 위하여' 연립정파는 총선에서 49.5%를 득표로 친밀로셰비치 정파인 사회인민당(36.1%)을 눌렀는데 듀카노비치 대통령은 이 승리를 토대로 유고연방에서 민주주의를 확산시키겠다고 강조했다. 이는 세르비아의 대 코소보정책에도 많은 영향을 줄 수 있다고 본다.

98년 3월 25일 6개국 접촉그룹 외무장관들이 미국무장관의 주재로 회의를 갖고 협상중재방안을 모색했으며 로버트 겔바드 미 코소보 특사는 신유고연방 정부에 알바니아계와의 평화협상에 즉시 착수하지 않을 경우 새로운 경제제재조치가 취해지거나 발칸전쟁이 일어날 가능성이 있다고 경고했다. 미국은 코소보사태에 대한 NATO의 군사개입 가능성에 대비 B-52 폭격기 6대, 정찰기 1대, 공중급유기 13대를 영국으로 보냈다. 이는 미국이 세르비아공화국을 코소보 주에서 철수시키고 분리독립을 원하는 코소보 내 알바니아계주민들과 진지하게 대화하도록 한 UN의 요구에 따르도록 압력을 가하기 위한 것이라고 볼 수 있다.

문제는 알바니아무장세력들도 독립투쟁에 더욱 열기를 고조시키고 있어 보스니아에서와 같은 보다 적극적인 미국의 개입의지가 있어야 했다는 점이다.

유엔 인권위원회는 98년 3월 고소보사태에 대해 우려를 표시히는 성명을 53개 회원국 만장일치로 채택하였다. 미국과 EU는 유고정부에 코소보 주의 알바니아계와 직접 대화해 문제를 풀라고 종용하고 있으나 유고연방은 내정간섭을 중지하라고 완강히 거부하였다.

그러나 98년 4월부터 세르비아당국은 코소보 무장반군 소탕작전을 감행하여 230여 명의 알바니아계 주민이 희생됐다. 18명의 세르비아경찰, 2명의 유고군 병사, 22명의 세르비아계 주민도 죽었다. 유혈진압과정에서 집 안에 있던 일가족을 밖으로 끌어내 집단 학살하거나 수십 채의 집을 불태우는 등 가혹행위가 잦은 것으로 알려졌다.

98년 4월 9일 세르비아인 비밀경찰에 의한 코소보 알바니아계 주민 29명 살해를 계기로 긴장이 고조되어 로빈 쿡 영국 외무장관은 접촉국가 회의를 가졌다. 회의는 95년 보스니아내전 종식시킨 데이턴협정 체결 후 처음 열리는 긴급

회의로 학살사태를 인종청소의 조짐으로 심각하게 보았다. 투쟁이 심각해졌을 당시 코소보문제는 UN, EU, NATO, 서구선진국, 국제적 인권단체, 대학연구소 등이 인권과 국제적 여론을 중심으로 중간의 중재자, 협상자, 압력의 역할을 적극적으로 모색해야 했었다. 민족분규에서 잔악한 행위, 인권유린, 인종청소 등이 자행되고 있다면 직접 대화와 법제도만으로 해결하는 것이 불가능하기 때문에 UN이나 국제기구, 또는 여러 나라의 협력 및 중재가 적극적으로 요망된다고 본다.

특히 타국 내에 있는 자민족보호를 위해 모국이 무력사용을 제외한 다양한 방면으로 협상과 압력을 행사하는 것이 필요하다. 예컨대 헝가리, 알바니아, 불가리아, 터키 등이 그 예이다. 이는 결국 전쟁, 투쟁, 내란, 내전 등 폭력과 갈등사태를 사전에 예방하자는 평화적 논리에 근거를 두는 것이라 본다.

알바니아계의 선거의 유효성을 둘러싸고 코소보 내부의 강온파 정치세력들이 날카롭게 대립하고 있는 것도 신유고연방의 강경조치에 자신감을 넣어 준 원인으로 분석된다. 98년 4월 23일 세르비아는 코소보사태 해결에 외국의 중재가 필요한지를 물은 투표에서 세르비아인 94.7%가 반대한 것에서도 이를 알 수 있다. 98년 4월 25일 유고는 코소보 주의 알바니아 접경지역에 병력을 추가 파견했고 알바니아 군경도 최고도의 경계태세에 돌입했다.

세르비아계는 98년 5월 공세는 알바니아계 테러리스트 색출작전이라고 주장하나 알바니아계 주민들은 세르비아는 보스니아내전 때 세르비아민병대가 이슬람교도들을 몰아낸 것처럼 코소보에서 알바니아인들을 몰아내기 위해 인종청소를 시작했다고 비난했다.

주로 이들은 민족주의적 차원에서 국제사회에 호소하고 있으나 코소보지역의 독립과 자치권 획득에는 간접적인 영향을 줄 뿐이어서 코소보 내의 이해 당사자들의 구체적인 대화가 조성되지 않는다면 코소보문제해결은 상당한 시간을 요할 것으로 보인다. 98년 5월 29일부터는 세르비아보안군의 알바니아계 무장단체에 대한 군사작전으로 다수사상자와 수만 명의 난민이 발생하고 있어 더욱더 갈등상태는 악화되고 있다. 98년 5월 말 미국과 유럽연합은 NATO병력파견을 공식화하고 나섰는데 이는 세르비아계의 인종청소를 방치할 경우 제2의 보스니아사태가 발생할 수 있다는 우려에서였다(Newsweek, 1998/June/15:30). EU의 계획은 무력행사를 통해 세르비아 병력을 철수시킨 후 나토 보호 아래 선거를 통해 코소보 자치정부를 출범시킨다는 것이다.

결국 UN은 98년 6월 6일 미국과 영국을 중심으로 NATO의 무력개입을 검토 중이며 관련회의가 수일 내 유엔본부에서 개최될 것이라고 밝힌 바 있다. 98년 6월 12일 6개 접촉국가는 코소보사태를 논의했는데 미국은 코소보 유혈사태 확산을 막기 위해 군사개입 등 어떤 방법도 배제하지 않는다고 하였다. NATO평화유지군에 미군을 배속시킬 것이라고 강경한 입장을 밝혔다. 국제사회는 유고에 대해 무기금수, 해외자산 동결, 신규투자 금지 등의 제재조치를 취하고 있다.

슬로보단 밀로셰비치 신유고연방대통령은 98년 6월 16일 옐친 러시아대통령과 모스크바회담 후 코소보사태의 평화적 해결을 위하여 알바니아계 지도자 이브라힘 루고바와의 회담재개의사를 밝혔었다. 그는 미국 등 국제사회의 평화안을 일부 받아들였고 밀로셰비치가 코소보 내 알바니아계 주민들에 대한 공격중단과 평화협상 재개를 수용함으로써 평화적 해결에 대한 기대감이 고조되었다. 98년 6월 16일 밀로셰비치 대통령이 코소보의 알바니아계 지도자 이브라힘 루고바와의 평화협상에 임하라는 국제사회의 요구를 받아들였지만 코소보에서의 완전 철군은 불가능하며 테러분자들에 대한 공격을 계속할 것이라는 기존 주장은 바뀌지 않았다. 지금까지 테러리스드 소딩을 명분으로 전개됐던 알바니아게 주민들에 대한 군사공격은 신유고연방의 결정에 따라 언제든지 재개될 수 있는 상황이다. 98년 6월 16일 옐친 러시아대통령과 밀로세비치 유고연방대통령의 합의안을 두고 사태 해결을 위한 핵심적 내용을 결여하고 있다며 비판받았었다.

이미 투쟁 중인 코소보 경우에는 UN, EU, NATO, 서구선진국, 국제적 인권단체, 대학연구소 등이 중간의 중재자, 협상자, 압력의 역할을 적극적으로 모색하여야 했다. 민족분규에서 잔악한 행위, 인권유린, 인종청소 등이 자행되고 있다면 직접 대화와 법제도만으로 해결하는 것이 불가능하기 때문에 UN이나 국제기구, 또는 여러 나라의 협력 및 중재가 적극적으로 요망되었다.

이처럼 코소보민족분규에 대한 국제적 관심과 개입의사가 고조되고 있으나 같은 슬라브족인 러시아의 반대와 중국의 강경한 태도로 국제기구와 서방국가들의 지원은 민족적 대립을 약화시키는 데 한계가 있었다. 미국, NATO 그리고 UN

은 세르비아가 조속히 인종청소를 중지하고 코소보 알바니아계와 협상을 하라고 주장하였다. 결국 NATO는 전투기들을 당초 예정보다 앞당겨 98년 7월에 인근 알바니아로 파견했고 당초 8월 중 군사작전을 위해 7월 11일 NATO회원국 국방장관회담에서 알바니아에 전투기들을 파견할 계획을 가졌다. 그러나 독일을 방문 중인 옐친 러시아대통령은 외국의 개입은 분쟁을 국경 밖으로 확산시킬 위험이 있다며 NATO개입에 반대했었다. 결국은 98년 9월 23일 유엔 안전보장이사회는 유고연방 코소보내전의 즉각적인 휴전을 촉구하였고 슬로보단 밀로셰비치 유고대통령에게 유혈사태가 계속될 경우 추가조치를 취할 수 있다는 경고의 결의안을 안보리 15개국 중 중국을 제외한 14개국의 참석으로 14대 0이라는 압도적인 지지로 채택했다. 결의안 1199호는 유고연방의 세르비아공화국과 코소보주 알바니아계 분리독립주의자 간의 내전의 즉각적인 중단과 함께 양측의 평화적 협상을 촉구하였다(NewYork Times, 1999/9/23 - 24). 98년 10월 12일 미국의 리차드 홀부르크 유고특사가 밀로세비치에게 유엔 안보리 결의안을 받아들이도록 협상을 했으나 실패로 끝나고 말았다.

2. 99년 2월 랑부예 평화협상

　내전이 격화되면서 99년 2월 프랑스 랑부예에서 세르비아와 알바니아계 사이에 평화협상이 시작되었다. 앞에서도 보았듯이 국제평화유지군 주둔과 코소보 3년자치 등 평화협상안을 거부할 경우 공습을 하겠다는 나토의 최후통첩에도 불구하고 밀로세비치는 이를 받아들이지 않았다. 99년 3월 이전까지는 NATO 등 국제사회가 코소보사태의 궁극적 해결을 위한 마땅한 중재안을 마련하지 못해 전망을 어둡게 했었다. 내전이 격화되면서 99년 2월 프랑스 랑부예에서 세르비아와 알바니아계 사이에 평화협상이 시작되었다. 앞에서도 보았듯이 국제평화유지군 주둔과 코소보 3년자치 등 평화협상안을 거부할 경우 공습을 하겠다는 나토의 최후통첩에도 불구하고 밀로세비치는 이를 받아들이지 않았다.

　99년 3월 15일 파리에서 회담이 재개되었으나 유고의 강경한 입장은 지속되

었다. 사실상 NATO는 발칸지역의 지속적인 분쟁을 막기 위해 대세르비아주의
와 알바니아계분리독립의 중간입장에서 유고연방 내 코소보 자치권부여라는 평
화안을 제시해 왔었다.

이처럼 코소보민족분규에 대한 국제적 관심과 개입의사가 고조되고 있으나 같
은 슬라브족인 러시아의 반대로 국제기구와 서방국가들의 지원은 민족적 대립을
약화시키는 데 한계로 나타나고 있다.

앞에서도 언급하였지만 UN, NATO, EU 등 국제기구와 주변 선진국들의 합리
적인 중재와 내전종식에 대한 관심에 집중하였다. 이것은 주권보다 인권을 더욱
주요하게 인식하는 신세계질서의 민주주의 논리라 보인다. 국제적십자사(ICRC:
International Committee of The Red Cross)도 폭력과 교육문제 등 코소보상황에
대하여 깊은 관심을 갖고 주시해 왔다(*ICRC Annual Report*, 1996: 184). 특히 타
국 내에 있는 자민족보호를 위해 모국이 무력사용을 제외한 다양한 방면으로 협
상과 압력을 행사하는 것이 필요하다. 예컨대 헝가리, 알바니아, 불가리아, 터키
등이 그 예이다. 이는 결국 전쟁, 투쟁, 내란, 내전 등 폭력과 갈등사태를 사전에
예방하자는 평화적 논리에 근거를 두는 것이라 본다.

98년 10월 12일 미국의 리차드 홀부르크 유고특사가 밀로세비치에게 유엔 안
보리 결의안을 받아들이노록 협상을 했으나 실패로 끝나고 말았다.

99년 이후에는 세르비아인에 의한 알바니아인의 학살, 착취, 탈취행위가 점점
심화되고 있고 최근에는 인종청소가 보다 위대한 세르비아를 건설하는 수단으로
받아들여지고 있으며 코소보 내 수용소에서 알바니아인의 학살, 성폭력과 고문
이 자행되었다.

이후 세르비아보안군의 만행과 학살은 점차 증가하였고 99년 1월 17~18일
알바니아계 주민학살과 관련하여 나토와 유럽안보협력기구(OSCE)는 밀로세비치
에게 무력개입시사를 보냈으나 밀로세비치는 외부의 압력이 코소보정책을 좌우
할 수 없다고 강경한 입장을 보였다. 밀로세비치는 자치권을 주면 곧 코소보해
방군(KLA)인 무장세력에 의해 알바니아와 통합하려 한다는 의구심을 갖었다.

3. 99년 NATO의 정상회의 및 세르비아공습 종료

99년 3월 24일에 북대서양조약기구(나토), 유고공습 개시를 시작으로 △27일
＝미 F117A 스텔스기 공습 중 첫 추락 △31일＝미군 3명 마케도니아 국경서
포로로 붙잡힘, ◇4월 3일＝나토, 유고 내무부 청사 파괴 △12일＝국제특별열차
피폭 최소 30명 사망 △22일＝빅토르 체르노미르딘 유고특사 평화협상 주선, 나
토가 99년 4월 20일 밀로셰비치 관저 공습, ◇5월 1일＝코소보서 버스피격 승
객 40명 사망, △2일＝나토, 첫 흑연폭탄 사용 단전사태 발생, △5일＝미군헬기
1대 알바니아서 추락 2명 사망, △6일＝G8, 유엔평화결의안에 필요한 원칙합의,
△7일＝유고주재 중국대사관 피폭 3명 사망, △10일＝유고, 국제사법재판소에
나토 제소, △13일＝나토공습으로 코소보난민 1백여 명 사망, △27일＝유엔, 밀
로셰비치 대통령을 전범으로 기소, △31일＝유고, G8평화계획의 원칙에 동의 발
표, ◇6월 2일＝국제사법재판소, 유고의 나토 제소 기각 △3일＝세르비아 의회,
G8평화계획 승인 △5일＝나토 유고 군사회담 △8일＝G8 외무, 유엔에 상정할
결의안 합의, 그리고 6월 9일 나토 유고 군사협정을 체결하였다.

99년 3월 24일 나토는 유고공습명령을 내려 10개 도시를 폭격하였고 유고의
협상제안을 거부하였다. 마침내 99년 3월 24일 NATO의 공습이 시작되자 러시
아와 중국은 미국의 패권주의를 맹비난하며 공습에 반발하고 99년 3월 25일 러
시아총리를 유고에 급파하고 4월 2일에는 러시아함정을 지중해에 파견하였으나
NATO와 미국의 강력한 공습의지와 알바니아로의 지상군 파견 등으로 개입은
하지 않았다. 개별국가 인권침해에 국제사회가 공동 개입하는 소위 신국제주의
(New internationalism)를 통하여 유고에서 미국의 국익은 인권과 유럽 동맹 및
나토전략과 관련되어 있었다(J. S. Nye, Jr., 1999: 33). 평화유지군의 구성도 러
시아 병력 1만 명이 참여하나 유고가 가장 강력하게 반대한 NATO군 주도로 이
루어지게 되어 미국의 의사대로 되었다. 유럽국가의 중도좌파정부와 미국정부는
인종청소저지와 코소보 주민 구출을 최우선으로 일치되게 강조해 왔다(P. W.
Rodman, 1999: 45).

99년 4월 23일과 24일 나토창설 50주년 기념정상회의는 코소보문제를 주요 의제로 다루면서 유고에 대한 공습을 무한정 계속, 해상 봉쇄, 지상군 개입 등 어떤 방법도 배제하지 않는 것으로 결의하였는데 유고의 산악지형, 파르티잔후예와 러시아의 반대로 그것이 효과적인지에 대해서는 많은 의문이 있었다. 옐친 러시아대통령은 외국의 개입은 분쟁을 국경 밖으로 확산시킬 위험이 있으며 NATO개입에 지속적으로 반대하였다.

그리고 코소보민족분규에 대한 국제적 관심과 개입의사가 고조되고 있으나 같은 슬라브족인 러시아의 반대로 국제기구와 서방국가들의 지원은 민족적 대립을 약화시키는 데 한계로 나타나고 있었다. 4년간의 보스니아내전이 종료되자마자 코소보문제가 발칸지역의 또 다른 전쟁의 불씨를 보이고 있어 이 문제가 해결 안 되면 주변 국가까지로 문제가 확산될 상황이었다. 밀로세비치는 인종청소를 즉각 중지하고 74년 구유고헌법상태대로 코소보를 자치주상태로 회복시키고 코소보 내 알바니아계는 국가독립과 알바니아와의 통합을 하지 않겠다는 것을 내용으로 하는 평화안을 통해 발칸분쟁이 세계대전으로 확전되는 것만은 반드시 막아야했다. 그러나 99년 5월 19일에는 코소보임시정부 수립, 국제평화유지군 배치, 세르비아군 철수, 알바니아계 귀환보장 등 G‒8평화안협상에 밀로세비치가 참여하겠다고 표명하였다.

북대서양조약기구(나토)가 코소보사태 해결을 위해 지상군 투입을 강력하게 시사하고 있는 가운데 슬로보단 밀로셰비치 유고연방 대통령 관저가 99년 4월 22일 오전 4시(한국시간 오전 11시) 나토군의 미사일 공격을 받아 완전히 파괴됐다고 유고관영 탄유그 통신이 보도했다. 하비에르 솔라나 나토 사무총장은 나토 군사령부에 코소보 지상군 투입 가능성에 대비한 전략을 수정 및 보완할 수 있는 권한을 부여했다(워싱턴포스트, 22 April, 1999).

솔라나 총장의 이런 결정은 나토의 군사작전을 지상군 투입으로 확대하는 대안이 워싱턴의 나토정상회담에서 주 의제가 되도록 하려는 의도로 보인다고 워싱턴포스트는 지적했다. 미국정부도 지상군 투입문제에 대해 더 유연한 자세를 보이고 있는 가운데 조 록하트 백악관대변인은 이날 브리핑에서 지난해 10월 작성된 나토 지상군 투입전략이 상황변화에 따라 수정될 수 있다고 지적했으며 월

리엄 코언 미국 국방장관도 21일 필요할 경우 지상전으로 확대할 수 있는 계획이 수립돼 있다고 밝혔다.

나토 19개 회원국 정상들은 4월 23일(현지시간) 미국 수도 워싱턴에서 나토창설 50주년 기념 개막식 직후에 가진 특별정상회담에서 지상군 개입에 대한 심도 있는 논의를 한 것으로 알려졌다.

정상들은 회담직전 슬로보단 밀로셰비치 유고연방 대통령이 빅토르 체르노미르딘 전 러시아 총리와의 회담에서 유엔의 감시하에 다국적 군대의 코소보 주둔에 동의했다는 소식을 접했으나 그것이 나토의 요구를 전폭 수용한 것인지, 아니면 비무장 옵서버를 허용한다는 뜻인지 명확히 가늠하지 못했다는 것이다.

정상회담 자체가 지상군 투입 여부를 결정하는 것은 아니지만 정상들의 입장은 주요 변수였다. 토니 블레어 영국 총리는 진작부터 지상군 투입의 불가피성을 확고히 하고 빌 클린턴 미 대통령의 동의를 촉구하고 있는 상황이었다. 하비에르 솔라나 나토 사무총장도 지상군 투입 계획에 관한 전략의 수정 및 보완을 나토 군사령부에 지시, 이를 구체화해 놓고 있었다.

클린턴 대통령은 나토의 지상군 투입전략 계획 재평가를 지지하면서도 지상군 투입에 관해서는 구체적 언급을 삼가고 있었다. 그러나 지난 4월 21일 조 록하트 미 백악관 대변인의 "유고공습 전략 수정 가능" 발언이나 지상전의 불가피성을 역설한 같은 날 윌리엄 코언 미 국방장관의 미하원 세출위 국방소위 발언을 보면 미국도 지상군 개입을 기정사실화하고 있는 것만은 확실하다. 나토는 이미 지난해 10월 약 20만 병력을 투입, 유고를 전면적으로 침공하거나 7만 5천 명의 병력으로 코소보를 공격하는 것을 골자로 한 지상공격계획을 수립한 바 있다. 코언 국방장관은 지난 11일 "지상군 투입계획은 언제든지 새로 채택될 수 있다."고 밝혔다. 나토가 지상전이라는 고육지책의 카드 쪽으로 기우는 이유는 강공에도 불구하고 밀로셰비치의 세가 꺾이지 않고 있기 때문. 오히려 9천여 회에 이르는 나토의 공습은 60여만 명의 난민만 발생시킨 채 유고 국민들을 밀로셰비치 주위로 똘똘 뭉치게 했다는 지적을 받고 있었다. 지상전은 어느 순간 갑자기 발발할 가능성도 적지 않다. 이미 알바니아에 도착한 미군 AH64 아파치 헬리콥터 부대 1진과 제82공수여단 4백 명의 표면적인 임무가 공습 및 난민 지원 활동이라지만 이들과 세르비아군의 충돌이 불가피하고 그렇게 되면 지상전으로의 인화는 불 보듯 자명하기 때문이었다.

1) 코소보 5개 지역 분할

99년 6월 6일 미국은 코소보평화협상이 완전히 타결되면 대부분 북대서양조약기구(나토)군으로 편성될 약 5만 명의 국제평화유지군이 코소보를 5개 지역으로 나눠 평화유지 임무를 수행하게 될 것이라고 밝혔다.

케네스 베이컨 미 국방부대변인은 이날 브리핑에서 나토가 코소보에 배치할 계획인 총 5만 명의 국제평화유지군 중 현재까지 동맹국들이 파견을 약속한 병력은 미국의 7천 명을 포함한 약 4만 4천 명이며 나머지 중 약 4천 명은 옛 공산권국가들로 나토신규가입을 희망하고 있는 리투아니아 등 이른바 나토의 '평화 협력국들'이 제공키로 했다고 밝혔다.

베이컨 대변인은 그러나 국제평화유지군에 병력파견을 약속한 국가명단에 러시아는 포함되지 않았다고 밝히고 러시아가 코소보 평화과정에서 중요한 역할을 수행한 만큼 러시아와의 대화를 통해 러시아군의 국제평화유지군 참여 방안을 논의할 것이라고 말했다.

그는 유엔의 위임을 받아 구성될 국제평화유지군에는 영국이 가장 많은 1만 2천 명, 미국이 7천 명 그리고 프랑스가 약 5천 명을 파견키로 했다고 밝혔다.

베이컨 대변인은 또 코소보로부터 세르비아군의 실질적인 철수가 시작되면 영국과 프랑스군이 가장 먼저 코소보에 진주할 가능성이 높으며 미군으로는 약 2천 명의 해병대가 우선 투입될 것이라고 밝혔다. 코소보가 5개 지역으로 나뉘어 미국, 영국, 프랑스, 독일 및 이탈리아군의 통제를 받게 될 것이라면서 미 해병대는 6일 그리스의 테솔라니키 항에 도착, 마케도니아의 수도 스코페로 이동한 후 담당한 코소보 동부지역에서 지뢰제거작업과 군사시설 건설 등에 신속히 착수한 뒤 독일 주둔 미육군병력과 교체되었다.

베이컨 대변인은 유고슬라비아가 앞서 나토군의 국제평화유지군 참여를 완강히 거부해 온 것과 관련, 유엔의 위임을 받아 구성될 가능성이 높은 국제평화유지군은 나토가 핵심을 이뤄야 하며 정치적 간섭이나 문제에 대한 대응 지연을 피하기 위해 통합된 지휘체계를 갖춰야 한다고 강조했다.

서방선진 7개국(G7)과 러시아는 99년 6월 8일 북대서양조약기구(나토)가 코소보 국제평화유지군(KFOR)을 주도한다는 내용을 골자로 한 유엔 결의안에 합의했다.

제임스 루빈 미국 국무부 대변인은 G7과 러시아 등 G8 외무장관들이 쾰른에서 열린 이틀째 회담에서 코소보 관련 유엔결의안에 합의했다고 발표하고 유엔 안전보장이사회가 이날 결의안을 승인할 것이라고 말했다. 유엔 안보리는 이날 에리트리아 – 에티오피아 국경분쟁과 '기타 문제들'들을 논의하기 위해 회의를 열 예정이었다.

매들린 올브라이트 미 국무장관은 빌 클린턴 대통령에게 회담 결과를 설명하고 결의안이 미국 측의 모든 요구조건들을 담고 있다고 말했다.

올브라이트 장관은 "나토가 평화유지활동을 수행하고 세르비아 병력의 전면 철수를 확고히 한다는 우리의 모든 목표들을 달성할 수 있었다."고 밝혔다.

G8회담의 독일 측 대변인은 러시아가 이날 회의에 앞서 자체 타협안을 제시했다고 밝혔다. G8 외무장관들은 전날 서방측 결의안 초안에 대해 러시아가 반대한 20개 항목 중 17개에서 합의했으나 ① KFOR 지휘체계 ② 분쟁지역 무력 사용에 관한 유엔헌장 7장의 실행방안 ③ 북대서양조약기구(나토) 공습중단 시점 ④ 유고연방 지도자들에 대한 전범재판문제 언급 등 일부 쟁점에서 이견이 지속돼 회의를 하루 연장했었다.

한편 러시아는 KFOR에 1만 명의 병력을 참여시킬 계획이지만 '러시아군이 나토의 지휘를 받지는 않을 것'이라고 이고르 세르게이 러시아 국방장관이 말했다. 러시아 국방관계자가 러시아의 KFOR 참여를 공식 확인한 것은 이번이 처음이었다.

2) 나토 – 유고 세르비아군 철수협정 요지(99.6.10.)

신유고연방이 나토 측의 평화안을 수락함으로써 6월 10일 일단 종결되었다. 유엔 안보리에서 채택된 결의안(no.1244, 1999년 6월 10일)[15]에 따라 나토군(과 러시아군)으로 이루어진 국제안보군의 보호막과 유엔의 후견하에 국제민간활동의 한 부분으로서 임시행정기구가 설립되고 그 통제하에서 코소보 주민들은 실질적인 자치를 시작하게 되었다. 임시행정기구는 민주적인 자치기구가 발전되는 과정을 감독하면서 과도적 행정 서비스를 제공하게 된다(no.1244의 부칙2조 제5항). 코소보의 분리주의자들은 완전한 독립을 주장하고 있지만 교섭그룹은 신유고연방의 주권과 영토적 완전성를 인정하면서 일정 기간 동안 코소보의 지위문제는 의제에 올리지 않기로 합의하였다. 동시에 유엔 안보리의 결의안(no.1244)에서는 코소보의 실질적인 자치권과 의미 있는 자치행정에 대한 요구가 확인되었다. 주권국가에 대해 안보리의 재가 없이 무력을 사용하였으나 폭격 중지 후에는 유엔의 후견 아래 국제안보 및 민간 활동을 하기로 함으로써 유엔의 권위에 다시 의존하였다.

북대서양조약기구(나토)와 유고연방은 6월 9일 밤(현지시간) 지난 3월 24일 나토의 유고공습이 시작된 이래 11주간 계속돼 온 코소보분쟁을 끝내고 평화안 이행에 들어갔다. 하비에르 솔라나 나토 사무총장은 6월 10일 "나토가 유고연방에 대한 공습을 중단한다."고 선언했다. 솔라나 사무총장은 이날 유고군이 코소보로부터 철수하고 있음이 검증됐다면서 79일 만에 공습을 중단한다고 말했다.

이에 앞서 2천여 명의 유고군은 군용 차량과 함께 1백50여 대의 트럭에 나눠 타고 코소보를 떠나 세르비아 공화국 영토로 진입했다고 현지에서 취재 중인 서방기자들이 전했다. 한편 베타 통신은 군대와 경찰이 없는 코소보에서 불안을 느낀 세르비아계 주민들도 20여 대의 차량에 짐을 싣고 군대와 함께 철수하고 있다고 전했다.

한편 마이클 잭슨 마케도니아 주둔 나토군 사령관은 6월 9일 나토와 유고 군 시대표단이 세르비아군의 코소보 철군에 관한 군사실무협정에 서명했다면서, 이번 협상에서 유고측이 코소보 주둔 세르비아 병력을 서명 시점부터 6월 11일 이내 단계적으로 철수하는 데 동의했다고 발표했다.

나토의 유고공습이 중단됨에 따라 곧바로 유엔 안전보장이사회에서 코소보 평

---

15) "RESOLUTION 1244(1999)" adopted by the Security Council at its 4011th meeting, on 10 June 1999. un.org/Docs/scres/1999/99sc1244.htm(검색일: 1999년 7월 9일).

화안에 대한 결의안이 상정되고 이를 통과하면 코소보 주에 국제평화유지군이 배치된다.

또한 유엔 안보리는 나토의 공습중단이 통보되는 대로 안보리에 상정된 코소보 결의안 초안에 대한 표결에 들어갔다. 유엔 외교 소식통들은 안보리 상임이사국으로 거부권을 갖고 있는 중국이 코소보 결의안 초안에 불만을 표시하고 있으나 채택 가능성이 높은 것으로 전망하였다.

코소보분쟁 종식이 임박하면서 미국 해병 2천2백 명이 코소보 평화유지군에 합류하기 위해 10일 오전 그리스 북부 리토호로 항에 상륙, 마케도니아로 이동하기 시작했다. 미 해병들은 마케도니아 스코페로 곧장 이동한 뒤 평화유지군의 코소보 주둔이 시작되면 코소보로 진입한다. 한편 나토의 공습으로 피해를 본 베오그라드 시내 건물은 모두 1천1백34채에 이르고 건물 파괴로 인한 피해 규모는 공공건물을 빼고도 10억 달러에 달한다고 유고 관영 탄유그통신이 시 관계자의 말을 인용, 6월 10일 보도했다.

북대서양조약기구(나토)와 유고연방 간 군사협정이 마침내 1999년 6월 10일 체결됨에 따라 코소보사태가 본격적인 수습국면에 들어섰다. 지난 3월 24일 나토의 공습이 시작된 지 78일 만에 군사협정이 타결되면서 나토와 유고 간 지루한 소모전이 끝나고 차후 코소보에 평화를 가져올 과제들이 차례로 이행될 수 있게 된 것이다. 이번 군사협정의 골자는 그동안 주요 쟁점이었던 세르비아군의 코소보 철수를 규정하고 이어 나토주도 국제평화유지군(KFOR)의 코소보진주, 이들 국제군의 보호 속에 그동안 고향을 떠났던 코소보 알바니아계 난민의 귀환을 보장하고 있는 것이다. 이는 나토가 그동안 유고 측에 지속적으로 요구해 온 사항으로 사실상 나토의 승리라고 할 수 있었다.

유고 측은 관영매체들을 통해 승전의 분위기를 고조시키는 등 겉으로는 패전의 아픔을 감추고 있는 것으로 보도되고 있으나 군사협정 체결에 따라 철군약속만 지킨다면 앞으로 공습은 피할 수 있게 됐다. 반면 미국과 나토 측은 환영의 분위기 속에서도 사태가 완전히 끝날 때까지 신중하게 지켜본다는 입장이었다.

슬로보단 밀로셰비치 유고연방 대통령은 1999년 6월 10일 북대서양조약기구(나토)가 공습중단을 선언한 직후 대국민 연설을 통해 나토의 침략이 끝났다고 선언했다. 밀로셰비치 대통령은 전국에 TV로 방영된 연설에서 "침략은 끝났다. 평화가 폭력을 극복했다."며 "우리는 우선 국민들의 자유와 존엄성을 지키기 위해 조국을 방어하다 희생된 우리의 영웅들을 추모해야 한다."고 말했다. 그러나 코소보가 독립될 가능성을 배제한 채 "우리는 코소보를 포기하지 않았다."고 강조했다. 밀로셰비치 대통령은 유고연방의 영토권과 주권이 서방선진 7개국과 러시아(G8) 및 유엔에 의해 보장받았다고 전제하고 "따라서 코소보 미래를 결정할 정치적 과정에서 자치권에 대한 애기만이 나올 수 있으며 다른 것은 있을 수 없다."고 잘라 말했다. 그는 "코소보에 진주할 다국적군은 유엔의 후원을 받게 될 것이며 코소보에 거주하고 있는 모든 시민들의 안전을 보호하는 임무를 맡게 될 것"이라며 "코소보에 진주할 군대는 출신국이 어디이건 평화를 위해 봉사할 것"이라고 말했다.

3) 나토공습의 상처(당시 인터넷자료 정리)

북대서양조약기구(나토)가 주도하는 코소보 평화유지군(KFOR)은 작전 개시 사흘째인 14일 오전까지 1만 4천300명의 병력을 코소보에 진주시켰다고 제이미 셰이 나토 대변인이 밝혔다.

셰이 대변인은 평화유지군의 코소보 배치가 '매우 순소롭게' 이루어지고 있으며 예정보다 다소 빠르게 진행되고 있다고 말했다. 그러나 코소보에 진주한 영국군은 남부 카차니크 마을에서 약 100구의 시체가 매장된 대형 무덤을 발견했으며 독일군도 프리즈렌 인근에서 약 70구의 시체가 매장된 무덤을 발견했다고 셰이 대변인은 발표했다.

셰이 대변인은 이와 관련, 전문가들이 조사를 진행할 수 있을 때까지 KFOR 병력이 이들 무덤을 지킬 것이라고 말했으며 전(前) 유고 전범재판소는 이곳에 전문가를 보내기로 했다.

나토 측은 이들 무덤이 세르비아계의 알바니아계에 대한 잔학행위를 입증하는 것으로 보고 있다. 평화유지군 진주에 맞춰 세르비아 군경 1만여 명은 코소보에서 이미 퇴각했으며 세르비아 전투기들도 모두 철수하는 등 "세르비아의 철수도 대체로 일정에 따라 순조롭게 진행되고 있다.”고 그는 전했다. 알바니아계인 코소보해방군(KLA) 대원 70여 명도 이날 영국군에게 처음으로 무기를 자진 반납했다고 영국군 관계자가 밝혔다.

그러나 프리슈티나에선 유고 경찰관 1명이 영국군에게 권총을 발사했다 반격을 받고 사살됐으며 남부 도시 프리즈렌에서도 독일군과 네덜란드군이 저격병들의 공격을 받고 응사, 2명의 사상자가 발생했다. 또 지난 주말 코소보 남부 스티믈례에서 독일 기자 2명이 무장괴한들의 총격으로 사망한 데 이어 또 다른 독일 언론인 1명이 프리즈렌에서 숨진 채 발견됐다고 독일외무부가 밝혔다. 러시아는 지난 12일 2백여 명의 병력을 급파, 프리슈티나 공항을 점거한 채 나토 측에 코소보 북부지역에 대한 독자적 지휘권 부여를 요구했으나 나토 측으로부터 이에 대한 양보를 얻어내지 못했다.

KLA 지도자 하심 타치는 러시아군이 국제사회의 동의 없이 코소보에 진주한 데 대해 우려를 표명하고 KLA는 러시아군의 안전을 보장할 수 없다며 러시아군의 조속한 철수를 요구했다. 그럼에도 불구하고 전쟁이 일단락된 코소보에서 이제는 처지가 뒤바뀐 알바니아계와 세르비아계 주민들이 서로 인종적 증오를 극복하고 훈훈한 인간애를 나누는 미담들이 피어나고 있었다.

이들은 세르비아 병력의 코소보 철수와 북대서양조약기구(나토)군의 진주로 힘을 잃게 된 세르비아계가 돌아온 알바니아계의 보복을 우려, 이 지역을 탈출하는 사례가 속출하고 있는 가운데서도 따뜻한 이웃사랑으로 더욱 결속된 모습을 보이고 있었다.

워싱턴포스트와 AP UPI 등 통신들이 전하는 미담들은 코소보의 분쟁이 정치 지도자들에 의해 조장된 민족주의의 결과일 뿐 선량한 주민들의 삶의 모습과는 거리가 있음을 단적으로 나타내 주고 있었다. 예컨대 코소보 포두예보에 거주하는 알바니아계 주민 베이투스는 지난 4월 알바니아계에 대한 세르비아 측의 인종청소가 한창일 당시 세르비아계 주민인 카프와 조비치가 자신의 집을 불태우러 온 세르비아 군인들에게 강력히 항의하고 기르던 소를 구해 내 한 달 넘게 돌봐준 사실을 잊지 못하고 있었다.

베이투스는 자식들에게도 사람들이 다 나쁜 것은 아니라며 중요한 것은 그들 같은 친구가 곁에 있는 것이라고 누차 되뇐다. 그는 지금 이들 세르비아계 이웃을 어떤 일이 있더라도 지켜주겠다고 다짐했다. 신변에 위협을 느끼는 세르비아계 주민들의 탈주가 이어지는 프리즈렌이나 우로세바치 등 다른 도시에서도 비슷한 광경이 목격되었다. 세르비아계의 탈출 러시를 지켜보면서 통쾌함을 표시하고 야유하는 것도 잠시, 많은 알바니아계 주민이 오랫동안 함께 살아온 이들에 대해 동정을 느끼고 있었다.

피란민 행렬을 지켜보던 알바니아계 한 주민은 "이웃 여성에게 떠나지 말라고 간절히 요청했다."면서 "그녀는 내게 아무 해도 입히지 않았다."고 아쉬워했다. 그는 또 45년간 자기 가족과 친구로 지내온 이웃의 세르비아계 할머니를 평생 돌봐줄 것이라고 말하기도 했다.

신학교수 우글리에사 포포비치는 "코소보분쟁은 민족 간 전쟁이라기보다 슬로보단 밀로셰비치 유고연방 대통령의 정치에 놀아난 것"이라며 "오랫동안 함께 지내온 이웃들이 강제로 떠나는 것을 보고 알바니아계 주민 대다수가 울고 있다."고 전했다.

그러나 세르비아계 주민들이 정작 두려워하는 대상은 알바니아계 무장조직인 코소보해방군(KLA)이다. KLA는 유고군 철수 이후 프리즈렌, 알바니아 국경지역 등 코소보의 선략요충을 장악한 것으로 일러저 세르비아계에 대한 보복 우려를 자아내고 있다. 일부 외신은 이들의 무장해제가 세르비아군의 철수보다도 더 어려운 작업일 수도 있다고 전망하였다.

또한 99년 6월 19일 유고군 조직적으로 코소보 주민 수천 명을 학살한 것이 밝혀졌다.

유고연방의 세르비아계 군인들은 조직적으로 코소보 주 알바니아계 주민 수천 명을 학살해 왔다고 조지 로버트슨 영국 국방장관이 99년 6월 18일 밝혔다. 로버트슨 장관은 이날 우크라이나 키예프 방문 중 가진 기자회견에서 "코소보 주에서 민간인 수천 명이 세르비아군에게 학살된 것이 분명하다."고 말하고 "고문과 강간, 살인 행위 등이 상당히 조직적으로 자행돼 왔으며 이런 이유에서 우리는 이 문제에 대처했어야 했었다."고 강조했다. 로버트슨 장관은 "대량 학살 증거들이 속속 밝혀지고 있다."면서 학살 행위에 책임이 있는 사람들은 결국 법의 심판을 받게 될 것이라고 말했다. 슬로보단 밀로세비치 유고 대통령과 정부 내 일부 측근들은 지난 99년 4월 헤이그에 있는 유엔 유고 전범재판소에 반인도주의 범죄 등의 혐의로 기소됐다.

4) 나토공격의 국제적 반응

나토의 유고공격은 50년 전 출범한 이래 한 주권국가에 대한 최초의 것이란 점에서 문제점을 안고 있었다. 이로써 원래 구소련의 잠재적 공격에 대한 방어 목적으로 출범한 이 조직의 성격은 크게 변질되었다. 나토가 공격을 강행함에 따라 밀로세비치 유고대통령은 코소보의 알바니아인에 대한 공격을 가일층 강화할 것으로 보였다. 또 이번 공격을 빌미로 유고가 보스니아 주둔 나토 평화유지군을 공격하거나 코소보 내 알바니아계에 대한 박해를 강화해 인근 알바니아나 마케도니아를 자극함으로써 전쟁을 확대할 우려도 있었다. 유고는 9만 명의 보병과 탱크 1300대, 1개 대공포여단을 운용하고 있다. 또 79대의 미그기와 샘 SA-6, SA-3, SA-2지대공 미사일 8개 포대를 보유하고 있다. 해군은 7500명에 달하며 잠수함과 프리깃함을 8척씩 보유하고 있다. 옛 소련제 무기로 무장한 유고의 대공 방어망은 효과적이고 강력하다. 이 때문에 나토공격 시 나토의 희생자도 다수 있을 것으로 예상했다.

만약 분쟁이 확대되면 미국과 유럽이 발칸의 인종분쟁을 발칸 내에 봉쇄하려는 정책이 실패함을 의미하였다. 분쟁 확대 시 나토 동맹국인 그리스와 터키는 각각 적대진영으로 이끌려 들어가 나토 동맹국 사이의 전투가 벌어질 우려마저 있었다. 또 유엔의 분명한 결의가 없이 한 주권국에 대한 공격을 가함으로써 19개 나토동맹국들은 국제법을 위반했다는 비난을 받았다.

나아가 유엔 안보리의 의사는 이번 공격을 빌미로 쉽게 무시될 여지를 남겨놓았다. 러시아는 만약 슬라브 형제들에 대한 공격이 단행된다면 나토와의 관계를 단절하겠다고 이미 경고한 바 있었다. 일부 유럽국가는 유고를 공격하려면 유엔 안보리의 결의가 필요하다고 주장해 왔다.

미국은 그러나 안보리는 러시아와 중국이 거부권을 행사할 것을 예상해 이 문제를 유엔에 넘기지 않았다.

1999년 06월 11일, "미국은 코소보분쟁에서 패배했다."고 미국의 칼럼니스트 찰스 크라우새머는 지적했다. 빌 클린턴 대통령 스스로 세운 기준을 적용하더라도 이번 코소보분쟁에서 미국은 패배했다며 미 행정부의 발칸전략을 비판했다. 코소보의 경우에도 역시 주권국가 형성은 공화국 단위로 될 수밖에 없다는 바딘터위원회의 입장이 관철된 것이다. 나토는 코소보의 독립획득이 마케도니아를 비롯해 발칸의 여러 국가들에 산재해 있는 알바니아인들의 민족주의 감정과 대알바니아제국 건설 움직임을 자극하게 될 것을 두려워하고 이를 사전에 방지하고자 했다(강봉구, 1999). 나토의 개입은 정치적으로는 코소보의 알바니아계의 자결권을 확보해 주려는 목적으로 출발하였다. 그러나 자결의 구현 정도에 대한 알바니아계 주민들의 의사와는 달리, 이처럼 자치를 부여하는 수준에서 일단 문제를 미봉함으로써 알바니아계 코소보 주민들이 원했던 독립 혹은 대알바니아국가 건설에 대한 논의는 당분간 유보되었다. 결국 2008년 다시 코소보독립문제가 재론되고 있는 것이다.

NATO는 99년 3월 25일 유고공습 때와는 달리 유엔 안보리 결의를 거쳐 코소보에 평화유지군을 파병함으로써 UN을 무시하고 단독으로 국제안보를 좌우할 수 없다는 교훈도 얻었다. 중국이나 러시아의 입장에도 불구하고 UN은 국제갈등의 평화적 중재자의 역할에 있어 중요한 위상을 갖고 있음을 입증하였다고 본다. NATO와 유고는 유고군의 코소보 철수를 관장할 군사기술협정을 체결하였고 NATO의 감시하에 4만여 명의 유고군의 코소보 철군을 11일 이내에 이행하여야 했다. 철군협정에 의하면 6월 10일 유고군·경·민병대의 단계적 철수를 개시하고 철수 시작 24시간 내에 유고군용기의 코소보 상공비행 및 방공망·레이더 작동을 중지한다. 철수 시작 48시간 내 유고의 지뢰·폭발물·부비트랩 등 매설위치를 나토에 통보하며 철수 시작 72시간 내 유고의 모든 방공포, 지대공 미사일, 항공기를 철수 완료한다(Newsweek, June21, 1999: 24-25). 철수 시작 6일 내 유고군병력 알바니아, 마케도니아 접경지역에서도 철수했다.

유엔 안보리는 나토공습 중지 후 코소보분쟁종식과 평화유지군승인 결의안을 채택하고 국제원조기구는 코소보에 진출하여 난민 귀환을 지원했다. G-7, EU,

IMF, IBRD는 난민들의 귀환과 인도주의적 지원을 최우선 목표로 하고 물질적 피해복구하기 위한 작업을 하였다. 유엔난민고등판무관실(UNHCR)은 5만여 명의 평화유지군 주둔이 완료된 뒤 안전이 확보되면 순차적으로 난민을 귀환시켰다. 나토는 밀로세비치에 대한 전범기소를 강화하고 권력에 있는 한에는 전후 재건비용에 대하여 거부할 입장을 표명하였다. 전 세계에서 파견된 수십여 NGO와 세계식량기구(WFP), 세계보건기구(WHO), 유엔아동기금 등은 난민캠프 등에서 봉사를 하고 있다. 또한 평화유지군은 미국은 동부, 독일은 남부, 영국은 중심부, 프랑스는 북부, 이태리는 서부지역 등 5개국이 중심이 되어 코소보를 5개 지역으로 분할하여 통제하기로 했으며 평화유지군은 임시정부가 수립될 때까지 모든 치안 행정공공업무를 맡아 처리했다(Newsweek, June21, 1999: 24 – 25).[16]

99년 7월 30일에는 G – 8, EU회원국, 유고를 제외한 발칸지역 10개국 등 40여 개국이 사라예보정상회의를 개최하였다. 여기서 30~50억$ 지원의 발칸반도 경제개혁, 민주화개혁, 발칸지역 평화공존방안, 소수민족 권리보호 등을 주요 의제로 논의했다.

그러나 향후 유럽의 지역문제에 대하여 미국의 지나친 간섭을 배제하고 유럽국가들이 주도해 해결해야 한다는 자각이 유럽의 회원국들 사이에 확산되고 있다. 중국은 서방 7개국과 러시아 등이 코소보사태를 중재하는 과정에서 소외되어 유엔헌장 제7장을 강조하여 평화유지군의 단순한 평화유지활동에 머물 수 있는 문제점도 남아 있다. 주권보다는 인권이 우선한다는 논리로 서방선진국이 코소보전쟁에 개입한 것은 잘했으나 민간인보다 군인들의 생명에 더 큰 가치를 두는 등 방법에서는 문제가 있다고 지적했다(*New York Times*, June7, 1999).

보스니아내전, 코소보내전 등 EU, NATO, 심지어 UN까지도 회원국들은 미국 앞에서 너무나 무력감을 갖고 있다. 바로 유럽지역의 문제를 미국이 주도하고 있다는 사실에 대한 자괴감이 있는 것이 사실이다. 사실상 전후 복구문제에 있어서도 유고에 대해서 밀로세비치가 권좌에 있는 한 지원은 없다는 강경입장을 미국은 보이고 있다. 정치, 외교, 경제, 군사, 정보 등 모든 면에서 독일, 프랑스,

---

16) 평화유지군은 영국군 13000명, 독일군 8500명, 미국군 7000명, 프랑스군 4500명, 이태리군 3,000명 등 5만 명으로 구성된다.

영국 등의 유럽열강을 압도하고 있고 미국이 개입하지 않으면 해결되는 것이 없다는 미국 패권주의에 대한 심각성이 반증되고 있다는 점을 우려하고 있다(*New York Times,* May 19, 1999).[17] 세계 분쟁지역에 대한 미국의 역할, 동구권에서의 미국의 역할, 발칸지역에서의 미국의 역할 등 미국의 중요성이 더욱더 부각되고 있는 데 대한 우려와 환영이 반반으로 작용하고 있는 것이다.

4. 주변 국가 민족갈등(당시 인터넷기사 자료정리)

마케도니아, 거국내각 구성합의, 마케도니아의 4개 주요 정당이 알바니아계 반군에 대처하기 위해 거국내각을 구성하기로 2001년 5월 11일 합의함으로써 지난 2월 알바니아계 주민들의 폭동으로 시작된 종족분쟁을 해소할 계기를 마련했다. 그러나 스코페 북부 10여 개 마을을 점령한 채 반군활동을 벌이고 있는 민족해방군 측은 거국내각 구성을 일축하고 자신들의 요구사항을 관철할 수 있는 회담이 열릴 때까지 투쟁을 계속하겠다는 입장을 천명했다. 류브코 게오르기예프스키 총리는 이날 성명을 통해 "새 내각 명단이 조만간 발표될 것"이라면서 "거국내각의 주요 목표는 국가의 안정을 확보하고 정치적 대화를 계속하며 공정한 조기선기를 계획하는 것"이라고 밝혔다.

거국내각에는 게오르기예프스키 총리가 이끄는 VMRO – DPMNE당을 중심으로 알바니아계 정당인 PDP와 DPA, 세르비아계 야당 SDSM 등이 참여하며, 의회는 13일 총회를 열어 새 정부를 승인할 예정이다. 이번 거국내각 구성은 그동안 정부군의 반군 공격에 항의, 휴전연장을 요구하며 연정에 반대해 온 PDP가 정부가 제시한 최후통첩과 국제사회의 압력에 밀려 정부 측의 제안을 수용함으로써 이루어지게 됐다. 거국내각은 먼저 치안을 확보한 후, 알바니아계 게릴라인 민족해방군에 대한 격퇴 전략을 마련하는 작업에 들어갔다.

그러나 반군 측은 "우리 대표가 참여하지 않는 한 거국내각은 소용이 없다."

---

17) 많은 서방언론들은 사실상 코소보에 투입한 토마호크미사일, F – 16, F – 15 전투기, EA – 6B전자교란항공기, C – 5 수송기 등으로 미국 방위산업업체는 냉전 후 최대의 호황을 누리고 있음을 지적한다.

고 일축하고 자신들의 참여가 보장될 때까지 투쟁을 계속할 것이라고 밝혔다
(APAFP연합 인터넷자료).

다른 한편 마케도니아 정부군이 지난 2001년 6월 3일 국경순찰을 마치고 귀
환하던 병사 2명이 사살되고 1명이 납치된 사건이 발생한 뒤 알바니아계 반군에
대한 공격을 개시, 민간인 사상자가 발생하는 등 내전 발발 위기가 고조되기도
했었다. 조르지 트렌다필로브 군 대변인은 "정부군 병사들이 이날 새벽 스코페
북부 국경순찰을 마치고 귀환하다 국경에서 약 5㎞ 떨어진 바크신체 마을에서
반군의 습격을 받아 2명이 사망하고 1명은 납치됐다."며 "정부군과 경찰이 알바
니아계 테러리스트 소탕작전에 나섰다."고 말했다. 그는 "반군들이 정부군 진지
에 박격포 공격도 퍼부었으나 부상자는 없었다."며 "소탕작전을 위해 쿠마노보
와 인근 11개 마을에 소개 명령을 내리고 이 지역과 마케도니아 제2도시인 비톨
라에 야간 통행금지령을 내렸다."고 밝혔다.
   그는 또 "대부분 주민들은 집을 떠났으나 반군들은 정부군 공격에 대비해 민
간인 2천여 명을 '인간방패'로 억류하고 있다."고 주장했다. 마케도니아 국영TV
는 정부군이 반군 소탕작전에 헬리콥터를 포함, 가능한 모든 수단을 동원하고
있다고 보도했으며 반군 지도자들은 정부군이 마케도니아 북부 슬로프칸과 바크
신체 마을에 무차별 공격을 감행하고 있다고 비난했다. 보리스 트라이코브스키
마케도니아 대통령은 CNN 회견에서 "반군들은 어린이들을 희생시키려 하고 있
으며 무고한 민간인의 죽음을 걱정하지 않고 있다."고 비난했다. 알바니아민족해
방군(NLA)의 정치적 지도자 알리 아흐메티는 '미국의 소리' 방송과 회견에서
"쿠마노보 주변 마을에서 치열한 전투가 벌어졌으며 마을을 떠나지 않은 주민들
은 지하대피소에 피했다."고 전했다.
   교전지역인 리프코보의 후사메딘 할릴리 시장은 "시민들이 정부의 대피명령을
따르지 않고 있으며 정부군 공격으로 민간인 남자 2명이 숨졌다."면서 "상황이
매우 심각하며 국제사회가 개입해야 한다."고 말했다. 그러나 트렌다필로브 군
대변인은 "정부군은 민간인을 보호하기 위해 선별적으로 공격을 하고 있다."며
"유럽안보협력기구(OSCE) 감시단이 현장 상황을 볼 수 있도록 허용하고 있다."

고 반박했다. 반군은 이날 성명을 내고 트라이코프스키 대통령에게 휴전할 것을 촉구하고 유혈참사와 내전으로 치닫는 것을 막기 위해 협상을 시작하자고 주장했으나 마케도니아 정부는 반군과는 어떤 협상도 하지 않겠다며 거부했다.

이번 충돌은 지난주 마케도니아 북서부 테토보 근처에서 정부군 병사 8명이 살해돼 비톨라와 스코페 등에서 알바니아계와 슬라브계 주민 간 긴장이 고조되고 있는 가운데 발생한 것이다.

마케도니아 다수민족인 슬라브계와 소수민족인 알바니아계를 대표하는 2개 주요 정당은 이날 정부군과 반군에 휴전을 요구했으며 의회는 2001년 6월 4일 이 문제를 논의하기 위한 특별회의를 소집했다. 마케도니아 200만 인구 중 3분의 1을 차지하는 알바니아계는 자신들이 2등 시민 취급을 받고 있다며 다수민족인 슬라브계와 동등한 지위를 보장하도록 헌법을 개정하라고 요구해 왔다. 리처드 바우처 미국 국무부 대변인은 이날 알바니아계 반군의 테러행위를 비난하면서 "테러행위에 대한 마케도니아 정부군의 적절한 대응을 지지한다."고 밝히고 "그러나 반군에 대한 공격으로 민간인 사상자가 생겨서는 안 된다."고 강조했다.

스웨덴 외무부도 성명을 통해 "유럽연합(EU)은 알바니아계 극단주의자들의 폭력행위를 비난한다."며 "폭력행위를 중단하고 인질을 즉각 석방하라."고 요구했다. 마크 디킨슨 마케도니아 주재 영국 대사는 "알바니아민족해방군은 마케도니아에서 내전이 발생하기를 바라고 있으나 정부군에 의해 격퇴될 것"이라고 말했다. 마케도니아 역사가이자 발칸지역 문제 전문가인 반체 스토이체브도 "우리는 누구도 원치 않는 내전사태에 직면하고 있다."며 "진짜 내전이 발생한다면 전쟁이 발칸지역 전체로 확산되는 심각한 사태가 벌어질 것"이라고 우려했다. 유고 및 알바니아 국적의 알바니아계 반군 약 100명이 마케도니아 정부군과 전투를 벌이기 위해 알바니아의 미게도니아 집경지역에서 월경을 준비 중이라고 스코페의 한 신문과 TV방송이 2001년 6월 5일 아침 보도했다. 이들 언론은 한 서방 정보소식통을 인용, 민족해방군(UCK) 소속의 알바니아계 반군이 마켈라레와 불치자 마을에서 마케도니아로의 공격 명령을 기다리고 있으며 신형 미국제 무기로 무장하고 있다고 밝혔다.

언론들은 이 반군이 마케도니아 수도 스코페에서 북서쪽으로 120㎞ 정도 떨어진 데바르 일대를 공격할 수도 있다고 전했다. 한편 소식통들은 그동안 몇 대의 러시아제 MI-24 공격용 헬리콥터로만 공습을 제한했던 마케도니아 정부군이 K-52 공격용 헬리콥터 등을 동원하는 등 반군에 대한 공습을 대폭 강화할 움직임을 보이고 있어 전투가 더욱 치열해질 것으로 우려된다고 말했다.

이처럼 코소보내전이 종결되었지만 주변국가내의 민족갈등이 모두다 해결 된 것은 아니며 언제라도 제2, 제3의 내전이 가능한 지역으로 남게 된 것이다.

제4절 코소보와 세르비아의 민주화와 평화

앞에서 지적한 과제가 3민족계파의 정치력에 따라 해결되면 본질적인 치유는 어려우나 국제사회의 일원으로 유럽의 일원으로 평화적 경쟁관계로 내전으로 인한 앙금이 조금은 나아질 것으로 본다. 그것은 평화협정 이전의 민족갈등은 사회주의 와해에 따른 민족독립운동이 민족갈등과 내전으로 비화된 것이고 평화협정 이후의 갈등은 민주적 선거를 통한 민족의 이해를 정치적으로 해결하는 선거 과정에서의 갈등으로 표출하고 있기 때문이다. 만능은 아니라 하더라도 민주주의는 89년 동구권 민주화 변혁 이후 사회주의, 민족주의도 다 포용할 수 있는 보편적 이념이라고 보며, 이는 다양한 계급 다양한 민족이 평등하게 함께 공존할 수 있는 논리를 제시해 준다. 앞에서 보았듯이

민족독립과 민주화는 과거의 모든 억압된 것들 내에서 토론되지 않았던 종교, 민족, 인종, 역사, 언어 등 많은 중요한 가치들에 대한 폭발적 욕구가 분출되게 하였다(P. Ramet, 229-38). 보스니아내전도 바로 분리독립이 민주적, 평화적으로 해결되지 않았기 때문에 발생한 것이며 따라서 새로운 국가 형성은 아직도 불안정하며 민족 간의 갈등의 요소는 완전히 제거되지 않고 있다. 앞으로 보스니아 내의 분열된 정치적 독립체들이 여하히 협력과 조화로 내전의 앙금을 씻어내는가가 중요한 과제로 남았는데 3민족계파 모두 민족주의를 선거전에서 최대 무기로 내세웠고 후보들 모두 분리독립을 당연한 것으로 주장한 것에서도 알 수 있다.

따라서 향후 종교, 민족문제의 민주적 방식에 의한 해결이 더욱 요망된다. 총선 이후 구성된 대통령단, 보 - 크연방의 의회, 스르프스카의회와 대통령은 다음과 같은 산적한 문제를 해결해야 하는 부담을 갖게 되었다. ① 슬라브주의, 회교원리주의, 그리고 가톨릭의 갈등, ② 인종청소책임규명 및 전범처리문제, ③ 민주주의 제도화와 3인 대통령 제도한계, ④ 경제극복문제, ⑤ 주변관계국입장, ⑥ 데이턴라인의 유지, ⑦ 난민과 전쟁포로 석방문제 등이 그것이다.

이러한 변수들이 어떻게 극복되느냐에 따라 보스니아의 평화와 갈등의 방향이 결정될 것으로 보인다. 데이턴라인은 잠정적으로는 성공적이라고 할 수 있으나 언제라도 민족분규는 터질 수 있는 것이다. 따라서 각 국가는 21C를 내다보면서 상호 협력으로 평화와 화해를 통하여 상호 이익이 되도록 국가와 민족 간의 화해와 조화를 가져야 할 것이다. 앞으로 구유고지역의 평화는 보스니아 내의 분열된 정치적 독립체들이 여하히 협력과 조화로 내전의 앙금을 씻어내는가에 달려 있다. 그래서 전문가들은 총선은 제도화된 민족분쟁이라고까지 우려하고 있다.

총선 이후 정치과정이 그런대로 민주적으로 운영되면 상당히 민족갈등이 중화될 수 있으나 정치적 과정이 파행을 겪게 되면 또 다시 민족갈등은 국지적으로라도 폭력을 수반할 것으로 보며 발칸의 중동문제화가 될 가능성도 있다고 본다. 데이턴 평화협정에도 불구하고 내적으로 엄청난 민족갈등과 감정이 노정되고 있어 향후에도 지속적인 국제적 개입이 불가피하다. 보스니아평화협정에서 주요한 역할을 하였던 유엔, 나토, 유럽연합, 유럽안보협력기구 등의 국제기구 중심의 범세계적 지원책이 필요한데 그것은 구유고지역의 민족문제는 범유럽의 문제이며 범세계문제가 될 수 있기 때문이다.

알바니아계의 넬슨만델라라고 칭하는 지도자 데마키(Adem Demaqi)는 세르비아, 몬테네그로 그리고 코소보로 발카니아(Balkania)라는 새로운 연방을 구성해야 한다고 강조한다. 무력적인 독립이 아니고 알바니아와의 통합도 아닌 새로운 방법으로 코소보와 세르비아의 갈등을 종식시켜야 한다고 주장했다(*The Economist*, Sep 7/1996).

코소보지역은 데이비드 필립스가 지적하듯이 우선 ① 세르비아의 심장이며, ② 인권과 자치권이 있어야 하며, ③ 폭력 - 비폭력저항이 지속되고 있고, ④ 기회의 창문이 열려 있고, ⑤ 불안정안 지역 등 낙관과 비관이 교차하는 지역이다 (David L. Phillips, 1996, 822 - 825). 그리고 알바니아내분이 주변국 갈등에 자극을 줌과 동시에 알바니아내분이 알바니아로 하여금 코소보 등 주변 국가에 대하여 신경 쓸 수 없게 하고 있다. 코소보에서의 조속한 평화정착을 기대하기 어려운 가장 큰 요인은 세르비아, 코소보 알바니아계, 그리고 알바니아 등 갈등 당사자들의 기본 입장에 변화가 없다는 점이다.

98년 6월 16일 밀로셰비치 대통령이 코소보의 알바니아계 지도자 이브라힘 루고바와의 평화협상에 임하라는 국제사회의 요구를 받아들였지만 코소보에서의 완전 철군은 불가능하며 테러분자들에 대한 공격을 계속할 것이라는 기존 주장은 바꾸지 않았다. 지금까지 테러리스트 소탕을 명분으로 전개됐던 알바니아계 주민들에 대한 군사공격은 신유고연방의 결정에 따라 언제든지 재개될 수 있는 상황이다.

98년 3월 12일 조란 릴리치 유고연방 부총리는 코소보 주의 분리독립협상에는 반대하지만 국제관례에 따라 코소보 주에 최고수준의 자치권을 부여하는 협상은 할 용의가 있다고 했다. 이에 대해 알바니아계 지도자들은 세르비아 쪽의 공개대화 제의가 구체적 내용이 결여돼 있으며 선전공세에 불과하다며 이를 거부하고 국제 중재하의 협상을 요구했으며 3월 22일 독자적인 대통령 선거 및 의회선거를 강행했었다. 98년 3월 20일 슬로보단 밀로세비치 신유고연방 대통령은 코소보 주 알바니아계와 조건 없이 대화에 합의했었다.[18]

주지하는 바와 같이 코소보지역(Kosovo & Metohija) 내전은 민족분규가 민주적, 평화적으로 해결되지 못해서 발생한 전쟁이다. 평화와 민주주의 논리보다는 힘의 논리가 지배하여 폭력, 투쟁, 내전, 전쟁 등으로 인명의 희생과 난민발생, 그리고 상당한 문화적 손실을 보였다. 발칸지역에서의 민족 간 갈등의 기본 요인들은 주로 ① 민족차별정책과 평등주권불인정, ② 영토침략의 야욕, ③ 언어소통의 어려움, ④ 경제적 능력의 차이, ⑤ 강한 민족에 의한 약한 민족 착취, ⑥ 자민족보호의 명분에 의한 내정간섭, ⑦ 종교갈등 등이 있다.

89년 이후 보스니아내전 과정에서 세르비아는 ① 슬라브민족주의와 국수주의

---

18) 밀로세비치 대통령은 예브게니 프리마코프 러시아 외무장관과의 면담에서 알바니아계주민과의 아무 전제조건 없는 대화에 동의했다.

증대, ② 세르비아 내의 전생활 속의 이념화, ③ 종교에 저항하는 확대된 캠페인과 합리적, 과학적 세계에 대한 확대, ④ 사회주의적 우월한 도덕적 시민 탐색, ⑤ 밀로세비치 개인숭배 등이 스탈린주의적으로 적용되었다. 코소보지역도 예외가 아니어서 이러한 요인을 기초로 하여 민족갈등이 내전으로 확대되고 급기야 미국을 중심으로 한 NATO의 개입으로 국제전으로 확대되고 말았다.[19] 코소보지역은 데이비드 필립스가 지적하듯이 우선 ① 세르비아의 심장이며, ② 인권과 자치권이 있어야 하며, ③ 폭력 – 비폭력저항이 지속되고 있고, ④ 기회의 창문이 열려 있고, ⑤ 불안정안 지역 등 낙관과 비관이 교차하는 지역이다(David L. Phillips, 1996, 822 – 825). 코소보에서의 평화정착이 어려웠던 가장 큰 요인은 세르비아, 코소보 알바니아계, 그리고 알바니아 등 갈등 당사자들의 기본 입장에 변화가 없었다는 점이었다. 그리고 알바니아내분이 주변국 갈등에 자극을 줌과 동시에 알바니아로 하여금 코소보 등 주변 국가에 대하여 신경 쓸 수 없도록 하였다. 본 연구는 먼저 보스니아내전의 평화적 협정 이후 코소보에서의 민족분규와 민족문제양상은 어떻게 진행되었는지를 분석하고, 미국이 깊숙이 개입할 수밖에 없는 발칸지역의 갈등 구조가 무엇인지, 그리고 98년 이후 코소보민족갈등에 대하여 NATO, UN 그리고 EU를 통하여 미국의 개입과 역할이 어떠했는지를 분석하였다. 동시에 미국의 개입에 대한 국제적 시각의 차이와 개입으로 인한 발칸지역의 국제적 질서와 유럽국가, 미국 그리고 러시아의 입장이 어떻게 드러났는지를 분석하였다. 이것은 코소보분쟁의 국제적 역학 관계가 무엇이고, 유럽지역에서의 미국의 입장과 역할이 무엇인가와도 연결되는 문제였다. 즉 유럽의 문제를 미국이 주도적으로 개입하여 해결하는 과정에 대한 EU국가들의 반응과 갈등, 그리고 EU를 중심으로 한 유럽국가들과 미국과의 대립과 협력관계, 그리고 러시아와의 국제적 갈등의 요소는 무엇인지도 함께 분석하였다. 이러한 분석을 통하여 코소보내전의 종식이 발칸지역에 진정한 평화를 가져왔는지와 민족분규에 대한 문제가 어느 정도 정착되었는지를 알 수 있다고 인식하였다.

---

19) http://www.worldbook.com/fun/bth/kosovo/html(2000/9/13)

제10장 On-going Reconciliation Process in The Balkans

제1절 The Former Yugoslavia

First, let me introduce myself. I am Sung Ho Ahn. I am a professor at the department of Political Science and International Relations of Chungbuk National University, Korea. It is an honor to have a chance to present Asia-Europe Roundtable(Peace and Reconciliation: Success Stories and lessions in Asia and Europe)

Serbian tribes settled in the Balkans in the 7th century and were converted to Christianity by the Byzantine Empire. Serbia became the leading Slavic kingdom in the 14th century, under Stephen Dushan, who ruled most of the Balkan peninsula. The idea of a Greater Serbia dates back to that time. That independent kingdom came to an end on the fields of Kosovo, when the invading Ottoman Turks conquered the land in 1389 and held it for 500 years.[20]

Only in 1878 was Serbia strong enough to declare its independence. From the beginning, the notion of an ethnic Slavic country posed a threat to the other major power in the region, the multi-ethnic Austro-Hungarian Empire. As Serbia grew stronger and spread its influence in the Balkan Wars, conflicts with its neighbor grew, finally boiling over with the assassination of Austrian Archduke Franz Ferdinand by Serb nationalist Gavrilo Princip, which ignited World War Ⅰ.[21]

---

20) http://travel.yahoo.com/p(2003. 8. 25.)

There are some persistent themes in the history of the Balkans. After an eclipse of about fifty years following World War Ⅱ, they have forcefully and often violently reemerged over the past decade. Reflecting on the pattern, George Kennan asserts that "obviously it is a problem with very deep historical roots." Aggressive nationalisms rooted in "deeper traits of character inherited from a distant tribal past" continue to plague the region and "seem to be decisive as a determinant of the troublesome, baffling and dangerous situation that marks that part of the world today."22)

Indeed, a look at Balkan history reveals a major historical signature. The recurring theme differs substantially from the one promoted by the prevailing view and suggests a reason for the narrow focus of Western interpretations of recent historical developments. The Balkans are no more prone to turbulence or ethnic hatreds than any other part of the world, historians agree. Outside forces, much more than internal rifts, have traditionally been decisive determinants of regional history.23) Far from being passive observers reluctant to get involved, foreign powers have coveted the region for centuries and sought to assert their hegemony there – whether by establishing direct control through military conquest or by controlling the internal political elements indirectly. Their domination was invariably accompanied by exploitation of local

resources and disenfranchisement of the population. If one historical theme is to be emphasized for its effects on Balkan history and its persistence over time, it is precisely foreign hegemony, not ethnic hatreds.24)

EspeciallyBosnia, as opposed to Herzegovina, produced a short – lived medieval

---

21) Ibid.

22) Alex N. Dajkovic, "model for the Balkans", http://www.zmag.org/dajkovic.htm(2003. 8. 17.)

23) Ibid.

24) Alex N. Dajkovic, "model for the Balkans", http://www.zmag.org/dajkovic.htm(2003. 8. 17.)

realm and subsequently, together with Herzegovina, together with Herzegovina, had a centuries-long identity as one of the proviness of the Ottoman Empire. Then, and even in recent times, it was knowen as the dark vilayet. Its annxeation by the Habsburg Empire in 1908 deeply antagonized the Serbs' the radical nationalist element of which carried out the assassination of Archduke Franz Ferdinand in 1914.

When the Kingdom of Serbs, Croats and Slovenes — Yugoslavia's first incarnation — was founded at the end of the war, Serb leaders (especially Premier Nikola Pasic) thought the country was not a collection of equals, but a union of Southern Slavs under the protection and control of the Serbs, a role Serbia had earned because of its prior independence and military power. This enraged the Croatians and Macedonians, and left the country in a continuous struggle until it collapsed under the German invasion at the beginning of World War Ⅱ.

During World War Ⅱ it was the scene of some of the heaviest fighting against the Germans and the Italians, but also the main battleground in the Yugoslav civil war and its bloody massacres of civilians. The fact that the Serbs no longer comprise the largest nation is largely due to these massacres.

This same conflict resurfaced at the end of World War Ⅱ, with the creation of modern FY under Marshall Josip Tito. Tito was able to keep the ethnic rivalries in check by purging nationalists or playing them against each other.[25]

After Tito's death in 1980, this conflict came out into the open, with Serb nationalists arguing that the FY had always held their people back, while Croatian nationalists countered that the country was dominated by the Serbs at the expense of the other republics.

Full country name of Yugoslavia is Federal Republic of Yugoslavia(FRY). The FRY was a very particular post-communist case in several respects('Yugoslavia'

---

25) http://travel.yahoo.com/p(2003. 8. 25.)

will refer to the old state or its geographical area, FRY to the present federal republic). FRY had a new name: Serbia and Montenegro.[26] Those two republics are all that remain of the old federation that once included B & H, Croatia, Macedonia and Slovenia. The new name reflects the country's current geography as well as its desire to bury a bloody past associated with the name Yugoslavia.[27] Serbia and Montenegro now faces the daunting task of putting itself back together, but there are signs of progress. The man who orchestrated the ethnic-cleansing campaign, former President Slobodan Milosevic, is on trial for war crimes. The new government is working on a power-sharing agreement with Kosovo. And Montenegro has committed to union with Serbia for at least the near future.

제2절 Bosnia-Herzegovina civil war

1. Bosnia-Herzegovina(B-H)

Since the outcome of the Serbo-Coat question was always likely to decide the fate of Yugoslavia, B-H was caught hopelessly and literally in the middle of that dispute. The B-H consist of Bosnia-Croat Federation and The Serb Republic(Srpska). Separating the central part of Serbia from the cetral and southern parts of Croatia, it has a mixed ethnic make-up of Serbs, Croats and Serbo-Croat-speaking Muslim Slavs, the latter being the most numerous national component(43%), and also the most loyal to the republic, for they have

---

26) Hâkan Wiberg, "Former Yugoslavia: nations above all", PANISP, *In Pursuit of Europe: Transformations of Post-Communist States 1989-1994*(Warsaw: INSTITUTE OF POLITICAL STUDIES POLISH ACADEMY OF SCIENCES, 1995), p.93.

27) http://travel.yahoo.com/p(2003. 8. 25.)

no other. B-H was composed of 40 percent Muslims, 30 percent Serbs and 18 percent Croats. Although Bosnia's Muslims were in the majority with 2 million people, Bosnia's Serbian minority was better armed, receiving support from the neighboring Serbian army. Serbian militias, backed by the Serbian military, took control of two-thirds of Bosnia. Afterward, the Bosnian Serbs launched a reign of terror against country's Muslim population.[28]

But it is the Serbs(32%) and Croats(17%) of B-H who potentially have the decisive political voice beccause they identify with their ethnic brothers elsewhere. Unofficial schemes for the partition of the republic abounded during 1990-91, because they were defended by some as the only means of staving off a violent clash between Serbia and Croatia. Any such partition and possibly violent clash with th Muslims. The national question in Yugoslavia was thus most strongly represnted in B-H.

After the war B-H became one of the six republics. and its borders essentially reflected those dating from the Turkish period. This republic provided the most blatant example of ethnic identity determining political identity. In the free elections which took place in November 1990, the most successful political parties had organized themselves firmly along ethnic lines. The Muslim Party of Democratic Action gained 86 seats in the 240-seats, and the Croatian Democratic Union 44.This roughly reflected the ethnic composition of the republic. But that was not the whole story. The croatian party really just a branchof Tudjman's Croatian Democratic Union which had earlier triumphed in the Croatian elections. The serbianparty began as an extension of the Serbian Democatic Party in Croatia, but subsequently graviated towards Belgrade to the point where its leaders came to be seen as the executors of Molosevic's policy. Finally, the Muslim Party, led by the former dissident and laterthe presdient of

---

28) *Current Biography,* 1990; *Newsmakers,* 1993.

the republic, Alija Izetbegovic, was probably Muslim in more sense than one, containing as it did a strong streak of clericalism. Indeed, so much so that there occured a split in its ranks, with a more liberal and certainly entirely secular wing led by Adil Zulfikarpasic establishing its own Muslim party, though gaining little electoral support.

After Bosnia civil war(1992 – 1996), the UN war crimes tribunal acquitted a Bosnian Serb politician of genocide Thursday, but said he had committed serious acts of persecution, deportation and extermination. The tribunal sentenced him to spend the rest of his life in prison. Milomir Stakic was installed by Serb forces that took over Prijedor. The 41 – year – old doctor was responsible for setting up two detention centres where thousands of Bosnian Muslims and Serbs were held.[29]

Nato's military commander has cast doubt over plans to launch the European Union's biggest military mission – a peace – keeping operation in Bosnia – in a sign of new transatlantic tensions.[30]

The three – member panel of judges found that 1,500 people were murdered at the camps and people were subjected to beatings and torture. Both sides have two weeks to decide whether to appeal the judgment. It was the third acquittal of genocide charges the tribunal has handed down. Bosnian general Radislav Krstic is the only person convicted of genocide in the 10 – year history of the court.[31]

I never caught the American congresswoman's name, but I doubt I'll be forgetting her words anytime soon. It was mid – May. I was in an apartment in Sarajevo, getting ready to head out for a day of work, with my ear half – tuned to CNBC.

Bosnia? A successful example of nation – building? I couldn't believe what she had just casually declared. This might have seemed unremarkable to anyone who hasn't followed events in this Balkan nation since war ended in 1995. But I've

29) "Bosnian Serb acquitted of genocide", http://www.cbc.ca/stories/2003/07/31

30) Stephen Castle, "EU troops not ready to take on Bosnian role, says Nato chief", *The Independent* (Aug. 5, 2003).

31) "Bosnian Serb acquitted of genocide", http://www.cbc.ca/stories/2003/07/31

been working on a photo documentary project about the aftermath of War In B—
H since the fall of 2000 and to call Bosnia a success story is to ignore all the
ways nation—building has failed to take root here.[32]

To be sure, the presence of the international community has made a huge
difference in a country that was nearly torn apart by nationalistic rivalries.
Thousands of homes destroyed in the war have been rebuilt with international aid;
a multitude of social—service and civic—minded programs funded by foreign
donors have helped seed a local network of homegrown, nongovernmental
organizations; and the international community—in the form of the Office of the
High Representative(OHR), which still has the final say in the country—has
pushed(sometimes forced) legal reforms aimed at ending ethnic and religious
discrimination.[33]

Regional destabilization might also disrupt implementation of The General Framework
Agreement for Peace in B—H and the Annexes thereto(Dayton Agreement) which,
after many years of bloody conflict, holds forth some prospect for peace in B—H.[34]

It all sounds like nation—building. But it's no success—yet. For one thing, the
country's postcommunist, postconflict economy is still a shambles: The unemployment
rate is 49%. For another, the electoral process has failed to deliver badly needed
visionary leadership; in fact, Bosnians have become so discouraged with the process
that about half of eligible voters stayed home from the polls last fall. As a result,
the same nationalist parties that were considered to be a huge part of Bosnia's
postwar problems back in 1996—and which had been out of power in recent
years—were voted back in. There are many other examples of nation—building in
Bosnia that have yet to achieve even the semblance of a sturdy foundation. But

---

32) Sara Terry, "Bosnia no model of nation—building", *The Christian Science Monitor*, July 01/2003.
   p.12.

33) Ibid.

34) David L. Phillips, "Comprehensive Peace in the Balkans: The Kosovo Question", in *Human Rights
   Quarterly* 18(1996), p.821.

perhaps the most worrisome is the division created in the country by the 1995 Dayton Peace Accords, the very agreements meant to reunite and stabilize the country.[35] Under Dayton, a national government was set up to handle foreign, economic, and fiscal policy — it's a tripartite presidency(with Muslim, Eastern Orthodox, and Roman Catholic representatives), a parliament, and a ministry of foreign affairs. Under that umbrella are two internal governing entities: The Bosnia/Croat Federation is mainly Muslim and Catholic Croats who make up 52 percent of the population of B－H. The Serb Republic, with 48 percent of the nation's population, is made up almost entirely of Orthodox Serbs. At the time negotiators believed it was the only way to end the war. After all, Bosnian Serbs, supported and incited by neighboring Serbia, had tried to take over the entire country, or at least to split it with Croatia. The idea was that Bosnian Serbs would find peace a more palatable proposition if they were granted control over land that borders Serbia(even if under the umbrella of 'one' Bosnia).[36]

In practice, that idea is badly flawed. Giving Serbs a form of autonomy over territory that they ethnically cleansed during the war has had the unintended effect of rewarding their aggression which included driving thousands of Muslims from their homes and killing or raping thousands more. Apart from legal reforms forced by the OHR, and changes brought on by the threat of withholding financial aid, Serbs have had little reason to reflect on their countrymen's deeds during the war. In fact, the top two indicted Bosnian Serb war criminals — Radovan Karadzic and Ratko Mladic — remain at large, enjoying an almost mythic heroic status among their fellow Serbs. One bosnian said "I love Bosnia. It's where I'm from. I grew up there. But I don't live there anymore. I live in the RS(Serbia Republic). Surprised, I tried to explain to her that the RS is, in fact, in Bosnia." But she would have none of it.[37]

---

35) Sara Terry, op.cit., p.12
36) Ibid.

"It's like this", she said. "You're an American. It's where you're from. But then you move to Sweden. You're still from America, you just don't live there anymore." "No", I tried explaining again. "It's like this: I live in California. Let's say I move to Texas. I still live in America. You live in the RS. You still live in Bosnia." I don't think she ever got the point. Like many Bosnian Serbs, she prefers to think of the RS as its own place, separate from Bosnia. Some Serbs in the RS will even openly admit that their dream is still to one day be united with "Mother Serbia." Bosnia is not a success story — not yet. I think it can be. But not if the US or the international community pats itself on the back and walks away, moving on to create a new chapter of successful nation — building in some other shattered country.[38]

2. Croatia

In other words, the three main political protagonists on the Bosnian scene set out to pursue the national interests of the ethnic groups they were elected to represent. The Crots looked to Zagreb, the Serbs to political to Ankara, Tehranand Trilpoil. Given the march of ferent ethnic groups in Yugoslavia, it was not surprising that the different ethnic groups in Bosnia likewise embraced it. Each saw its group identity under threat from the others. This was not politics, but preparation for a possible war. The three national groups embarked on the experiment of power — sharing after the elections. The Muslims, being the largest group, obtained the most important posts, including the presidency for Izetbegovic was no more than president of a collective presidency, made up of representatives of Muslims, Serbs, Crots and 'Yugoslavs.' The assumption, however, was that no

---

37) Ibid.
38) Ibid.

far — reaching decisins could be taken without the consent of all three nations. Indeed, this position of consitutional equality had been the cornerstone of their co — existence in Tito's Yugoslavia. Even

In fact, Tudjman kisplayed a steady nerve in tough situations which threatened him domestically. This included putting Paraga briefly in prison. But, as tension mounts in Croatia, he may find it difficult to hold back those in his party who are liss inclined to be patient. Supported, and to some extent armed by Serbia, the Serbs of Croatia are always likely to opt for defiance rather than negotiation. Even if support from Belgrade were not forthcoming, the tense political climate in Croatia; rules out the possibility of a Serbo — Croat agreement which would give the Serbs autonomy and liave Croatia completely independentand territorially intact. Short of a territorial partition, which is politically unacceptable to all Croatian political partied, the potential for instability in Croatia remains enormous, with attendant risks for the UN peacekeeping force. Indeed, the renewed fighting in Croatia during late spring 1992 put a large question — mark over the future of the UN force there.

3. The FRY(Serbia & Montenegro)

In Yugoslavia, Serbia was the republic with the largest territory, the largest population, and the largest ambitions. These ambitions were later modified to reflect a basic national interest: the Serbs, wherever they were in the FY, should continue to live in one state. With the exception of Slovenia, there are significant numbers of Serbs in all the republics. This Serbian deaspora within the lands of the South Slavs has been the dey to Serbia's policy since the last century, a policy which it has pursued relentlessly. The failure of the Yugoslav experiment, both in the interwar period and in its communist reincarnation, came to be seen in many Serbian quarters as a monumentally costly diversion.

Of all the nations in the Balkans, Serbia has perhaps the most developed sense of statehood and nation−building. This is despite the fact that nearly five conturies of Ottoman rule succeeded a glorious medieval past. From the early nineteenth century the Serbs engaged in series of revolts and wars against the Turks,

which re−established Serbian independence by 1878, and extended their territories to the southern borders of present−day Macedonis by 1914. Serbian nationalist secret societies were at least partly responsible for the Sarajevo assassination of Archduke Franz Ferdinand, which led directly to the First World War, and to the creation of Yugoslavia, which finally put all the Serbs within one state. But their satisfaction was increasingly unappreciated by the Slovenes, and especially the Croats. The Serbs saw this as ingratitude for their war sacrifices and for the fact that they had given up their own state to live together in a new one with their fellow South Slavs.

With regard to the post−1945 Yugoslav phase, there is a widespread belief among the Serbs that, far from inposing their will on the rest of Yugoslavia, they were in fact the losers in what amounted to an anti−Serbian conspiracy. An outstanding Serbian grievance was the 1974 constitution, which decentralized power in Yugoslavia, shifting it to the republics and thereby creating embryo states, all in competition with each other.

In retrospect, the constitution ensured the disintegration of Yugoslavia. It also, however, resulted in an immediate disintegration of Serbia. Uniquely among the republics, Serbia was split into three constitutional unit, with the provinces of Vojvodina and Kosovo becoming de facto republics. Moreover, in this new scheme of things, the rump Serbia, now constitutionally undefined, could not interfere in the affairs of its provinces, whereas the latter were entitled to a say in the affairs of Serbia. The Serbian communist leadership, which came to power after the purges of the early 1970s, was too obedient to Tito to stage any resistance to the new constitution. It survived in power beyond Tito's death in 1980, and continued there until 1987, when leadership of the party passed to Slobodan Milosevic. However, the foundations for a new course had already been laid in 1985, when a group of writers and scholars from the prestigious Serbian Academy of Arts and Sciences produced its famous Memorandum, a draft document which catalogued the inferior position of Serbia, and the Serbs, within the FY. The Memorandum deirected its sharpest attacks at the 1974 constitution, which was seen as depriving the Serbs of their state: A worse historic defeat in peacetime cannot be imagined.

An explosion of Serbian nationalist feeling followed Milosevic's rise to power. The new leader had made his reputation as the protector of the Serbian commubity's interests in Kosovo, where the ethnic Albanians matched their overwhelming numbers with an increasingly assertive national policy. In advancing the national cause he skilfully incited and mobilized all sections of public opinion in Serbia. The leaderships in Vojvodina and Montenegro crumbled before the onslaught of mass agitation directed from Belgrade. Kosovo was reintegrated into Serbia. Even some of Milosevic's political opponents in Serbia give him credit for the reassertion of Serbian statehood and pride. Tension has been increasing between the Albanian majority and the Serbian authorities in the province of Kosovo. The Albanians want independence, the Serbs see it as part of their motherland. Can the international community prevent war — and if not, how can the risk be minimised?[39] Recent incidents in Kosovo suggest that the simmering situation there could further escalate into violent conflict. This would result in a humanitarian disaster with dimensions as serious as those seen in B — H and with serious security implications throughout the Balkans. Though it is formally still a federation of Serbia and Montenegro, Kosovo being a province of Serbia, the FRY is not

---

39) Ekavi Athanassopoulou, "Hoping for the best, Planning for the worst: Conflict in Kosovo", in *The World Today*, August/September, 1996, pp.226 – 229.

recognized by the dominant powers, apparently awaiting final resolution of its status, consistent with their interests. At present, Kosovo is ruled by outside powers, formally through the UN. Montenegro has joined transatlantic integrations, Serbia's status remaining uncertain.[40]

Montenegro is regularly hailed as an example for the Balkans by Western officials. In February of 2000, when the Montenegrin Prime Minister visited Washington, US Secretary of State Madeleine Albright reinforced US support for the Government of Montenegro's efforts on democratization and economic reform. At the time, the State Department emphasized that Montenegro is serving as a model and stimulus for change in the region. Robert Gelbard, former US envoy to the Balkans, expressed a similar sentiment when he called Montenegro a guiding light in his testimony to the Senate Foreign Relations Committee.[41]

Given the exalted rhetoric, a close look at the efforts on democratization and economic reform that Montenegro is pursuing would give an indication of the change that the US is stimulating in the Balkans. It would show the direction in which the guiding light is pointing the whole region. During the early years of the disintegration of Yugoslavia, official Montenegro supported unity. It remained federated with Serbia even after other republics had seceded. The vast majority of the population also remained committed to Yugoslavia, so Montenegrin nationalism with secessionist tendencies found scant support.

However, the ferocity of Serbian nationalism produced strong responses elsewhere in the FY, particularly in Slovenia and Croatia, Which put into power their own nationalist leaders. Milosevic made a critical contribution to the break-up of the League of Communists of Yugoslavia, the only instrument which he could have used to exercise power over the whole country. He also alienated international opinion, particularly in the West, and saddled Serbia with a poor image abroad.

---

40) Alex N. Dajkovic, "model for the Balkans", http://www.zmag.org/dajkovic.htm(2003. 8. 17.)
41) Ibid.

Finally, another serious failure was his long resistance to the introduction of democracy. Serbia and Montenegro were the last two republics in Yugoslavia to hold multiparty elections in 1990, and the last in Eastern Europe to do so, save Albania. Had Milosevic led the democratic process in Yugoslavia, the resultant domestic and international prestige would have strengthened the Serbian cause considerably. Instead, he saw the communists in Slovenia and Croatia being ousted from power and prolonged his party's monopoly rule. In retrospect, this was quite unnecessary because when they finally took place, the Serbian elections demonstrated that paralled Serbian nationalism of the rightwing variety was too weak to unsettle Milosevic.

Apart from winning the presidency of the republic, Milosevic also led his Communist Party, renamed the Socialist Party of Serbia, to a stunning electoral victory, which gained it as many as 194 seats in the 250 — seat National Assembly. The main opposition party, although soundly beaten, emerged in the shape of the thoroughly nationalist Serbian Renewal Movement. A plethora of smaller and extreme nationalist parties completed the picture of the Serbian political right wing. The resurrected Democratic Party, supported by the liberal intelligentsia, deliberately played down the nationalist card and received correspondingly weak support. True, the massive March 1991 demonstrations in Belgrade administered a painful shock to the Milosevic regime, forcing it to relax somewhat its grip on the media. But throughout 1991 and early 1992, the opposition parties presented a rather sorry spectacle of themselves, being loud but incoherent, power — hungry but lacking credibility as a political alternative and, as the war progressed in Croatia, strangely ambiguous in their attitudes to the War Itself and the national interest as such. The latter was particularly true of the Serbian Renewal Movement, which set out as an ultra — nationalist party, only to emerge as a critic of the war. Not surprisingly, the extreme nationalist Radical Party led by Vojislav Seselj, developed into a valuable ally of Milosevic, drawing popular support away from less convincing nationalists in the opposition. If Milosevic treated the opposition with contempt, some of it was perhaps deserved.

제3절 Kosovo Ethnic conflicts

The government's harsh suppression of ethnic Albanians in Kosovo in 1989 was the final straw that led the other republics to abandon the FY. The fighting — brief in Slovenia, but vicious in Croatia and B & H — dragged on for four years, finally grinding to a halt in October 1995 with the signing of a peace agreement in Dayton, Ohio. Serbia's campaign to cleanse Kosovo of rebellious ethnic Albanians did not stop, however, and it took the intervention of NATO forces to bring peace to the province.[42]

The second goal will be difficult. Of the four republics that seceded, only Macedonia was allowed to go quietly. The bitter wars for independence were followed by fighting in Serbia's Kosovo province and a NATO bombing campaign aimed at ending Serbian attacks on Kosovar Albanians.[43]

Today, the country is a less violent place, but that doesn't mean that we recommend a visit there. The economy was crippled by the sanctions enforced during wartime by the U.N. The political situation remains volatile, with the U.N. administering Kosovo and former President Slobodan Milosevic on trial for war crimes. In short, the country is not really in a position to welcome visitors just yet. Anyone wanting to visit the region should stick to Slovenia or Croatia. When Serbia and Montenegro are ready, travelers will find that the country offers a variety of scenery, from the low mountains and highlands of Serbia to the

---

42) http://travel.yahoo.com/p(2003. 8. 25.)
43) Ibid.

mountainous coastal republic of Montenegro. A range of architectural styles, including Romanesque, Gothic, Renaissance and baroque, dot the landscape. Ruins, fortresses, Byzantine — style basilicas, churches, amphitheaters and various other monuments all attest to the complexity of the region's.[44]

With mass protests leading to the termination of Slobodan Milosevic's presidency and Yugoslavia on much better terms with the international community, the situation is now rapidly improving. But keep in mind that much of the old guard is still in place and the new administration has a lot of work to do — if you visit, keep up to date on the current political climate and stay out of trouble. Travel to all parts of Kosovo and in the Presovo area of southern Serbia, near the administrative border of Serbia and Kosovo, should be avoided due to landmines and ongoing tensions.[45]

After Hoxha's death in 1985 and the fall of communism in Eastern Europe four years later, Albania moved slowly toward multiparty elections. But conditions have disintegrated since. In 1997, following the collapse of a pyramid scheme in which thousands of Albanians lost their life savings, the Albanian police force and army disintegrated during civil strife. Citizens helped themselves to guns and mortars from arms depots, and organized gangs now rule much of the countryside. To make matters worse, the country has been inundated with refugees from Kosovo and Macedonia, a pair of troubled neighbors with thousands of ethnic Albanians among their populations.

As past history of the Balkans is very complicated and combined with political, economical, social aspect, Ethnicity of the Balkans can't resolve only through ideology and simple history of communist regime.

Besides there are much of difference in tradition, culture, religion, race, ethnic, language, territory, population of Kosovo in Serbia. It is apparent to all

---

44) Ibid.

45) *Lonely Planet,* http://www.lonelyplanet.com/destinations/europe/yugoslavia/2003. 8. 17.

knowledgeable observers that the awesome specter of ethnic cleansing has become a reality in Kosovo According to unofficial estimates. 20 percent of the Albanian population of kosovo has been driven into exile since the takeover in 1990, well over 300,000 people, young men for the most part, who are the most productive members of that society. Left behind for the moment are the women, children and old people, whose fate, if the insanity in Belgrade continues, may soon resemble that of their counter−parts in B−H.[46]

While the West is preoccupied elsewhere, Serbia has a free hand in Kosovo.[47] The idea of dividing Kosovo will not immediately gain favour among either the Serbs or the Albanians; yet it should be floated as a long−term solution to which both sides may agree. Military intervention might halt hostilities, but it could not provide a lasting solution unless the aim was to support the Albanians' wish for independence.

Stability in the area depends on preventing a violent explosion in Kosovo and minimising the risks of a spill−over if prevention fails. international diplomacy should seek to promote cooperation between Albania, FYROM, Bulgaria and Greece and mediate bilateral discussions on issues of controversy and tension, especially minority rights.

Diplomatic activity should be supplemented with a policy to neutralise potential sources of crisis in neighbouring countries, as a result of violent conflict in Kosovo. the greatest danger of such a spill−over comes from a possible uprising of Albanians in FYROM.[48]

Human rights violations include random acts of violence by Serbian authorities, routine harassment and intimidation of the local population, and arbitrary arrests.

46) Robert Elsie, "Albanian peril in Kosovo", in *Nieman Reports*, Vol.50, No.2(Summer, 1996), p.80.

47) Laura bruni, "Human Rights Watch/Helsinki: Under Siege", in *Index on Censorship 4/5 1994*, p.223.

48) Ekavi Athanassopoulou, "Hoping for the best, Planning for the worst: Conflict in Kosovo", in *The World Today*, August/September, 1996, p.229.

there is evidence of police brutality, arbitrary searches, seizures, detentions, forced evictions, torture, and ill−treatment of detainees.[49] ① The administration of justice is discriminatory, ② local self government and civil society institutions have been suspended, ③ Ethnic Albanian civil servants from the police and judiciary have been dismissed, ④ There is discrimination against Albanian pupils and teachers, ⑤ Albanian language elementary and secondary schools have been closed as have Albanian cultural and scientific institutions, ⑥ Ethnic Albanian doctors and medical professionals have been dismissed from clinics and hospitals, ⑦ Political party and civic leaders are imprisoned, ⑧ Journalists have been arrested, and the Albanian language media shut down, ⑨ Use of the Albanian language in public administration has been banned.[50]

Milosevic claims that there is a distorted picture of the situation in Kosovo. To calm concerns he explains that the Serbs' problems with the Kosovars are created by a separatistic movement of extremists whose main aim is the disintegration of Serbia and merging that part of the country with Albania. Milosevic further stated that Kosovo is our internal issue; it cannot be internationalized.[51] But the Kosovo question will be solved through the kind and patient integration of Albanian Kosovars into political life. Pristina itself seems normal. The shop windows, which were never as empty as they were in Belgrade, have filled up since sanctions on Serbia were lifted. Restaurants, both Alblanian and Serbian, are full.[52] Normalization of daily life would include the restoration of political, cultural, and educational institutions in Kosovo, Specifically, ethnic Albanians would become responsible for all aspects of civil administration, particularly in areas concerning public security.

---

49) David L. Phillips, "Comprehensive Peace in the Balkans: The Kosovo Question", in *Human Rights Quarterly* 18(1996), p.823.

50) David L. Phillips, "Comprehensive Peace in the Balkans: The Kosovo Question", in *Human Rights Quarterly* 18(1996), pp.823−24.

51) Ibid.

52) Theo Sommer, "A Balkan intifada?" in *World Press Review*, Vol.43, No.5(May 1996), p.17.

Democratic institutions such as the local parliament would be reestablished. Ethnic Albanian judges would be returned to the bench. Ethnic Albanian judges would be returned to the bench. Faculty, teachers, and skilled professionals from the university, secondary schools, and cultural and scientific institutions would go back to their jobs. Albanian language media would be decontrolled; radio and TV Pristina as well as Rjlindja, the independent Albanian language newspaper, would be reopened. Ethnic Albanian doctors and nurses would resume their positions at hospitals, clinics, and administrative positions. Municipal services including operation of electric utilities, sanitation systems, water supply, and traffic flows would be self − managed.[53]

The need for economic renewal will also have to be addressed. Since many private properties have been confiscated and their assets removed, a Compensation Commission should be established. In order to involve ethnic Albanians in local economic development, an Economic Development and Investment Bureau should be created with an ethnic Albanian as its chairperson and Albanians serving on its executive committee. It is widely assumed that democratic states are less likely to abuse the rights of their citizens or to foment conflict among their neighbors. To encourage democratic forces in FY, the development of political parties should be encouraged, civil society should be strengthened, and independent media should be supported. By participating in FRY parliamentary elections, the Kosovars would be seated in the FRY National Assembly where they would represent a significant oppositon block in the parliament. Their vocal oppositon would embolden others while contributing significantly to the overall democratization of the FY.[54]

Particularly in the case of Kosovo, where nine in ten citizens are Albanian, the international community should diffuse in time the so − called 'Kosovo time − bomb.'

A first step could be the implementation of UN Resolution 49/204, voted by

---

53) David L. Phillips, op.cit., p.825.
54) Ibid.

the General Assembly in December 1994, which means, among other things, an end to the violations of human and national rights of the Kosovar Albanians, the restoration of democratic institutions, and bi-lateral talks in the presence of a third party concerning the future status of Kosovo.[55]

Milosevic and his Socialist Party of Serbia(SPS) have stated several times that they are ready to negotiate with Albanian representatives from Kosovo but have been reluctant to accept international mediation. They have consistently talked of some autonomy for the province but have excluded the possibility of resurrecting its 1974 status, believing that substantial autonomy would be the first step towards Kosovo's independence.[56] Since 1990, kosovo, previously an autonomous province in the FY, has been ruled directly from Belgrade, part of Serbia's self-proclaimed Federal Republic of Yugoslavia(FRY).[57] Each country has its specificities; sweeping generalisations should be avoided. Yet, we may find one crude basis for prediction(or postdiction) as to what cleavages would be strongest where by looking at the ethnonational composition of the post-communist states in

CSCE Europe and their successor states. Hâkan Wiberg has ranked them from highest to lowest degree of ethnonational heterogeneity; the brackets give percentages of the second largest group(s).[58]

The Serbs know only too well that Kosovo is becoming a costly liability for their economy and relations with the rest of the world. Kosovo is a gangrenous leg which Serbia finds impossible to amputate, and as a result it has to live with the poison. Getting rid of the Albanians by giving them part of the land may

---

55) D. E. M. Mihas, "Another Balkan Dilemma: Albania and Kosovo", in *Contemporary Review*, July 1996, Vol.269, No.1566, p.13.

56) Ekavi Athanassopoulou, "Hoping for the best, Planning for the worst: Conflict in Kosovo", in *The World Today*, August/September, 1996, p.228.

57) Laura bruni, "Human Rights Watch/Helsinki: Under Siege", in *Index on Censorship 4/5 1994*, p.221.

58) Häkan Wiberg, "Former Yugoslavia: nations above all", PANISP, *In Pursuit of Europe: Transformations of Post-Communist States 1989-1994*(Warsaw: INSTITUTE OF POLITICAL STUDIES POLISH ACADEMY OF SCIENCES, 1995), p.96.

not be an unlikely policy for Belgrade.[59]

At the turn of the decade Yugoslavia was a beach – haven bonanza about to happen, the next big thing, an irresistible magnet for a tide of European flesh longing to laze in the sun. Six years later the tourist market had turned its gaze elsewhere – lying face down on the ground no longer had happy associations for the Yugoslavs. Five years of civil war cost the country most of its coastline, many of its old towns and almost all of its pulling power, but the travellers began to trickle back. Then the next installment of the war began.[60]

The Serbian authorities began their takeover of Kosovo by halting all radio and television broadcasts except programs in Serbian and by shutting down Rilindja, the only Albanian – language daily newspaper in Kosovo. Step two was the exclusion of Albanians from the University of Kosovo in the autumn of 1991. education at the university is presently available only to Serbian students with Serbian teachers and professors. Albanian – language secondary schools and elementary schools are being eliminated in a bid to transform the people of Kosovo into uninformed, malleable peasants.[61]

Until 1989, Kosovo was an autonomous province of Serbia. Then the Serbs moved in after countinuing unrest and protests by Albanians. Even today, Milosevic gets angry when the subject comes up: "The Albanians were desecrating Serbian graves, chopping down our fruit trees. They were raping Serbian men and women and burning down Orthodox churches. But we put an end to that in 1990."[62]

Alarmed by the increasingly repressive policies of the Milosevic government in Kosovo, newly elected Albanian President Berisha sought outside diplomatic help. In June 1992, during a meeting with President Bush in Washington to discuss

59) Ekavi Athanassopoulou, "Hoping for the best, Planning for the worst: Conflict in Kosovo", in *The World Today*, August/September, 1996, p.229.

60) *Lonely Planet*, http://www.lonelyplanet.com/destinations/europe/yugoslavia/2003. 8. 17.

61) Robert Elsie, "Albanian peril in Kosovo", in *Nieman Reports*, Vol.50, No.2(Summer,1996), p.79.

62) Theo Sommer, "A Balkan intifada?" in *World Press Review*, Vol.43, No.5(May 1996), p.16.

the civil War In Bosnia and the prospect of its spreading to other parts of Yugoslavia, he spoke about new threats of Belgrade to the ethnic Albanian population in Kosovo. While Albania certainly wanted to avoid a confrontation with Serbia over its policy toward Kosovo, Berisha told the administration it could not dismiss a fear that Milosevic was planning to apply the ethnic – cleansing policies he had approved in Bosnia, against muslim civilians, to the Albanian population in Kosovo.[63]

At the same time, I call on all Kosovar Albanians and indeed all the other peoples of Kosovo not to allow ethnic hatred or a desire for revenge to capture their hearts. The international community intervened in Kosovo to protect human rights and to give Kosovo a brighter future. I call upon all Kosovar Albanians to live up to these values and to seize this opportunity to help us build here a democratic, multi – ethnic society which will be a model for the region. Peace cannot be built on looking to the past and on revenge. It can only be built on justice, and looking to the future. I have just held a meeting in which NATO and the UN brought together leaders from both the Kosovar Albanian and the Serb communities – together in one room. I urged them to work together for reconciliation. They shook hands. They started a dialogue. It is a sign of hope for the future.[64]

SAMUEL BERGER think that we have to be prepared to provide humanitarian assistance, food, medicine, to the people of Serbia, if that becomes necessary. But the President and most of the other leaders of NATO and the international community have said that we should not spend one penny for rebuilding Serbia as long as Milosevic is at its helm.[65]

---

63) Minto F. Goldman, *Revolution and Change in Central and Eastern Europe*(N.Y: M. E. Sharpe, 1997), pp.77 – 78.

64) "JAVIER SOLANA TOURS PRISTINA", June 24, 1999.
   http://www.pbs.org/newshour/bb/yugoslavia/military_situation.html(2003. 8. 17.)

65) *NEWSMAKER INTERVIEW*, July 26, 1999.National Security Advisor Samuel Berger speaks with Jim

On the very day the Serb parliament voted to end its declaration of war, NATO Secretary − General Javier Solana toured Pristina, the provincial capital of Kosovo. The following is the full text of remarks he made to reporters:

I am delighted to be in Pristina at last and in a free Kosovo where justice can prevail and all refugees return home. I particularly want to congratulate SACEUR, General Jackson, Ambassador de Mello, all KFOR personnel and also staff of International and Non Governmental Organisations. You have achieved so much in less than two weeks since KFOR forces first entered Kosovo on 11 June.

And more troops will arrive shortly, and not just from NATO countries.[66]

Forces from Russia, NATO's other partner nations and others will be integrated into KFOR. Russian and NATO troops work side − by − side in Bosnia. I am sure they will do so again with equal success in Kosovo. Yesterday, I received news from the Russian government that it has approved the agreement on Russian's participation in KFOR. Once the Federation Council in Moscow has agreed to the deployment of Russian forces, I anticipate that they will arrive shortly.[67]

Now KFOR's role is to create the secure conditions for the rebuilding of Kosovo; for the re − establishment of law and order; for the safe return of refugees to their homes; for social and economic reconstruction; and for the full investigation of all war crimes and atrocities. Representatives from the UN, OSCE and NGO's have a crucial responsibility here and NATO will do all it can to support them.[68]

An important milestone in the process of building peace was the signing early on Monday morning by Hashim Thaci, Commander − in − Chief of UCK of an undertaking to demilitarise and to co − operate fully with NATO forces. I

Lehrer about peacekeeping efforts in Yugoslavia and other world conflicts.

66) "JAVIER SOLANA TOURS PRISTINA", June 24, 1999.
   http://www.pbs.org/newshour/bb/yugoslavia/military_situation.html(2003. 8. 17.)

67) Ibid.

68) Ibid.

congratulate Mr Thaci, General Jackson and General Reith in Albania who all played essential roles in this achievement. I met with Mr. Thaci just a few moments ago and he assured me of his commitment to demilitarize the UCK. We will remain vigilant that this undertaking is respected. We will also be ensuring that all other armed groups are demilitarised. The only security force that Kosovo needs today is KFOR.[69]

This journey in Spring 1996 was a humanitarian expedition to aid the Serbian refugees. Their plight is one of great sadness and misery in the light of the world's one-sided perception of the conflict which occurred in Bosna. The perception is that the Serbs are the aggressors and villains, when in fact they were only protecting their lands on which they have lived for generations. One million Serbs have been displaced in this conflict; they are the innocent victims of a war that has destroyed a country.[70]

Understanding the conflict in the former Yugoslavia and the role of foreign powers along with the media requires a deep understanding of the complex regional history and recent events. In 1991 Croatia seceded and persecuted ethnic Serbs. When the ethnic Serbs further seceded, only the Serbs were called "aggressors." Then only the Serbs were isolated by sanctions and embargoes. In Bosnia Islamic fundamentalists pushed for independence. The Bosnian Serbs refused, fearing the Muslim domination which they had endured for 500 years under the Ottoman rule and the genocide of the Serbs supporting the Allies in WWII. The issue which must be addressed here concerns justice and equality of treatment. The Serbs must be allowed the freedom of choice and their rights must also be respected.[71]

---

69) Ibid.

70) Mickey Radakovich, "Balkan Repository Project: Republic of Srpska Today", http://www.balkan-archive.org.yu/politics/2003/8/17.

71) Mickey Radakovich, "Balkan Repository Project: Republic of Srpska Today", http://www.balkan-archive.org.yu/politics/2003/8/17.

More than two hundred thousands civilians have been killed in Bosnia and Croatia since the beginning of the war. Tens of thousands of women were raped, some of them more than a hundred times, while their sons and husbands were beaten and tortured in concentration camps like Omarska and Manjaca. Millions lost their homes due to a process called "ethnic cleansing." [72] Refugees lost their homes and belongings and it is difficult for their relatives and loved ones to locate them now. They also rarely have access to computers with modems. Sometimes they live in abandoned railroad wagons, like in Cakovec, Croatia. Therefore there are various services which would convert your e−mail messages to printed or voice mail, try to find your friends and deliver the message.[73]

From the well−documented stories of a great many cities and towns and villages, dating back to the cleansing of the Krajina of Croats during 1991 and 1992, one can extract a rough standard operation.[74] ① Concentration: Surround the area to be cleansed and after warning the resident Serbs − often they are urged to leave or are at least told to mark their houses with white flags − intimidate the target. ② Decapitation: Execute political leaders and those capable of taking their places: lawyers, judges, public officials, writers, professors. ③ Separation: Divide women, children, and old men from men of "fighting age" − sixteen years to sixty years old. ④ Evacuation: Transport women, children, and old men to the border, expelling them into a neighboring territory or country. ⑤ Liquidation: Execute "fighting age" men, dispose of bodies.[75]

This time it was over the disputed territory of Kosovo(or Kosova). Despite a peace agreement and millions of words traded at negotiation tables from Paris to Belgrade to Pristina, Kosovo wouldn't go away. The politicians and diplomats

---

72) http://balkansnet.org/ethnicl.html/2003. 8. 17.

73) Ibid.

74) Mark Dannerhttp, "Five perfected steps", http://balkansnet.org/ethnicl.html/2003. 8. 17.

75) Ibid.

finally ran out of words and NATO reached for its bomber jackets, claiming the Serbs had violated the ceasefire agreement. Milosevic couldn't be bombed into submission but was eventually ousted after a mass Belgrade demonstration when he refused to concede defeat in the September 2000 election. New president Kostunica is trying to rebuild the republic and is being watched carefully by the international community — meanwhile, UN peacekeepers still patrol Kosovo, which along with the regions of Montenegro and Vojvodina has not given up hopes for independence.[76]

제4절 On-going Reconciliation Process in the Balkans

1. Albania

Albanian communities of the Balkans — let anline of the Albanian Diaspora in Europe or the United States sccm to be more homogeneous than Albania itself which is divided along major tribal, religious, and linguistic lines which still play a significant role among Albanians, as they do among other(European) nations.[77]

First, Albanians are divided into two main groups: the Ghegs, living in the North(where a third of the population lives) and the Tosks, living in the South.[78]

Second, it is widely, albeit perhaps erroneously, believed that some two-thirds of the citizens of Albania are nominally Moslems(belonging to a number of different Islamic sects), whereas one-third are Christians with Orthodox Christians outnumbering Catholics by approximately fifty per cent. However, statistics on

---

76) *Lonely Planet*, http://www.lonelyplanet.com/destinations/europe/yugoslavia/2003.8.17.

77) D. E. M. Mihas, "Another Balkan Dilemma: Albania and Kosovo", *in Contemporary Review*, July 1996, Vol.269, No.1566, pp.12-13.

78) Ibid.

religion seem to have paid little attention to the fact that, because of Ottoman domination, a number of Albanians obtained Islamic names without necessarily losing their Christian faith. Some of them still remain crypto−Christian and have classified themselves as neither Christian nor Moslem. Moreover, due to the relatively recent advent of Islam in Albania, the influence of Christianity on Albanian culture could hardly be questioned and this has been acknowledged even by non−Christian Albanian intellectuals.

Third, the Albanian language has traditionally been divided into two major dialects, Gheg Albanian and Tosk Albania. Furthermore, both are divided into a number of 'sub−dialects.' As far as contemporary Albanian is concerned, the so−called 'unified literary Albanian'−created by the Tosk dominated communist regime of the late Enver Hoxha−is based almost exclusively on Albanian. This has caused some kind of resentment among Ghegs who have tended to identify Tosks with communist repression. The linguistic−cultural−political Tosk−Gheg cleavage has not wanted after the collapse of Albania's communist regime.[79]

In the early 1990s, events in the south Balkan region threatened to destabilize Albania. The most dangerous problems involve the Kosovo province of Serbia, Montenego, Greece, and FYROM. All four areas have Albanian minorities. The Albanian government worries about the well−being and safety of kinsmen living in these countries.[80]

A Serbian military takeover of Kosovo could ignite a Balkan war. If Serbs and Albanians in Kosovo start fighting, the Albanian state and the large Albanian minority in the FYROM might join in. If that happened, Serbia would probably have to invade Macedonia, which some Serbs call "South Serbia." In that event, Greece and Bulgaria would join the fray to take their shares of Macedonian

---

79) Ibid.

80) Minto F. Goldman, *Revolution and Change in Central and Eastern Europe*(N.Y: M. E. Sharpe, 1997), p.77.

territory. Eventually Turkey might come into such a war on behalf of Muslim Albanians threatened by Serbs, Greeks, and Bulgarians.[81] To manage democratic ethno-politics Between and Albania and Serbia, the principle of full freedom of individual choice, the right to self-determination, and the right of peoples to live together peacefully must be protected in the entire Balkan region. That would draw in the country of Albania, the large Albania population here and neighboring countries that have fought over FYROM before.[82]

2. Greece

The attitude of Greece towards the Yugoslav crisis was inevitably determined to a considerable extent by its membership of the EC. However, Greece's position as a Balkan country appeared to outweigh this factor. Physically isolated from the rest of the EC, its only land route to Western Europe was through Yugoslavia; 40% of Greek exports were transported to Europe by trucks through Yugoslavia. The country's telecommunications, electricity supplies and tourist industry were all affected by its northern neighbour. The stability of the federation was thus something in which the Greeks had a substantial stake, and it was with some dismay that they observed the break-up.

3. the Former Yugoslav Republic of Macedonia(FYROM)

Situated on an ancient trade route from Rome to Constantinople, Macedonia bears the mark of many cultures. Over the centuries, Macedonia was ruled by

---

81) Minto F. Goldman, *Revolution and Change in Central and Eastern Europe*(N.Y: M. E. Sharpe, 1997), p.373.
82) *The New York Times*, April 9, 1995.

Greeks, Romans, Byzantines and Ottoman Turks, all of whom erected various monuments, churches and fortifications, as well as leaving behind the stamp of their various traditions and religions. For a time, control of the area changed hands repeatedly as Byzantium, Bulgaria and Serbia struggled to gain and keep it.

Under the Ottomans, who wrested the area from the Serbs in 1389, the larger region called Macedonia encompassed much of today's northern Greece and part of today's Bulgaria. Turkish rule was never comfortable, however, and was marked by a series of rebellions. Independence from the Turks was achieved following the bloody Balkan Wars of 1912－1913. At that time, greater Macedonia was partitioned into three sectors parceled out among Greece, Serbia and Bulgaria. Then, during World War Ⅱ, the area was occupied by Bulgaria, which drove many Macedonians to join forces with partisans led by Yugoslavia's Josip Tito. Before the war had ended, an assembly met and agreed that postwar Macedonia would be established as a republic within the FY.

Today's FYROM became the southernmost province of the FY after the war. When the FY collapsed in 1990, Macedonia declared its independence. The initial separation was peaceful, although conflict in neighboring nations repeatedly threatened to spill over the borders. As well, tensions with Greece arose from a dispute over use of the name "Macedonia", and for a time a Greek trade embargo and economic sanctions against the FY hamstrung Macedonia's efforts to expand and reform its economy. Additionally, ethnic and religious tensions focused around a growing community of ethnic Albanians became a source of unrest that remains unresolved.

It was also a reminder that FYROM remains unstable a year and a half after a power－sharing deal ended a six－month conflict between ethnic Albanian gunmen and security forces.[83] The Lions were created by FYROM's former interior minister, Ljube Boskovski, to fight the Albanians. But after his party, the Internal Macedonian

---

83) Nicholas Wood, "Stability Is Still a Struggle in Macedonia", *The Washington Post*, January 28, 2003; Page A16.

Revolutionary Organization, known by its initials VMRO, was removed from office in the vote, calls to disband the unit soon increased.

VMRO was voted out after accusations of corruption and poor handling of the 2001 conflict. In its place, the center − left Social Democratic Union formed a coalition government with some of the same Albanian rebels who had been fighting the state.[84]

Officials from the Organization for Security and Cooperation in Europe have reported the reemergence of bands of uniformed ethnic Albanians in villages near Tetovo. But Western diplomats have dismissed them as "criminals masquerading as nationalist heroes" and say they pose no real threat to the peace process.

But such reports have provided ammunition for the former prime minister, Ljubco Georgievski, who has withdrawn his support for the Ohrid peace accords that ended the 2001 conflict. He asserts that FYROM's ethnic Albanians are intent on splitting the country apart. "It is certain that the ethnic Albanians will not stop here. It is only a matter of time when they will opt for their next action", Georgievski said in a recent interview with the Macedonian magazine Focus.[85]

The Ottoman Empire took control of Greece in the 15th century and governed until 1821, when the War of Independence began. A monarchy, installed in 1832 under Prince Otto of Bavaria, was abolished and reinstated twice during the 20th century. A military junta took power in 1967, but was booted out in 1974. That year, the nation finally returned to democracy, a concept that was born there two and a half millennia earlier.

The following years brought a period of political stability and economic development. Greece obtained full membership into the European Community in 1981, and

---

84) Nicholas Wood, "Stability Is Still a Struggle in Macedonia", *The Washington Post*, January 28, 2003; Page A16.

85) Nicholas Wood, "Stability Is Still a Struggle in Macedonia", *The Washington Post*, January 28, 2003; Page A16.

replaced the drachmai with the euro in 2002.

Some 250,000 Macedonians live in Greece, and 51 percent of FYROM's territory lies there.……A united Macadonia has long been the dream of Macedonians. It was the goal of our struggle in World War Ⅱ. We want to achieve this unity peacefully, within the unification process in Europe, When borders become insignificant.

⟨table 10-1⟩ Major economic indicator of EU membership negotiated the Balkans and East Europe(2001)

	Area	Population	GDP(PPP basis)		GDP growth rate	price rise rate	unemployment rate	current account	financial account
	1000km²	million	million Euro	one person (Euro)	EU averagecomparison (%)	%	%	%	GDPcomparison (%)	GDPcomparison (%)
Cyprus	9	0.8	14.1	18,500	80	4.0	2.0	4.0	−4.5	−3.0
Malta	0.3	0.4	4.6	11,700	55	−0.8	2.5	6.5	−4.8	−7.0
Hungary	93	10.2	121.3	11,900	51	3.8	9.1	5.7	−2.2	−4.1
Slovakia	49	5.4	59.7	11,100	48	3.3	10.8	19.4	−8.8	−5.6
Slovenia	20	2.0	31.9	16,000	69	3.0	8.6	5.7	−0.4	−2.5
Bulgaria	111	7.9	51.5	6,500	28	4.0	7.4	19.9	−6.0	1.7
Rumania	238	22.4	132.2	5,900	25	5.3	34.5	6.6	−5.9	−3.4
Turkey	775	68.6	356.8	5,200	22	−7.4	57.6	8.5	2.3	−28.7

Sources: European Commission, *Towards the Enlarged Union*, 2002, pp.97-98.

This was not just hot air meant for domestic political consumption. Privately, Macedonian leaders of all political persuasions were talking about the long-term ideal of unification. The proposed unification of Macedonia would encompass territories in Bulgaria as well as Greece. The Greeks and Bulgarians found themselves in agreement on one point: there was no such thing as the Macedonian nation as far as they were concerned. In February 1991 the Greek and Bulgarian premiers announced bluntly that there were no ethnic minorities in their countries. During 1990 Greece and Bulgaria began to develop closer relations(which included the military arena), much to their mutual advantage: Greece was anxious to secure an allied, or at least neutral, Bulgaria in a possible future conflict with Turkey, while Bulgaria required the good offices of Greece on the way to the EC. The cooperation between the two countries accelerated during 1991 and culminated, in November, with the signing of an agreement on military collaboration. By this time, however, their very different views on the Macedonian issue had already proved damaging.

4. Bulgaria

Although Romans, Slavs, Byzantines and the Ottoman Turks have ruled the region, no people has had a greater influence on Bulgaria's history than the Bulgars of central Asia, who conquered the area in the 7th century. Their rule continued to expand until it encompassed Bulgaria and present − day FYROM(Macedonians are still considered Bulgarians by Bulgarian nationalists). Bulgaria's Golden Age ended when Turks defeated the combined forces of the Bulgarians, Serbians and Bosnians at Kosovo in 1389. This defeat is blamed locally for halting the progress of Bulgarian culture − many monasteries were razed during the 500 years of Turkish rule. The fact that Russians helped liberate the country from the Turks helps explain the country's continuing affection for Russia(and animosity toward Turkey). Bulgaria fought on the side of Germany in both World Wars(hoping to regain territory lost during the Balkan Wars), but became a Communist republic in 1944, when the Red Army swept through on its way to Berlin.

The nation was one of the U.S.S.R.'s most reliable satellites during the Cold War years and is still following in Moscow's footsteps in its slow rate of reform. As in other Eastern European countries, the negative side of the transition to a free market − increased prices and higher unemployment − has made life more difficult for most citizens. But there is cause for optimism − or at least nostalgia.

In 2001, Simeon Borisov Saxe－Coburg, the former King of Bulgaria who was forced from his throne after World War Ⅱ, returned to power as prime minister.

The Bulgarian Prime Minister, Dimitur Popov, confessed in October that he and his Greek counterpart, Konstandinos Mitsotakis, had a gentlemen's agreement not to discuss any problems connected with FYROM. Moreover, in September Bulgaria had withdrawn from a Balkan summit sponsored by Athens and meant to bring together Greece, Bulgaria, Serbia and Rumania. The explanation from Sofia was that it could not participate in a meeting which included Milosevic. The Greek press hinted bitterly, and correctly, at the influence of Germany and Italy: Bulgaria hand found new, more powerful allies in th EC. Greece felt isolated, surrounded by 'barbarians' everywhere: Turks, Slavs, Albanians.

The fact that, in 1992, Bulgaria and Turkey were the first to extend diplomatic recognition to Macedonia(and to B & H) brought Greece even closer to Serbia. There was never any love lost between Bulgaria and the FY. The latter, the 'land of the South slavs', did not include Bulgarians, themselves Southern Slavs. This was perhaps just as well, given the troubled history of Serbo－Bulgarian relations. In the fourteenth century the Serbs had dealt a crushing blow to the medieval Bulgarian state. In the modern period their rivalry centered on FYROM. Always coveting this region, Bulgaria failed to obtain it no less than four times: in 1878, with the Russian－sponsored San Stefano 'Greater Bulgaria', a project rejected by the Congress of Berlin; in 1913, when it was lost to Serbia and Greece in the Second Balkan War; in 1915－18, when Bulgaria fought on the wrong side in the First World War; and in 1941－45, when it picked the wrong side again. In the late 1940s Tito entertained grandiose schemes for a Balkan federation which would include Bulgaria, but these collapsed in the wake of the 1948 Soviet Yugoslav schism.

The only direct issue between Bulgaria and Serbia concerned the existence of a small Bulgarian minority in eastern Serbia, situated in several districts along the border with Bulgaria(known to the Bulgarians, perhaps ominously, as the 'western provinces'). The press in Belgrade would occasionally point this out as an object of Bulgaria's territorial craving. However, the real issue was FYROM. Bulgaria became tyhe self−appointed sponsor of Macedonia's statehood, though not, of course, of Macedonian nationhood. Time and again Sofia argued, with some force, that there was no such thing as a Macedonian nation, and that the Macedonians spoke merely a dialect of the Bulgarian language. Here, Bulgaria was mindful of its own, unrecognized Macedonian population in the Pirin region. Frequently, Bulgarian statements and documents on the Yugoslav crisis contained references to the right of self−determination of the 'peoples' in the Yugoslav republics−not nations.

5. Rumania

Ethnic Rumanians, who make up 85% of the population, trace the nation's history to the Roman colony of Dacia. Turkish and European influences are evident(the area was part of the Ottoman Empire until 1877), although the eight regions of the country remain characteristically very different. Perhaps because it's composed of formerly independent parts, people identify with their local regions. There is a strong Hungarian influence in Transylvania(once part of Hungary), which has only been united with Rumania since 1918. And debate continues to this day over the future nationality of the area(Saxon merchants moved in during the 12th century to defend Hungary's eastern borders). In 1916, Rumania joined the side of the Triple Entente in World War Ⅰ, eventually overthrowing communist leader Bela Kun in Hungary. However, the country's government was unstable after the war, and between 1930 and 1940, there were more than 25 different administrations. Following World War Ⅱ, the newly crowned King Mihai attempted to keep a broad−based government but was forced to abdicate in 1947 under pressure from the Communists. Rumania then became a "People's Republic." Nicolae Ceausescu assumed leadership of Rumania's Communist party−and the country−in the mid 1960s. His administration was notorious for cracking down on dissent among the people, who were suffering from shortages of food, fuel and other basic necessities. The country's violent revolution of December 1989, which led to the execution of Ceausescu, left most of the ruling elite intact. Former Communist Ion Iliescu took the reins and, when he lost re−election in 1996, made history by being Rumania's first leader to leave peacefully without being deposed or shot. His successor, Emil Constantinescu, struggled to modernize the country but had only limited success. His attempts at privatization reforms were often harshly opposed, and Iliescu was voted back into power in 2000. Foreign investment has not poured into Rumania as it has elsewhere in the region. Rumanian officials are lobbying for acceptance into the European Union by 2008. The frontier between Rumania and the FY is entirely that between Serbia and Rumania. It has never been a troubled frontier. The settlement after the First World War, which split the Banat plain between Rumania and the Kingdom of Serbs, Croats and Slovenes proved one of the few enduring success stories in the modern history of the Balkans. Some Rumanians were left in Rumania, but the numbers were relatively insignificant and inspired no passions on either side of the border.

Officially, Rumania's attitude to the FY crisis was neutral. Yet economically, politically and ideologically, as well as in their historic allegiance to the Orthodox Church, Rumania and Serbia were natural allies, and this began to show. Rumania refused, for example, to carry out any economic sanctions against Serbia. Rumania and Serbia also shared a potentially difficult neighbour(Bulgaria) and, with their large Hungarian minorities, another one in the shape of a hypersensitive, somewhat tiresome Hungary. Rumania, however, was not going to follow Serbia into international isolation−it had already been there and it had no intention of returning. Thus

Rumania was in the second half of 1991 busy making overtures to the EC and NATO. Economically in desperate straits, it could not afford to be seen blatantly favouring Serbia, the black sheep of the Balkans. Once the EC recognized Slovenia and Croatia, Rumania followed suit.

6. Hungary

The fact that by far the largest Hungarian minority(340,000) was in Vojvodina rather than Croatia(30,000) had much to do with this, for Serbia was now seen as the chief obstacle to the revision of southern frontiers. Seventy years after Trianon, Hungarian－Yugoslav relations exposed much the same picture.

In the first place, Hungary had during the FY crisis consistently favoured, and concretely aided, the secessionist struggle of Slovenia and, particularly, Croatia. It thus appeared that the Hungarians should be spared from being dragged into the 'historic conflict among the Southern Slavs', but they should be allowed to have a say in its settlement. For good measure, Jeszensky added that Hungary wished 'to continue its balanced and careful policies vis－à－vis Yugoslavia.'

In short, Hungary had openly taken sides in the Yugoslav conflict while pretending otherwise. It had legitimate, if somewhat exaggerated, grounds for warry about the minority Hungarian population; it had a mounting refugee problem; and it had every right to dislike Yugoslav jet fighters in its skies. But its policy was destabillizing in that, like Austria, it had encouraged secession and, in addition, promoted claims about and on behalf of the Hungarian minority in Serbia. Most serious of all, this policy had raised the spectre of territorial revision, even if the latter was devoid of any substance. This was bound to ensure that relations between Hungary and Serbia would be poisoned for a ling time.

Much as Hungary would have liked to have done so, as an aspiring member of the EC it had to wait for a breakthrough from the Community before extending diplomatic recognition to Slovenia and Croatia. This would not set a dangerous precedent for the Hungarians in Vojvodina or the Muslims in Sandjak. It would not be based on autonomy or independence for minorities but rather on demographic reality — a substantial population of two million Albanians, numbers not matched by either the Hungarians or the Sandjak Muslims, living in an area adjacent to Albania.[86]

7. Turkey

The Ottomans ultimately created a new empire, taking Constantinople in 1453 and spreading their rule through much of Europe, the Middle East and North Africa.

The Ottoman Empire slowly crumbled over two centuries, finally expiring at the end of World War Ⅰ. Into the void stepped Mustafa Kemal, later known as Ataturk. A hero at the battle of Gallipoli, Ataturk drove out the Greeks and other peoples who had been awarded parts of the old empire after World War Ⅰ. In doing so, he established the country's modern borders and renamed it "Turkey." A secular, democratic government was established, with Ataturk as the first president. Ataturk moved the capital to Ankara. Modern Turkey sits uncomfortably between two worlds. It is more developed, more Western, more secular than most of its neighbors to the East(It has been a member of NATO since 1952). But democracy and secular government have never really taken root as they have in most of Europe. In southeastern Turkey, a disruptive — sometimes violent — Kurdish population has been fighting for autonomy for decades. Their petitions have been ignored and

---

86) Ekavi Athanassopoulou, "Hoping for the best, Planning for the worst: Conflict in Kosovo", in *The World Today*, August/September, 1996, p.228.

often oppressed by the Turkish government. Earthquakes and runaway inflation have also hindered Turkey's progress.

제5절 Relationship and Cooperation through OECD

The second area to cooperate is in OECD where Korea became its 29th member following Czech(26th), Hungary(27th), Poland(28th) in December 1996, and Slovakia(30th) in 2000. Among the countries in East Europe and the Balkans, the front−runner group is composed of Hungary, Czech, Poland, Slovakia, Baltics and Slovenia. The four OECD countries in the former group may share common interest with EU for their advanced level of development in OECD. Thus, Bulgaria may be a valuable base camp to four countries in mounting the peak of the entire market of Western Europe. The middle group including Albania, FYROM, Rumania, and Bulgaria is following the front−runner group.[87] The three OECD countries in the former group may share common interest with Bulgaria for their similar level of development in the Balkans and East Europe. OECD shares 88% of total export and 82% of total import of Hungary in 1995. The U.S. is the leading investor in Hungary with approx USD 7 billion of FDI(Foreign Direct Investment). Other major investing countries are Germany, France, Austria and the Netherlands, followed by Italy, Sweden, Great Britain, Switzerland, Japan, and Canada.[88] Thus, Bulgaria may be a valuable base camp to Hungary, Poland and Czech in mounting the peak of the entire market of Europe.

The first place of cooperation is in the Balkans and FY itself. Countries in this

---

87) EBRD, *Transition Report*, 1996, pp.27−30.
88) The U.S. Department of state, 1999, p.54.

area are vigorously trying to improve their regional relationship. In September 1995, Hungary, Czech, Slovakia, Poland, and Slovenia signed CEFTA. One month before of the treaty, four Visegrad countries(Hungary, Czech, Poland, and Slovakia) agreed to the establishment of a Central Europe Free Trade Zone.[89] Based on their own treaty and agreement, these countries are trying to build a European Common Home, including Austria, Italy, Slovenia, and Croatia, focusing on regional cooperation. Bulgaria, however, is now very careful that the pursuit of becoming EU membership will not threaten the relationship with non EU membership countries among the Balkans and East Europe. In the globalization era, Bulgaria should cooperate with the Balkans for the development and security of the region.

The FRY could qualify for loans and credits from international finacial institutions such as the World Bank, International Monetary Fund, and the European Bank for Reconstruction and Development. Though Milosevic maintains that he will "not trade Kosovo for credits", he does recognize the urgent need for financial assistance to rebuild Serbia's shattered economy, devastated by years of sanctions.[90] It's high time we learned lessons from the dissolution of Yugoslavia. European security and the interests of the North Atlantic Alliance are fundamentally linked to events in the Balkans. Efforts to prevent a crisis in Kosovo are overdue, and engagement by the international community is called for. The expense of prevention is far less than the cost of peacemaking and humanitarian intervention.[91]

Political change in the FY were even more unique. B & H became more multi-polarized and atomaized as the passing of time. Despite of a number of problems for example ethnic conflicts and economic hardship, the FRY has been keeping its peaceful foreign policy after kosovo civil war. We find the reason why the FRY

---

89) Werner Weidenfeld(ed.), *Central and Eastern Europe on the Way into the European Union*(Gutersloh: bertelsman Foundation Publishers, 1996), p.16.

90) David L. Phillips, "Comprehensive Peace in the Balkans: The Kosovo Question", in *Human Rights Quarterly* 18(1996), p.831.

91) Ibid, p.832.

acts peacefully towards foreign countries particularly in the understanding of political elites in the FRY.

I would examine what ideational dimensions of the political leadership most influence the peaceful foreign policy. Their realistic attitude toward foreign policy goals, balanced national identity and multidimensional foreign strategy will make Russian foreign policy peaceful and stable for the time being. I explore changing features of the Balkans relations in the FY during the period after Kosovo civil war focusing on political change and ethnicity. Despite the growing economic stability at the Slovenia, regional disparities in living conditions, foreign and domestic economic activities have also grown wide. the demarcation between north and south regions in terms of income level has become more obvious. An increasingly larger percentage of capital investment has been allocated to a smaller number of regions such as Montenegro, FYROM and Albania. Despite growing accessibility to foreign markets after Kosovo civil war. Foreign economic activities become main sources capital investment and consumer goods, which are vital to regional economy. In this context, future disputes between north and south of the FY could focus on the right to revenues from foreign trade and foreign capital investment. Contrary to several weak countries where it is believed that the only strategy in the period of the globalization is jumping on the environmental bandwagon, some Balkan countries are actively seeking their own strategy of surviving through independent integration. I analyzes the foreign policies of independent integration of The Balkans by looking at them comparatively after Kosovo civil war and that of Poland, Czech, Hungary integration by the NATO through the concepts membership of NATO or EU, which had been the main patterns in the history of the movements of the Balkans. As an alternative perspective, I also examines the reasons for which have been expanding the independent integration in some Balkan countries such as Greece, Slovenia, Bulgaria, Rumania.

The frequent experience of the movements of the Balkans integration in their history. the resistance against the strategy of the unilateral inegration headed by Serbia after 1989. the escalation of the point of view of the anti−Slavism and anti−Islam inside the social force in these nation and, consequently, the generation of the political leaders and regimes who have ethnicity conflicts.

The B & H war and Kosovo war aggravated the confrontation of the Ethnicity conflict. It established the structure of the impossible peace. Due to this structure, many incidents, terrors, and conflicts after 1989,no matter how trivial or serious, tended to escalate confrontation between Serbia and Islam. Bosnia war and Kosovo war had contributed to the construction of Western European countries peace which prevented Etnicity conflicts into a World war. The impact of B & H war and Kosovo war on the European peace system can be found not only in the structure of the Balkans but also East Europe.

Socialism can be the most effective ideology to unify the FY having been integrated for a long time by the different race, religion, and languages.

There are similarity and difference between nationalism of Serbia and B & H at the same time. The similarity of republics in the FY is an sentiment of cultural nationalism that the seperated conflicts are what independence should do.

The differences is the methodology of indepence such as civil war and Ethnicity.

In recognizing and overcoming conflicts of etnicity between republics in the FY, Islam and Orthodoxy can also communicate each other by means of peace and economy. We try to find an agreement that the anti−war and ethnicity are a idea of consociational democracy, solving the conflicts which are lack points for each of them ; one is the complete dependency of Kosovo, and the other is democratization of Serbia.

The FY's reconciliation and cooperaton toward the Balkan area after kosovo civil War Ⅰs now under peaceful and constructive. Even though Serbia's strong policy has been considered as integration policy toward the republics, historical foundations of the policy is rather weak. It argues that NATO and EU's policy

has pursued relational engagement with ad hoc, and discontinuous basis rather
structural or institutional engagement which might transform the FY political,
economic, and social foundations. EU and NATO keep pursuing engagement
policy with firmer theoretical grounds that will lead to structural engagement with
co − engagers such as the United States and Western European Countries.

U.S. strategy towards the 1992 − 99 ethnicity crisis in the Balkans from the
perspective of coercive diplomacy which is often referred to as the engagement
approach. The Clinton administration employed coercive diplomacy − a combination
of diplomatic/military measures to stop Serbia's slavism. the diplomacy came from
the threats used by U.S. to impose economic sanctions if Serbia did not stop their
civil war program and a promise of security guarantee and economic assistance if
they did. U.S. coercive diplomacy played a significant role in U.S. interactions
with the FY and resolution of the Balkan crisis which could lead to unwanted
war. In response to current the Balkans's highly ethnicity conflicts, the bush
administration has faced a similar dilemma which is to stop ethnicity and at the
same time avoid civil war on the Balkan peninsula. The Bush administration will
employ coercive diplomacy combining diplomatic measures and sanctions or
military measures to persuade Serbia. Despite EU and NATO's engagement policy
toward the FY, the current relations between the Balkans are not moving quickly
forward to an amicable conciliation. U.S's engagement policy is facing pax
americana for its conditional support of Serbia because Serbia still remains a threat
to the Kosovo and B & H's security.

The main point of EU and NATO concerning international cooperation is a
matter of absolute gains and relative gains. U.S. suggests that a state's preference
is to strive for absolute gains, and that international cooperation can be achieved
easily whenever each countris receive those benefits. It is difficult for the conflicting
several countries to cooperate in order to get mutual benefits. This assumes that
the first priority to consider in the area of international conciliations are the

possibility of their expected threat to each other's security. Serbia has been investigating the intentions of EU and NATO's engagement policy as a likely peaceful angel. Serbia will step foward to cooperate with B & H and Kosovo as long as it can ensure the security of the Balkan countries. Kosovo and B & H also can not resolve its controversial dispute over EU and NATO's engagement policy unless it confirms its security from Serbia's threat of invasion, for the support to the Balkans could result in the greater chance of civilization conflicts of the FY.

Serbia often did not reciprocate the Balkans's conciliatory moves because of ethnic and motivational biases. Kosovo and B & H also has experienced difficulty in reciprocating due to ethnicity. NATO and EU concludes that there exised a limited level of reciprocity between Kosovo and Serbia, and further suggests the ways to facilitate reciprocity between the Balkans. Kosovo ethnicity have broken out in two ethnics(Albania, Serbs) of the FRY because of hegemonic struggle, secessionism, minority group, religious conflicts between two ethnics. Democratic and consensual ideas such as non-violence, equal sovereignity, National referendum, multi-party system, consociationalism, coalition government, Free election have application to solve ethnic conflicts between Albanian and Serbs in Kosovo. Increasing role of middle class have to make good use of controling pseudo-nationalism such as genocides assimilationism, in creasing crime, ethno'nationalism, racist manifestatious, racial discrimination.

Pure nationalists have to keep strict watch what the Serbian authorities have resorted to anti-democratic idea in Kosovo such as the suppression of opposition party, the denial of individual human rights, pressure on discussion, etc.

The creation of a democratic political culture that favor tolerance, compromise, mediation, bargainning, concession, humanitarianism are required to prevent Conflics of Kosovo from causing global insecurity absolutely.

제6절 Conclusion

Briefly speaking, there are many differences & similarity between the FY. In the political arena, not only does the FY have ideologically diverse political parties but also their leaders are from relatively ethnicism. Geographically, the FY are located at south of Europe. But some of the Balkans become members of EU and NATO in the 2004, and they are placed on near position of national competitiveness and technology power by Swiss International Institute for Management Development(IMD). Politically, according to the Freedom House index they are listed on the same level of democratic development. Considering these differences and similarities between the Balkans, they may find some important points which can help advance in the relationship. With the Balkans's capitalist experiences and technical background and the Balkans's needs for capitalization procedure West European countries and the Balkans may produce positive development of the relationship. As this paper reviewed and discussed, there are several future visions and prospects between the FY. Politically, the FY can share lessons of democratization(Civil Society, Competitive Political Party System, Fair Election, Cabinet share between minority, Autonomy Area) through consociational democracy and cooperate with each other for the FY's ethnicity, world peace, NATO membership for the Balkans, and UN affairs. Ethnicity of the FY is that conflict of a single state is just the same problem as international conflict simultaneously. Therefore it is Global Democratization that democratic resolving methods in a single state apply to solve problems in inter-states and inter-ethnics generally. B & H ethnic wars have broken out in three ethnics(Croats, Serbs, the Muslims) of the FY because of hegemonic struggle, secessionism, minority group, religious conflicts between three ethnics. Especially leaders of each ethnic have to make the most of creative, plurlistic, and democratic means to increase identification of all ethnic groups. Democratic and consensual ideas such as non−violence, equal sovereignity, National referendum, multi−partysystem, consociationalism, coalition government, Free election, Increasing role of middle class have to make good use of controling pseudo−nationalism such as genocides, assimilationism, increasingcrime, xenophobia, chauvinism, ethno'nationalism, racist manifestatious, racial discrimination. Pure nationalists have to keep strict watch what the Serbian authorities have resorted to anti−democratic idea such as the suppression of opposition party, the denial of individual human rights, pressure on discussion, etc.

The creation of a democratic political culture (norms, values, institution, law) that favor tolerance, compromise, mediation, bargainning, concession, humanitarianism are required to prevent civil war of B−H from causing global insecurity absolutely.

Economically, the FY and Western European countries share many common interests areas. Marketing Capitalism, Marketization and capitalization in the Balkans, new and old EU membership countries will possibly increase chances of collaboration between the FY. Cooperation in the EU and NATO, building a new economic relationship in the post Civil War, and cooperation with the Balkans are other important matters of mutual concern. Furthermore, the FY does not finish restructuring the technical and financial limitation of economy, as we see problems of inflation and restructuring process of privatization. But it will improve in near future, because the new government has renovated the FY's outdated economic structure and made some positive achievements with increasing international trust. Although the FY and Western European countries's relationship has been stagnated and even shrunk since membership problems of EU and NATO, the FY governments have emphasized real cooperative relationship about economy, trade, and cultural exchange. Recently the FY have seen historical landmarks.

Democratization and Capitalism have been contribute to relaxing ethnicity tension and economic development in the Balkans. the FY still have been increasing domestic political tension surrounding democratization and privatization. Membership of EU will continue to produce positive effects on the relationship between the Balkans and Western European countries. Problems of the FY should be solved through this peaceful democratic process. Facing a New World order with EU and NATO, the FY has to get international support from various areas in the world to enhance her international standing. Recently not only political but also economic significance of the Balkans has been risen. In this sense, Bulgaria and Rumania are one of NATO's important partners in the Balkans. Bulgaria and Rumania can cooperate with EU and NATO for democratization and marketization in the Balkans as well as relationship between Western european countries.

The FY also have gone through some changes. These changes will affect the future relationship between Western European countries and the Balkans. I hope that membership of EU and NATO will be held between the FY in the foreseeable future for more diplomatic relationship and economic cooperation. For the future, the FY should learn more of the history, language, religion and cultural tradition of the FY to improve their relationship. The land marking Summit between NATO and the Balkans will continue to produce positive effects on the relationship between NATO and the Balkans. Problems of the Balkan peninsula should be solved through this peaceful democratic process. The summit meeting of NATO and the Balkans to which the world paid attention would be one example. Facing joining in EU & NATO, and a New World order, the FY has to get international support from various areas in the world to enhance her international standing.

Some of the Balkans can cooperate with EU for democratization and marketization in Russia and the Balkans as well as relationship between the Balkans and Russia. EU & NATO has supported the Balkans's globalization and the Balkans's policy about it at UN and elsewhere. Furthermore, regarding the FY as present and future partner in the international society, the FY should make short and long term strategies from personal to cultural interchange as well as strengthen the trust in the political and diplomatic relationship with Western European countries.

All of these things would be good for the FY's national strength and peace of the Balkans in the new millennium.

As past history of the FY is very complicated and combined with political, economical, social aspect, Ethnicity of the FY can't resolve only through ideology and simple history of communist regime. Besides there are much of difference in tradition, culture, religion, race, ethnic, language, territory, population of the FY. Greate premise of the basic principle in the resolving ethnicity have to start to keep away from war of inter-states and inter-ethnics, and to minimize to make the sacrifice of human beings. To build a consociational democracy and to manage democratic ethno-politics, the principle of full freedom of individual choice, the right to self-determination, and the right of peoples to live together peacefully must be protected in the entire Balkan region.

제11장 Ethnicity of The former Yugoslavia

제1절 Introduction

The main theme of this paper is to discuss 'on－going reconciliation process in South Europe: The Former Yugoslavia(FY)' after civil war. I will first review the historical relationship between the Balkan States(The Balkans) including the FY, focusing on relationship and cooperation with South Europe.

In fact, the FY's formal relationship begins with the collapse of East European communism and NATO expansion policy in the late 90s. We can predict future of the FY through signs of change in the Balkans in the New Millennium as follows; ① the Collapse of Communist block(1989), ② the Unification of East and West Germany, ③ the vigorous capitalization of Central and East Europe, ④ OECD membership of Hungary, Poland, and Czech republic(1996. 3), ⑤ Standing as leading candidate for EU admission(1997. 7), and EU membership of Hungary, Poland, Czech republic, Slovakia, Slovenia, the Baltic States(Lithuania, Latvia, Estonia), Malta, Cyprus(2004), ⑥ NATO membership of Hungary, Poland, and Czech republic(1999. 4), and NATO new－membership of Slovenia, Slovakia, Rumania, Bulgaria, the Baltic States(2004). The FY were able to develop relationships in the Balkans & Western Europe. Actually, the FY have not only experienced economic reform even under the communist rule but also tried systemic change after the collapse of the communist regime. The FY are important to the Balkans & West European Countries for the west european market. The market share of EU in the Balkans import market increased from in 1990s. West European Countries cannot consider that most of the Balkans separated from the other part of Europe anymore with joining NATO & EU.

But Bosnia & Herzegovina(B — H) ethnic wars(1992 — 1995) have broken out in three ethnics(Croats, Serbs, the Muslims) of the FY because of hegemonic struggle, secessionism, minority group, religious conflicts between three ethnics. It will play an important role in various cultural exchanges as well as in the political, diplomatic and economic relationships with the FY. Especially Kosovo civil war occurred between albanians and Serbs at April 1999. The main theme of this paper is to discuss on — going process for peace and reconciliation between the FY in the Balkan Peninsula, relative to the past, present and future. I will first review the broad relationship between the FY, focusing on before and after civil war. Then I am going to discuss the new millennium vision and prospects of peace and Reconciliation between the Balkans including the FY.

제2절 Ethnicity & Reconciliation Processing between the FY

Full country name of Yugoslavia is Federal Republic of Yugoslavia(FRY)(See table — 2). The FRY was a very particular post — communist case in several respects("Yugoslavia" will refer to the old state or its geographical area, FRY to the present federal republic). FRY had a new name: Serbia and Montenegro.[92]

---

92) Hâkan Wiberg, "Former Yugoslavia: nations above all", PANISP, *In Pursuit of Europe: Transformations of Post — Communist States 1989 — 1994*(Warsaw: Institute of Political Studies Polish Academy of Sciences, 1995), p.93.

〈Table 11-1〉 South Europe Countries and the Former Yugoslavia(FY)

Federal Republic of Yugoslavia (FRY)	the Former Yugoslavia (FY)	the Balkan States (the Balkans)	South Europe	Central Europe	Central-East Europe	Eastern Europe
Serbia	Serbia	FRY	FRY	Slovenia	FRY	Hungary
Montenegro	Montenegro	Slovenia	Slovenia	Croatia	Slovenia	Czecho slovakia
	Slovenia	Croatia	Croatia	Hungary	Croatia	Poland
	Croatia	B-H	B-H	Czech Republic	B-H	Bulgaria
	Bosnia & Herzegovina (B-H)	the Former Yugoslav Republic of Macedonia(FYROM)	FYROM	Slovakia	FYROM	Rumania
	Macedonia	Albania	Albania	Poland	Albania	East Germany
		Bulgaria	Greece	Lithuania	Bulgaria	former Yugoslavia
		Rumania	Cyprus	Latvia	Rumania	Albania
		Turkey	Malta	Estonia	Hungary	(U.S.S.R.)
		Greece	Italy	Austria	Czech Republic	
			Spain		Slovakia	
			Portugal		Poland	
					Lituania	
					Latvia	
					Estonia	
					Austria	
					Belarus	
					Moldova	
					Ukraine	
2	6	10	12	10	19	8

Slovenia and Croatia both declared their independence in June1991; this was ratified, first by Germany, then by the EU in January 1992. The recognition of B-H and Macedonia ensued respectively in April 1992 and in April 1993,with the dismemberment of Yugoslavia being brought about through armed conflict.[93] On

---

93) Michel Drouet, "Citizenship and National Identity in Former Yugoslavia", Robert Hudson & Fred Réno(eds.), *Politics of Identity*(London: macmillan Press Ltd., 2000), p.224.

the independence processing, ethnic cleanisng — the expulsion of particular ethnic groups from particular territories occurred in B — H war. Human losses in B — H are estimated at 200,000 civilians and around 60,000 military casualties. The population of B — H, according to the latest official estimates, is down to 3,437,708, or roughly one million less than before the war. Around two and a half million citizens of B — H are displaced, of which 509,714 live in the EU countries, and 750,000 in all of Europe. Unemployment throughout the republic at the end of the war was estimated at 90 per cent.[94] There are many other examples of nation — building in Bosnia that have yet to achieve even the semblance of a sturdy foundation. But perhaps the most worrisome is the division created in the country by the 1995 Dayton Peace Accords, the very agreements meant to reunite and stabilize the country.[95] Under Dayton, a national government was set up to handle foreign, economic, and fiscal policy — it's a tripartite presidency(with Muslim, Eastern Orthodox, and Roman Catholic representatives), a parliament, and a ministry of foreign affairs. Under that umbrella are two internal governing entities: The Bosnia/Croat Federation is mainly Muslim and Catholic Croats who make up 52 percent of the population of B — H. The Serb Republic, with 48 percent of the nation's population, is made up almost entirely of Orthodox Serbs.

〈Table 11-2〉 Informations of Federal Republic of Yugoslavia(FRY)

Items	Contents
Area	102,173 sq km
Population	11.2million
Capital city	Belgrade(population 1.5million)
People	Serb 63%, Albanian 14%, Montenegran 6%, Hungarian, Croatian, Gypsy, Magyar
Language	Serbian (Latin & Cyrillic alphabets)

---

94) Vesna Bojičić and Mary Kaldor, "The Abnormal economy of B—H", Carl—Ulrik Schierup(ed.), Scramble for the Balkans(London: Macmillan press Ltd., 1999), pp.93-94.

95) Sara Terry, "Bosnia no model of nation—building", *The Christian Science Monitor*, July 01/2003.

Items	Contents
Religion	Serbian Orthodox, Islam, Roman Catholicism, Protestantism
Government	Republic(Serbia, Montenegro)
Province	Vojvodina(autonomous province), Kosovo
President	Svetozar Marovic
Prime Minister	Five rotating acting Prime Ministers
GDP	US$25.4billion
GDP per head	US$2300
Annual growth	3.5%
Inflation	48%
Major industries	Machine building, metallurgy, mining, consumer goods, electronics, petroleum products, chemicals, and pharmaceutical.
Major trading partners	B－H, Italy, FYRM, Germany, Russia

(Sources)http://www.lonelyplanet.com/destinations/europe/yugoslavia/2003.8.28.

In the name of democracy, the bonds of clientillism became an effective vehicle for an authoritarian－populist political mobilisation along lines of ethnicity, nation, region and religion. These are the historical conditions that, during the late 1980s and early 1990s, gave rise to militant ethnic nationalism, political fragmentation and ethnic cleansing.[96] In FY reperipherialisation, economic regress, institutional

disintegration and mounting ethno－national conflicts were, as already mentioned, to a high degree, the results of misguided market economic reforms in the 1980s, which left some of their most adverse effects on B－H. The consequences of this inauspicious experience of transition were heavily exacerbated by the destructive effects of ethnic conflicts and civil war among Muslims(Bosnjaks), Serbs and Croats.[97] The man who orchestrated the ethnic－cleansing campaign, former President Slobodan Milosevic, is on trial for the War Crimes Tribunal in the Hague(ICTY: International Criminal Tribunal for the former Yugoslavia).[98] The new government

---

96) Carl－Ulrik Schierup, "The Spectre of Balkanism: Globalisation, Fragmentation and the Enigma of reconstruction in Post－Communist Society", Carl－Ulrik schierup(ed.), *op.cit.*, p.3.
97) *Ibid.*, p.19.

of FRY is working on a power－sharing agreement with Kosovo. And Montenegro has committed to union with Serbia for at least the near future. Albanians from Kosovo, who were both citizens of Yugoslavia and of Serbia, considered themselves to e Albanians, as one of the minority citizenships, without identifying themselves with Serbian citizenship. This nation did not encompass all muslims of Yugoslavia, such as Albanians, who were considered to be citizens of Serbia with Albanian nationality.[99] By 1991, the Kosovars enjoyed a higher standard of life, and a considerably greater awareness of the modern world than their kinfolk in Albania. They also enjoyed a period of relatively unhindered self－government from 1974 until the mid－1980s after Tito's 1974 constitution granted the Albanians de facto autonomy under an Albanian communist administration. The slow break－up of federal communist rule in Yugoslavia after Tito's death, which was accentuated by the overall collapse of communist regimes in Eastern Europe, together with the rise of Milosevic, put paid to these liberties, and from 1987 Kosovo came under increasing Serb repression.[100] In response to the repression, the Kosovar Albanian demand for independence hardened with the continued resistance to what is perceived as a brutal and oppressive colonial regime. The complex of linked problems in Kosovo, Macedonia, Albania clearly has the potential to trigger instability in the Balkans in the way that the Kosovo issue did in the FY.[101]

Human rights violations include random acts of violence by Serbian authorities, routine harassment and intimidation of the local population, and arbitrary arrests. there is evidence of police brutality, arbitrary searches, seizures, detentions, forced evictions, torture, and ill－treatment of detainees.[102]

---

98) http://www.un.org/icty/glance(2003. 8. 29.)

99) Michel Drouet, *op.cit.*, pp.225－226.

100) Hugh Miall, "Albanians in the post－communist transition", Karl Cordell(ed.), Ethnicity and democratisation in the New Europe(London: Routledge Co., 1999), p.135.

101) *Ibid.*, pp.131－131.

102) David L. Phillips, "Comprehensive Peace in the Balkans: The Kosovo Question", in *Human Rights Quarterly* 18(1996), p.823.

On the other hand, Ethnic Cleansing in B-H War Is a process in which advancing army of one ethnic group expels civilians of other ethnic groups from towns and villages it conquers in order to create ethnically pure enclaves for members of their ethnic group. Serbian military commander in Bosnia, a war criminal sought by the War Crimes Tribunal in the Hague(ICTY), Ratko Mladic, sometimes issued specific orders to his subordinates to shell a particular village more than others, because there is less Serbs and more Muslims living there.[103] Often, refugees of one ethnic group previously cleansed from their homes by other ethnic group are made to live in freshly cleansed territory of that other ethnic group. The vengeance they feel explains some of unusual cruelties this war brought to us. Without possibility to get feedback on their actions from the world outside, their perpetuated hatred serves their leaders purposes by providing reasons for continuation of the war.

Though Milosević maintains that he will "not trade Kosovo for credits", he does recognize the urgent need for financial assistance to rebuild Serbia's shattered economy, devastated by years of sanctions.[104] It's high time we learned lessons from the dissolution of Yugoslavia. European security and the interests of the North Atlantic Alliance are fundamentally linked to events in the Balkans. Efforts to prevent a crisis in Kosovo are overdue, and engagement by the international community is called for. The expense of prevention is far less than the cost of peacemaking and humanitarian intervention.[105]

Actually political change in the FY were even more unique. B & H became more multi-polarized and atomaized as the passing of time(See Table-3). Despite of a number of problems for example ethnic conflicts and economic hardship, the FRY has been keeping its peaceful foreign policy after Kosovo civil war. We find

---

103) http://balkansnet.org/ethnicl.html/2003. 8. 17.

104) David L. Phillips, *op.cit*, p.831.

105) *Ibid.*, p.832.

the reason why the FRY acts peacefully towards foreign countries particularly in the understanding of political elites in the FRY.

I explored changing features of relations in the Balkans during the period after Kosovo civil war focusing on political change and ethnicity. Despite the growing economic stability at the Slovenia, regional disparities in living conditions, foreign and domestic economic activities have also grown wide. The demarcation between north and south regions in terms of income level has become more obvious. An increasingly larger percentage of capital investment has been allocated to a smaller number of regions such as Montenegro, FYROM and Albania. Despite growing accessibility to foreign markets after Kosovo civil war, foreign economic activities become main sources capital investment and consumer goods, which are vital to regional economy. In this context, future disputes between north and south of the FY could focus on the right to revenues from foreign trade and foreign capital investment.

〈Table 11-3〉 Ethnonational heterogeneity in the Balkans

Name of State	Ethnonational heterogeneity
FY(I,DD,W)*	36(Serb,20 Croats)
B & H(I,D,W)*	40(Muslims, 32 Serbs)
FYROM(I)*	67(Macedonians, 22 Albanians)
FRY(I)*	67(Serb/Montenegrins, 16 Albanians)
Croatia(I,D,W)*	75(Croats, 12 Serbs)
Bulgaria	80-85(Bulgarians, 13 Turks)
Rumania	85-90(Rumanians,8-10Hungarians)
Albania	above90(Albanians, then Greeks)

* DD: means that a state is dissolved, D: that it is divided, I: that at least one national group in it has called for some kind of sovereignty, W: a war with at least several hundred people killed inside the state since 1990 or after its later independence(some "I" may be missing for lack of information)
(Sources)Håkan Wiberg, "Former Yugoslavia: nations above all", PANISP, *In Pursuit of Europe: Transformations of Post-Communist States 1989-1994*(Warsaw: Institute of Political Studies Polish Academy of Sciences,1995), p.96.

Contrary to several weak countries where it is believed that the only strategy in the period of the globalization is jumping on the environmental bandwagon, some

Balkan countries are actively seeking their own strategy of surviving through independent integration. The frequent experience of the movements of the Balkans integration in their history was the resistance against the strategy of the unilateral integration headed by Serbia after 1989. The B & H war and Kosovo war aggravated the confrontation of the Ethnicity conflict. It established the structure of the impossible peace. Due to this structure, many incidents, terrors, and conflicts after 1989, no matter how trivial or serious, tended to escalate confrontation between Serbia and Islam. Bosnia war and Kosovo war had contributed to the construction of Western European countries peace which prevented Ethnicity conflicts into a World war. The impact of B & H war and Kosovo war on the European peace system can be found not only in the structure of the Balkans but also South Europe. Based on the case of the FRY, the elements that appear to be particularly salient to the analysis of ethnopolitical conflict are mass media, political office – holders, and the political rhetoric of demagogic and charismatic leadership. An understanding of inter – ethnic conflict within multi – ethnic states and, in the case of the FY, in the context of the ultimate demise of multi – ethnic communist states, is in complete without consideration of the character of ethnic or national identities.[106]

Based on the study of the FY, this study offers a case study of a country where democratisation, economic crisis and the declines of communist power brought about ethnopolitical conflict and the subsequent violent dissolution of the country. By clarifying the meaning of the burdened concept of ethnicity and distinguishing between the ethnic and political aspects of ethnic conflict, advanced prevention of conflict becomes more feasible.[107] Socialism can be the most effective ideology to unify the FY having been integrated for a long time by the different race, religion,

---

106) Agneza Bozic, "democratisation and ethnopolitics in Yugoslavia", Karl Cordell(ed.), Ethnicity and Democratisation in the New Europe(London: Routledge Co., 1999), p.123.
107) Ibid., p.128.

and languages. But there are similarity and difference between nationalism of Serbia and B & H at the same time. The similarity of republics in the FY is an sentiment of cultural nationalism that the seperated conflicts are what independence should do.

As past history of the FY is very complicated and combined with political, economical, social aspect, ethnicity of the FY can't resolve only through ideology and simple history of communist regime. Besides there are much of difference in tradition, culture, religion, race, ethnic, language, territory, population of the FY.

The differences is the methodology of independence such as civil war and Ethnicity. In recognizing and overcoming conflicts of ethnicity between republics in the FY, Islam and Orthodoxy can also communicate each other by means of peace and economy. We try to find an agreement that the anti－war and ethnicity are a idea of consociational democracy, solving the conflicts which are lack points for each of them ; one is the complete dependency or autonomous province of Kosovo, and the other is democratization of Serbia.

제3절 On－going Reconciliation Process in the FY with NATO & EU

What is the position and role of countries such as the FRY, croatia or B－H? Is the last an independent country or a mandated territory of the EU/NATO, and how much is Milosević government really an independent international actor? All three of them are clearly dependent on the wills and whims of the international community and, as we have seen in Dayton and later in Paris, they behaved, at least in this phase of the conflict resolution process, like classical client－states.[108]

108) Ivan Iveković, "Modern Authoritarian Ethnocracy: Balkanisation and the political Economy of

It may have taken NATO four years to decide to act in B & H, but now, if conflict erupted in Kosovo, there is a successful precedent. The defeat of Serbian forces in Krajina and in B & H, which destroyed the myth of Serb invincibility, may encourage the thought that an uprising — given enough smuggled light weapons — could survive a Serbian offensive long enough to ignite external support.[109]

⟨Table 11-4⟩ Membership of Central-East Europe Countries in International Organization

state	UN	EU		NATO	OECD	CEFTA	Visegrad Countries
		leadingcandidate for EU admission	membership				
Hungary	1955	98.3	2004. 5.1	1999. 3.21	1996.3 (27th)	95.9	95.8
Poland	1945	98.3	2004. 5.1	1999. 3.21	1996.4 (28th)	95.9	95.8
Czech Republic	1993	98.3	2004. 5.1	1999. 3.21	1995.11 (26th)	95.9	95.8
Slovakia	1993	99.10	2004. 5.1	2004	2000.3 (30th)	95.9	95.8
Romaina	1955	99.10	—	2004	—	—	—
Bulgaria	1955	99.10	—	2004	—	99.1.1	—
Slovenia	1992	98.3	2004. 5.1	2004	—	95.9	—
Lithuania	1990	98.3	2004. 5.1	2002	—	—	—
Latvia	1991	98.3	2004. 5.1	2002	—	—	—
Estonia	1991	98.3	2004. 5.1	2002. 11	—	—	—

The international community has made it absolutely clear that it will not encourage the independence of Kosovo. The Dayton peace negotiations did not even address the Kosovo question, despite the diplomatic efforts of Ibrahim Rugova. This indicates

International Relations", in Carl-Ulrik Schierup(ed.), *Scramble for the Balkans*(London: Macmillan press LTD, 1999), p.71.

109) Ekavi Athanassopoulou, "Hoping for the best, Planning for the worst: Conflict in Kosovo", in *The World Today*, August/September, 1996, p.227.

that the United States and the EU intend to treat it as an issue of human rights, and therefore an internal Serbian problem which can be solved through dialouge between the two parties. The international community cannot have a realistic policy on Kosovo without facing up to the question of what position it would take in the event of a conflict. Recent experience in Bosnia tells us that the conflict may not be stopped simply by international diplomacy or economic sanctions against Serbia.[110]

Since their ultimate goals are mutually exclusive, there has to be a powerful reason for the Serbs and Albanians to enter into meaningful negotiations. Are the NATO or the EU able to present such arguments? The answer is no, unless the EU were ready to start negotiations about EU membership of the FY — an unlikely event. Short of this, Washington and Brussels could exert pressure on Belgrade through a carrot — and — stick policy revolving mainly around financial aid and sanctions.

Operations on the ground have already been a tremendous success. NATO's member countries have responded to the challenge to bring peace and stability to Kosovo by deploying already 30,000 troops in a fully integrated and effective peacekeeping force. This reflects NATO's shared determination to uphold the values which their Alliance has successfully defended for 50 years; democracy, individual liberty and the rule of law.[111] A comprehensive policy should also consider ways of promoting security and free market development. Stability in the region would be served by extending the mandate for UNPREDEP in FYROM and strengthening NATO security arrangements, such as the Partnership for Peace(PfP), with countries like Albania. Joint military exercises with NATO and PfP would also enhance regional security.[112] Bush and Putin discussed about new

---

110) *Ibid.*, p.229.

111) http://www.pbs.org/newshour/bb/yugoslavia/military_situation.html(2003. 8. 17.)
  "Javier Solana Tours Pristina", June 24, 1999.

112) David L. Phillips, *op.cit.*, p.832.

NATO membership of seven countries of Central－East European countries in summit conference.113) President Bush officially asked the Senate on April 11th, 2003 to ratify NATO's expansion to include seven more Eastern European nations. White House spokesman Ari Fleischer said that the president is very pleased that the Senate will now be able to vote on expanding NATO to Bulgaria, Estonia, Latvia, Lithuania, Rumania, Slovakia and Slovenia.114) The FY must learn lessons of cooperation between NATO and these states for the Balkan's ethnicity and world peace.

The EU executive committee suggests having negotiation tables for EU membership with Malta,Latvia,Lithuania,Slovakia Rumania, Bulgaria from early October 1999.The EU's decision to invite six more countries to start negotiations at its December 1999 summit will stretch its institutional capacity and divert resources away from the front－runners.115) These states have wanted to solve economic problems and make a road to economic prosperity. In this case EU executive committee pointed out wants of institutional reforms in Bulgaria and Rumania, and EU executive committee emphasised strong supports for EU membership of two countries in 2007.116)

EU board of directors decided that conditions of EU membership were institutional mechanism such as democracy, constitutionalism, human rights, solving ethnicity and economic system of marketing capitalism in Central－East European countries & the Balkans on June 1993 at Copenhagen.117)

---

113) *The NewYork Times*, Nov.22－23, 2002. Baltics countries, Slovenia, Slovakia, Rumania, Bulgaria.

114) *AP: White House*(Internet 2003. 4. 15), http://www.nato.int/(2003. 4). President Bush sent documents to the Senate on April 11, 2003 for the U.S. ratification of NATO' s expansion to include seven Eastern European nations.

115) *EIU Country Report: Hungary*, May 2000, p.8, Ivan Krastev, "The Balkans: Democracy without choies",in *Journal of Democracy*, vol.13, No.3(July 2002), pp.39－53.

116) Lee chul won, "A Study on prospects and promotion of EU membership in CEECs", *KIEP* 2002(cwlee@kiep.go.kr).

117) *Washington Post*, May 27, 2001.

Especially in the Balkans the EU administration initiated an Investment Support Programme for large public companies in the textille, concrete, construction equipment and soft beverages industries, but the effects have been disappointing.[118]

The FY successor states now face integration into the world economy on terms that are probably worse than those they could have got as part of the FY. Small economies, comparatively large debt burdens, weak exports, a lack of investment or venture capital, declining living standards, high unemployment, often unstable currencies, and declining production characterise all of these states to one extent or another.[119] Unlike Bulgaria and Rumania, Turkey's economic performance is closely related to the duration and impact of the conflict in neighboring Iraq. The Turkish economy is likely to benefit from a marked fall in interest rates, stoking domestic consumption, the report said. Turkey will continue to shake off its worst recession its recent history this year and next.[120]

The Yugoslav successor states(with the exception of Slovenia) and Albania are, for the time being, not on even the official waiting list prepared by the European Commission, which means that these ethnocracies are, for now, excluded.[121] This war was quite the opposite. There was some limited production, but the war economy was totally dependent on outside supplies for food, fuel, spare parts and weapons(despite the arms embargo). Outside support took the form of humanitarian assistance, remittances, support from sympathetic governments(Serb, Croat and islamic) and black market trading.[122]

---

118) Vesna Bojičić and Mary Kaldor, *op.cit.*, p.103.

119) Boris Young, "Nothing from Nothing is Nothing: Privatisation, Price Liberalisation and Poverty in the Yugoslav Successor States", Carl－Ulrik Schierup(ed.), Scramble for the Balkans(London: Macmillan press Ltd., 1999), p.169.

120) Leos Rousek, "EU/Bulgaria, Rumania: Iraq Crisis A Factor For Turkey" in *Dow Jones Business news*(2003. 49).

121) Ivan Iveković, *op.cit.*, p.78.

122) Vesna Bojičić and Mary Kaldor, "The Abnormal economy of B－H", Carl－Ulrik Schierup(ed.), Scramble for the Balkans(London: Macmillan press Ltd., 1999), p.97.

In terms of pragmatic security reasons, the FY's geographical positioning in the midst of the EU geographical space itself, means that the Union has a particular interest in stability in this region. Seen in economic terms, the balkans are, as before, Europe's most important gateway to Asia Minor, essential for the further progress of overall European economic integration.[123]

Based on their own treaty and agreement, these countries are trying to build a European Common Home, including Austria, Italy, Slovenia, and Croatia, focusing on regional cooperation. Slovenia, however, is now very careful that EU membership will not threaten the relationship with non EU membership countries among the Balkans and Eastern Europe. In the globalization era, Slovenia should cooperate with the Balkans for the development and security of the region.

It does make a certain amount of sense in the age of globalisation and the unlikelihood of entry into the EU for any of the FY successor states except perhaps Slovenia. Serbia as the FRY and Croatia have been improving relations recently, if only formally, and the common economic space has been proposed by both the US and the EU.[124]

As an alternative perspective, NATO & EU must also examines the reasons for which have been expanding the integration in some Balkan countries such as Slovenia, FRYOM, Croatia, Bulgaria, Rumania. Serbia has been investigating the intentions of EU and NATO's engagement policy as a likely peaceful angel. Serbia will step foward to cooperate with B & H and Kosovo as long as it can ensure the security of the Balkans. Kosovo and B & H also can not resolve its controversial dispute over EU and NATO's engagement policy unless it confirms its security from Serbia's threat of invasion, for the support to the Balkans could result in the greater chance of civilization conflicts of the FY.

The main point of EU and NATO concerning international cooperation is a

---

123) Carl-Ulrik Schierup, *op.cit.*, p.17.
124) Boris Young, *op.cit.*, p.165.

matter of absolute gains and relative gains. Democratization and Capitalism have been contribute to relaxing ethnicity tension and economic development in the Balkans. the FY still have been increasing domestic political tension surrounding democratization and privatization. Membership of EU will continue to produce positive effects on the relationship between the Balkans and Western European countries. Problems of the FY should be solved through this peaceful democratic process. Facing a New World order with EU and NATO, the FY has to get international support from various areas in the world to enhance her international standing.

The FY also have gone through some changes. These changes will affect the future relationship between Western European countries and the Balkans. I hope that membership of EU and NATO will be held between the FY in the foreseeable future for more diplomatic relationship and economic cooperation. Some of the Balkans can cooperate with EU for democratization and marketization as well as relationship between the Balkans and Russia. For the future, the FY should learn more of the history, language, religion and cultural tradition of the Balkans to improve their relationship.

제4절 On－going Reconciliation Process in the FY with UN & US

The technical assistance team is supplied through the US Agency for International Development (USAID) and is therefore governed by its mandate and its overall policy objectives. USAID is an instrument of foreign policy, not an independent agency with humanitarian objectives, so its overall strategic planning is directed by the State Department and subordinated to the imperatives of US foreign policy.

Assistance to countries in transition is therefore coordinated to further US interests, the interests of other peoples, including the residents of Montenegro & Kosovo, being merely incidental in policy planning.[125]

The US Government is recruiting potential suitors among US firms. Thomas Pickering, Under Secretary of State for Political Affairs, encouraged American business leaders to invest in the Balkans because, in his estimate, the economies of Balkan states hit rock bottom sometime during 1999 in the aftermath of the humanitarian triumph in Kosovo. Of course the bottom is the time to buy, when the market is despairing and the demand is weak, he said to Business Council for International Understanding in Washington. The allegedly altruistic humanitarian intervention therefore, presumably fortuitously, becomes beneficial for powerful constituencies in the US.[126]

U.S. strategy towards the 1992 – 99 ethnicity crisis in the Balkans from the perspective of coercive diplomacy which is often referred to as the engagement approach. The Clinton administration employed coercive diplomacy – a combination of diplomatic/military measures to stop Serbia's slavism. the diplomacy came from the threats used by U.S. to impose economic sanctions if Serbia did not stop their civil war program and a promise of security guarantee and economic assistance if they did. U.S. coercive diplomacy played a significant role in U.S. interactions with the FY and resolution of the Balkan crisis which could lead to unwanted war. In response to current the Balkans's highly ethnicity conflicts, the Bush administration has faced a similar dilemma which is to stop ethnicity and at the same time avoid civil war on the Balkan peninsula. The Bush administration will employ coercive diplomacy combining diplomatic measures and sanctions or military measures to persuade Serbia. This is now important to emphasise, and not only in relation to a still prevalent neo – liberal, top – down approach, most

---

125) Alex N. Dajkovic, "model for the Balkans", http://www.zmag.org/dajkovic.htm(2003. 8. 17.)
126) *Ibid.*

resolutely backed up by the financial influence and political authority of the US. Their experience is essential to study as well, with reference to the fact that, as discussed above, integration in to frameworks for cooperation monitored by the EU become increasingly important for the future of the whole of Eastern Europe.[127]

Despite EU and NATO's engagement policy toward the FY, the current relations between the Balkans are not moving quickly forward to an amicable conciliation. U.S's engagement policy is facing pax americana for its conditional support of Serbia because Serbia still remains a threat to the Kosovo and B & H's security.

If the FRY allows the complete normalization of daily life in Kosovo, US and other permanent members of the UN Security Council should consider rewarding the FRY by gradually lifting the outer wall of sanctions. In this event, the FRY could resume its membership in UN agencies and international organizations such as the Organisation for Security and Co-operation in Europe(OSCE).[128] Political pragmatists generally reject independence-motivated self-determination movements. They assert that the creation of an independent Republic of Kosovo is too destabilizing in a region emerging from years of bloody civil war. Because of these beliefs, the Kosovars' demand for independence receives little international support.[129]

The FRY could qualify for loans and credits from international finacial institutions such as the World Bank, International Monetary Fund, and the European Bank for Reconstruction and Development. The new rhetoric associated with transnational capital and US hegemony tries to convince us that we are living in a global village in which national boundaries are rapidly diluted by the accekerated cross-border circulation of knowledge, capital and commodities, and intensified social communications.[130]

---

127) Carl-Ulrik Schierup, *op.cit.*, p.26.
128) David L. Phillips, *op.cit.*, p.831.
129) *Ibid.*, p.827.
130) Ivan Iveković, *op.cit.*, p.90.

In recent years there has been a series of UN resolutions demanding monitoring of conditions in Kosovo. These include dispatch of UN Commission on Human Rights Thematic Rapporteurs, a UN Commission on Human Rights Special Rapporteur, a Special Envoy of the Secretary General, and a delegation representing the Security Council. The monitoring measures embodied in existing UN resolutions and reports should be implemented. The UN High Commissioner for Refugees, which presently operates unofficially in Kosovo, should establish official operations fully authorized by Serbian authorities.

In addition, the International Committee of the Red Cross(ICRC) should expand its inspection of local detention facilities in Kosovo. In accordance with its mandate, the ICRC should also evaluate prison conditions in order to ensure compliance with the Geneva Conventions and other international standards. ICRC could also increase the number and frequency of interviews with detainees who claim mistreatment by their Serbian jailers.[131] The FY can cooperate with the Balkans in the UN each other. Based on democracy and human rights, they can support and secure peace in the Eastern European countries and the Balkan peninsula.

In this new era, Globalization brings the technical capacity for us to scrutinize the democratic and human rights records of all states. A failure to live up to international standards of human rights threatens state legitimacy. The most positive result of the human rights programmes of UN is undoubtedly the creation of international standards for the treatment of human beings all over the world. EU & NATO has supported the Balkans's globalization and the Balkans's policy about it at UN and elsewhere. Furthermore, regarding the FY as present and future partner in the international society, the FY should make short and long term strategies from personal to cultural interchange as well as strengthen the

---

131) David L. Phillips, *op.cit.,* p.829.

trust in the political and diplomatic relationship with Western European countries & the Balkans. All of these things would be good for the FY's national strength and peace of the Balkans in the new millennium.

제5절 Conclusion

According to the Freedom House index they are listed on the same level of democratic development. Considering these differences and similarities between the Balkans, they may find some important points which can help advance in the relationship. With the Balkans's capitalist experiences and technical background and the Balkans's needs for capitalization procedure West European countries and the FY may produce positive development of the relationship. As this paper reviewed and discussed, there are several future visions and prospects between the FY.

Geographically, the FY are located at south of Europe. In the political arena, not only does the FY have ideologically diverse political parties but also their leaders had relatively strong racism. Some of the Balkans become members of EU and NATO in the 2004, and they are placed on near position of national competitiveness and technology power by Swiss International Institute for Management Development(IMD). Pure nationalists have to keep strict watch what the Serbian authorities have resorted to anti-democratic idea in Kosovo such as the suppression of opposition party, the denial of individual human rights, pressure on discussion, etc.

The FY can share lessons of democratization through consociational democracy and cooperate with each other for the FY's ethnicity, world peace, NATO membership for the Balkans, and UN affairs. Especially leaders of each ethnic have to make the most of creative, plurlistic, and democratic means to increase identification of all ethnic groups. Serbia often did not reciprocate the Balkans's conciliatory moves because of ethnic and motivational biases. Kosovo and B & H also has experienced difficulty in reciprocating due to ethnicity. NATO concludes that there exist a limited level of reciprocity between Kosovo and Serbia, and further suggests the ways to facilitate reciprocity between the Balkans. Kosovo ethnicity have broken out in two ethnics(Albania, Serbs) of the FRY because of hegemonic struggle, secessionism, minority group, religious conflicts between two ethnics.

The FY's reconciliation and cooperaton toward the Balkan area after kosovo civil War Ⅰs now under peaceful and constructive. Even though Serbia's strong policy has been considered as integration policy toward the republics, historical foundations of the policy is rather weak. Countries in the FY are vigorously trying to improve their regional relationship.

Democratic and consensual ideas such as non − violence, equal sovereignity, national referendum, multi − partysystem, coalition government, civil society, free & fair election, cabinet share between minority, autonomy area, increasing role of middle class have to solve ethnic conflicts between Albanian and Serbs in Kosovo. To make good use of controling pseudo − nationalism such as genocides, assimilationism, increasing crime, xenophobia, chauvinism, ethno'nationalism, racist manifestatious, racial discrimination, the FY must adopt consociational democracy. The creation of a democratic political culture(norms, values, institution, law) that favor tolerance, compromise, mediation, bargainning, concession, humanitarianism are required to prevent civil war of B − H from causing global insecurity absolutely.

Ethnicity of the FY is that conflict of a single state is just the same problem as international conflict simultaneously. Therefore it is Global Democratization that democratic resolving methods in a single state apply to solve problems in inter − states and inter − ethnics generally.

Economically, the FY and Western European countries share many common interests areas. Marketing Capitalism, Marketization and capitalization in the Balkans, new and old EU membership countries will possibly increase chances of collaboration between the FY. Cooperation in the EU and CEFTA, building a new economic relationship in the post Civil War, and cooperation with the Balkans are other important matters of mutual concern. Furthermore, the FY does not finish restructuring the technical and financial limitation of economy, as we see problems of inflation and restructuring process of privatization. But it will improve in near future, because the new government has renovated the FY's outdated economic structure and made some positive achievements with increasing international trust. Although the FY and Western European countries's relationship has been stagnated and even shrunk since membership problems of EU, the FY governments have emphasized real cooperative relationship about economy, trade, and cultural exchange.

Greate premise of the basic principle in the resolving ethnicity have to start to keep away from war of inter−states and inter−ethnics, and to minimize to make the sacrifice of human beings. To build a consociational democracy and to manage democratic ethno−politics, the principle of full freedom of individual choice, the right to self−determination, and the right of peoples to live together peacefully must be protected in the entire FY.

〈참고자료〉

1. 국내자료

강봉구, 「코소보전쟁과 새로운 국제안보체제」, 한국정치학회 연례학술회의(1999. 12).

구춘권, 「코소보전쟁과 21세기 세계질서」, 『진보평론』(창간호, 1999).

안성호, 「민주화와 민족문제 상관관계 연구: 동구Case」, 한국정치학회, 『한국정치학 회보』, 제29집1호(1995).

안성호, 「보스니아평화협정이후 구유고에서의 민족문제」, 한국정치학회보 제31집 4호(1997).

안성호, A Study on Ethnicity between Albanian and Serbian in Kosovo, 충북대 사회과학 연구소, 『사회과학연구』, 제14권 2호(1998).

안성호, 「코소보지역에서의 세르비아와 알바니아계의 민족갈등연구」, 중동구 발칸학회 창립 학술대회발표논문(1999. 9).

안성호, 「발칸지역 민족갈등 연구: 코소보지역을 중심으로」, 충북대 사회과학연구원, 『사회과학연구』, 제17권 2호(2000).

이삼성, 「미국외교와 인도적 군사개입: 코소보의 인식을 중심으로」, 한국정치학회 연례학술회의(1999. 12).

Chomsky, Noam. 2000. Rogue States(Cambridge: South End Press) 장영준 역, 불량국가 (두레, 2001).

2. 국외자료

Anzulovic, Branimar. 1999. *Heavenly Serbia: From Myth to Genocide*(NewYork Univ. Press)

Athanassopoulou, Ekavi. 1996. "Hoping for the best, planning for the worst: Conflict in Kosovo", in *The World Today*(Aug/Sep.)

Baer, Frederick B. 1996. "Recent Developments: International Refugees as Political Weapons", *Harvard International Law Journal,* Vol.37. No.1(Winter)

Benomar, Jamal, 1993 "Justice After Transitions", *Journal of Democracy,* Vol.4, No.1(Jan.)

Biberaj, Elez. 1991. "Albania at the Crossroads", *Problems of Communism*(Sep. – Oct.), 1 – 16.

Biberaj, Elez. 1993. "Kosova: The Balkan Powder Keg", *Conflict Studies,* (Feb.)15 – 17.

Bruni, Laura. 1994. "Human Rights Watch/Helsinki: Under Siege", in *Index on Cenorship 4/5*

Bennett, LeRoy A. 1995. *International Organization: Principles and Issues*(London: Prentice Hall International)

Bozic, Agneza, "democratisation and ethnopolitics in Yugoslavia", Karl Cordell(ed.),
Ethnicity and Democratisation in the New Europe(London: Routledge Co., 1999).

Bojičić, Vesna & Mary Kaldor, "The Abnormal economy of B – H", Carl – Ulrik Schierup(ed.), Scramble for the Balkans(London: Macmillan press Ltd., 1999).

Castle, Stephen, "EU troops not ready to take on Bosnian role, says Nato chief", *TheIndependent*(Aug. 5, 2003) Drouet, Michel, "Citizenship and NationalIdentityin Former Yugoslavia", Robert Hudson & Fred Réno, (eds.), *Politics of Identity*(London: macmillan Press Ltd., 2000).

Chul won, Lee, "A Study on prospects and promotion of EU membership in CEECs", *KIEP*2002

Cigar, Norman, *Genocide in Bosnia: the Policy of "Ethnic Cleansing"*(Texas A&M Univ. Press, 1999).

Cordell, Karl(ed.). 1999. *Ethnicity and Democratisation in the New Europe*(N.Y.: Routledge)

Collinson, Sarah. 1994. *Europe and International Migration,* London: Pinter Publishers.

Cohen, Lenard j. 1996. "Bosnia and Herzegovina: Fragil Peace in a Segmented State", *Current History,* March.

Cohen, Philip J., *Serbia's secret war: Propaganda and the Deceit of History*(Texas A&M Univ. Press, 1999).

Conner, Walker, 1994. *Ethnonationalism: The Quest for Understanding,* Princeton University Press.

Cram, Laura, Desmond Dinan, & Neill Nugent(ed.). 1999. *Developments in the European-Union*(N.Y.: St. Martin's Press)

Cram, Laura. 1998. *Policy Styles in the European Union,* NewYork: Routledge.

Dale, Charles J. 1999. "Towards a Partnership for the twenty – first century", NATO *review*(Summer) Hagen, William W. 1999", The Balkans' Lethal Nationalisms", *Foreign Affairs,* July/August.

Dragnich, A. N. 1989. "The Rise and Fall of Yugoslavia: the Omen of the Upsurge of Serbian Nationalism", *Eastern European Quarterly,* XXⅢ, No.2, June 1989.

Drouet, Michel, "Citizenship and National Identity in Former Yugoslavia", RobertHudson & Fred Réno(eds.), *Politics of Identity*(London: macmillan Press Ltd., 2000)

Duffy, Terence. 1995. "Albania:jumping from the Stalinist epoch", PANISP, *In Pursuit of Europe: Transformations of Post-Communist States 1989-1994*(Warsaw: Institute of Political Studies Polish Academy of Sciences)

Duke, Simon. 1994. *The New European Security Disorder,* N.Y.: St. Martin's Press.

Dunne, Tim & Nicholas J. Wheeler(ed.). 1999. *Human Rights in Global Politics*(Cambridge Univ. Press)

Edward N. Luttwak. 1999. "Give War a chance", *Foreign Affairs,* July/August

Fierke, K. M. 1999. "Dialogues of Manoeuvre and Entanglement: NATO, Russia, and the CEECs", *Journal of International Studies*(Vol.28, No.1)

Glenny, Misha. 1999. *The Fall of Yugoslavia*(N.Y.: Penguin Books)

Gotovska-Popova, Todoritchka. 1993. "Nationalism in Post-Communist Eastern Europe", *East European Quarterly,* XXVII, No.2(June).

Guibernau, Montserrat. 1999. *Nations without States: Political Communities in a GlobalAge*(Cambridge: Polity Press)

Goldman, Minto F. 1997. *Revolution and Change in Central and Eastern Europe,* N.Y.: M. E. Sharpe.

Hagen, William W. 1999. "The Balkans' Lethal Nationalisms", *Foreign Affairs*, July/August.

Hall. Gregory O. 1999. "The Politics of Autocracy: Serbia under Slobodan Milosevic", *East European Quarterly,* XXXIII, No.2 June.

Hill, Ronald J. 1993. "Managing ethnic conflict", *The Journal of Communist Studies,* Vol.9, No.1(March).

Hislopc, Robert. 1997. "Intra-Ethnic Conflict in Croatia and Serbia: Flanking and the Consequences for Democracy", *East European Quarterly,* XXX, No.4 Jan.

Hobsbawm, E. J. 1991. *Nations and Nationalism since 1780,* Cambridge: Cambridge Univ. Press.

Hugh, "Albanians in the post-communist transition", Karl Cordell(ed.), Ethnicity and democratisation in the New Europe(London: Routledge Co., 1999).

Hunter, Braian(ed.), 1992. *The Statesman's Year-book: 1992~1993*(London: The Macmillan Press).

Isakovic, Zlatko. 1997. "Macedonia in the Southern Yugoslav ConflictTraiangle", Prepared for presention at *the XVIIth World Congress of IPSA* 17-21 August.

Irwin, Zachary T. 1984. "The Fate of Islam in the Balkans: A Comparison of Four State Policies", Pedro Ramet.

Isakovic, Zlatko. 1997. "Macedonia in the Southern Yugoslav Conflict Traiangle", Pre pared for presention at *the XVIIth World Congress of IPSA* 17-21 August.

Ishiyama, John T., & Marijke Breuning(Lynne Rienner, 1998).

Iveković, Ivan, "Modern Authoritarian Ethnocracy: Balkanisation and the political Economy of International Relations", in Carl − Ulrik Schierup(ed.), *Scramblefor the Balkans*(London: Macmillan press LTD, 1999).

Jovanović, Vladislav. 1999. "Comments of the Government of FR Yugoslavia on the Report of the UN Secretary − General on the United Nation Interim Administration Mission in Kosovo(UNMIK)", *Yugoslav Survey,* Vol. X L No.4

Klinke, Andres, Ortwin Renn, & Jean − Paul Lehners. 1998. *Ethnic Conflicts and Civil Society: Proposals for a new era in Eastern Europe*(Aldershot: Ashgate) Miall.

Loone, Eero. 1990. "Marxism and perestroika", *Soviet Studies,* Vol.42, No.4, 180 − 81.

Lopez, George A. & David Cortright. 2000. *The Sanctions Decade: Assessing UN Strategies in the 1990s*(Lynne Rienner Publishers)

Magaš, Brabka. 1992. "Recent Political History of Yugoslavia", *Eastern Europe and the Commonwealth of Independent States*, 1992. London: Europa Publi cations Limitted.

MacGinty, Roger(ed.). 1999. *The Ethnic Conflict: Research Digest,* Vol.2, No.2(October).

McClintock, Anne, Aamir Mufti & Ella Shohat(ed.). 1997. *Dangerous Liaisons: Gender, Nation and Postcolonial Perspectives*(Univ. of Minnesota Press).

Malcolm, Noel. 1998. Kosovo: A Short History(N.Y.: NewYork Univ. Press).

Maliqi, Shkelzen. 1996. "The Albanian Movement in Kosovo", in D. A. Dyker and I. Vejvoda, *Yugoslavia and after*(N.Y.: Addison Wesley Longman Lim).

Meštrović, Stjepan G., *The Conceit of Innocence: Losing the conscience of the West in the War against Bosnia*(Texas A&M Univ. Press, 1999).

Meštrović, Stjepan G., Slaven Letica, and Miroslav Goreta, *Habits of the Balkan Heart*(Texas A&M Univ. Press, 1999).

Mihas, D. E. M. 1996. "Another Balkan Filemma: Albania and Kosovo", in *Contemporary Review,* July 1996, Vol.269, No.1566.

Moore, Patrick. 1992. "Kosovo could spark another Balkan War", *RFE/RL Research Report,* Vol.1, No.50(18Dec).

Nye, Joseph S. Jr., 1999. "Redefining the National Interest", *Foreign Affairs,* July/August.

Oommen, T. K. 1999. Citizenship, Nationality and Ethnicity: Reconciling Competing Identities(Cambridge: polity press).

Nye, Joseph S. Jr., 1999. "Redefining the national Interest", *Foreign Affairs,* July/August.

Newland, Kathleen, 1993. "Ethnic Conflict and Refugees", Michael E. Brown, *Ethnic Conflictand International Security,* Princeton University Press, 143 − 163.

Nevers, Renée de, 1993. "Democratization and Ethnic Conflict", Michael E. Brown,

Ethnic Conflict and International Security, Princeton University Press, 61－78.

Pavlovic, Vukasin. 1997. "Ethnical Conflicts and Democracy in the Suppressed Civil Society", Prepared for presention at *the ·XVIIth World Congress of IPSA* 17－21 August.

Penev, Goran. 1999. "Yugoslavia on the Democraphic Map", *Yugoslav Survey,* Vol. XL No.4.

Peck, Connie. 1998. *Sustainable Peace: The Role of the UN and Regional Organizations inPreventing Conflict*(Lanham, MD: Rowman & Littlefield).

Petras, James. 1993. "Eastern Europe: Restoration and Crisis", *Critique25: Journal of Soci alist Theory,* 45.

Petrasek, David. 1993. "Ammest International: Monitoring human rights around the world", *Refugees,* No.92(April), 14~16.

Phillips, David L. 1996. "Comprehensive Peace in the Balkans: The Kosovo Question", *Human Rights Quarterly* 18(The Johns Hopkins Univ. Press).

Pipa, Arshi, 1987. *The political Situation of the Albanians in Yugoslavia with particu lar attention to the Kosovo problem: A ciritical approach.* East Euro pe, quart 23.

Quinn, Frederick, *Democracy at Dawn*(Texas A&M Univ. Press, 1999).

Ramet, Pedro, 1981. *Problems of Albanian nationalism in Yugoslavia.* Orbis, Philadelphia.

Ramet, Pedro, 1984. "Religion and Nationalism in Yugoslavia", Pedro Ramet, *Religion and Nationalism in soviet and East European Politics,* Duke Univ. Press, 149~169.

Ramet, Sabrina P. 1991. "Serbia's Slobodan Milosevic: A Profile", *ORBIS,* Vol.35, No.1(Winter), 93~105.

Ramet, Sabrina P. 1992. "Balkan Pluralism and its enemies", *ORBIS*(Fall), 547－564.

Rodman, Peter W. 1999. "The Fallout from Kosovo", *Foreign Affairs,* July/August.

Rondestvedt, Karen. 1999. *Slavic & East European Information Resources*(Havorth Press).

Rose, Richard, William Mishler & Christian Haerpfer. 1998. *Democracy and its Alternatives:Understanding Post－Communist Societies*(Baltimore, The Johns Hopkins Univ. press).

Rousek, Leos, "EU/Bulgaria, Rumania: Iraq Crisis A Factor For Turkey" in *Dow JonesBusiness news*(2003, 49).

Schierup, Carl－Ulrik, "The Spectre of Balkanism: Globalisation, Fragmentation and the Enigma of Reconstruction in Post－Communist Society", Carl－Ulrik Schierup(ed.), Scramble for the Balkans(London: Macmillan press Ltd., 1999).

Schierup, Carl－Ulrik(ed.). 1999. *Scramble for the Balkans: Nationalism, Globalism and the Political Economy of Reconstruction*(N.Y.: St. Martin's Press, Inc).

Schmidt, Peter, "European Security and Defence Identity(ESDI): Separable but not separate?" *NATO review*(Spring/Summer 2000).

Segal, Gerald. 1996. *The World Affairs: companion*(London: simon & Schuster, 1996).

Singleton, Fred. 1996. *A Short History of the Yugoslav peoples*(Cambridge Univ. Press).

Shafir, Michael. 1993. "Minorities Council Raises Questions", RFE/RL: *Research Report*, Vol.2, No.24(11 June).

Shlapentokh, Vladimir, Christopher Vanderpool, and Boris Docktorov, *The New Elite inPost — Communist Eastern Europe*(Texas A&M Univ. Press, 1999).

Sommer, Theo. 1996. "A Balkan intifada?" in *World Press Review,* Vol.43, No.5(May).

Stanovčić, Vojislav. 1997. "Searching for new Designs: Alternatives to Federaism(the Yugoslavian Experience)", Prepared for presention at *the ⅩⅧth World Congress of IPSA* 17 — 21 August.

Sung ho, Ahn(ed.), *A Study on Ethnicity of eastern Europe*(CheongJu: Chungbuk National Univ. Press, 2002).

Sung ho, Ahn(ed.), "A Study on Prospect of Ethnicity Solution and USA role in the BalkanStates, The Korean Association of the Central and East European Studies, *Journal of central & East European Studies,* No.5(2001).

Sung ho, Ahn(ed.), "A Study on Ethnicity Between Albanian and Serbian in Kosovo", ChungBuk National University, Social Science Research Institute, *Journal of Social Science,* Vol.14, No.2(1998).

Tarzi, S. M. 1992. "The Nation — State, Victim Groups, and Refugges", *Ethnic Forum: Journal of Ethnic studies and Ethnic Bibliography,* Vol.12, No.1, 6 — 7.

Tasovac, Ivo. 1999. *American Foreign Policy and Yugoslavia, 1939 — 1941*(Texas A & M Univ. Press).

Terry, Sara, "Bosnia no model of nation — building", *The Christian Science Monitor,* July 01/2003

Tishkov, Valery. 1992. "Inventions and Manifestations of Ethnonationalism in Soviet Academic and Public Discourse"(Feb. 12).

Vanhanen, Tatu. 1997. "Ethnic conflicts explained by Ethnic Nepotism", Prep ared for presention at *the ⅩⅧth World Congress of IPSA* 17 — 21 August.

Vankovska — Cvetkovska, Biljana. 1997. "Looking West: Civil — Military relations in macedonia", Prepared for presention at *the ⅩⅧth World Con gress of IPSA* 17 — 21 August.

Vasović, Vučina. 1997. "Transition and Democracy in PostCommunistCountries", Prepared for presention at *the ⅩⅧth World Congress of IPSA* 17 — 21 August.

Velebit, Vladimir. 1999. "Kosovo: A Case of Ethnic Change of Population", *East European Quarterly,* ⅩⅩⅩⅢ, No.2 June.

Vujačić, Ilija. 1997. "The Extreme Right in the Transition Countries of Central and

Eastern Europe", Prepared for presention at *the XVIIth World Congress of IP SA* 17 − 21 August.

Weidenfeld, Werner(ed.), *Central and Eastern Europe on the Way into the European Union*(Gutersloh: bertelsman Foundation Publishers, 1996).

White, S., 1993. *Developments in East European Politics,* N.Y.: Macmillan.

Wiberg, Hâkan, "Former Yugoslavia: nations above all", PANISP, *In Pursuit of Europe: Transformations of Post − Communist States 1989 − 1994*(Warsaw: Institute of Political Studies Polish Academy of Sciences, 1995).

Young, Boris, "Nothing from Nothing is Nothing: Privatisation, Price Liberalisation and Poverty in the Yugoslav Successor States", Carl − Ulrik Schierup(ed.), Scramble for the Balkans(London: Macmillan press Ltd., 1999).

Zametica, John. 1992. "The Yugoslav Conflict", ADELPHI: *Paper.* 270(May).

Zanga, Louis, 1992. "The Question of Kosovar Soverrignty", *RFE/RL Research Report,* Vol.1, No.43(30 Oct.), 21 − 26.

Zanga, Louis, 1993. "Albania and Turkey forge closer ties", *RFE/RL Research Report,* Vol.2, No.11(12 March), 30 − 33.

Albania & Kosovo: Political and Ethnic Boundaries 1867 − 1946; Documents and maps(N.Y.: Norman Ross Publishing Inc., 1999).

American Association for the Advancement of Slavic Studies, News Net: *The Newsletter of the AAASS,* V.39, N.4/Sep. 1999.

Bosnia, Croatia, Serbia: Historical Boundaries 1815 − 1945(N.Y.: Norman Ross Publishing Inc., 1999).

AP: White House(Internet 2003. 4. 15), http://www.nato.int/(2003.4.)

Britanica Book of the year, 2000.

Eastern Europe News Letter, 1993 − 4.

Eastern Europe and the Commonwealth of Independent States, 1992. London: Europa Publications Limitted.

EIU Country Report: Hungary, May 2000, p.8, Ivan Krastev, "The Balkans: Democracy without choies", in *Journal of Democracy,* vol.13, No.3(July 2002).

European Commission, *Towards the Enlarged Union,* 2002.

EBRD, *Transition Report:* 1998 − 2000.

Kluwer Law International. 1999. "Excerpts from Interview of Federal Republic of Yugosl avia President Milosevic, December 13, 1998", *Foreign Policy Bulletin,* Vol.10/No.1 January/February.

Kluwer Law International. 1999. "The Kosovo Conflict", *Foreign Policy Bulletin,* Vol.10/

No.3/4, May/August.

Kluwer Law International. 1999. "NATO's 50th Anniversary Summit: NATO Leaders gather in the shadow of the Kosovo Conflict, approve new strategic concept", *Foreign Policy Bulletin,* Vol.10/No.3/4, May/August.

International Committee of The Red Cross, 1996. *ICRC: Annual Report*

NATO review. 1990 – 2000.

New York Times, 1997 – 2000.

The Time ALMANAC 2000, 1999.

Taylors World of Politics, Vol. XVII, June 1999.

The United Nations and Human Rights, 1945 – 2000.

The Europa World Yearbook 1997: vol.1 London: Europa Publication Limited.

The NewYork Times, Nov.22 – 23, 2002.

The International Council for Central and East European Studies(ICCEES), *ICCEES International Newsletter 43,* July 1999.

The Japanese Society for Slavic and East European Studies, *Japanese Slavic and East European Studies,* Vol.19(1998).

UN: The Blue Helmets. 1990 – 2008.

UN: Statistical Yearbook.1990 – 2008.

UN Chronicle. 1990 – 2008.

UN: An Agenda for Peace. 1990 – 2008.

Washington Post, May 27, 2001.

Whitaker's Almanack, 1998. London: J. Whitaker & Sons LTD.

WIIW, *Monthly Report,* 1995. 4.

Yearbook of the United Nations. 1990 – 2008.

Yearbook of Foreign Trade Statistics: 1998 – 2008.

Yugoslavia: Political Diaries1918 – 1965(N.Y.: Norman Ross Publishing Inc., 1999).

http://www.pbs.org/newshour/bb/yugoslavia/military_situation.html(2003.8.17.)

"Javier Solana Tours Pristina", June 24, 1999.

http://www.lonelyplanet.com/destinations/europe/yugoslavia/2005.8.28.

Lonely Planet

http://www.zmag.org/dajkovic.htm(2003.8.17.) Dajkovic, Alex N., "Model for theBalkans",

http://www.worldbook.com/fun/bth/kosovo/html

http://www.kukminilbo.co.kr

http://www.munhwa.co.kr

제 4 부

중·동구·발칸 종합

제12장 중·동구·발칸지역과 세계화

제1절 서론

89년 민주화 변혁 이후 20여 년간 대체로 체제변동의 흐름이 만족스러운 국가들은 헝가리, 체코, 폴란드, 슬로바키아, 슬로베니아, 발틱 3국 등이라 할 수 있다.[1] 대통령 선거, 총선 등이 공정하고, 부정부패가 대체로 적으며, 시장자본주의가 체계적이고, 서방의 투자가 많다. 인권문제나 민족분규, 소수민족문제 등도 평화적으로 원만하게 극복하고 있음을 볼 수 있다. 정치적 측면에서는 동구권국가의 민주화 발전에서의 교훈, 세계화 시대 평화를 위한 서방국가와의 동반자관계, 일부 동구권국가들의 NATO 가입과 세계평화를 위한 협력, 그리고 UN에서의 협력관계 등이 중요하다고 본다.

헝가리, 체코, 폴란드, 슬로바키아, 슬로베니아, 발틱 3국, 루마니아, 불가리아 등 구사회주의체제에서 탈피하고 있는 동구권국가들의 다양한 체제변동의 경험들이 다소 차이는 있으나 대체적으로 선거제도 확립, 경쟁적 정당제 도입, 시장경제체제 도입, 인권문제, 민족문제의 평화적·민주적 해결, 시민사회 활성화, 세계화라는 측면에서 적응력을 보여주고 있다[2]. 99년 말 기준 외국인투자누계는

---

1) 주로 이 국가들은 그들 스스로 중부유럽(MittelEuropa) 또는 중·동구(Central & Eastern Europe)로 부르고 있으나 본 연구에서는 좀 더 명확한 논리전개를 위하여 동·서유럽 구분에 입각하여 동구권국가(Eastern Europe)로 용어사용을 한정하였다.

2) Jacques Rupnik, "On two Models of Exit from Communism:Central Europe and theBalkans", Sorin Antohi & Vladimir Tismaneanu(eds.), *Between Past andFuture: The Revolutions of 1989 and their Aftermath*(Budapest: Central European University Press, 2000), pp.14 - 23. Jacques Rupnik는 Ralf Dahrendorf의 "구공산권국가에서 정치적 민주주의와 법제정은 6개월, 시장경제 도입은 6년, 시민사회 출현은 60년이 걸리는 등 체제변동의 여러 다른 타임테이블이 존재하고 있다."는 말을 인용해서 동구권국가들의 체제변동이 국가마다 분야마다 다르게 정착되고 있음을 지적하고 있다. 항상 기본적으로 제기되는 문제로서 동구권의 영역인데 본 연구에서는 주로 중구유럽, 발칸지역 그리고 러시아를 제외한 동구유럽 등 전반의 걸친 구사회주의권국가들을 본 연구에서는 동구권으로 칭하였다.

약 260억 달러로서 독일 31%, 미국 27%, 오스트리아 및 프랑스 10.5% 등이 헝가리를 비롯한 동구권에 진출하고 있고 세계화 전략의 요충지로 인식하고 있다.[3]

1945년 2차 대전 이후 미·소냉전체제하에서 군사우위의 구조, 억압의 구조와 경제적 침체로 인하여 85년 미하일 고르바초프(Mikhail Gorbachev)의 페레스트로이카(개혁), 글라스노스트(개방), 그리고 민주화를 강조하면서 등장한 후 결국 소련은 89년 붕괴되었다. 그리고 동구권국가들이 저마다 민주주의국가 시장자본주의체제로 전환하였다. 폴란드(1989), 체코슬로바키아(1989), 헝가리(1989), 발틱 3국(1989), 슬로베니아(1990), 루마니아(1989), 불가리아(1990), 알바니아(1991) 등이 대표적인 국가라 할 수 있다. 이를 우리는 동구권 민주화혁명이라고 부르고 있다. 그리고 소련도 결국 15개 나라로 분열되어 올림픽, UN, EU 등에서 새롭게 등장하였다. 리투아니아(1990), 라트비아(1990), 에스토니아(1990)의 발틱 삼국, 벨라루스(1991), 몰도바(1991), 우크라이나(1991)의 서유럽 접경 3개국, 아제르바이잔(1991), 그루지아(1991), 아르메니아(1991)의 코카사스지역 3개국, 그리고 중앙아시아지역의 5개국인 카자크스탄(1991), 우즈베크스탄(1991), 키르기스스탄(1991), 타지크스탄(1991), 투르크메니스탄(1991) 등이다. 이들 구사회주의권국가들은 국내적으로는 시민사회 형성, 경쟁적 정당정치제도화와 자유총선 실시, 시장자본주의 도입, 구왕정의 권력복귀운동, 민족분규갈등과 인종청소, 국제적으로는 국제질서에의 적응과 세계화 전략, UN, EU, NATO, OECD와의 관계, 지역내 국가 간의 관계, 동구권과 러시아의 관계 등을 통하여 10여 년 동안 '체제변동의 이행과 공고화에서의 문제와 과제들'(transitology)을 표출하였다.[4] 앞으로 민주주의와 민주화, 시민사회, 인권, 경제민주주의, 시장경제 등은 동구권국가에 있어 상호 보완적이고 공통된 가치로서 중심적인 이념과 방향잡이가 될 것이다. 특히 탈공산주의의 과도기를 경험한 많은 동구권국가들이 평화적 변혁에 대한 전망을 위하여 인권에 대한 교육을 중요하게 여기는 것은 놀라운 일은 아닌 것이다.[5] 또한 동구권국가들은 UN, OECD, EU, WTO 등에서의 새로운 협력과

---

3) http://www.mofat.go.kr(2001. 3. 12.)

4) Jeffrey C. Isaac, "1989 and the Future of Democracy", Antohi, Sorin & Vladimir Tismaneanu(eds.), *Between Past and Future: The Revolutions of 1989 and their Aftermath*(Budapest: Central European University Press, 2000), pp.39 - 40.

민주화 실천의 경험을 갖추고 있기 때문에 서방 선진국들이 이들 동구권국가들에 대하여 민주주의를 잘 실천할 수 있도록 지원한다면 앞날의 전망은 매우 희망적이고 낙관적라고 볼 수 있다. 다만 발칸지역에서 경험한 바대로 민족분규와 내전은 동구권지역 발전에 커다란 장애요인으로 작용하고 있다. 본 연구는 이러한 점을 중심으로 Post‒Communism 이후의 동구권에서의 체제변동에 대한 과정과 세계화 전략을 분석할 것이다.

제2절 중·동구국가의 자본주의 도입과 세계화 전략

1. 중·동구국가의 시장자본주의 도입

80년대 초 사회주의권의 변화조짐, 89년 사회주의권 와해, 90년 동서독통일, 동구권의 적극적인 시장자본주의 도입, 폴란드, 헝가리, 체코 등의 OECD 가입(96. 3), EU 1차 가입협상 대상국 선정(97. 7), NATO 가입(99. 4), 그리고 체코, 헝가리, 폴란드, 슬로바키아, 슬로베니아, 발틱 3국의 2004년 EU 가입 발표(2002. 10), 빌틱 3국, 슬로베니아, 슬로바키아, 루마니아, 불가리아 등의 2004년 NATO 가입 발표(2002. 11) 등이 2000년을 전후로 하여 동구권국가들의 변화를 볼 수 있는 중요한 이슈들이라고 할 수 있다. 현실적으로 구사회주의권국가들에 자본주의를 도입하는 문제는 생존의 문제로서 매우 중요한 체제변혁의 한 분야였다. 동구권국가들에서의 여론조사를 보아도 민주화의 실천에서 가장 중요한 가치 중 하나로서 경제발전이 제일 중요하다고 응답한 수준을 보면 폴란드 41%, 헝가리 35%, 체코 22%, 불가리아 19%, 슬로바키아 17% 등이었고, 경제적 평등이라고 보는 시각은 슬로바키아에서는 24%, 체코 17%, 불가리아 12%, 폴란드 11%, 헝가리 10%, 그리고 경제적 안정이 중요한 가치라고 한 수치는 헝

---

5) Tim Dunne & Nicholas J. Wheeler(eds.), *Human Rights in Global Politics*(Cambridge Univ. Press, 1999), p.316.

가리 26%, 슬로바키아 26%, 체코 22%, 폴란드 18%, 불가리아 16%로 나타나는 등 정치적 측면보다 높은 수치를 보여주었다. 즉 동구권국가들은 민주화 가치에 있어 경제적 가치/정치적 가치의 중요성에 대한 대비를 헝가리 71/26%, 폴란드 70/21%, 슬로바키아 67/29%, 체코 61/38%, 불가리아 47/46%를 보여주어 경제 적 가치가 정치적 가치보다 더욱 중요함을 보여주었다.[6] 이렇게 볼 때 폴란드와 헝가리는 경제발전을 민주화의 가장 중요한 가치로 보았고, 불가리아와 체코는 사법체계의 공정성을, 그리고 슬로바키아에서는 경제적 안정을 가장 중요한 가치 로 선택하고 있음을 보여주었다. 특히 헝가리, 폴란드, 체코, 슬로바키아, 루마니 아, 불가리아 등 서유럽 인접국가들인 동구권국가들은 공산주의체제하에서도 경 제개혁을 시도하였으며 사회주의 포기 직후 본격적으로 체제전환 노력을 경주했 다는 점에서도 시장자본주의 도입이 변혁의 체대 과제였음을 알 수 있다.[7]

동구권국가들의 경제개혁 중 하나의 지표가 되는 사유화 수준에 있어서 민간 기업이 GDP에 차지하는 비중(%)으로 보면 크로아티아(70), 체코(65), 에스토니아 (65), 헝가리(60), 폴란드(60), 슬로바키아(60), 라트비아(60), 알바니아(60), 리투아니 아(55), 러시아(55), 불가리아(45), 슬로베니아(45), 루마니아(40), 마케도니아(40)로 나타나고 있다. 또한 경제개혁을 10점 만점의 점수로 표시하면 체코(8.2), 에스토 니아(7.7), 헝가리(7.5), 폴란드(7.4), 슬로바키아(7.3), 리투아니아(7.1), 라트비아(7.0), 크로아티아(6.7), 알바니아(6.7), 러시아(6.4), 슬로베니아(6.2), 마케도니아(5.9), 루마 니아(5.5), 불가리아(4.9) 등으로 사유화 수준과 비슷하게 나타나고 있다.[8]

그동안 시장자본주의 도입과 경제개혁의 최대 걸림돌인 인플레이션율이 동구 권 각 국가별 가장 높았던 시기를 보면 90년 폴란드(173%), 91년 체코(68%), 슬 로바키아(74%), 92년 알바니아(332%), 에스토니아(67%), 슬로베니아(88%), 마케 도니아(2100%), 라트비아(1445%), 리투아니아(1413%), 93년 크로아티아(1945%),

---

6) Doh C Shin, *Mass politics and Culture in Democratizing Korea*(Cambridge University Press, 1999), pp.47 - 48.

7) 한정철, "중 · 동구 체제전환국의 경제개혁과 사유화 정책 및 특징", 대외경제정책연구원(1998), p.6.

8) Valerie Bunce, "Postsocialisms" Antohi, Sorin & Vladimir Tismaneanu(eds.), *Between Past and Future: The Revolutions of 1989 and their Aftermath*(Budapest: Central European University Press, 2000), pp.126 - 127.

루마니아(317%), 95년 헝가리(31%), 97년 불가리아(2040%)였는데 97말 기준으로 보면 마케도니아(2.7%), 크로아티아(3.8%), 슬로바키아(6.4%), 라트비아(7%), 리투아니아(8.5%), 슬로베니아(9.4%), 체코(10%), 폴란드(13%), 에스토니아(13%), 헝가리(18%) 등으로 인플레이션율이 상당히 하락한 반면 알바니아(42%), 루마니아(152%), 불가리아(579%) 등은 아직도 어려움을 겪고 있다.[9]

물론 전반적으로 동구권국가에 내재된 문제는 많이 있다. 97년에도 동구권의 1천 년 만의 대홍수와 피해로 인명피해와 농업생산의 손실이 막대하였다. 헝가리의 경우는 보크사이트를 제외하면 부존자원이 미미하고 총에너지 수요의 절반 이상을 수입으로 충당하고 있어 공업용 및 발전용 연료의 석유의존도 축소노력을 기울이고 있다. 경제운영의 관건인 재정적자, 경상수지 적자폭이 확대될 우려가 있으며, 헝가리(14%), 폴란드(15%), 체코(9%) 등 국가마다 차이가 있으나 99년 인플레이션율은 아직도 높은 상태이고, 실업률은 헝가리(9%), 폴란드(13.5%), 슬로바키아(12.2%), 체코(3.2%) 등을 나타내고 있다[10].

아직도 공산주의 타성이 남아 생산성이 저하되고 있고 임금인하, 긴축정책 등이 요구되고 있는 등 경제시장의 어려움이 있으며 발전된 부분과 낙후된 부분의 2중적 모습을 보이고 있다. 89년의 공산권의 와해, 구소련의 붕괴, 동서독의 통일, 그리고 동구권의 민주화혁명 등은 20세기 마지막 세기적인 대변동을 초래했음은 모두가 잘 알고 있다. 그리고 체코와 독일 간의 주데텐문제를 둘러싼 갈등 등은 동구권국가들에 긴장을 조성하고 있다.[11]

그러나 민주화 이행 이후 삶의 질에 대한 평가에 대해서는 사적 부문에서는 하락/상승의 대비가 불가리아에 있어서는 60/16%, 헝가리 57/18%, 러시아 57/21%, 폴란드52/27%, 체코슬로바키아 49/29%, 동독 33/34% 등으로 동독만

---

9) Bartlomiej Kaminski, "The Europe Agreements and Transition: Unique Returns from Integrating into the European Union", Antohi, Sorin & Vladimir Tismaneanu(eds.), *Between Past and Future: The Revolutions of 1989 and their Aftermath*(Budapest: Central European University Press, 2000), pp.322 – 323.

10) *Econews*, 1999, 5. pp.11 – 19. OECD는 99년 5월 18일자 보고서에서 재정적자가 정부목표인 GDP의 4%를 넘어 4.7%까지 확대될 수 있음을 우려하였고, 경상수지 적자는 99년도 GDP의 5.9%, 2000년에는 6.2%로 증가할 것으로 전망하였다(http://www.mofat.go.kr).

11) ≪중앙일보≫, 2002.3.2.

더욱 좋아졌다고 응답하였다. 그리고 공공 부문에서는 하락/상승 대비가 러시아 86/4%, 불가리아 79/8%, 헝가리 68/11%, 체코슬로바키아 51/29%, 폴란드 37/44%, 동독 30/45%로 나타나서 폴란드와 동독의 경우만 더욱 좋아졌다고 답하였다.[12] 이는 체제변혁의 목표로 하고 있는 시장자본주의의 정착이 이론처럼 쉽지 않음을 현실적으로 보여주는 것이라 하겠다.

각 국가별로 경제상황을 보면 더욱 잘 알 수 있다. 불가리아 경제는 1996년 최악의 상태를 벗어나 1998년부터 플러스 실질 성장으로 들어갔으며, 2000년에는 5% 경제성장률을 시현, 소비증가, 소득증대 및 고용확대로 이어지고 있다. 이에 따라, 불가리아의 국가 리스크가 완화되고 있고, 외국인투자가 증가하고 있는데 세계적인 신용평가 기관인 미국의 Standard & Poor's는 불가리아의 경제 및 금융여건의 안정성을 고려하여 98년 11월 불가리아에 대한 평가를 'Stable'에서 'Favorable(B등급)'로 상향 조정하였다. 그러나 경제구조조정과 민영화의 추진속도가 지연되고 있는 등 불가리아 수출경쟁력에 부정적인 영향을 미치고 있고, 물가 및 환율 안정성을 위협하고 있다고 Standard & Poor's는 평가하고 있다. 이러한 개혁정책이 점차 성과를 보임에 따라 IMF는 3년 EFF(Extended Fund Facility)를 통해 총 8억 5천만 달러를 추가 지원키로 98년 9월 합의함에 따라 불가리아 경제개혁정책은 국제사회에서 새로운 신뢰를 얻고 있는 중이다. 99년 4월 21일 불가리아 원조공여국 회의에서는 총 7.5억 달러의 재정지원 약속을 받는 등 정부의 개혁정책에 대해 국제사회가 긍정적으로 평가하였다.[13]

또한 루마니아는 지난 97~99년 3년간의 극심한 불황에서 벗어나 2000년에는 완만한 회복세로 반전하여 2% 정도 실질 성장 기록을 보여주었다. 신정부가 개혁정책을 효과적으로 추진해 갈 경우 2001년 약 3%, 2002년 약 3.5%의 실질 성장을 기록할 수 있을 것으로 예상된다.

루마니아 신정부의 주요 실천 목표는 연평균 실질경제성장률이 4.5~6.0%, 소비자 물가상승률을 억제하여 경제안정기반 구축하고 물가상승률을 2004년 한 자리 숫자로 실현할 예정이다. 정부의 재정적자를 축소하여 2000년의 GDP 4% 그

---

12) Doh C Shin, *op.cit.*, pp.62 - 63. 원전은 Times - Mirror Survey(1994).

13) http://www.mofat.go.kr/missions/Bulgaria(2000. 5. 6.)

리고 수년 내로 GDP 3% 수준으로 축소할 방침이다. 특히 인플레를 조장하지 않도록 정부재정을 효율적으로 운영할 예정이고 사회불안 완화 및 사회안전망 구축, 빈곤층 퇴치, 일자리 창출, 주택값 인하 및 안정, 공공투자 재개 등을 추진할 예정이다. 다만 루마니아 신정부는 선거 공약으로 제시한 사회보장과 빈곤·실업 퇴치 등에 중점을 둔 경제정책을 시행해 가면서도 현재의 누적된 경제문제 해결을 위해서는 EU, IMF, 세계은행의 지원이 필수불가결하므로 이들이 요구하고 있는 체제 및 경제개혁을 지속 추진해 갈 것으로 전망된다.[14] 체코정부의 경우는 89년 시장 개방 이후 96년까지 성공적인 경제성장을 지속하였으나 97년 5월 환란 이후 99년까지 경제침체기를 맞았고 2000년부터 경제회복 조짐이 보이고 있다. 98년 GDP 성장 -2.3%, 99년 -0.5%였으나, 2000년에는 2.6% 성장하였고, 99년부터 해외투자 유치 증가로 2000년에는 약 47억 불을 유치하였고, 수출호조 등으로 경제 회복세로 전환하고 있다. 향후 해외투자 유치 정도, 노후한 설비 교체 및 자동화 시설 등에 의한 산업경쟁력 제고, 경영기법 및 마케팅 능력보강 여부가 경제성장의 관건이라고 본다. 2000년 GDP 약 492억 불, 1인당 GDP는 약 5,160불, 2001년 목표성장률은 4%로 예상된다.[15]

그런대로 시장경제가 원만하게 정착되고 있는 폴란드는 97년까지 4년간 연평균 6%에 달하는 고도성장 시현, 98년에는 러시아 경제위기 및 EU 경기침체로 인해 성장세가 주춤하였으나, 4.8% 성장을 실현하여 동구권 최대 성장률을 보였다. 폴란드는 99년에는 내수부진 이외에 러시아 경제위기의 지속, EU 경제성장 둔화 등 외부적인 요인으로 인해 4%의 성장에 그쳤고 2000년에는 5~5.5% 성장이 전망되었다. 99년 1/4분기 1.5~2.3%의 최악 국면에서 벗어나 2/4분기부터 회복 추세에 있으나 실질적인 경기회복은 2000년 이후로 전망된다. 폴란드의 소비자 물가상승률은 계속 감소되어 98년에는 89년 체제전환 이후 최초로 한 자리 숫자인 8.6% 달성하였으나 99년에는 9.8%로 다시 상승하였고 2000년 3월에는 10.3%에 달했다. 폴란드의 실업률은 98년 최초로 한 자리 숫자에 근접한 10.4% 달성하였으나 99년 말 현재 13%이고, 2000년 4월에는 13.6%로 상승하

---

14) http://www.mofat.go.kr/missions/Rumania(2000. 7. 8.)

15) http://www.mofat.go.kr/missions/Czech(2000. 6. 20.)

였다. 폴란드의 대외무역은 98년까지 증대 추세에서, 99년에 감소한 가운데 무역수지 적자가 누증하였다.[16] 경상수지 적자도 계속 확대되어 GDP 대비 96년 1.3%, 97년 3.2%에서 98년 4.5%(68억 불)로 증가하였고 99년에는 과거 60억 불 규모에 달하던 국경 무역이 러시아 경제위기 등으로 붕괴, 경상수지 적자가 위험수준인 7.2%(110억 달러)에 달했다. 폴란드의 경제와 사회 분야에서는 사회보장, 의료 및 교육제도 개혁, 과도한 관료주의 추방 및 제도 간소화, 사회 간접시설 및 통신망 확충, 2차 대전 후 국유화된 사유재산의 반환, 보상, 점진적 세금 인하 및 안정적인 세제 확립, 점진적 정부지출 감소를 통한 인플레 인하, 농업 현대화 등을 추진하고 있다. 폴란드의 외환보유고는 97년 말 207억 달러에서 98년 말 274억 달러로 증가하였으나, 99년 12월 말 현재 261억 달러로 감소하였고 반면에 외채는 97년 말 385억 달러에서 98년 말 현재 300억 달러로 감소하였으나 99년 말 현재 331억 달러로 다시 증가하였다. 그러나 제조업, 금융서비스업, 유통업, 건설 등 외국인 직접투자(FDI)는 97년 말 206억 달러, 98년 101억 달러 투자 증가하여 99년 말 현재 390억 달러로 대동구권국가 투자액 중 30%를 차지하여 동구권국가 중 최대 FDI 유치 국가이다.[17]

2. 유럽연합(EU)과의 관계

중·동구국가(CEECs: Central and East European countries)의 시장경제 도입과 자본주의 전환 등 경제교류 부문에 있어서는 동구권국가와 서방국가와의 관계 증진은 지리적으로나 문화, 역사적으로 매우 중요하다.[18] EU(European Union) 쪽이나 CEECs 모두 CEECs와 EU국가들과의 관계 증대와 함께 경제외교가 더욱 강조되고 있다. 그것은 우선 서구에서 동구권국가의 위상이 점점 높아져 가고 있

---

16) 폴란드의 최근 연도별 무역규모는 96년 577억 불(수출 250억/수입 327억), 97년 680억 불(수출 257억/수입 423억), 98년 752억 불(수출 282억/수입 470억), 99년 672억 불(수출 264억/수입 408억)로 집계되었다(http://www.mofat.go.kr/poland).

17) http://www.mofat.go.kr/poland(2000. 6. 7.)

18) Bartlomiej Kaminski, *op.cit.*, pp.307 - 308.

다는 점이다. 동구권국가들은 다소 차이는 있으나 체제전환 이후 94년을 전후로 점차 경제불안요인을 제거하면서 점진적인 경제성장국면에 진입하고 있다.

동구권국가들은 EU에 가입하여 서구의 경제체제에 편입되면 경제적 문제를 조속히 해결하고 발전의 기반을 닦을 수 있음을 그들 스스로가 잘 알 고 있 다.19) 우선적으로 폴란드, 헝가리, 체코, 에스토니아는 98년 초부터 가입협상에 참여하였고 나머지 국가들도 2010년까지는 EU에 정식 가입하는 것을 EU 집행 위원회에서 제안한 바 있었다. 그리고 97년 7월 EU집행위원회 회의에서 헝가리, 폴란드, 체코, 에스토니아, 키프로스 등은 EU 우선가입국으로 지명되었다.20) 헝 가리, 체코, 폴란드 등은 EU 가입에 가장 가까이 접근하고 있고 EU국가들은 1999년 12월 이후 동구권의 6개국 정도를 중심으로 EU 가입에 대한 여러 심도 있는 문제들을 정상회담을 통하여 논의하여 왔다.21)

결국 아일랜드가 EU 15개 국가 중 마지막으로 EU의 확대를 찬성함으로써 발 틱 3국, 폴란드, 체코, 헝가리, 슬로베니아, 슬로바키아가 2004년에 가입하게 되 었다.22) 그동안 공산당 집권 시 헝가리는 대서방 관계에 있어 기본적으로 소련 의 대서방 정책을 답습해 왔으나 1960년대 이후 호혜평등 원칙에 따라 서방측 과의 협력 및 관계 증진을 도모했다. 90년 3월 이후 전통 서구유럽에의 복귀를 외교정책의 최우선 목표로 설정하고 90년 11월 구주협의회(Council of Europe) 가입, 91년 12월 EU와의 제휴협정(Association of Agreement) 서명, 92년의 EU 준회원 가입, 94년 2월 EU와의 제휴협정 발효, 준회원국 지위 획득, 96년 3월 OECD 가입, 97년 7월 EU 집행위 Agenda 2000에서 EU 1차 가입협상 대상국으 로 선정되었다. 헝가리는 EU 가입과정을 지연시키지 않으면서 국가 경제이익 확 보 노력을 하고 있다. 헝가리 변혁의 최대 정책과제인 시장경제체제로의 이행에 있어서 서방의 자본과 기술 도입을 적극 추진 중이다. 헝가리는 89~2000년의

---

19) Joshua A. Tucker, Alexander C. Pacek & Adam J. Berinsky, "Transitional Winners and Losers: Attitudes Toward EU Membership in Post-Communist Countrues", in *AJPS: American Journal of Political Science*(Univ. of Wisconsin Press), Vol.46, No.3(2002, July), p.562.
20) *The Time ALMANAC 2000*(1999), pp.231-232, *Britanica Book of the year*(2000), p.435.
21) *EIU Country Report: Hungary*, May 2000, p.8.
22) ≪중앙일보≫, 2002. 10. 22.

외국인투자 누계는 약 220억 달러로서 중·동국 국가 중 국민 1인당 최대 외자 유치국이다. 헝가리는 유럽·대서양 통합, 인접국에 대한 선린정책, 지역안정 및 민족 정책 등 3대 주요 외교정책의 지속추진 및 3자 간 균형 유지를 도모하면서 EU 정회원 가입을 추진하여 왔다. 모든 국가와 공개적·호혜적으로 협력할 용의가 있으나, 유럽·대서양의 가치에 반하고, 인권을 침해하며, 국제테러를 지원하고, 국제적으로 용인된 법을 위반하는 국가와는 협력을 하지 않는다고 강조한다.[23]

폴란드는 91년 12월 유럽협정(Europe Agreement)에 따라 94년 2월 EU 준회원국의 자격이 부여된 이후, EU 기준에 맞는 각종 법령, 제도정비를 지속적으로 추진하여 오는 가운데, 97년 12월 가입협상 대상국(6개국)으로 선정된 데 이어, 98년 11월 10일 EU와 본격적인 가입협상을 개시하였다. 폴란드도 헝가리처럼 EU 가입을 최우선 순위 국가목표로 설정하였고, 99년 3월 NATO 가입 이후 더욱 제고된 국가위상을 바탕으로 EU 가입을 희망하여 왔고 범정부적 역량을 집중하였었다. EU 가입에 대한 폴란드 국민, 특히 농민 및 중산층 이하 국민들의 지지도가 하락 추세에서, 증가 추세로 반전하였다. 97년에는 75~80%, 99년 10월에는 46%였는데 2000년 6월 초에는 60%로 상승하였다. 이는 정부의 홍보 및 언론의 보도 증대와 함께 EU 개발자금 수혜에 따른 실익을 국민이 인식하게 된 데 기인한 것으로 평가되고 있다. 그동안 EU 측은 현재 EU 내부개혁 및 가입협상 대상국들의 실질적인 가입준비 진전상황을 보아 가면서 가입시기를 결정하겠다는 입장을 보였었다. 폴란드는 EU 가입을 목표로 정부홍보활동 증대, 언론의 보도 증대, 상·하원의 EU 관련 법안의 조속 처리를 위한 결의안 채택 등 노력을 전개하여 왔다.[24]

체코는 95년 준회원국 자격 획득, 97년 제1차 EU 가입협상 대상국으로 지명된 바 있는 주재국은 98년 이후 최근의 EU 가입준비상황 평가에서 EU 집행위로부터 법체제정비, 사유화, 부패방지, 공공서비스 분야 등에서 부진하다는 평가를 받았다. 체코정부는 그동안 EU 가입을 목표로 약 200여 개 법안을 정비 작업하였고, 2000년 EU 집행위 보고서는 정치 분야에서의 가입기준은 비교적 충

---

23) http://www.mofat.go.kr/hungary(2000. 8. 12.)

24) http://www.mofat.go.kr/poland(2000. 6. 24.)

족되고 있으나, 자금세탁, 금융범죄, 경제 분야에서는 미진, 종합적으로 제3그룹 수준에 있다고 평가받은 바 있었다. 2001년 6월 현재 총 31개 교섭 Chapter 중 19개 Chapter를 완료했으나, 대부분 분석가들은 2004년 이후를 가입 가능시기로 전망하고 있다.

체코시장 개방 이후 주요 교역 대상국이 구소련 및 동구권에서 독일, EU국 등으로 전환 중인데 대EU 무역비중은 95년 55.2%, 98년 64.2%, 99년 69.2%를 보이고 있다. 한편 구소련 및 동구권에 대한 비중은 95년 33.1%, 98년 26.3%, 99년 21.7%로 감소추세를 보이고 있다. 체코의 해외직접투자 감소추세에서 98년 5월 투자 인센티브제도 도입 이후 외국기업 투자 증가세이며, 1990~2000년 상반기까지의 총 해외투자 유입은 211억 불이며 국가별 및 분야별 순위는 독일(34%), 화란(24%), 스위스(11.8%), 미국(6%), 영국(6%), 오스트리아(4%), 프랑스(94%) 순이며, 분야별 순위는 수송, 통신, 은행, 교역·서비스, 화학, 식품 순이다.[25]

이처럼 헝가리, 체코, 폴란드 등 동구권국가들은 EU정회원 가입을 위하여 ① 제반 여건 충족, ② 상품의 EU시장 접근조건 개선, ③ 경제개발에 필요한 자원 획득조건의 개선, ④ 농업과 신규산업을 위한 시장 보호, ⑤ EU준회원국 협정이행속도 완화 등의 노력을 기울여 왔다. 이는 동구권국가들의 세계화 전략을 일맥상통하고 대외전략의 근간이 되어 왔다. 동구권국가들은 유럽의 지역주의에 따른 무역장벽을 여러 면에서 해소하고 있다. 헝가리를 비롯한 중·동구시장은 노동인력 구성, 산업구조, 지리적인 특성 등으로 보아 세계시장에 대한 중간재 및 부품의 조달기지로서 역할이 기대된다.[26]

그러나 EU 내에서도 민주주의에 대한 논쟁이 존재하여 온 것이 사실이다. 예컨대 유럽연맹이 정치체로서 유럽합중국이나 유럽연맹단일국가결성 등 한 국가 내의 민주주의의 실천과 제도로의 확대라는 문제에 있어 부딪히는 한계들에 대한 심각한 논의가 그것이다.[27] 향후 EU정책에 대한 동구권국가의 대응과 민주

---

25) http://www.mofat.go.kr/missions/Czech(2000. 8. 13.)

26) http://www.mofat.go.kr(2000. 8. 23.)

27) Brigid Laffan, Laffan, Brigid, "Democracy and the European Union", in Laura Cram, Desmond Dinan & Levine, Peter, *The New Progressive Era: Toward a Fair and Deliberative Democracy*(Lanham: Rowman & Littlefield Publishers, Inc., 2000), p.330.

주의의 세계화 차원에서 90년대 민주화를 경험한 동구권국가들은 세계민주주의와 EU민주주의 발전에 대해서도 협력해야 할 것이다. 민주적 참여의 여러 자원들과 함께 코스모포리탄 민주주의, 민주주의를 위한 단일 지역적 기초에 입각해서 EU가 출범하고 있다. 범EU 의회, 각 하부 기관, 사회운동 등은 EU의 코스모포리탄적 민주주의를 위한 잠재적인 조직들이다. EU는 경제적 세계화 지역주의의 탈민주적인 영향에 대한 대안이 요청된다.[28] 그 밖에도 정권의 교체와 무관하게 EU 가입은 루마니아(2007년 가입후보국)의 경우 주요 외교 목표로 남아 있으며, 루마니아 정부로서는 EU 가입 추진이 국민들에게 지속적 개혁의 필요성을 설득할 수 있는 근거이다. EU 및 NATO 가입에 유리한 외교여건 조성을 위해 유럽 및 미국과의 관계 심화를 추진하고 있다. OSCE 2001년 의장국으로서 유럽 지역 안보 및 분쟁해결 등에 적극적 역할을 수행함으로써 EU 및 NATO 가입에 유리한 여건 조성을 위해 노력하고 있다. 경제발전 및 개혁에 대한 지원 확보를 위해 IMF 및 세계은행과의 관계를 유지하고 있다.

불가리아(2007년 가입후보국)도 89년 공산주의체제 몰락 이후 서구와의 통합을 위한 EU 및 NATO 가입 등을 주요 외교정책 목표로 설정하였고 EU 가입을 추진하여 왔다.[29] 체코와 루마니아가 동시에 95년 2월 EU 준회원국 지위 획득 이후 불가리아 상품의 상당 부분이 무관세로 EU시장에 진입하는 한편, EU기준에 부합한 국내법률 정비 등 경제개혁정책을 추진하여 왔다. 2000년 2월 15일 EU와 가입협상을 시작했는데 미하일로바 외무장관은 2006년 가입목표를 제시하였고, 2001년 7월 현재 총 31개 가입협상 분야 중 19개 분야에 대한 협의를 시작하여 이 중 10개 분야를 종결하였다. EU는 가입조건을 확립하였는데 인권의 존중과 민주주의정치체제의 구현은 EU 가입조건으로 명문화하였고 비회원국들은 어떠한 이유에서였든 간에 EU 가입을 희망하여 왔다.[30] 이 점에 있어 바로

---

28) James Goodman, "the European Union: reconstituting democracy beyond thenation-state", in Anthony McGrew(ed.), *The transformation of Democracy? : Globalization and Territorial Democracy*(Cambridge: Polity Press, 1997), p.194.

29) ≪중앙일보≫, 2002. 10. 22.

30) 최진우, "유럽연합 확대의 동인: 이론적 이해를 위한 시론", 21세기세계정치연구원, 『세계 정치연구』, 제1권 1호(2001), p.53. EU 가입조건은 ① 유럽국가일 것, ② 민주주의체제일 것, ③ 인권을 존중할 것, ④ 기존의 모든 EU법을 존중할 것, ④ 공동방위 및 외교 분야의 기존 정책 및 마스트리히트 조약에 의거 수립될 향후의

동구권국가의 체제변동의 긍정적 방향을 측정해 볼 수도 있는 것이다.

국제기구들은 한 국가 내의 중앙은행, 국내적인 규제를 받는 기업문제, 국가재정과 관련한 시장과 기구, 중앙은행의 송금관계 등 개별국가들의 여러 사안과 범세계적인 국제적인 재정관계나 국제적인 은행체계와의 제도적인 격차에서 오는 여러 가지 불일치문제들에 대하여 중간적인 다리역할을 해 주고 있다.[31] 이러한 맥락에서 동구권국가에 있어서도 시장경제 도입, 차관도입, 무역관계에서 이들 국제기구의 지원과 협력이 매우 중요함을 인식하고 있는 것이다.

3. 경제협력개발기구(OECD)에서의 활동

동구권국가 중 헝가리(27), 폴란드(28), 체코(26) 등이 96년 OECD(Organization for Economic Cooperation and Development)에 가입하였고 슬로바키아는 2000년에 30번째로 OECD에 가입하였다. 이들이 아직은 비슷한 중진 개도국수준이기 때문에 선진국과 제3세계권과의 연결고리로서 협력의 역할을 취할 수 있다. 이처럼 중·동구국가에서 선두 개혁국가들은 헝가리, 체코, 폴란드, 슬로바키아, 크로아티아, 슬로베니아 등이고 중간그룹은 알바니아, 마케도니아, 루마니아, 불가리아 등으로 구분되고 있다.[32] 특히 1999년 5월 OECD국가는 대헝가리 수출의 약 88%, 수입의 82%를 차지하는 등 큰 비중을 갖고 있다. 여기서 시장경제 도입과 민주화에 있어 가장 안정된 헝가리가 동구권국가의 대서유럽지역의 전진기지가 되고 있는 것이다. 그리고 이들 국가들은 국가경쟁력, 정치와 경제 면에서 비슷한 수준과 경험을 기초로 OECD 내에서 협력해야 한다.

체코의 경우를 예로 들자면 체코는 슬로바키아 간의 93년 연방분리 이후 메시

정책들을 수용할 것, ⑤ 유럽연합의 장기적 목표를 지지할 것, ⑥ 원활하게 운용되는 경쟁적 시장경제 체제를 갖출 것, ⑦ 공공 및 민간 부문 공히 적절한 법적 행정적 체제를 구비할 것 등이다. John Redmond(ed.), *Prospective Europeans: New Members for the European Union*(London: harvester Wheatsheaf, 1994, p.6.

31) Grabame Thompson, "Multinational corporations and democratic governance", in AnthonyMcGrew(ed.), *The transformation of Democracy？: Globalization and Territorial Democracy*(Cambridge: Polity Press, 1997), p.164.

32) *EBRD*, 1996, pp.25－26.

에르(Meciar) 수상 집권기간을 통해 양국 간 연방재산분리 문제를 포함하는 제반
문제로 갈등관계에 있었으나, 작년도 Meciar의 실권 및 새 정부 구성, 금년도 슈
스터(Schuster) 대통령 취임 등을 계기로 양국 간 협력 분위기가 무르익고 있다.
99년 11월 양국 수상 간에 재산권 분할협정에 서명이 이루어졌으며, 체코도 슬
로바키아의 NATO 및 EU 가입을 적극 지지하였었다. 체코와 독일 간의 97년
양국 간에 '양국관계 발전 및 미래를 위한 선언'이 서명됨으로써 그동안의 나치
하의 강제노역, Sudeten 독일인 추방 등 과거사문제와 관련한 매듭이 풀리기 시
작하였다. 최근에 여러 차례에 걸친 양국수상회담을 통해 과거문제가 양국 간의
장래를 방해치 않도록 재다짐하는 한편, 독일은 체코의 EU 가입을 적극 지원키
로 약속하는 등 양국 간의 우호협력관계가 가일층 강화 추세에 있다.[33]

또한 체코의 테멜린(Temelin) 원자력발전소의 2000년 10월 초 가동과 관련, 오
스트리아 측은 2000년 9월 말~10월 초에 몇 차례에 걸쳐 양국 간 국경을 폐쇄
하는 등 강경 입장을 견지하고 있는 가운데, 양국이 동 문제를 EU 차원의 문제
로 비화시킴으로써 양국 간 분규가 지속되고 있다. 2000년 10월 31일 및 12월
12일 Zeman – Schussel 간 수상회담을 통해 양국 간 분규는 일단 해결을 위한 새
로운 전기를 맞고 있으나, 오스트리아의 환경론자들과 Upper Austria 주민들의
강경 자세가 여전히 계속되고 있어, 분규 가능성이 상존하고 있다. 2000년 2월
극우정당인 자유당(Freedom Party)이 연정에 참여하고 또 동 연정이 그동안 양국
간에 일단락된 것으로 여겨졌던 주데텐(Sudeten) 추방자 재산반환 및 보상문제
그리고 상기 테멜린(Temelin) 원자력발전소 문제 등으로 인해 양국 간 관계가 다
시 냉각되고 있는 실정이다.[34] 앞으로도 동구권국가와 이미 가입한 OECD회원
국가 간의 협력과 지원이 요망되는 것이다.

---

33) http://www.mofat.go.kr/missions/Czech(2000. 5. 15.)
34) http://www.mofat.go.kr/missions/Rumania(2000. 8. 17.)

제3절 동구권국가의 대외관계

1. 국제연합(UN)에서의 활동

　민주주의와 인권을 기초로 동구권과 발칸지역 평화에 대한 유럽국가들 간의 상호 지지와 협력이 요망된다. 세계화는 동구권은 물론 모든 국가들에 민주주의와 인권을 면밀히 조사하는 데 있어 기술적인 많은 것들을 가져왔다. 인권의 국제적 기준으로 상승시키는 데 있어 실패는 국가의 정통성마저도 위협을 가져온 것이다.[35] 국제연합(UN)의 인권프로그램의 가장 적극적인 결과들은 전 세계에 걸쳐 인간에 대한 존엄성을 위한 국제적 기준을 만든 것이었다.[36] 그러나 UN과 민주화 사이에도 때때로 긴장관계가 존재한다. 일국가일표주위 원칙으로 주권국가의 원칙을 강조하면서도 유엔이나 세계은행 등은 중요한 과제에서 이러한 원칙에서 벗어나는 경우가 있다. 이것은 제3세계권의 독립문제, 1945년 이후 군사력과 경제와의 관계에 있어서의 역할, 지구촌사회 형성, 동구권의 민주화와 시장경제 도입, 보스니아내전과 코소보문제, NGO와 유엔에 대한 자유주의적 국제주의적 접근 등 국제적 체계의 변화에 적응하는 데 있어 유엔의 역량과 적실성에 있어 많은 한계가 노출되었다.[37] 특히 안보리의 비토권에 대해서는 비민주적이라는 논란이 계속되고 있다. 러시아는 우선 UN에서의 역할을 강화한다. 99년 3월 유엔 안보리의 승인을 거치지 않고 NATO군의 독자적인 유고슬라비아 공습으로 UN의 권위와 역할에 심각한 타격을 주었다고 평가하고 향후 UN 안보리의 결정을 통한 제재가 이루어지도록 UN 기능 회복을 강조한다. 공격적 민족주의, 분리주의, 테러행위 및 종교적 극단주의 등 새로운 도전 요인에 효과적으로 대처하기 위해서도 UN 역할의 강화를 주장한다.[38] 앞으로도 지속적으로 발칸문

---

35) Anthony Mcgrew, McGrew, Anthony(ed.), The transformation of Democracy?: Globalization and Territorial Democracy(Cambridge; Polity Press, 1997), p.145.

36) Peter R. Baehr, Human Rights: Universality in Practice(N.Y.: St. Martin's PressInc.: 1999), p.69.

37) Mark Imber, "Geo-governance without democracy? reforming the UN system",in Anthony McGrew(ed.), *The transformation of Democracy?: Globalization and Territorial Democracy*(Cambridge; Polity Press, 1997), pp.217-222.

제나 동구권국가개혁문제들에 대한 유엔의 지지와 협력이 중요하며 역으로 동구
권국가들과 러시아의 UN을 통한 협력도 상호 증진되어야 할 것이다.

2. 북대서양조약기구(NATO) 가입 확대문제

WTO(Warsaw Treatment Organization)체제와 NATO(North Atlantic Treaty
Organization)체제가 동서냉전으로 대리되었던 군사안보적 관계에서 WTO체제가
해체되고 NATO체제가 더욱 중요한 의미를 주는 가운데 헝가리, 체코, 폴란드
등 중·동구국가의 NATO 가입은 체제변동의 단적인 변화기준이 되었고 이들의
국제적 안보적 위상을 강화하는 계기가 되었다. 이미 94년 2월 헝가리, 폴란드,
체코 등은 NATO의 평화동반자계획(PfP)협정에 서명하였고, 97년 7월 NATO 우
선가입후보국으로 확정되었고 결국 NATO 창설 50주년인 99년 4월 4일에 정회
원 가입국이 되었다.[39] 그리고 나토 19개국 정상들은 2002년 11월 22일 프라하
에서 발틱 3국, 슬로바키아, 슬로베니아, 루마니아, 불가리아 등 7개국을 2004년
가입 예정국으로 발표하였다.[40] 특히 대외적으로 헝가리, 폴란드, 체코, 슬로베니
아, 슬로바키아 등은 완전한 서구권으로의 복귀를 위해 노력할 것이며 러시아
및 CIS국가들과는 불가근, 불가원 관계를 유지하고 있다. 동구권국가들은 각각
유럽지역과 국제사회에서 전쟁보다는 평화를 위하여 상호 정보를 교류하며 협력
할 수 있다고 본다. 다양한 수준에서 새로운 민주주의에서 자발적인 협력과 타
협을 통한 해결 등에 적응하고 있다.[41]
　헝가리의 경우는 그동안 이미 보스니아내전 때 작전을 위한 중요한 기지를 제
공함으로써 NATO에 적극적으로 기여해 왔다. 헝가리의 경우는 소수민족문제와
함께 갈등지역인 발칸지역에 근접해 있고 동구권국가들은 러시아 등과 지속적인
평화의 노력이 요구되기 때문이다. 그동안 헝가리는 범유럽집단안보체제(OSCE:

---

38) http://www.koreaemb.ru/(2000. 6. 13.)

39) *The Time ALMANAC 2000*(1999), pp.231−232, *Britanica Book of the year*(2000), p.435.

40) *The NewYork Times*, 2002. 11. 23.

41) Elizabeth Pond, *The Rebirth of Europe*(Washington, D.C.; Brookings Institution Press, 1999), pp.72−77.

the Organisation for Security and Cooperation in Europe) 구축을 위한 다자협상에 적극 참여하고 NATO 가입 추진을 하였다. 헝가리군은 1955년 바르샤바 조약기구 창설 회원국으로 가입하였으나 91년 4월 동 기구의 군사조직 해체, 91년 6월 헝가리주둔 소련군 완전 철수, 91년 7월 정치조직을 완전 해체하였었다.[42] 헝가리는 2001년 5월 WTO회원국으로서는 최초로 NATO 외무장관 회의를 개최하는 등 적극성을 보이고 있다. 체제변동 이후 헝가리의 신국방정책은 평화지향 방위정책을 채택하여, 정치수단으로서의 일체의 전쟁행위를 거부하였고, 헝가리에는 어떠한 적대국가도 없음을 대내외에 천명하였을 뿐만 아니라, 타국에 대한 영토요구가 전무하다는 선언을 하였으며 선제공격 전략을 포기하고 공격용 무기를 대량 해체하였다.[43]

체코의 NATO 가입 경우도 단순한 국가안보 차원의 의미를 넘어서 체코가 민주주의 원칙을 준수하는 서방국가의 일원으로 인정받았다는 의미가 있으며, 체코 현대 역사상 가장 중요한 사건으로 평가되고 있다. 일반 국민들의 가입지지도는 50% 정도로 폴란드, 헝가리에 비하여 낮은 수준이지만 장비와 인력 면에서 NATO의 일반적인 수준을 따라가기 위해 향후 10여 년간 매년 GDP의 2%에 해당하는 국방비 지출을 계획하고 있다. 다만 체코의 NATO 가입 직후 Kosovo 사태 및 NATO의 세르비아 폭격 등은 헝가리와는 달리 국내 정치저인 혼란을 야기하였다. 체코는 민족적으로 세르비아와 같이 슬라브계통일 뿐만 아니라, 역사적으로도 세르비아와 우호적인 관계를 유지해 온 이유로 과반수의 국민이 NATO 폭격을 좋지 않은 시각으로 보았으며, 이에 따라 정치지도자들 사이에서도 입장이 엇갈린 바 있다.[44]

폴란드는 NATO 가입에 따른 역할 증대를 모색하면서, 민주주의, 시장경제, 인권 등 보편적 인류가치를 표방하고 있다. 폴란드는 미·영·독·불 등 서방과

---

42) 이후 헝가리는 94년 11월 NATO와 평화를 위한 동반자 계획(PfP) 협정 서명, 95년 OSCE 의장국, 97년 7월 마드리드 NATO 정상회담에서 신규회원 가입 대상국으로 초청되었고, 97년 12월에는 NATO 외무장관 회담에서 가입의정서에 서명하였고 99년 4월에 가입하였다.

43) 90년 사회주의체제 붕괴 이후 헝가리의 병역제도는 9개월의 의무병제도이고 국방예산은 1,894억 Forint(GDP 대비 1.61%) 정도이디. 2000년 기준 육군은 총병력이 24,300명이고, 공군 병력은 12,400명이다.

44) 예컨대 Havel 대통령은 친NATO, Zeman 수상은 NATO의 개입에 대해 미온적이고, Klaus 국회의장은 친세르비아지지 경향을 보여주었다.

의 우호협력관계를 증진하는 반면 러시아 및 인접 동구권국가와의 선린우호관계 그리고 비유럽국과의 우호관계도 증진하고 있다. 폴란드는 서유럽과 러시아와 CIS국가와의 중간에 위치하여 국가 위상 증대, NATO 가입, 과거 공산주의 잔재 타파, 민주주의 및 시장경제 최초 채택, 동구권 중 최대 외국인투자 유치 및 최대 경제성장률 지속, 민주주의 공동체회의 주최 등을 강점으로 대미국 주요 파트너로 입지 강화를 꾀하고 있다. 유럽안보시스템 구축 등에 있어 독일과 프랑스와도 협력관계 증대를 도모하고 있다.

사실상 미국과 유럽국가들은 물론 한편으로 NATO의 확장과 영향력 확대를 희망해 왔다. 그러나 나토의 확장문제는 NATO 내부에서 찬성과 반대의 기류가 공존한 것도 사실이다. NATO국가들 내부의 NATO 가입대상 확대 시의 중요한 기준의 하나는 정치적/문화적 동질성이라는 것이었다.[45] 그동안 구소련 밖에 있는 동유럽국가들에 NATO를 확대하는 것도 러시아의 반발을 불러왔던 것인데 만일 미국이 과거에 구소련에 속해 있던 회교국가들에까지 나토를 확장하려 할 경우 그에 대한 러시아의 반발은 미국을 비롯한 NATO국가들이 당연히 예상하고 있는 바이며 이에 대해서는 지극히 신중할 수밖에 없다는 것은 사실이다.[46] 95년 옐친 전 러시아대통령은 발칸사태는 NATO가 러시아의 국경을 접하게 되면 발생할 전조라고 하며 이를 막기 위해 러시아가 구소련국가들과 맺었던 관계를 복구해서 블록을 만들 것이라고 큰소리치기도 했었다.[47] 그러나 러시아가 민주주의, 시장경제로 체제전환을 하는 데도 불구하고 오히려 미국이 패권적 전략을 전개하면서 MD, ABM 탈퇴고려 등 과거 냉전체제의 재판을 만드는 듯한 일련의 정책을 보이는 것은 미·러가 아직도 가상적의 대립구도에서 탈피하지 못하고 오히려 화해와 협력을 추구하는 전 세계 여러 국가를 불안하게 만들고 있다는 비판여론을 고려해서 보다 세계평화와 화해의 국제질서를 위해 미·러, NATO－러시아 간의 협력이 필요하다.[48]

---

45) 이삼성, "미국외교와 인도적 군사개입: 코소보의 인식을 중심으로". 한국정치학회 연례학술회의(1999. 12), p.29. 원전 K. M. Fierke, "Dialogues of Manoeuvre and Entanglement: NATO, Russia, and the CEECs", *Journal of International Studies*, Vol.28, No.1, 1999, p.40.

46) 이삼성, 전게논문, p.29.

47) ≪중앙일보≫, 1995. 9. 13.

지난번 11월 22일 발틱 3국, 슬로바키아, 슬로베니아, 루마니아, 불가리라 등 7개국이 2004년 가입 예정국으로 결정된 것에 대하여 러시아는 표면적으로는 문제점이 있음을 표명하였지만 실제에 있어서는 나토회원국 확산에 대하여 묵인하였다.[49]

루마니아와 불가리아는 항상 NATO에 가입될 수 있을지에 대하여 지도층들이 많은 고민을 하였다.[50] 특히 불가리아는 그동안 가입을 적극 추진하여 왔는데 94년 2월에는 PfP에 서명하고, NATO 기준에 따른 군개혁 및 NATO와의 고위급 정치대화를 강화하였다. 전시에는 NATO군 보호에 전적으로 의지하며 NATO군의 해외작전에 참여한다는 내용의 군사정책 선언안을 채택하는 등 조속한 나토 가입 심의를 위한 노력을 전개하였다. 99년 코소보사태에 대하여 불가리아는 코소보지역주민 인권보호, 코소보 자치 보장 및 현 유고연방 영토 유지 원칙을 지지하며, 코소보 난민과 관련, 동 난민을 코소보 인근지역에 두고 지원한다는 원칙 아래 난민을 불가리아 내에 거의 수용하지 않고 마케도니아 내의 난민에 대한 각종 지원을 제공하였다. 불가리아는 기본적으로 발칸 역내국 간 배타적 동맹 결성에 반대하고 선린 우호관계를 추구하며, 최근 역내국 간 정치·안보협력 증진을 위한 남·동유럽국방장관 회의 및 외무장관 회의 등에 적극 참여하고 있으며, 코소보 사태를 계기로 99년 8월에 창설한 발칸지역 다국적 평화유지군에 주도적 역할을 하였다.[51] 예컨대 슬로베니아도 무리 없는 민주화 이행에 대하여 긍정적인 평가를 받아 왔다.[52] 나토는 서유럽만의 협소한 군사동맹을 넘어 북미와 전 유럽을 포괄하는 대규모 집단안보체제가 된 것이다.

48) *NATO review*, Spring 1999, pp.19 - 22.

49) *The NewYork Times*, Nov. 23, 2002.

50) Ivan Krastev, "The Balkans: Democracy without choices", in *Journal of Democracy*, Vol.13, No.3(July, 2002), p.42.

51) 불가리아는 코소보문제에 관련하여 코소보 사태가 지역안정을 위협하는 주요 요인으로 인식하고 있으며, 동 사태의 평화적 해결을 위해 적극적인 역할을 모색, 99년 3월 12일 제3차 불가리아, 루마니아, 터키 3국 정상회담 및 99년 3월 19일 불가리아, 루마니아, 터키, 그리스 및 마케도니아 등 남·동유럽 5개국 외무장관 회의, 2000년 1월 불가리아에서 그리고 2000년 3월 헝가리에서 2차례 개최한 유고 접경 7개국 총리 회담 등을 통해 발칸지역 국가 간 공동입장을 정하고 코소보문제의 평화적 해결을 촉구하였다. 이는 NATO 가입을 위한 불가리아의 외교안보적 노력의 일면을 보여준다.

52) Anton Belbler, "Slovenia's Smooth Transition", in *Journal of Democracy*, Vol.13, No.3(Jan.2002), p.128.

3. 동구권과 러시아와의 관계

러시아는 미·소냉전체제 해체 이후 미국과의 관계에 있어 정치적 안정, 시장경제의 정착 및 핵무기 확산 방지를 통한 전략적 안정을 달성하기 위해 미국과의 협력이 필요하다고 인식하고 있다. 다만 발칸문제, 중동문제 등 최근 미국의 독자적인 세계질서 결정 경향에 대해서는 견제하고 특히 미국의 MD(NMD) 구축은 전략적 안정을 무너뜨리고 새로운 군비 경쟁을 야기한다는 점에서 적극 반대 입장을 보이고 있다. 최근 중·러 정상회담을 통하여 중국과의 전략적 동반자 관계를 강화하였고 미국의 MD 추진에 적극 반대를 표명하였다. 그동안 NATO에 대응하여 과거 군사전략적 차원에서 탈피하여 주요 군사정책방향을 모색하여 온 것이 사실이다.[53] 아직도 미국을 중심으로 한 NATO의 군사적 위협이 항존한다고 인식하고 있으며 동구권국가로의 나토의 확대는 러시아로 하여금 군사·안보적으로 예민하게 반응하게 만들고 있다. 러시아는 여전히 군사문기, 핵무기 관리가 위험하며 국제질서와 평화에 중요한 변수로 작용하고 있는 것이다.

러시아와 유럽 간의 협력에 있어서는 러시아의 안정 및 번영이 유럽국가와의 협력과 직결되어 있음을 인식하고, 이를 위한 상호안보협력체제를 구축하기 위하여 구주안보협력기구(OSCE)의 역할 강화를 위해 노력하고 있다. 러시아와 EU 간 동반자 관계 및 협력에 관한 협정에 기초하여 유럽과의 협력관계를 증진하고 있다. 그러나 러시아는 2004년 7개국의 새로운 나토가입국가가 탄생하였으나 오히려 2002년 11월 21일 러시아의 푸틴 대통령은 프라하 나토정상회담에 참가하여 나토＋러시아 정상회담을 주재하였다.[54] 이미 나토＋러시아 협의회를 창설한 것에서도 7개국 가입에 대하여 반대하지 않을 것이라는 믿음을 주었다. 이제는 오히려 러시아도 NATO에 가입하여 NATO 가입국과 비NATO 가입국가와의 대립을 하는 동서냉전구도의 전통적 안보기조에서 탈피하여 유럽을 중심으로 한 평화의 세계화를 구축하여 세계평화의 상징적 기구로 남을 수도 있다고 본다.

다만 폴란드는 역사적 관계에서 러시아의 신제국주의 가능성을 경계하고 있

---

53) *The Military Balance ＇98 - ＇99*, IISS, 1998, pp.12 - 13.

54) *The New York*, Nov. 22. 2002.

다. 최근 폴란드와 러시아의 양국관계는 주재국의 스파이 활동혐의로 러시아 외교관 추방, 주재국 포즈난시 러시아 영사관 피습 사건 등으로 한때 냉각 상태였으나, 푸틴 러시아 대통령 당선을 계기로 양측은 관계 개선 희망을 표명하였고 2000년 11월 러시아 외무장관이 폴란드를 방문하기도 하였다.

헝가리는 러시아 및 CIS 국가들과 불가근·불가원의 관계를 유지한다. 헝가리는 1948년 및 1967년에 체결된 소련과의 장기동맹 조약에 기초, 소련과의 우호협력관계를 추구, 정치·외교문제에 관하여 소련과 공동보조를 취하였다. 그러나 90년 5월 제1기 연정 출범 이후 헝가리 정부는 주종적 대소관계를 청산하고 동서 간의 교량역할을 도모하는 등 균형 있는 적절한 선린 우호관계를 정립하고자 노력하고 있다. 헝가리 신정부는 바르샤바 조약의 해체를 앞서 주장하였고, 1991년 7월 소련군대가 헝가리로부터 최종 철수하였다. 구소련 붕괴 이후 독립된 러시아공화국이 민주화에도 불구하고 여전히 군사대국이며, 동구지역의 강대국으로 남아 있다는 인식하에 대러 관계에 신중을 기하면서 헝가리의 최대 에너지 공급국가인 러시아와의 관계를 중시하고 있다.[55]

불가리아는 대서방관계를 저해하지 않는 범위 내에 러시아 및 CIS와의 관계 강화를 추진하고 있고, 최근 석유, 가스 등 러시아에 지나친 에너지 의존을 탈피하기 위해 아제르바이진, 그루지이 등과 흑해항로 개설 및 송유관 증설 등을 모색하고 있다. 불가리아는 한국, 일본, 호주, 중국 및 극동의 신공업국가들과의 관계 강화를 희망하고 있는데, 이는 최근 EU와 경제협력 확대 미진을 의식해 극동지역국과의 관계를 확대하려는 노력이 대두되고 있다. 이처럼 구공산권붕괴와 동서냉전체제 와해, 그리고 미·소냉전체제의 와해로 인하여 그동안 구소련 편에 있던 동구권국가들의 친서방으로 인한 경제적, 군사적 협력관계는 앞으로도 러시아와의 새로운 관계 정립에 여러 잠재적 문제를 남겨놓고 있는 것이다.

러시아는 UN, G-8, 나토+러시아협의회 등을 통하여 미·소 대립 때보다는 미치지 못하지만 국제문제에서 일정 부분 중요한 역할을 갖고 적극적인 활동을 하고 있다. 특히 한반도와 동북아문제에 있어서도 최근 한·러, 중·러, 북·러

---

55) http://www.mofat.go.kr/hungary(2000. 8. 16.)

정상회담 등을 통하여 4강에서 다소 소외되어 오던 역할을 다시 극복하고 정치·경제적 실익을 얻기 위하여 다양한 노력을 보이고 있다. 이러한 동구권과 러시아의 체제변동은 세계화, 민주주의, 시장경제 등을 중심으로 한 새로운 국제질서 속에서 나름대로의 적응과 활로를 모색하고 있다고 할 것이다.

제4절 향후 과제와 전망

1. EU국가와의 관계 증대

아일랜드가 유럽연합(EU)의 회원국 확대에 찬성함에 따라 EU의 확대정책이 탄력을 받게 됐다. EU 확대가 순조롭게 진행될 경우 현재 15개국, 인구 3억 7천만 명의 EU는 오는 2007년께 27개 회원국에 5억 3천만 명의 인구를 거느린 인류 역사상 최대 규모의 국가 간 연합체로 발돋움하게 된다.

아일랜드는 2002년 11월 19일 실시된 국민투표에서 EU 확대를 규정한 니스조약 비준안을 63%의 찬성으로 통과시켰다. 니스조약은 EU 회원국이 모두 찬성해야 효력이 발생하는데 아일랜드를 제외한 14개 회원국은 이미 비준 절차를 마쳤다.[56] 2001년 6월 실시된 아일랜드 국민투표에서는 EU 확대안이 부결됐었다. EU와 신규가입후보국들은 올해 말까지 EU 가입협상을 마무리하고 2002년 12월 EU의장국인 덴마크 코펜하겐에서 열리는 EU 정상회담에서 10개 후보국의 가입 여부를 결정할 방침이다. EU 확대 일정이 순조롭게 진행될 경우 2004년 폴란드 등 10개국이 EU에 가입하고, 2007년에는 루마니아와 불가리아가 회원국이 된다.[57]

그러나 풀어야 할 과제가 없는 것은 아니다. 니스조약이 발효된 직후인 10월

---

56) 니스조약은 2000년 12월 프랑스 니스에서 체결한 조약으로 EU 회원국을 기존 15개국에서 27개국까지 확대할 수 있도록 규정했다. 회원국 확대에 대비해 유럽의회 의석을 6백26석에서 7백32석으로 늘리고 EU각료회의에서 인구가 많은 국가에 더 많은 투표 권한을 주며 EU집행위원의 수를 20명에서 27명으로 늘리고 국가별로 1명씩 위원을 두도록 했다(≪중앙일보≫, 2002년 10월 22일).

57) ≪중앙일보≫, 2002년 10월 22일.

21일 EU 외무장관들은 룩셈부르크에서 회동했다. 10월 24일부터 이틀간 브뤼셀에서 열리는 EU 정상회담을 앞두고 EU 확대에 따른 기존 회원국들의 분담금 문제를 논의하기 위해서였다. 경제력이 뒤떨어지는 동구권국가들의 EU 가입은 EU 회원국들의 부담 증가로 직결되기 때문이다. 그러나 EU 가입이 예정된 중·동부 유럽 12개국과 기존 회원국 간의 경제력 격차가 큰데다 농업보조금을 둘러싼 회원국 간의 견해차도 만만치 않아 EU 확대 과정에서 적잖은 진통이 예상된다. 독일·영국·네덜란드 등은 농업 비중이 높은 동구권국가들이 회원국이 될 경우 자국의 EU 분담금이 늘어난다며 농업보조금 제도를 개혁하기 전에는 분담금을 더 낼 수 없다고 버티고 있다. 그러나 이 제도의 수혜국인 프랑스·스페인·이탈리아 등은 제도 개혁에 반대하고 있다.[58] 2003년 6월을 시한으로 EU회원국들 간 농업보조금 개혁문제를 둘러싸고 이미 영국과 프랑스가 충돌하였고 최근 EU 헌법 초안이 공개되면서 심각한 내홍 양상마저 보이고 있다. 영국은 2004년 가입국 대부분이 농업국인 만큼 동진보다 CAP 개혁이 선행돼야 한다고 목소리를 높여 왔다.[59] 그러나 10월 24일 브뤼셀 유럽정상회의에 참석한 토니 블레어 영국총리는 자크 시라크 프랑스대통령과 게르하르트 슈뢰더 독일총리가 상한을 정하는 조건하에 보조금정책은 유지하기로 담합한 것을 뒤늦게 알고선 분통을 터뜨리기도 하였다. 기대에 못 미치는 개혁안에 마지못해 도장을 찍은 블레어 총리는 정상회담에서 가시 돋친 비난을 가했고 급기야 감정이 상한 시라크 대통령은 연말로 예정된 연례 양국 정상회담을 한때 취소했다가 내년 초에 열기로 번복하기도 하였다. 10개국 동유럽국가들을 새 회원국으로 받아들이기로 함으로써 동진전략은 일단 출발했지만 신규 가입국들로 인해 회원국들 간에 국력차가 더 벌어질 수밖에 없는 상황이기 때문이다. 유럽의 주도권을 잡으려는 영국, 프랑스, 독일 간의 연대마저 흔들릴 가능성이 높은 것이다.[60]

또한 2002년 10월 28일 공개된 헌법 초안은 EU라는 현 명칭을 유럽합중국

---

58) 상게논문.

59) 현재 유럽 공동농업정책(CAP)에 따라 EU 한 해 예산의 절반에 맞먹는 420억 유로(약 52조 원)가 농업 부문 보조금으로 빠져나가고 있다. 공업기반이 강한 독일, 영국, 스웨덴, 네덜란드 등이 주로 내고 농업국인 프랑스 등이 혜택을 받는 구조다(≪동아일보≫, 2002. 10. 31).

60) ≪동아일보≫, 2002년 10월 31일.

(Untied States of Europe) 또는 연합유럽(United Europe)으로 변경, 각국의회의원과 유럽의회의원으로 구성된 '유럽 국민회의' 창설, 유럽대통령제 신설 등을 제안했다. 이 중 가장 논란이 된 부분이 대통령제 신설이다. 초안은 6개월마다 회원국이 돌아가며 의장국을 맡는 현 시스템이 정책의 일관성을 해치고 대표성이 약하다는 지적을 하였다. 사실상 대통령제 신설은 지스카르 데스탱 전 프랑스 대통령이 아이디어를 냈고 영국, 스페인 등 대국들이 거드는 형국이다. 독일은 EU 집행위에서의 권한 강화를 조건부로 찬성하는 입장이다. 그러나 벨기에, 네덜란드 등은 소국들의 권익을 보호받기 어렵다며 불만인 것이다. 현 의장국인 덴마크의 포울 라스무센 총리는 EU는 회원국가 평등이란 대원칙을 바탕으로 탄생한 것임을 잊어선 안 된다고 경고한 바 있다.[61]

2. 동구권국가들의 상호 협력 증대

한편 동구권국가들은 상호 협력관계를 적극적으로 추진하고 있는데 93년 3월 헝가리, 폴란드, 체코, 슬로바키아 등 Visegrad 4국 간 중구자유무역협정(CEFTA: Centural Europe Free Trade Agreement)을 발효하였다. 그리고 95년 8월 Visegrad 4국 등은 97년까지 중부유럽자유무역지대 창설에 합의하여 인접국가와의 협력을 강화하였고 95년 9월 헝가리, 체코, 슬로바키아, 폴란드, 슬로베니아 등 5개국이 CEFTA를 결성했다.[62] CEFTA는 코메콘이라는 사회주의 지역 경제블록체제 와해 이후 대서방 교역 의존도 급증에 따른 상호 교역 축소 방지, EU 가입 원활화를 위해 92년 12월에 체결되어 93년 3월 1일부터 발효하였다. 회원국은 7개국으로 체코, 헝가리, 폴란드, 루마니아, 슬로바키아, 슬로베니아이고 불가리아는 99년 1월 1일에 가입하였다. 98년 9월 11~12일 체코의 프라하에서 개최된 CEFTA 정상회의에서 회원국 간 농산물 교역자유화, 역내 무역분쟁 해결기구 등을 논의하였으나, 각국 간 이해대립으로 합의 도출에 실패하였다. 2001년까지

---

61) 상게논문.

62) W. Weidenfeld(ed.), *Central and Eastern Europe on the Way into the European Union*(Gutersloh: bertelsman Foundation Publishers, 1996), p.16.

자유무역지대 완성을 목표로 하고 있다. 헝가리는 CEFTA 국가 간 무역·투자 증대를 추진하고 있다. 비EU 회원국과의 제반 관계 강화 추구 및 헝가리의 EU 가입으로 동 관계가 손상되지 않도록 유의하고 있다. 이처럼 Visegrad 4국 간 협정을 동구지역협력의 주축으로 하여 오스트리아, 이태리, 슬로베니아, 크로아티아 등을 포괄하는 지역협력을 강화함으로써 'European Common Home' 건설을 추진하고 있다.

또한 동구권국가들은 94년 헝가리, 오스트리아, 이태리, 체코, 폴란드, 슬로바키아, 슬로베니아, 크로아티아, 보스니아-헤르체코비나, 마케도니아 등의 중구협력구상(CEI: Centural European Initiatives)에도 참여하고 있는데 89년 공산정권 붕괴 이후 역내분쟁 해결 및 중부유럽 내 분열 방지를 위한 지역협력체로 태동하였다. 92년 7월 비엔나 개최 정상회의 시 슬로베니아, 크로아티아, 보스니아-헤르체고비나가 가입하였으며, 95년 10월 몰도바가 16번째 회원국으로 가입하였다. 헝가리는 중구협력구상(CEI)에서는 94년 및 2000년 의장국이 되었다.[63] 특히 헝가리는 비EU 회원국과의 제반 관계 강화 추구 및 헝가리의 EU 가입으로 동 관계가 손상되지 않도록 유의하고 있다. 세계화 차원에서 이 지역의 발전을 위해 서유럽국가들은 적극 지원과 협력을 할 여지가 있다고 본다. 헝가리는 동구지역의 안성을 상화하는 것이 지역안징정책의 기본 목표로서 인접국과 기체결한 기본 조약을 존중한다.

동구권국가들은 흑해경제협력기구(BSEC: Black Sea Economic Cooperation)에도 참여하고 있는데 BSEC는 1992년 흑해연안국 간 수송, 에너지, 통신, 농업, 금융 및 환경협력 강화를 목적으로 터키의 주도로 공식 출범한 개방적 지역경제협력기구이다. 현재 회원국은 알바니아, 아르메니아, 아제바이잔, 불가리아, 루마니아, 그루지아, 그리스, 몰도바, 러시아, 터키, 우크라이나 등 11개국이며, 옵서버는 폴란드, 튀니지아, 이스라엘, 슬로바키아, 이집트, 오스트리아, 이태리 등 7개국이다. BSEC 창설 당시, 회원국 간 정치적 대립, 특히 그리스와 터키 등 많은 제약 요인에도 불구, 공동 관심사항인 경제개발 및 인프라 구축 분야에서 기능적 협

---

63) CEI가입국은 오스트리아, 이태리, 헝가리, 체코, 슬로바키아, 폴란드, 슬로베니아, 크로아티아, 보스니아-헤르체고비나, 마케도니아, 알바니아, 벨라루스, 불가리아, 몰도바, 루마니아, 우크라이나 등이다.

력을 도모하며 제도적 경제협력체로 진일보 중이다. 이처럼 서유럽국가보다 경
제력에서 뒤지고 있는 동구권국가들은 EU 가입과 동시에 동구권국가들의 상호
협력을 통한 경쟁력 향상을 동시에 추진해야 하는 과제를 안고 있다. 물론 EU
가입으로 서유럽국가들로부터 다양한 지원을 받을 수 있지만 보다 독자적인 경
제력과 세계화추진 전략을 구사하려면 처지가 비슷한 동구권국가들의 단합과 협
력이 무엇보다 중요하기 때문이다.

제5절 결론

유럽의 평화와 세계평화를 위해서는 발칸지역의 고질적인 민족대립이 종식되
어야 하고 이 지역의 경제와 정치안정이 추구되어야 한다. 잘 아는 바와 같이
민족문제와 내전가능성 등 보스니아내전이 95년 11월 테이틴 평화협정으로 종식
되었으나 국경주변은 항상 불안한 상태로 진행되어 오고 있다. 미국은 보스나이
평화 안정화군(SFOR: Stabilisation Force)의 활동시한인 98년 6월 이후에도 지속적
으로 미군을 주둔시키고 있다. 민족적 동질성이 잠재적 적대감으로써 타민족을
묘사할 때마다 지역 내의 소수민족에 대한 폭력사태가 발생하기 쉬운 것이다.

99년 6월에 종식되었으나 코소보사태도 심각한 문제 중 하나이다. 이미 마케
도니아로 내전이 번져 알바니아반군과의 유혈투쟁이 연중행사로 발생하고 있다.
이러한 동구권국가들의 민족문제는 라이페이산(Raiffeisen Securities)의 코소보사태
가 헝가리경제에 약 5억 달러의 손실을 가져와 GDP성장이 3.4%로 떨어질 수
있다고 한 전망에서도 보는 것처럼 해결해야 할 우선적 과제인 것이다.[64] 또한
오랫동안 동구권지역의 소수민족의 하나로 존재해 온 Roma(Gypsies)문제, 유태인
문제도 다른 갈등의 요인이 되고 있다.[65] 이들 동구권일부국가, 발칸지역국가,
CIS 일부국가 등은 여전히 부정부패가 심각하고, 시장자본주의제도화가 미흡하

---

64) *Econews*,1999. 5. 20.
65) *Worldmark Yearbook*, 2000. p.1243.

고, 국가의 투명성과 신뢰도가 낮으며, 인권문제나 민족분규가 심각하다. 전쟁과 내전 그리고 인종청소 등을 경험했거나 하고 있는 발칸지역의 국가들에 있어서는 이러한 체제변동들의 내용들이 도전을 받고 있고 정치적·경제적 불안정을 경험하고 있다. 앞으로 동구권국가들은 시장경제 도입과 발전, 물적, 기술적 경제교류 증진, 동구권 EU 참여 및 경제협력관계, 비세그라드 4국 관계 증진, OECD에서의 관계 증진, WTO에서의 협력 증진 등 EU국가들과의 협력할 과제들이 많이 있다. 다수의 동구권국가들이 EU에 가입하게 되면 미국, 일본 등과 더욱더 치열한 경쟁관계로 변화될 수 있을 것이다. EU국가들은 물류, 기술, 자본투자 그리고 인적교류, 문화교류에 이르기까지 장단기적 전략을 세워 동구권국가와 상호 협력하는 반면 러시아와는 일정한 거리를 두고 소원한 관계가 지속될 것으로 보인다.

그러나 동구지역에서의 평화가 유럽의 평화이고 유럽의 평화가 세계의 평화와 연결되는 것이기 때문에 러시아와 동구권국가들은 세계평화와 민족갈등에 대한 민주적·평화적 협력이 지속적으로 요망된다.[66] 다행스러운 것은 EU에 가입하는 대부분의 동구권국가들이 평화적인 국가와는 공개적, 호혜적으로 협력할 용의가 있으나, 유럽·대서양의 가치에 반하고, 인권을 침해하며, 국제테러를 지원하고, 국제적으로 용인된 법을 위반하는 국가와는 협력이 불가히다는 대외정책기조에 입각하고 있다는 점이다.[67] 세계화 시대에는 이웃나라의 갈등과 반민주적 통치가 다른 이웃국가의 평화를 위협하고 연쇄적으로 국제질서를 파괴할 수 있음을 인식하여 지리적으로 멀다 하더라도 더욱더 관심을 가져야 한다고 본다.[68] 민주주의 발전의 힘은 건설적이고 비폭력적인 방법으로 갈등을 해결하는 역량에 달려 있다고 본다. 민주주의는 정치문화 내에서 최소한의 강압과 최대한의 동의에 의존할 때 더욱 빛을 발한다.[69] 사실상 동구권국가들의 오랜 역사, 정

---

66) Pat James, "The democratic peace reconsidered", in Poltical Science Lecture Series at Univ. of Missouri - Columbia, Apri l7, 2000, pp.1 - 5.

67) http://www.mofat.go.kr(2000. 8. 24.)

68) 안성호 편저, 『세계화, 지방화, 그리고 민주화』(서울: 교육과학사, 1996), pp.15 - 20.

69) Airat R. Aklaev, Aklaev, Airat R. Aklaev, *Democratization and Ethnic Peace*(Brookfield; Ashfate, 1999), p.21.

치, 경제, 문화적 잠재력은 상당하다고 보며 장기적으로 볼 때 대단한 잠재적 시장이라는 점에서 중요한 지역이라고 할 것이다. 시민사회 활성화, 민주주의 제도화, 시장자본주의 활성화, 민족문제 극복, 그리고 국가 전반의 투명성의 증대를 도모하고 다른 한편 EU와 NATO에 가입하면서 외교, 정보, 통상, 군사안보 측면에서 국익을 취함과 동시에 그동안 축적해 온 공학, 우주항공기술, 사회적 평등, 사회체육, 사회복지 등 발달된 부분에 대한 대외경쟁력을 더욱더 강화할 때 동구권국가들은 세계화 전략이 한층 더 성공적으로 추진될 것이다.

제13장 중·동구·발칸국가와 한국관계: 헝가리케이스

제1절 Introduction

The main theme of this paper is to discuss the political and economic relationship between South of Korea and Hungary, relative to the past, present and future.

I will first review the historical relationship between the two countries, focusing on political and economic relationship. Then I am going to discuss the new millennium vision and prospects of the relationship between the two countries. In fact, their formal relationship begins with the collapse of East European communism and Korean government's "Northern Policy" in the late 80s.

Through signs of change in Eastern Europe in the early 80s, ① the 88 Seoul Olympic in which both west and east met for the first time after the 1976 Montreal Olympic, ② the Collapse of Communist block, ③ the Unification of East and West Germany, ④ diplomatical withdrawal of North Korea, ⑤ the vigorous capitalization of Eastern and Central Europe, ⑥ OECD membership of Hungary, Poland, and Czech republic(1996. 3), ⑦ NATO membership of Hungary, Poland, and Czech republic(1999. 4), ⑧ Standing as leading candidate for EU admission(1997. 7), and ⑨ diversification of Korean diplomatic policy, Korea was able to develop relationships in Eastern and Central Europe. Actually, Hungary, Poland, Czech, and Slovakia have not only experienced economic reform even under the communist rule but also tried systemic change after the collapse of the communist regime(Chungchull Han, 1996: 6).

Considering these changes and focusing on the political − diplomatic and economic relationship, this paper will analyze the relationship between Korea and Hungary in the 90s.

제2절 Political − diplomatic relationship between Korean and Hungary

The first formal diplomatic relationship between Korea and Hungary began with relationship between the Chosen dynasty and the Austria − Hungary empire(a treaty of friendship commercial & navigation treaty: June 23rd, 1882, exchanging the ratification of a treaty, October 10th, 1883). Since World War Ⅱ, with the cold war and antagonism between North and South Korea, all ties were cut off. In 1988, however, the two countries rebooted their relationship. Before establishing the formal relationship, there had been active informal exchanges between the two countries. Many Korean government officials and political leaders visited Hungary. The minister of sports, the vice minister of foreign affairs, and the current president Kim Dae Jung who was the party leader of the *Peace Democratic Party* at the time were those people. By the '88 Seoul Olympics, Hungary had established one of the most active relationships among East − Central European countries with Korea, especially in trade and other economic areas, due to the Glasnost, Perestroika, and the democratic revolutions within the two countries. This reflects shows the fact that Hungary was one the leading country which had propelled reform among in the late 80s and the early 90s.

Hungary has taken the most realistic policy about Korean peninsular among Eastern − Central Europen countries. In February 1989, for the first time among communist countries, Hungary established a formal relationship with Korea. Since then, Hungary has supported Korea in the international political stage. Hungary has supported South Korea's position in U.N. even on the important issue of North Korea's nuclear problem. Hungary also has focused on economic, trade, and cultural cooperation with Korea. Takche Han was appointed the first Korean ambassador to Hungary. Following Youngwoo Park(1991 — 1993), Sunhong Choi(1993 — 1996), and Jongmoo Lee(1996 — 1998), Hwagil Han is the current Korean ambassador in Budapest. Following the first and second Hungarian ambassador Entre, Istvan Nemeth, and Istavan Perosa. Mr. Laszlo Bela is currently working as the Hungarian substitute ambassador in Seoul.

In February, 1989, the two governments signed a trade and economic cooperation treaty, a cultural treaty, and an agreement of Visa Exemption for Diplomatic — Official Passport Holders. In March, they signed an Agreement of Double Taxation Avoidance, an Science & Technolagy Cooperation Agrement. Hungary and Korea also signed an aviation Agreement in November, and an agreement of Visa Exemptionin March 1991.

In March, 1989, the Hungarian minister of foreign affairs, Mr. Varkoni invited the Korean minister of foreign affairs, Hojung Choi. In November, President Taewoo Roh, visited Hungary and made a speech at the parliament. He was the first Korean president to visit a socialist country. This visiting was a clear turning point that helped to improve not only the two countries' relationship but also the relationships between Korean and other East — Central European countries. Many Korean government officials' visitings followed: A special presidential messenger, Kim Woon Yong(Jun. 90), the minister of Communication, Won Jong Song(May 91), Korea — Hungary friendship mission(Aug. 91), the minister of Construction, Jin Sul Lee(Dec. 91), the minister of Sports and Youth, Jin Sam Lee(Feb. 92), the minister of Science and Technology, Jin Hyun Kim(Jun. 92), the minister of Health and Society, Jung Sook Song(Apr. 93), the chairman of Taechon Expo, Myung Oh(Jun. 93), the chief judge of the Constitutional Court, Young Jun

Kim(May 95), the prime minister Soo Sung Lee(May, 96), the chairman of the Board of Audit and Inspection(Oct. 96), and the minister of Science and Technology, Soo Kil Kwon(May 97) visited Hungary.

Many Hungarian governmental officials also visited Korea.: the Deputy Vice Minister of Agriculture & Rural Development, Szabo(Mar. 89), the State Secretary of the Office of State Planning Administration, Kemenes(Mar. 89), the vice minister of industry, Csech, the vice Prime Minister, Medgyesst(Oct. 89), the minister of Transportation, Communication, and Construction, Derzsi(Mar. 90), the President Gonez(Nov. 11), the vice minister of foreign affairs, Somogyi(Jan. 91), the minister of foreign affairs, Jeszenszky(Mar 91), the Minister of Economic Affairs, Kadar(Apr. 91), the Minister of Health, Surjan(Apr. 91), the chairman of parliament, Szabad(May 91), the commander−in−chief, Lorincz(Oct 93), the Chiarrman of Hungarian Privatization and State Holding Co., Pongracz(Oct. 93), the Minister of Economic Affairs, Kadar(Oct. 93), the President of State Audit Office, Hagelmayer(Jun. 94), the Prime Minister, Gyula Horn(Dec. 12) are those people. At the UN Special Session for Environment in June, 1997 there was a summit meeting between President Young Sam Kim and Prime Minister Gyula Horn. In the same year, the vice Chairman of the Parliament, Maria Korodi, and the Parliamentary Assistant Vice−Minister of Foreign Affairs, Laszlo Kadar also visited Korea.

Recently there has been some domestic changes in both countries. By electing Kim Dae Jung as the president in December 1997, Koreans successfully changed their government peacefully for the first time since 1948. In 1998, Hungary had its second governmental change from a coalition lead by the Hungarian Socialist Party to a central right coalition lead by Fidesz. A young party leader Viktor Orbán was chosen as the prime minister by the parliament. Cooperations of New governments of two countries will be continued becaues of democratic and free marketing trend.

제3절 Economic relationship between Korean and Hungary

Since a formal relationship was established in February/1989, there have been various kinds of economic cooperation. Hungary opened an office of the Hungarian Chamber of commerce and industry at Seoul. The amount of trade has increased since 1989. After the first Korean－Hungarian joint economic committee was held in Budapest in 1989, the second was held in Seoul in 1990, the third in Budapest in 1991, and the fourth in Seoul in 1992. As for technical cooperation, while a total of 52 Hungarian technical trainees were invited to Korea from 1989 to 1995, Korea sent five special technicians to Hungary during a similar period(1989－1994). In 1995, one computer technician and another specialist of parliament－administration area visited Hungary.

In private sector, some companies invested directly in Hungary: Byuksan Construction co.(94), Daewoo electrics(93), Daewoo Co.(94), Cartech(91), Hanhwa(93), LG electrics(92), LG chemical(92), and Uniko International(91) were those companies. In 1989, LG opened a branch in Budapest, and Samsung electrics signed a $3.33 million－investment－treaty with Hungary's Orion electric to produce color televisions. In 1996, Samsung invested a further $22 million(K. Meshworks, 1997: 9). Investment & Services are one of the specialities of Daewoo in Hungary. In December 1989, Daewoo Bank was established with 100% self－investment with $500 thousand. In 1993, Daewoo Bank established Daewoo Securities with 200 million forints(about $1.5 million). In April 1995, it increased its capital by 300 million forints. In October, 1994, Daewoo Lease was established with 900 thousand forints. In 1996, there were continuous investment of Daewoo groups: Daewoo Bank for $41 million, Daewoo Securities for $3.6 million, and Daewoo lease for $1 million(K. Meszaros, 1997: 9). In October 1995, Chaeil Securities invested $6 million into Indo－Suez Bank, Athens Bank and Samhee investment finance of

Korea(KIEP, 1995: 628).

There have been many exchanges of visitors for the economic cooperation between two countries. The first private economic cooperation committee was held in Budapest in 1989. Korean Science – Technology Investigation Mission visited Hungary in March 1990. The third Korea – Hungary international academic conference was held in Vesegrad and a Government – Private Economic Cooperation Mission also visited Hungary in April 1990. Industrial Bank of Korea opened its office in Budapest. The inspection group of the Korean Chamber of Commerce visited Hungary in July 1990. Representatives of Korean Energy Association also visited Hungary to attend the executive committee of the World Energy Association in September 1991. A government – private investment inspection group also went to Hungary. The second Korea – Hungary Science and Technology Conference(?) was held at Budapest in July, 1992.

Hungary governments established a joint Hungarian – Korean Technical Cooperation Center in Budapest in 1992. The Hungarian Academy of Science(MTA) and Korea Scientific and Engineering Foundation(KOSEF) have also established the institutional framework for their collaboration(http://myhome.shinbiro.com/~HUEMBSEL).

On the other hand, many Hungarian entrepreneurs and businessmen also visited Korea. an Inspection Party of the Hungarian Technology & Science Union(1989. 8), the Cooperation & Investigation Party of the Hungarian Science & Technology(1990. 6), 32 hungarian companies attended at the Hungarian business week held at Seoul in October, 1993 In February 1995, the third Korea – Hungary Science and Technology Conference was held in Seoul. The Korean Small and Medium Industry Promotion Corporation and the Hungarian Investment and Trade Development Agency(ITD) signed a treaty on non governmental business in September, 1998.

Trade between the two countries has gradually increased to reach $23 million in 1997.[70] In 1995, Korean exports were $168.6 million while Hungarian exports were only $21 million. The annual trade imbalance has been over 100 million in

Korea's favor since 1995. Korea's total export has been from five to seven times larger than import.

In 1997, the total export from Korea to Hungary was $176 million which was only 0.13% of total Korean exports($136.1 billion), and now in 2000, the volum of bilateral trade now exceeds 200 million $. The market share of Korean products in Hungarian import market is only 0.8%, which ranks Korea the 21th largest export country to Hungary.[71] By 1996, the growth rate of import from Korea had been sustained. In 1997, it started to decrease and Korea's financial crisis accelerated this pattern. Considering Hungary's annual economic growth rate 4.2% in 1999(4.5% in 2000, and 4.3 in 2001: estimated figures),[72] and their recent increase of imports(about 15%), Korea's market share is sluggish. While Korea's main export products to Hungary are passenger and commercial vehicles, color TVs, OA machines, and polyester, Hungary's main export products are herbs for chinese medicine, hemp textile, aluminium, and other textiles. Electronic devices, automobiles, and household electronic appliances shares 80% of total export to Hungary from Korea. In 1997, exports of electronic devices and home appliances decreased from $125 million to $100 million.

Due to the increased market shares, exports of automobile parts grew by 30%, but the total sale price has fallen. It is also estimated that the sales of television and its parts will decrease by 40% because of substitute imports from neighbor countries in 2000.

Daewoo co. shared around 20% of Korea's total export($30 million) to Hungary. However due to the crisis of the company during 98 and 99, Korea's total exports to Hungary dropped by 10%. Although the crisis of Daewoo is not over

---

70) In 1997, the total trade with Poland was $1.3 billion, Rumania is $340 million and Czech is $230 million.

71) German takes 27% of market shares, Austria has 10%, and Russia has 9%. Among Asian countries, Japan shares 3%, China has 1.3% and Singapore has 1%.

72) *EIU(The Economist Intelligence Unit) Country Report: Hungary,* 1st quarter 2000, pp.12.

yet, the total sales of Daewoo Motor's automobile increased by 32% in 1999. However, the negotiation between creditors and international big company to sell the company may significantly affect the business within 2001.

Hungary is important to Korea for the west European market. Their relationship has been closer and closer. The market share of EU in Hungarian import market increased from 60% in 1998, to 65% in 1999. EU's market share is estimated to reach 70% in 2000. Korea has trouble increasing exports to Hungary. Hungary's estimated total import from Korea is only $1.48 million in 2000, which is decreased by 7.5% in 1999. Now, Korea cannot consider that Hungary separated from the other part of Europe anymore with joining NATO.

제4절 Future Prospects and tasks of Korea and Hungary

1. Prospects

The northern policy of the Korean government which began following changes in the socialist bloc in 1989, has yielded successful results. There have been noticeable improvements in economic and cultural relationships. For the better future, Korean and Hungary have to cooperate with each other in the UN, OECD, EU and WTO under the flag of democracy, human rights, globalization, and economic democracy(Barry Holden, 2000). Human rights and democracy have a synergistic relationship, for both have the concept of entitlements at their center. It is not surprising, that a number of the post-communist democracies in transition have recognized the significance of a human rights education for their prospects for peaceful change(Tim Dunne & Nicholas J. Wheeler, 1999: 316). The two countries should play an important role to lead the third world countries to democracy based on their own experiences.

This paper suggests five folds of cooperation between Korean and Hungary on the stage of international politics except direct inter－relationship between Korea and Hungary. It also means there are fives reasons that Korea should pay attention to Hungary as a valuable partner.

The first place the two countries can cooperate is in the UN. Based on democracy and human rights, they can support and secure peace in the Korean and Balkan peninsula. In this new era, "Globalization brings the technical capacity for us to scrutinize the democratic and human rights records of all states. A failure to live up to international standards of human rights threatens state legitimacy"(Anthony Mcgrew, 1997: 145). The most positive result of the human rights programmes of UN[73] is undoubtedly the creation of international standards for the treatment of human beings all over the world(Peter R. Baehr, 1999: 69).

"Economic relations between the major advanced economics are managed multilaterally through a variety of international institutions and regimes. In the case of Multinational corporations (MNCs) these international institutions and regimes include the UN, the GATT, and WTO, OECD, EU, G7, ILO. All these have an impact on the multilateral regulation and governance of MNC activity. These bodies serve to bridge the principal mismatch in the governance of MNCs which characterizes the present period－that is, an institutional gap between the increasingly international nature of the financial systems and company activities but the still predominantly national remits of central banks and domestic regulatory mechanisms companies, financial

---

73) There is a tension between reform of the UN system and its democratization. Despite the doctrine of state sovereignty encouraging the one－member－one－vote principle, the UN and World Bank both depart markedly from this principle in important respects. This has severely limited the relevance and ability of the UN to adapt to changes in the international system, most obviously the rise of Third World independence and the greater importance of economic management relative to military force in managing the post－1945 system of states. Cosmopolitans, liberal－internationalists, radicals, and realists represent distinctive approaches to the UN and NGOs as forms of geogovernance(Mark Imber, 1997: 217－222).

markets and institutions"(Grabame Thompson, 1997: 164).

The recent UN Millenium Summit(Sep 6, 2000) announced support for the Joint declaration between North and South Korea(June 15, 2000) because Peace of Korean peninsula is important stability of Asia and World Peace. Not only the peace of certain regions, but also human rights, and democracy are possible themes the two countries can share and collaborate on.

The second place is EU focusing on economic cooperation. Initially, as the relationship between Korea and the Eastern — Central European countries began in the political dimension, marketization and capitalization in the Eastern — Central European countries make Korea pay attention to the economic dimension.

In these days, as economic relations with EU has been enhanced, Korea is now focusing more on economic diplomacy with the Eastern — Central European countries. It means that the importance of this area has increased in the entire Europe. Showing some variations, countries in Eastern and Central Europe have entered a gradual economic development phase around 1994.

In 1992, Hungary became an associate member of EU. The Eastern — Central European countries have wanted to solve economic problems and make a road to economic prosperity. The EU executive committee suggests having negotiation tables for EU membership with Poland, Hungary, Czech, and Estonia from early 1998. In July 1997 the EU executive committee announced that Hungary, Poland, Czech, Estonia, and Cyprus are first leading candidate for EU admission(The Time ALMANAC 2000, 1999: 231 — 232, Britannica Book of the year, 2000: 435).

In this region, foreign affairs will be dominated by EU accession negotiations. Hungary is among the front — runners for accession, but was forced to push back its official target date for joining to January 1st 2003(from the beginning of 2002) because of the timetable for institutional changes within the EU. Hungary has recently changed its official target deadline for joining the EU from January

1st 2002 to January 1st 2003.[74] The EU's decision to invite six more countries to start negotiations at its December 1999 summit will stretch its institutional capacity and divert resources away from the front−runners(EIU Country Report: Hungary, May 2000: 8).

In order to be a member of EU, I guess that Hungary make efforts to reform the access condition to EU market, improve resources acquisition conditions for economic development, protect the market for agriculture and new industry, and loosen the speed of an associate member of EU.

Therefore, facing the trade barriers of the west European countries, Korea has to increase investment in Hungary and other neighboring countries to make inroad into the market of western Europe. Considering the industrial and labor force structure and geographical advantage, Korea expects Hungary and other East and Central European countries to play an important role as an assembly and parts supply station for the world market(http://www.mofat.go.kr).

Therefore, diplomatic policy of Korean governments for EU and Eastern− Central European countries should be closely related to globalize free marketing economy and democratization.

The relationship between the two countries will not become more competitive in the European market after Hungary enters EU(Zoltan Bassa, 2000). Furthermore, in terms of the globalization of democracy, the two countries which experienced their democratic transitions in the 90s would cooperate with each other for democracy in EU[75] as well as in the world. ASEM(Asia−Europe Meeting) which

---

74) *EIU(The Economist Intelligence Unit) Country Report: Hungary,* 1st quarter 2000, p.9. It postponed its entry date after the EU's December 1999 summit in Helsinki, where it was made clear that the EU would not be ready to accept new members before the end of 2002.

75) The debate about democracy in the EU is based on the twin assumptions that the Union is a polity, however part−formed, and that it impinges to a growing extent on the institutions and practices of national democracies(Brigid Laffan, 1999: 330). In place of a single territorial foundation for democracy, a form of cosmopolitan democracy, with several sources of democratic participation, is likely to emerge in the EU. The pan−EU Parliament, national assemblies, substate authorities and social movements are all potential vehicles for EU cosmopolitan democracy. EU

will be held in Seoul, October 20th, 2000 would be a good chance to enhance cooperation(http://asem.inter.net.th).

The third area of cooperation is military and international security. The time of hostile WTO(Warsaw Treatment Organization) and cold war based NATO competition has passed on to a new era in which NATO plays a sole important role in substituting the old international order. The Eastern—Central European countries have made new relationships with NATO. In February 1994, Hungary, Poland, and Czech signed a Partnership for Peace(PFP) treaty. In April 4th, 1999, the year of the 50th anniversary of NATO, Hungary finally became a member of NATO and a military alliance of western nations along with the Czech republic, and Poland(The Time ALMANAC 2000, 1999: 231—232, Britanica Book of the year, 2000: 435). Hungary already contributes positively to NATO by providing important bases for its operations in the former Yugoslavia. And Budapest is now seeking joint solutions with both Bucharest and local Transylvanian communities rather than inflaming disputes. In varying degrees the new democracies are being socialized to the West's culture of voluntary cooperation and the talking out of disputes(Elizabeth Pond, 1999: 72—77). Hungary will try to return to the west and maintain some distance from Russia and other CIS countries. Though Hungary is far from Korea, the two countries may communicate with each other for regional security based on information exchanges.

The fourth place to cooperate is in OECD where Korea became its 29th member following Czech(26th), Hungary(27th), and Poland(28th) in December 1996. Among the countries in Eastern—Central Europe, the front—runner group is composed of Hungary, Czech, Poland, Slovakia, Croatia, and Slovenia. The middle group including Albania, Macedonia, Rumania, and Bulgaria is following

---

offer an alternative to the de—democratizing effects of economic globalization and regionalization(James Goodman, 1997: 194).

the front-runner group(EBRD, 1996). The three OECD countries in the former group may share common interest with Korea for their similar level of development in OECD. OECD shares 88% of total export and 82% of total import of Hungary in 1995. The U.S. is the leading investor in Hungary with approx USD 7 billion of FDI(Foreign Direct Investment). Other major investing countries are Germany, France, Austria and the Netherlands, followed by Italy, Sweden, Great Britain, Switzerland, Japan, and Canada(the U.S. Department of state, 1999: 54). Thus, Hungary may be a valuable base camp to Korea in mounting the peak of the entire market of Europe.

The fifth place of cooperation is in Eastern-Central Europe itself. Countries in this area are vigorously trying to improve their regional relationship. In September 1995, Hungary, Czech, Slovakia, Poland, and Slovenia signed CEFTA. One month before of the treaty, four Visegrad countries(Hungary, Czech, Poland, and Slovakia) agreed to the establishment of a Central Europe Free Trade Zone(W. Weidenfeld, 1996: 16). Based on their own treaty and agreement, these countries are trying to build a European Common Home, including Austria, Italy, Slovenia, and Croatia, focusing on regional cooperation. Hungary, however, is now very careful that the pursuit of becoming EU membership will not threaten the relationship with non EU membership countries among the Eastern European countires. In the globalization era, Korea should cooperate with Hungary for the development and security of the region.

2. Problems and Future Tasks

In fact, Korea may face some problems in furthering relationships with East-central European countries. In 1990, Korea sat up a branch of the public corporation of travel without proper inspection. However, due to the lack of demand the corporation could not sustain the office and closed it in 1993. The Daewoo case would be a good lesson for Koreans doing their business in East – central Europe. Daewoo's business had been really noticeable in Poland and Hungary(K. Ostrowski & T. Iskra, 1997: 8). Since the late 80s, Daewoo energetically invested in former state – owned companies like Daewoo – FSO in Poland which is one of the biggest automobile companies of East – central Europe. After IMF era, however, Daewoo was finally bankrupt partly due to its careless extension policy in this area. Future business of Korean companies should be based on more long – term visions and normal investment patterns. Total foreign direct investment in Hungary is $23 billion in which Germany shares 31%, US 27%, Austria 10.5% and France 10.5%. Compared to these countries, Korea's investment is insignificant. Despite the IMF financial crisis, Korea should keep investment in this area as a strategic point(http://www.mofat.go.kr).

On the other hand, these countries have their own economic problems that Korea should carefully consider. Since Hungary has no sufficient natural resources except bauxite, Hungary imports half of its total energy resources. Hungarians are trying to reduce the dependence on petroleum for industry and electricity. General economic conditions are also not so positive. There is some anxiousness about the amount of deficit. Although there are some differences, the inflation rates in 1999 are still high in Hungary(14%), Poland(15%), and Czech(9%). Unemployment rates are also relatively high in Poland(13.5%), Slovakia(12.2%), while it is a bit lower in Czech(3.2%), and Hungary(9.6%).[76] Communist tendencies in the work site still cause low productive efficiency. A reduced budget, and reduction of wage has been necessary for economy. Reform was also insufficient in some countries. The dual phenomena of development and undevelopment in a society is one of

---

76) *EIU(The Economist Intelligence Unit) Country Report: Hungary*, 1st quarter 2000, p.7. Unemployment rate will be 9.2% in 2000, and 8.8% in 2001.

the idiosyncratic features of Eastern — Central Europe.

There are also some political problems that may threaten the stability of this area. Ethnic Hungarians form minorities in several regions of neighboring states. It is a common characteristic of central European nationalities. Many ethnic groups are minority citizens of other states, and Hungary is no exception.

The Vojvodina region of Yugoslavia and western Rumania are main examples. In both places, efforts were made either at the Foreign Ministry level(Vojvodina: 600 thousand hungarians) or the local level(western Rumania) to guarantee civil rights and security of ethnic Hungarians outside the borders of Hungary(Worldmark Yearbook, 2000: 1244).

Inveterate ethnic feuds obstruct economic and political stability in Balkan. As widely recognized, borders are still insecure although the Bosnian civil war ended with the Dayton Peace Treaty in November 1995. The US army & SFOR, is posted even after the expiration date, June, 1998. Whenever identity is constructed upon the portrayal of the other as a potential enemy, violence against ethnic minorities living within the nation's territory is likely to emerge(Montserrat Guibernau, 1999: 183 — 184). For example Kosovo is a nuisance problem. The Hungarian government asked Yugoslavia not to send Hugarian ethnic soldiers and policemen to Kosovo. Hungary has argued for a peaceful solution for Kosovo and supported the UN resolution, and EU's policy position.[77] Raiffeisen Securities expects that Kosovo problems would produce $0.5 billion — losses for Hungary and reduce annual GDP growth rate under 3.4%(Econews, 1999, 5.20).[78]

There are also some possibilities of ethnic conflict in Slovakia(600 thousands)

---

77) Hungarian government takes negative position to send military troops to avoid battle with Hungarian minority in Yugoslavia. But the government has a will send medical and technical support team to attend at international actions.

78) In this area, long standing ethnic problems of Gypsies and Jewish people would be a possible seed of another conflict(*Worldmark Yearbook*, 2000: 1243).

and Ukraine(200 thousands). To solve the problems of 3.5 million Hungarian minorities in nearby countries and improve their rights Hungary signed treaties with the countries.

For example, in September 1996, Hungary and Rumania signed a treaty ending a centuries-old dispute over the status of 1.6 million ethnic Hungarians in Rumania and the integrity of its borders(Worldmark Yearbook, 2000: 1238). Hungary ethnic political organizations developed a plan for a return to autonomy for the region within the Yugoslav federal system(Worldmark Yearbook, 2000: 1242).

Facing the above possible problems, the relationship between Korea and Hungary should be based on world peace and mutual cooperation. Peace in the Eastern-central Europe means the peace of entire Europe. Peace in Korea leads to peace in Northeast Asia which directly affects world peace.

Hungarians have already showed their democratic maturity in solving ethnic problems with other countries in peace(Pat James, 2000: 1-5). The Hungarian government, however, takes a diplomatic principle in which although Hungary has a will to openly cooperate with all countries, it would be impossible to do so with countries which are against Euro-Atlantic values, assist terrorism, and violate international law(http://www.mofat.go.kr).

In the globalization era, conflicts with neighbor countries and undemocratic domestic rule may threaten world peace and the stability of international order. Considering this chain reaction we should have interest in other countries' politics and economics even though the countries are far from ours(SungHo Ahn, 1996: 15-20). Democracy's developmental strength has been its capacity for constructive and non-violent conflict management. Alone, among all forms of government, democracy rests on a minimum of coercion and a maximum of consent in its political culture(Airat R. Aklaev, 1999: 21).

Hungary has a lot of political, economic and cultural potentiality. In terms of confirming a future market, Hungary is an important country for Korea. On the other hand, Korea can learn many lessons from Hungary.

First, social equality, amateur sports, and social welfare that Hungary has well developed can offer useful examples and be a good role model for Korea.

Second, strengthening the relationship with Hungary and learning from their experience of extending their ideological spectrum in the society would be helpful in escaping from ideological tightness and Cold War thinking that is prevalent among Koreans.

Besides, there is an important lesson for Korea to learn from Hungary. Hungary received a $350 million bailout from IMF in January, 1996. In February 1998, Hungary paid the rest its debt to IMF and graduated from IMF economic intervention. The Hungary Governmant emphasized that it is a certificate of the successful reform for marketization(Korea Economy Newspaper, 1998. 2. 18). Now, Hungarian physical economy and financial economy are relatively stable. In 1999, Hungary's net foreign debt is $9.58 billion while its foreign reserve reaches $8.84 billion.

Recently Hankuk University of Foreign Studies founded a College of East European Studies for the first time in Korea(1999). It will play an important role in various cultural exchanges as well as in the political, diplomatic and economic relationships with those countries.

Even though Korea's financial crisis and the transitional situation of Hungarian economy can be problems, Korea should make Hungary a friend based on mutual trust and sincere diplomacy.

There is a Korean saying that land becomes firmer after rain.

제5절 Conclusion

Briefly speaking, there are many differences & similarity between the two countries. In the political arena, not only does Hungary have ideologically diverse political parties but also their leaders are from relatively young generations. In Korea, however, most political parties could be considered conservative and many elderly leaders take the initiative. Geographically, Hungary is located at inland of Europe. Korea is a peninsular, facing three seas along her coastline, in Asia. Demographically Hungary has only one third of the Korean population.

On the other hand, the two countries have several important things in commmon. Economically both countries became members of OECD in the mid 90s, and they are placed on near position of national competitiveness and technology power by Swiss International Institute for Management Development(IMD). Politically, according to the Freedom House index they are listed on the same level of democratic development. Ethnically, they are originally from Ancient Asian people. Even in the sports area, Hungary and Korea have shown relatively similar achievements in '88 Seoul Olympics(Korea 4th, Hungary 5th) and recent 2000' Sydney Olympics(Korea 12th, Hungary 13th). Considering these differences and similarities between the two countries, we may find some important points which can help advance in the relationship. With Korea's capitalist experiences and technical background and Hungary's needs for capitalization procedure the two countries may produce positive development of the relationship.

As this paper reviewed and discussed, there are several future visions and prospects between the Hungary and Korea.

Politically, the two countries can share lessons of democratization and cooperate with each other for Korea's reunification, world peace, NATO membership for Hungary, and UN affairs. Economically, the two countries share many common interests areas. Marketization and capitalization in Hungary, new EU membership of eastern − central European countries will possibly increase chances of collaboration between the two countries. Cooperation in the OECD and WTO, building a new economic relationship in the post IMF era, and cooperation with the Visegrad four countries are other important matters of mutual concern.

Furthermore, Korea does not finish restructuring the technical and financial limitation of economy, as we see problems of Daewoo and restructuring process of Chaebul. But it will improve in near future, because the new Kim Dae Jung government has renovated Korea's outdated economic structure and made some positive achievements with increasing international trust.

Although the two countries' relationship has been stagnated and even shrunk since the IMF bailout for Korean financial crisis in 1997, his government ended IMF economic intervention within the first two years in his five − year term. Hungary has emphasized real cooperative relationship about economy, trade, and cultural exchange.

Recently Koreans have seen historical landmarks. The first summit meeting between two Koreas in the last June has been contribute to relaxing militant tension and economic development in Korean peninsular. Korea still has been increasing domestic political tension surrounding democratization and reunification. The land marking First Summit between North and South Korea(2000. 6. 13 − 16) will continue to produce positive effects on the relationship between Korea and Hungary.

Problems of the Korean peninsula should be solved through this peaceful democratic process. The summit meeting of the two Koreas to which the world paid attention would be one example(NewYork Times, June 15, 2000).

Facing the reunification of the two Koreas, and a New World order, Korea has to get international support from various areas in the world to enhance her international standing. Recently not only political but also economic significance of

East and Central Europe has been risen. In this sense, Hungary is one of Korea's important partners in Central Europe.

Hungary can cooperate with South Korea for democratization and marketization in North Korea as well as relationship between the two Koreas. Hungary has supported Korea's peaceful reunification and South Korea's policy about it at UN and elsewhere.

In late 1997, by electing Dae Jung Kim as the new president, Korea experienced peaceful governmental change for the first time since its liberation in 1945.

Since 1989, Hungary has developed to become an advanced democratic country. In July 1998, Hungary had her second governmental change from the central – left coalition lead by MSzP(Hungarian Socialist Party) to the central – right coalition[79] lead by Fidesz(the Federation of Young Democrats). The Young leader of the Fidesz, Viktor Orbán became the prime minister. Hungary also has gone through some changes. These changes will affect the future relationship between two countries. I hope that Summit Conference will be held between Korea and Hungary in the foreseeable future for more diplomatic relationship and economic cooperation.

For the future, Korea should learn more of the history, language, religion and cultural tradition of Hungary to improve their relationship. Furthermore, regarding Hungary as present and future partner in the international society, Korea should make short and long term strategies from personal to cultural interchange as well as strengthen the trust in the political and diplomatic relationship with Hungary. All of these things would be good for Korea's national strength in the new millennium.

---

79) The coalition is composed of Fidesz, FKGP(the Independent Smallholder's party: FKGP) and MDF(the Hungarian Democratic Forum). It was the second peaceful governmental change after the social democratic coalition leaded by MSzP, 1994 – 1998.

제14장 중·동구·발칸지역의 왕권복귀 움직임

제1절 서론

90년 이후 동구 발칸국가들이 저마다 민주주의국가 시장자본주의체제로 전환하는 등 동구 발칸지역의 체제변화와 함께 과거역사와 연관된 민족문제와 왕권회복 움직임도 전개되었다. 크라우스 오페(Claus Offe)는 1989년의 거대한 변혁은 역사적 전례가 없는 혁명이며 혁명이론 없는 혁명이라고까지 지적하였다.[80] 이들 동구 발칸국가들은 국내적으로는 시민사회 형성, 경쟁적 정당정치제도화와 자유총선 실시, 시장자본주의 도입, 구왕정의 권력복귀 움직임, 민족분규갈등과 인종청소, 국제적으로는 국제질서에의 적응과 세계화 전략, UN, EU, NATO, OECD와의 관계, 지역 내 국가 간의 관계 등을 통하여 20여 년 동안 체제변동의 이행과 공고화에서의 문제와 과제들을 표출하였다.[81]

앞으로도 민주주의와 민주화, 시민사회, 입헌군주국 관심, 인권, 경제민주주의, 시장경제 등은 동구권국가에 있어 상호 보완적이고 공통된 가치로서 체제변동에 있어 중심적인 이념과 방향잡이가 될 것이다.[82] 그중에서 학문적으로나 현실적으로 많은 관심의 대상은 아니지만 탈공산주의의 과도기를 경험한 여러 동구 발칸국가들이 공산당에 의해 강제 폐지된 왕정에 대한 향수도 살아나고 있다. 이는 전통적인 선진민주주의 국가에서 입헌군주정을 별로 큰 문제 없이 향유하고 있다는 점에서 의미 있는 하나의 움직임이라 하겠다. 그렇기 때문에 정치적으로 구왕정복귀 움직임이나 정치세력화는 별로 놀라운 일은 아니다. 본 연구의 착안

---

80) Offe, Claus, 1991, 348.

81) Ahn, Sung-Ho, 2006, 226-227.

82) Rupnik Jacques, 2000, 19-20.

점은 그동안 영국과 같은 서유럽형 입헌군주정이 과연 동구권 왕정복귀 움직임의 모델이 되어 어느 정도 제도적으로 성공할 수 있을지, 아니면 정치세략화 정도로 끝날지, 이도 저도 아닌 것으로 미약하게 공허한 어울림으로 끝날지를 분석해 보려는 데 있는 것이다. 또한 동구 발칸국가들은 국제사회에서 새로운 협력과 민주화의 경험을 갖추고 있기 때문에 서방 선진국들이 이들 동구 발칸국가들에 대하여 민주주의를 잘 실천할 수 있도록 지원한다면 왕정복귀 움직임에 대한 정치적 세력화가 그다지 비관적인 것만은 아니다. 다만 동구 발칸지역에서 경험한 대로 공산정권경험, 민주화와 시민사회의 활성화, 민족분규와 내전은 동구권 왕정복귀 움직임에 커다란 장애요인으로 작용하고 있다. 사실상 비교사회과학자들이 동구권의 정치적 역동성이 갖는 복잡한 제도적, 법적 그리고 문화적 뼈대조건을 간과하였다는 지적은 적절하다고 본다.[83] 그러나 동구권의 체제변동과 왕권회복운동의 모든 것을 다 언급하기는 기술적으로 쉬운 일이 아니다. 본 연구는 탈공산주의(Post - Communism) 이후 동구권 각 국가의 구왕정복귀 운동과 그 가능성 등을 서유럽국가의 입헌군주정을 중심으로 보았는데 이는 체제변화과정에서 입헌군주국으로서의 가능성에만 집착하기보다는 오히려 왕정복귀운동을 통한 정치세력화와 구왕정세력의 역사적 변화를 동시적으로 분석할 수 있다는 데에 좀 더 큰 의미를 두고 정리하였다.

제2절 중·동구·발칸지역의 왕정복귀 관련 역사적 과정

1. 불가리아의 왕정복귀 움직임

동구권국가들의 정치·경제적 불안정은 일부 국가에서는 그 해결책으로 왕정복귀운동을 전개하기도 한다. 불가리아는 97년 초 치솟는 물가와 경제위기로 국민들이 즉각적인 총선 실시와 새 정부를 요구해 97년 4월 우파인 민주세력동맹

---

83) 정흥모, 2001, 187.

(UDF)이 집권했다.[84] 동구 발칸지역에서 민주적 발전을 원한다면 정당이 필요하다는 데 동의하느냐는 질문에 대해서는 불가리아가 95%로 나타났고 슬로베니아 91%, 헝가리 90%, 루마니아 88%, 에스토니아 87%, 체코슬로바키아 86%, 폴란드와 리투아니아 83%, 우크라이나 82%로 나타나서 불가리아에서 정당의 중요성이 높음을 알 수 있다.[85]

이러한 정국하에서 2001년 6월 17일에 실시된 불가리아 총선에서는 55년간 망명생활을 한 과거 불가리아왕국 국왕이었던 시메온 2세(Simeon Ⅱ, 64)가 주도하고 있는 민족운동 시메온 Ⅱ 국민운동연합(MNS: NDSV)당이 압승(42.74% 지지 획득)을 거둔 것은 주목할 만하다.[86] 불가리아 중앙선거관리위원회는 개표 후 MNS가 18%를 얻은 집권 민주세력동맹(UDF: ODS)을 크게 앞섰다고 밝혔다. 공산당의 후신인 사회당은 17%를 획득했으며 권리·자유운동당은 6.7%를 얻는 데 그쳤다.

다만 군소정당의 의석배분 결과 6월 21일 MNS가 단독으로 원내 과반수 의석(120석)을 차지하지 못하고 1석 부족한 119석을 확보하였다. 이미 시메온 2세는 반수가 넘지 않으면 우리와 같은 생각을 갖고 있는 정당과 연정을 구성할 것이라고 밝힌 바 있었고 시메온 2세는 불가리아에 정신적, 경제적 르네상스를 시작하겠다고 선언하였다. 그는 스페인에서 55년간의 망명생활을 하였고 영국 여왕 엘리자베스 2세와 인척관계이며 스페인 마드리드에서 기업가로 활동해 오다 지난 2001년 4월 불가리아로 귀국해 본격적인 정치활동을 펼쳤다.[87]

불가리아는 95년 1월 출범한 사회당의 비데노프(Videnov) 내각은 금융, 외환위기, 식량위기, 고인플레(2040%) 등 경제정책 실패와 부패, 조직범죄 만연, 그리고 96년 11월 실시된 대통령 선거 패배 등을 배경으로 사임했으며, 이어 사회당

---

84) 99년 10월에 지방선거(10월 16일 1차 투표 및 10월 23일 2차 투표)를 실시한바, 집권 여당인 UDF가 95년 지방선거 시에 비해서는 높은 지지율을 보였으나 97년 총선거 시에 비해서는 지지율이 크게 감소하였으며, 군소 정당 및 무소속 출신이 선전해 지방단체는 과거 UDF와 사회당(BSP) 양당에 의한 분할 구도에서 이제는 다양한 정치 세력에 의해 집권자가 분산되었다. 이처럼 불가리아 집권여당에 대한 지지율 감소는 국민의 생활수준이 향상되지 않는 데에서 오는 불만이 주요 원인으로 분석되고 있다.

85) Doh C. Shin, 1999, 187.

86) 매일경제, 2001. 6. 19.

87) 위의 자료.

정부 퇴진 및 조기총선 요구 시위가 야당 UDF의 주도로 97년 1월 한 달간 계속된 바 있다. 97년 2월 사회당은 제2기 내각 조각에 실패하고 야당 측의 조기총선 요구에 굴복함으로써 국회가 해산되고 총선을 위한 과도내각이 구성되었다. 97년 4월 19일 실시된 조기총선에서는 UDF가 52%, 사회당이 22%의 지지를 획득, 민주화 이후 UDF의 재집권이 이루어졌으며, 이반 코스토프(Ivan Kostov) 수상은 정국안정을 유지한 가운데 국영기업의 민영화, 은행, 민간부문의 구조조정 실시 등 정치, 경제, 사회발전을 추구하였다.[88]

그러나 전체 국영기업 중 80%가 넘는 비조업기업의 유휴 노동인력에 대해 정부가 임금을 계속 지급해 오고 있는 상황이며, 진행 중인 기업의 구조조정에 따른 고용창출 방안이 부재했다. 이러한 어려운 불가리아 상황하에서 시메온 2세가 2001년 7월 12일 역사적으로 총리에 취임한 것이다.[89] 시메온 2세는 옛 군주로는 처음으로 공산주의 몰락 후 모국 정계에 성공적으로 복귀하였지만 해결해야 할 과제는 산적해 있다.

〈표 14-1〉 동구권지역 왕권복귀 움직임 현황

국가명	왕 가	복귀 중심인물	정치참여 비고
알바니아	아흐메트 조그	레카조그 1세	군주정 국민투표실시 불법시위로 실패
루마니아	카롤왕가	미하일 왕	현 정부와의 화해
몬테네그로	페타르 II세	니콜라스 페트로비치 공	탈세르비아 연방운동 지지
구유고	페타르 II세	알렉산드로 공	군주제 지지자들의 정치세력화
불가리아	색스코우버그 왕가	시메온 II세	정당활동

물론 시메온 2세의 성공적인 불가리아 복귀에 따라 공산혁명으로 조국에서 밀려났던 동구 발칸지역 군주들의 정계복귀에도 많은 관심이 쏠리고 있는 것이 사실이다. 대통령 선거에서는 2002년 1월 22일 그리고 2006년 10월 29일 게오르기 파르바노프(Georgi Parvanov)가 대통령에 계속 선출되었고 2005년 6월 총선으로 불가리아사회당(BSP)의 세르게이 스타니세프(Seigei Stanishev)가 총리로 선출되어 왕권복위운동과 관계없이 안정적으로 국정을 운영하고 있다.[90]

---

88) http://www.mofat.go.kr/missions/Bulgaria (2007. 8. 20.)
89) 불가리아 헌법은 의원직이 없더라도 총리가 될 수 있는 길을 열어놓고 있어 총리에 오를 수 있었나.

2. 루마니아의 왕정복귀 움직임

1848년에 루마니아는 오토만 제국, 러시아, 그리고 합스브르그 왕가로부터 회복한다. 1859년 몰다비아와 왈라시아 지방은 유럽열강들의 주도에 의하여 알렉산드루 요안쿠자(Alexandru Ioan Cuza)를 왕으로 추대하였다. 1866년 요안 쿠자는 호헨졸렌(Hohenzollern - Sigmaringen)의 카롤(Carol) 군주로부터 자주적 독립을 쟁취하고 수도를 부카레스트(Bucharest)에 세운다. 1877 - 78년 오토만 제국에 대한 독립전쟁으로 도브로자(Dobrogea)를 회복함으로 첫 통일국가를 건설한다.[91] 루마니아는 1916년 연합군에 속해서 세계 1차 대전에 참전했고 1918에는 본래의 영토를 회복하였다. 카롤 1세가 루마니아 왕으로 등극하였고 발칸전쟁 이후 카롤 1세는 조카 페르난드에게 왕권을 물려주었고, 왕위를 물려받은 페르난드 왕은 제1차 세계대전에 참전하여 연합국과 함께 독일군과 대항하게 된다. 이 전쟁에서 열세에 몰린 루마니아는 처음에는 패배하여 독일의 점령하에 잠시 있었지만 연합국 측의 승리로 과거 오스트리아와 헝가리가 가지고 있었던 트란실바니아, 부코비나, 바나트, 베사라비아 땅을 다시 찾게 된다.[92] 이로써 루마니아는 주요 지역을 합병하면서 일부분의 루마니아가 아니라 하나 된 루마니아로서의 독립국가로 출발하게 되었다.[93]

한편 1920년 이후 공산당이 시작되어 1921년 5월 공산당이 창당되었고 페르난드 왕은 1924년 공산당 비합법화를 발표하였으나 1926년 여름 사망하게 된다. 페르난드 왕이 사망하자 얼마 후 미하일 왕이 국왕으로 즉위하게 된다.[94] 그러나 미하일 왕은 왕권행사를 해 보기도 전에 1930년 카롤 2세에게 왕권을 빼앗겼다. 왕권을 잡은 카롤 2세는 1934년 소련과 국교를 수립하게 된다. 1938년 카롤 2세는 독재체제를 공식으로 선언한 후 각 정당들의 해산을 명령하였고 1938

---

90) CIA - The WorldFactbook(2008. 4. 2.)

91) 이정희, 1995. 254 - 255; CIA - The WorldFactbook(2008. 4. 2.)

92) 위의 책, 364 - 365.

93) 결과적으로 1차 세계대전 전까지는 루마니아가 반쪽의 나라였다가 전쟁 후 2배의 영토를 가져가게 되었고 전쟁 이후 루마니아 왕은 점차적으로 국제적 관심사에 관심을 가져서 1919~1946년에 국제연맹에 참여하였다.

94) 위의 책.

년 독일과 통상조약을 체결함으로써 동맹국이 되었다.

제2차 세계대전 발발로 1938년 프랑스가 나치에 함락되면서 소련은 1940년 6월 루마니아 동부 베사라비아를 점령하였다. 1940년 8월 독일 나치에 사주받은 헝가리가 루마니아 서부 트란실바니아를 점령하였고 1940년 9월에는 남쪽 도브로자 지방을 불가리아가 점령하였다. 결국 1940년 욘 안토네스쿠 장군이 루마니아 정권을 잡고 카롤 2세는 퇴임하고 망명길에 오르게 된다.[95]

이에 1941년 6월 안토네스쿠(Antonescu) 장군이 소련 점령지역을 반환받기 위해 독일 나치에 연합해서 세계 2차 대전에 참전하였다. 루마니아 정권을 잡은 욘 안토네스쿠 장군은 독일주도의 대소전쟁에 참여하였으나 카롤 2세와 같이 독재정권의 야심을 품었으나 다시 제자리를 찾은 미하일 왕과 조직화된 공산당이 힘을 합하여 욘 안토네스쿠 장군을 타도하였다.[96] 1944년 8월 루마니아 미하일 왕은 독재자 안토네스쿠(Marshal Ion Antonescu)를 체포해서 국외 추방시키고 독일에 대해 다시 역저항하였다. 루마니아 왕은 이 전쟁을 독일과 패배로 끝나는 것을 원치 않았기 때문에 루마니아는 독일과의 동맹을 깨고 소련군에 합세하여 독일과 맞섰다. 1944년 8월 23일 5만여 명의 독일군이 루마니아에서 포로가 되었고 8월 25일 루마니아는 소련 군정에 들어갔다. 1944년 3월 소련군은 루마니아로 진군하여 독일군과 투쟁하였고 2차 대전은 독일의 패배로 끝나면서 루마니아는 어두움이 감돌기 시작한다. 소련군은 공산당을 중심으로 한 내각을 출범시키고 루마니아의 국왕인 미하일 왕은 강압적인 힘에 꼭두각시처럼 공산당 내각을 받아들이게 된다. 1945년 공산당 서기장으로 게오르게 데지가 선출되었다. 소련의 힘을 얻은 공산당은 1947년 마지막 미하일 왕을 퇴위시키고 왕정제도를 폐지하고 루마니아 인민공화국을 선포하였다. 소련은 1947년 미하일 왕을 강제 추방시키고 루마니아에 공산정권을 수립하였으며 루마니아 마지막 왕인 미하일은 망명길로 오르게 된다.[97]

2차 대전 후 그동안 꼭두각시 노릇을 했던 루마니아 왕가를 퇴위시키고 공산

---

95) 위의 책, 372-374; CIA-The WorldFactbook(2008. 4. 2.)

96) 2차 대전 중 독일군대는 루마니아에 진군했는데 루마니아의 땅에서는 기름이 나와 전쟁을 위한 기름이 필요하였고 동시에 루마니아를 통하여 소련으로 전진할 수 있는 중요한 교두보였기 때문이었다.

97) 이정희, 1995. 462-465.

당이 소련의 힘을 얻어서 루마니아 정권을 잡게 된다.[98] 전후 루마니아는 공산당은 정권을 잡고 30대의 젊은 나이의 차우세스쿠는 당시 공산당 당서기인 게오르게 데지의 2인자로 서게 된다. 1965년 3월 19일 루마니아 최고의 실권자 게오르게 데지가 급사하고 차우세스쿠는 1965년 3월 22일 루마니아 당서기장으로 선출된다. 1965년 7월 노동당을 공산당으로 바꾸고 같은 해 8월 루마니아 인민 공화국에서 루마니아 사회주의 공화국으로 국가명을 바꾸고 소련이 제시한 헌법 부분을 삭제하고 신헌법을 세우게 된다. 차우세스쿠는 47세의 젊은 나이로 루마니아 최고의 자리인 당서기장 자리에 등극하였다.[99]

89년 소련 붕괴와 함께 일어난 사회주의권 대변혁과 함께 결국 차우세스쿠의 개인 우상화 독재에 대해 1989년 12월 말에 헝가리계를 중심으로 피의 혁명이 일어났다. 그리고 1990년 5월 자유총선거로 새 민주정부가 들어섰다.[100]

앞에서도 언급하였듯이 루마니아의 미하일(Mihai Ⅰ, 80) 전 국왕은 1927년부터 30년까지와 청년 때인 40년부터 47년까지 두 차례 재위했으나 47년 12월 공산정권 수립이 선포되기 수시간 전 폐위당해 런던으로 망명한 발칸지역의 마지막 왕이었다.[101] 망명길을 떠난 미하일 왕은 루마니아 시민권도 없어지고 루마니아에도 입국할 수 없게 되었으나 루마니아 민주화혁명 이후 루마니아 정부는 결국 미하일 왕의 망명생활에 종지부 찍으면서 루마니아로의 입국을 허용하였다.[102] 그러나 루마니아에 자주 방문하면서 미하일 전 왕은 루마니아 정부와 마찰을 일으켰다. 문제는 시나야에 있는 펠레쉬 성의 소유권 때문이었다.[103] 결국

---

98) 차우세스쿠는 당시 최고의 불법 단체인 공산당에 입당하였으며 프라호바, 올떼니짜, 부카레스트 지역의 서기로도 활동했다고 한다. 니꼴라에 차우세스쿠는 1930년대 후반 정부에서 대대적인 공산당 탄압이 시작되면서 반 파시스트 행위로 두 번 체포되어서 감옥에서 1944년까지 옥고생활을 치르게 된다. 이런 과정에서 차우세스쿠는 1946년 대민족회 의원과 1948년부터 1954년까지 농업부 차관, 국방부 차관까지 오르게 된다.

99) 위의 책. 468 - 469.

100) CIA - The WorldFactbook(2008. 4. 2.)

101) *The Economist*, Sep. 7, 1996. 51.

102) 스위스에서 망명생활을 하면서 어렵지만 각종 기술자격도 얻고 직장생활도 하면서 생활해 나갔다고 한다. 미하일 왕은 루마니아로 돌아오고 싶었지만 그 꿈은 쉽게 이루어지지 않았다. 그 이유는 만약 미하일 왕이 루마니아로 돌아오면 그를 지지하는 세력들이 다시 일어날 것을 우려한 당시 공산주의 정부가 반대한 것이다. 입국 당시 공항부터 루마니아 사람들이 환영하였고 루마니이 정부로부터 다시 주민등록증을 받아서 루마니아 국민으로 부활되었다.

103) 미하일 왕은 시나야 펠레쉬 성은 카롤왕가의 소유물이므로 돌려달라는 것이었고 루마니아 정부는 펠레쉬 성이 루마니아 국보1호, 최대의 관광자원, 외화를 벌어들이는 곳 등의 이유로 쉽게 내어 줄 수 없었다.

루마니아 정부는 소유권을 루마니아 정부가 갖는 대신 그에 상당하는 대가를 지불하였다. 루마니아 마지막 왕 미하일 1세 그의 삶도 화려하고 비참한 일생이었지만 자신의 위치를 찾으려는 노력은 남달랐다. 그는 1997년 루마니아 시민권을 회복하였고 스위스에 살면서 2001년 6월 루마니아를 3주간 방문하여 공산당 출신의 이온 일리예스쿠 전 대통령과 화해한 바 있다.[104] 앞에서도 보았지만 루마니아가 정당정치제도화가 자리잡아 가고 있기 때문에 왕정복귀문제도 국민의 정치적인 지지와 선택의 문제로 남게 될 것이다.

3. 구유고연방의 왕정복귀 움직임

1) 몬테네그로

몬테네그로의 과거왕정사는 오스만 터키 지배와 유고슬라비아의 역사와 함께한다.[105] 1929년 유고슬라비아왕국으로 명칭이 바뀌었다. 그러나 통일국가는 세르비아 중심의 집권국가였기 때문에 연방주의·분권화를 제창하는 크로아티아의 강력한 반대가 있었다. 세르비아의 집권주의와 크로아티아의 분권주의는 전쟁기간 동안 유고슬라비아역사를 일관하는 특징이 되었다.[106] 1934년 10월에는 국왕 알렉산더가 마르세유에서 분리주의자에 의해 암살되었다. 크로아티아문제는 1939년의 협정으로 일단락되었다. 즉 크로아티아·슬로베니아·달마티아·보스니아의 일부를 포함한 크로아티아자치주의 창설이 그것이다.[107]

제2차 세계대전 발발에 즈음하여, 유고슬라비아정부는 중립입장을 취했으나 1941년 3월 마침내 3국 동맹에 가입하였다. 이러한 상황 속에서 J. B. 티토를 지도자로 하는 공산당을 중심으로 저항운동이 시작되었다. 이 저항운동은 민족해방의 성격을 띠었으며, 동시에 사회변혁도 지향하는 혁명운동이기도 하였다.

---

104) ≪중앙일보≫, 2001. 6. 19.
105) 김철민, 2005, 226-227.
106) CIA-The WorldFactbook(2008. 4. 2.)
107) 이정희, 1995, 393-399.

1945년 3월 티토를 수반으로 하는 망명정부의 대표 3인을 포함하는 유고슬라비아 민주주의연방 임시정부가 형성되어 국제적인 승인을 얻었다. 이해 11월, 제헌의회의 선거가 실시되어 인민전선이 압도적인 지지를 획득하였다. 유고슬라비아연방 인민공화국의 건국이 선포되었으며, 국왕 페타르 2세(재위 1934~1945)의 모든 권한은 박탈되었다.

유고슬라비아는 1990년에 실시된 자유선거로 민족주의자들이 공화국 대통령으로 등장하면서 제각기 갈라서기 시작하였다. 이에 1992년 4월 세르비아와 몬테네그로가 기존의 유고슬라비아를 계승하는 내용의 신유고슬라비아연방공화국 신헌법을 채택, 공화국 창설을 선포하였다.

1992년 4월 세르비아와 몬테네그로 공화국은 유고연방체제를 유지하기 위해 신유고연방을 결성하고 같은 해 12월 밀로셰비치 대통령이 집권했다. 신유고연방은 보스니아·헤르체코비나·크로아티아 내전에 개입, 각 지역에 거주하는 세르비아인들에게 무기 등을 지원하자 유엔 안보리는 내전을 종식시키기 위한 수단으로 경제제재조치를 취하였다. 국제사회의 제재는 1998년 격화되기 시작한 코소보 알바니아계 반군의 활동과 이에 대한 밀로셰비치 정권의 강경한 탄압으로 재연되었다. 2000년 유엔평화안을 받아들인 코슈투니차 대통령이 취임한 뒤 국제사회와의 협조를 표명하면서 유럽안보협력기구(OSCE) 회원자격을 회복하고 유엔에도 8년 만에 복귀했다.

몬테네그로의 니콜라스 페트로비치(57)공은 제1차 대전 종전까지 3세기 동안 통치해 온 왕조의 후계자로서 프랑스에서 출생한 후 파리에서 건축가로 활동하였다. 군주제 복귀를 추진할 계획은 없지만 몬테네그로의 탈세르비아 연방운동을 지원하고 있다.[108] 아직은 정치적 인기나 지지가 많지 않기 때문에 정치일선에서 국민의 지지를 얻기는 쉽지 않을 것으로 보인다. 사실상 몬테네그로에서는 왕권복귀운동도 중요한 정치적 관심사였지만 오히려 세르비아연방잔류나 독립이냐가 더 중요한 정치적 이슈인 것은 분명했다. 결국 2006년 5월 주카노비치 총리는 세르비아연방으로부터 몬테네그로의 분리독립이 가능한 55%의 찬성표를

---

108) ≪중앙일보≫, 2001. 6. 19.

얻은 뒤 몬테네그로 주민 다수의 결정에 따라 독립이 실현됐다고 밝힌 바 있다. 당시 몬테네그로 전역에서는 독립을 지지하는 주민들이 거리로 몰려나와 폭죽을 터뜨리며 환호했다.[109] 국민투표를 통해 옛 유고연방에서 분리독립한 후 처음으로 치른 지난 2008년 4월 6일 대선에서는 분리독립 이전인 지난 2003년 5월 11일부터 몬테네그로 대통령직을 맡아 온 사회민주당(DPS)의 필립 부야노비치(Filip Vujanovic) 대통령이 결선투표 없이 1차 투표에서 대통령에 재당선되었다. 부야노비치 대통령은 내각책임제인 몬테네그로에서 실제 국정을 이끄는 2008년 2월 29일 취임한 밀로 주카노비치(Milo Djukanovic) 총리의 정치적 동반자다.[110] 몬테네그로의 세르비아계를 대표하는 안드리야 만디치, 네보이사 메도예비치를 비롯한 야권 후보들은 주카노비치 정부가 부패했으며 전제주의 정치를 편다고 비난하면서도 후보 단일화를 이루지 못해 부야노비치 대통령에게 다시 5년의 임기를 보장해 주었다. 나토 가입 여부에 대해서만 만디치 후보가 반대할 뿐 유럽연합(EU) 가입 등 몬테네그로의 나아가야 할 방향에 대해 여야 후보가 상이한 공약을 내걸지 못했다. 이번 대통령 선거에서 페트로비치공의 왕정복귀이슈는 드러나지 않았다.

2) 세르비아

발칸반도에서 제1차 세계대전이 일어남과 동시에 남슬라브족의 통일운동은 구체성을 띤 정치운동이 되었다.[111] 그러나 통일운동지도자의 견해는 둘로 분열되고 있었다. 하나는 세르비아왕국 총리 N. 파시치는, 세르비아인이 거주하는 전역을 통일하고 바다로 나가는 출구를 확보하는 것, 즉 대세르비아의 실현을 목표로 하고 있었다. 다른 하나는 오스트리아·헝가리 영내에서 망명한 크로아티아

---

109) 《연합뉴스》, 2006. 5. 22, CIA-The WorldFactbook(2008. 4. 2.)

110) CIA-The WorldFactbook(2008. 4. 2.)

111) 1908년에 오스트리아·헝가리제국이 보스니아-헤르체고비나를 합병함으로써 발칸의 위기는 고조되었다. 특히 이곳의 영유를 꾀하고 있던 오스트리아에 대한 세르비아의 감정은 극도로 악화되었다. 1912~1913년의 제1차, 제2차 발칸전쟁에서 세르비아는 승리를 거두어 바야흐로 남슬라브족 통일의 기수가 되었다. 이러한 상황 속에서 1914년 6월, 합스부르크군대를 사열하기 위해 사라예보를 방문한 오스트리아의 황위계승자 F. 페르디난트 부부가 '청년 보스니아'에 속한 한 청년에 의해 사살되었는데, 이 사라예보사건을 계기로 제1차 세계대전이 일어났다.

의 지식인을 중심으로 유고슬라비아위원회가 창설되었는데, 이들은 합스부르크 제국의 해체와 남슬라브족 전체의 통일을 내걸고 영국·프랑스·러시아 등의 협상국 쪽에 공작하기 시작하였다.

이 두 파는 1917년 7월에 모여 세르비아왕조 아래서 앞으로 입헌군주국을 세운다는 취지의 '코르푸선언'을 발표했다. 이 선언은 통일국가 형성의 포석이 되었으나 큰 움직임이 보였던 것은 1918년 여름, 즉 합스부르크제국의 붕괴가 명백해진 다음부터였다.

달마티아를 이탈리아령으로 하였던 런던비밀조약(1815)의 존재와 파시치의 교묘한 외교수완에 의해, 1918년 12월 통일국가 세르비아인·크로아티아인·슬로베니아인 왕국의 성립이 선언되었다.[112] 1929년 유고슬라비아왕국으로 명칭이 바뀌었다. 그러나 통일국가는 세르비아 중심의 집권국가였기 때문에 연방주의·분권화를 제창하는 크로아티아의 강력한 반대가 있었다. 세르비아의 집권주의와 크로아티아의 분권주의는 전쟁기간 동안 유고슬라비아역사를 일관하는 특징이 되었다. 1934년 10월에는 국왕 알렉산더가 마르세유에서 분리주의자에 의해 암살되었다. 이 크로아티아문제는 1939년의 협정으로 일단락되었다. 즉 크로아티아·슬로베니아·달마티아·보스니아의 일부를 포함한 크로아티아 자치주의 창설이 그것이다.

제2차 세계대전 발발 시 유고슬라비아정부는 중립입장을 취했으나 1941년 3월 3국 동맹에 가입하였다. D. 시모비치장군 등 친서유럽파의 쿠데타가 발생하였으나 독일을 중심으로 하는 추축군의 공격을 받아, 유고슬라비아는 항복하고 국왕과 정부요인들은 국외로 망명하였다. 그 결과 유고슬라비아는 동맹국에 의해 분할되었다. D. 미하일로비치를 지도자로 하는 '체토니크'라는 저항조직이 있었다. 이 조직은 세르비아민족주의자 집단이었으며 기회를 노리는 대기주의를 취했기 때문에 하부조직에서부터 동맹군과의 협력관계를 강화해 나가 결국은 동맹군과 행동을 같이하게 되었다.

이러한 상황 속에서 J. B. 티토를 지도자로 하는 공산당을 중심으로 민족해방

---

112) CIA - The WorldFactbook(2008. 4. 2.)

운동의 저항운동이 시작되었다. 티토 등의 파르티잔부대는 독자적인 힘으로 싸워 나갔으며, 1943년 11월에는 인민해방 반파시스트회의(ABNOJ) 제2차 대회를 열었다. 여기서 티토를 의장으로 하는 임시정부가 성립하였고, 망명정부를 대신하였다. 1945년 3월 티토를 수반으로 하는 망명정부의 대표 3인을 포함하는 유고슬라비아민주주의연방 임시정부가 형성되어 국제적인 승인을 얻었다. 이해 11월, 제헌의회의 선거가 실시되어 인민전선이 압도적인 지지를 획득하였다. 유고슬라비아연방 인민공화국의 건국이 선포되었으며, 국왕 페타르 2세(재위 1934~1945)의 모든 권한은 박탈되었다.

사회주의권 붕괴와 함께 90년 실시된 자유선거로 민족주의자들이 공화국 대통령으로 등장하면서 슬로베니아. 크로아티아, 마케도니아, 보스니아 등 제각기 갈라서기 시작하였다. 이에 1992년 4월 세르비아와 몬테네그로가 기존의 유고슬라비아를 계승하는 내용의 신유고슬라비아연방공화국 신헌법을 채택, 공화국 창설을 선포하였다.[113] 1992년 4월 세르비아와 몬테네그로 공화국은 유고연방체제를 유지하기 위해 신유고연방을 결성하고 같은 해 12월 밀로셰비치 대통령이 집권했다. 이후 10여 년간 보스니아내전, 코소보내전 최근의 코소보독립 등 민족문제와 국제적 갈등의 이슈 속에서 국내정치는 매우 불안정하게 요동쳤다.[114]

모국이 이러한 엄청난 소용돌이를 치는 동안 알렉산드로(56)공은 56년간 런던에서 망명생활을 하였다. 알렉산드로공은 45년 11월 출생과 동시에 티토의 공산정권이 군주제를 폐지하자 망명생활을 시작했다. 70년대 미국에서 살다가 베를린 장벽이 무너진 후 영국으로 되돌아갔는데 그는 밀로셰비치 정권이 몰락하는 혼란의 와중에서 2000년 10월 귀국해 군주제 지지자들의 환영을 받았다.[115] 그

<hr>

113) Rupnik, Jacques, 2000, 14 - 15; CIA - The WorldFactbook(2008. 4. 2). 세르비아는 유고슬라비아를 강력한 중앙통제연방국가로 결속시켜 세르비아가 연방 전체를 주도한다는 패권주의 정책을 폈고, 크로아티아와 슬로베니아는 이에 맞서 1991년 6월 각각 독립을 선언하였다.

114) Isaac, Jeffrey C., 2000, 41 - 46. 신유고연방은 보스니아ㆍ헤르체코비나ㆍ크로아티아 내전에 개입, 각 지역에 거주하는 세르비아인들에게 무기 등을 지원하자 유엔 안보리는 내전을 종식시키기 위한 수단으로 경제제재조치를 취하였다. 신유고연방은 국제사회의 체재강화로 외교적 고립이 심화되고 경제난이 가증되자 세르비아계에 대한 지원을 중단했다. 국제사회의 제재는 1998년 격화되기 시작한 코소보 알바니아계 반군의 활동과 이에 대한 밀로셰비치 정권의 강경한 탄압으로 재연되었다. 코소보사태로 불리는 알바니아계에 대한 인종청소가 자행되면서 유엔과 유럽연합으로부터 추가 경제제재를 받는 등 국제사회에서 완전 고립되었다. 2000년 유엔평화안을 받아들인 코슈투니차 대통령이 취임한 뒤 국제사회와의 협조를 표명하면서 유럽안보협력기구(OSCE) 회원자격을 회복하고 유엔에도 8년 만에 복귀했다.

러나 정치적 이합집산 속에서 정치세력화가 미흡하여 왕권복위운동은 적극적으로 시도되지 못하고 있다.

4. 알바니아의 왕정복귀 움직임

발칸반도는 전통적으로 유럽에서 정치적으로 분쟁의 수단을 제공할 수 있는 가장 민감한 지역이라 할 수 있다. 특히 알바니아는 역사·종교·사회적으로 단일성을 갖추지 못한 채 그들 자신들의 영토를 방어하기 위해 주변 강국들과 투쟁해 왔으며 이는 오랫동안 주변국들과의 분쟁과 불화의 원인을 제공하여 왔다. 이는 역사를 통해 볼 때 유고슬라비아, 그리스, 이태리는 항상 알바니아의 독립을 위협하는 주체들이었다.

1344년에 알바니아는 세르비아에 병합되었지만 1389년 세르비아가 터키 제국에 패함으로써 알바니아 전 지역은 오스만 터키 제국의 지배를 받게 되었다. 1912년 6월 발칸 제 민족들이 차례로 터키에 선전 포고를 함에 따라 1차 발칸 전쟁이 발발하였고, 전쟁 종결 후 1912년 이후 독립을 선포하고 1920년 독립국가로서 탄생한 알바니아는 1939년까지 독립국으로서 지위를 누렸으나 1940년 이태리가 강제로 알바니아를 합병하였고 2차 대전 중 그리스의 침공으로 국경선이 붕괴되었다.[116]

2차 대전 이후 그리스, 이태리, 알바니아 3국 간의 평화협정에 의해서 현재의 국경선을 설정하였으나, 알바니아 남부지방에는 그리스계와 토스크족의 소수민족이 발생하였다. 그리스는 알바니아 남부지방에 대해 자신들의 영유권을 주장하였으며 이후 양국의 관계는 급속도로 냉각되어 갔다. 이러한 민족분규와 공산 치하에서 알바니아 전 국왕 아흐메트 조그의 외아들인 레카 조그 1세(62세)는 55년간 망명생활을 하였는데 공산혁명으로 왕실이 그리스로 쫓겨 감에 따라 알바니아에서는 3년밖에 살지 못했다.

---

115) 《중앙일보》, 2001. 6. 19.

116) 이정희, 1995, 402 - 412; CIA - The WorldFactbook(2008. 4. 2.)

　1979년 이후 남아프리카공화국에서 살고 있으며 조국의 군주제 회복 희망을 포기하지 않았다. 그러나 1985년 알바니아 공산화의 주역 호자가 죽고 알리아가 권좌에 올라 해빙의 시대가 오는 듯했으나 알바니아의 폐쇄정책은 1990년 말까지 연장되어야만 했다. 소련의 해체 이후 알바니아에도 탈냉전의 영향이 미치면서 민주화가 진행되어 갔다. 대전환의 90년대 이후 레카 조그 1세는 망명생활 반세기 만인 97년 4월 알바니아로 일시 귀국하여 군주제 실시를 위한 국민투표를 촉구하기도 하였다.117) 그러나 불법시위를 주동한 혐의로 며칠 만에 쫓겨났고 궐석재판에서 3년형을 선고받았으나 군주제 회복을 벼르며 권토중래 중이다.118) 살리 베리샤(Sali Berisha) 총리가 이끄는 민주당(DP)이 승리한 2007년 7월 총선에서도 왕정복귀운동의 이슈는 미미했다.119)

제3절 동구권의 왕정복귀 움직임 관련 정치참여의 문제

1. 서유럽 입헌군주정

1) 입헌군주정의 장점

　주로 서유럽 선진국에서의 입헌군주정은 매우 현실적이고 긍정적으로 운영되고 있다. 입헌군주정이 전통을 살리고 엘리트와 대중 간의 소통을 하는 통로로도 작용하고 있다. 국가나 왕정의 전통과 권위가 살아 숨 쉬고 있어도 민주주의적 정치에 아무런 장애가 되고 있지 않다. 오히려 절대왕정에서 시민사회를 만들 때 시민혁명에 의해 타도된 프랑스를 제외하고는 거의 대부분의 유럽국가에 왕정의 전통이 살아 숨 쉴 수 있다는 데에서 민주주의의 아량과 저력을 볼 수 있다. 물론 동양사회인 일본의 천황제도 여러 면에서는 문제점 없이 잘 운영되고

---

117) ≪국민일보≫, 97. 4. 15.
118) ≪중앙일보≫, 2001. 6. 19.
119) CIA－The WorldFactbook(2008. 4. 2.)

있다. 18세기 절대왕권체제에서 벗어나거나 89년 이후 공산주의 전체주의체제에서 벗어나 민주주화로 이행하면서 하나의 동일한 정치적 목표가 되고 있는 주권재민, 공정한 선거, 복수정당정치, 삼권분립, 견제균형 등 민주적 제도에 역행하거나 문제를 주지는 않고 있어 왕정이라는 과거의 정치적 전통과 민주주의라는 현대적 정치제도의 조화가 잘 지켜지고 있다. 일종의 권력의 분점이 제도적으로 잘 이루어지고 있다는 것이다. 영국의 경우 의회도 상원·하원 양원제로 상원의 경우는 주로 전통적으로 귀족출신이나 뛰어난 가문에서 발탁되는 반면 하원은 시민사회에서의 일반 국민이 선택하는 등 조화를 보이고 있다.

과거 영국에서도 제임스 1세로부터 시작하여 찰스 1세를 거쳐 1653년 크롬웰의 집권에서 사망까지 17세기 초의 변화는 영국정치의 특징인 의회만능주의로 이끌었다. 크롬웰이 죽은 뒤 영국은 왕정체제를 복귀하였으나 절대왕정의 절대적 왕권과는 거리가 먼 입헌군주정으로의 복귀였다. 그래서 이때부터 의회는 남자를 여자로 바꾸는 일을 제외하고는 모든 것이 가능하다는 권력의 최고 지위를 확립하였고 영국혁명은 의회 민주주의전통을 가능하게 만든 사건으로 기록된다.[120] 대표적인 입헌군주정을 성공적으로 운영하는 영국이나 여러 북유럽의 국가들의 입헌군주정의 장점을 보면 대체로 다음과 같다.

〈표 14-2〉 서구 입헌군주국(Constitional Monarchy) 현황

국 가	왕 명	출생연도	즉 위
영국	영국여왕 엘리자베스 2세 Queen ElizabethI	1926	1953～현재
오스트레일리아	영국여왕 엘리자베스 2세 Queen ElizabethI	1926	1953～현재
뉴질랜드	영국여왕 엘리자베스 2세 Queen ElizabethI	1926	1953～현재
캐나다	영국여왕 엘리자베스 2세 Queen ElizabethI	1926	1953～현재

---

120) 구학서 편저, 1990, 90-91.

국 가	왕 명	출생연도	즉 위
벨기에	벨기에국왕 알베르 2세 King Albert Ⅱ	1934	1993~현재
네덜란드	베아트릭여왕 Queen Beatrix	1938	1980. 4. 30~현재(제6대)
룩셈부르크	대공작 앙리 Grand Duke Henri	1955	
덴마크	덴마크여왕 마르가레트 2세 Queen Margrethe Ⅱ	1940	
노르웨이	해랄드 2세 King Harald V	1937	
스웨덴	카알 16세 King Carl XVI Gustaf	1946	
스페인	후안 카를로스 Ⅰ세 King Juan Carlosl	1938	1975(사르수엘라궁)
리히텐슈타인	왕자 한스-아담 2세 Prince hans-Asam Ⅱ	1945	
모나코	알버트 피에르 Albert alexandre Louis pierre	1958	14대 왕

(자료) CIA -the World fact Book(2008. 4. 2.)

첫째, 오랜 역사와 전통을 그대로 현실과 미래정치와 접목시킨다.

둘째, 대외적으로 오랜 문화와 전통을 그대로 국가의 경쟁력으로 연계시키는 데 왕정이 좋은 역할을 한다.

셋째, 전쟁이나 혁명 등 정치적 소용돌이로 인한 역사의 단절을 극복하고 과거와 미래의 조화를 이룬다.

넷째, 왕은 군림하나 통치하지 않는다는 것처럼 왕정과 민주주의를 접목시킨다.

다섯째, 민족분규나 갈등을 봉합하는 민족통합, 국민통합의 기능을 수행한다.

2) 입헌군주정의 약점

주로 입헌군주정을 하지 않고 있는 프랑스, 독일 그리고 미국 같은 공화정국가에서 보이는 단점들이 아마도 해당될 수 있다. 자랑스러운 전통이나 문화가 상당히 현실정치에서 배제되고 있다.

첫째, 과거의 전통이나 관습을 민주적 현실정치에서 매우 부담스러운 것으로 인식한다.

둘째, 왕가운영을 통한 국가예산과 비효율성의 비용의 문제가 있다.

셋째, 왕가의 승계나 도덕성과 재산문제 등이 때론 정치적 이슈로 등장한다.

넷째, 평등의 정치에 배치되는 귀족정치나 궁정의 전통과 사치스런 풍습 등이 좌파정차 등에서 거론된다. 특별히 프랑스는 여러 서유럽국가 중에서도 예외적으로 입헌군주정이 성립되지 못했다. 1789년 8월 26일 제헌의회가 채택한 인간과 시민의 권리들의 선언(인권선언)에서 당시부터 루이 16세의 브루봉왕가 구체제의 사망증서이자 새 시대의 사도신경으로서 신성한 성격을 부여받아 이후 왕정은 꿈도 꾸지 못할 것으로 생각되었다.[121] 그러나 나폴레옹 황제정이 만들어졌고 이것이 1814년 붕괴되면서 나폴레옹전쟁 후 오히려 왕정복귀가 있었고, 결국 제2차 시민혁명인 1830년 7월 시민혁명을 유발하였다. 결국 왕정은 또다시 붕괴되었다. 그러나 1830년 7월혁명 후 혁명의 지도층인 시민계층이 공화주의란 너무도 과격하고 자신들에게도 위협이 된다고 생각하여 입헌왕정을 고집하였고 그 결과 루이 필립이 사를르 10세의 뒤를 이었다.[122] 그러나 이는 또다시 제3차 시민혁명인 1848년 2월 혁명으로 붕괴되었다. 이러한 왕정 – 공화정 – 황제정 등의 교차적 발생은 1875년 제3공화정에서 대통령제가 성립한 이후 다른 유럽국가와는 달리 국체선택에 있어 일관되게 왕정은 선택되지 않았고 프랑스 근대 역사 속에서 사라지고 말았다.[123] 입헌군주제보다 정세적으로 공화국의 적합성을 인정하여 수용하였던 많은 자유주의자들도 공화국의 절대화를 비난하기는 하였지만 영국이나 다른 유럽국가와는 달리 이후 공화정의 전통은 오늘날까지 지속되고 있다.[124] 이렇게 본다면 서유럽국가들에서 보이는 국체, 정체 등 왕정이나 공화정의 문제는 역사적 배경과 시민의 선택에 의해서 좌우되었음을 알 수 있다. 이러한 점에서 동구 발칸국가들에서 보이는 왕권복귀운동도 각국이 처해 있는 정치적 상황하에서 국민의 자유로운 선택과 합의에 기초하는 것이나 대체로 공통적으로 일관되게 정치적 특징을 만들면서 왕권복귀운동을 하는 것으로는 보이지 않는다.

---

121) 최갑수, 2000, 5.
122) 구학서 편저, 1990, 168 – 169.
123) 전수연, 2005, 55 – 56.
124) 홍태영, 2002, 26 – 27.

2. 동구권에서 왕정도입의 문제점과 향후 과제

1) 동유럽발칸지역의 왕정의 역사적 복잡성

　동구권지역은 역사적으로 많은 민족적인 복잡한 연관관계를 갖고 있다. 본 글은 동구권 중 특히 왕권복귀운동의 조짐이 보인 루마니아, 불가리아, 몬테네그로, 세르비아, 알바니아 등의 국가에 초점을 맞추어 보면서 동구 발칸지역의 왕정에 대한 역사적 배경을 보려 한다. 과거 수많은 민족국가 간 전쟁과 제국주의 전쟁 등으로 동구 발칸지역은 이합집산의 영고성쇠의 국가적 전통을 갖게 되었다. 특히 오스만 터키의 지배와 오스트리아-합스부르크왕가의 전성시대, 그리고 세계 제1차 대전과 제2차 대전, 공산정권의 지배 등은 동구 발칸국가의 왕정이나 현실정치, 민족문제 등이 상호 복합적으로 많은 연관을 갖고 있도록 하였다.[125]

〈표 14-3〉 동구 발칸지역 민족분쟁 현황

동구 발칸국가	동구 발칸국가	민족문제 현황
체코	슬로바키아	1993년 분리독립
헝가리	루마니아	트란실바니아 내 헝가리계 민족문제
루마니아	몰도바	트랜스드니에스트르지역
헝가리	세르비아	보이보디나지역
불가리아	터키	터키인 소수민족
크로아티아	세르비아	크로아티아 내 세르비아계 소수민족문제
보스니아	세르비아	보스니아내전
알바니아	세르비아	코소보분리문제(2008년 분리독립선언)
알바니아	그리스	그리스 내 알바니아계 소수민족문제
마케도니아	알바니아	알바니아인 소수민족문제
마케도니아	그리스	마케도니아인 소수민족문제
몬테네그로	세르비아	2006년 분리독립

(자료) CIA-the World Fact book(2008. 4. 17.)

---

125) 김철민, 2005, 222.

1945년 제2차 세계대전 종전 이후 소련이 동구권을 장악하고 공산화시킴으로써 전후 냉전체제와 함께 동구 발칸국가들은 서유럽권보다는 동쪽에 속해 있는 소련과 함께 동구권으로 불리었고 서유럽국가보다는 다양하고 자유로운 정치제도의 선택이 억제되었다. 이러한 맥락에서 68년 프라하봄의 희생자였던 두브체크(Alexander Dubček)는 서와 동의 용어를 사용하지 않았다. 예컨대 지형, 전통, 경험 때문에 체코는 중부유럽에 속했다는 것이다. 특히 이들 지역은 개념적으로도 체코, 헝가리, 폴란드에서 강조하는 것처럼 중부유럽인이라는 지역적 일체감이 강하다.126) 이 지역에서 과거 오스트리아 · 헝가리(Austro – Hungarian) 제국, 19세기의 중앙유럽(Mittel Europa)의 개념을 사용한 것은 중요한 역사적 자부심인 것이다.127) 같은 동구 발칸지역이라 하더라도 폴란드, 헝가리, 슬로바키아, 체코 등의 글로벌 민주화 정치개혁을 EU나 NATO의 서구자유진영이 적극 지지하고 있고 불가리아, 루마니아에 이어서 세르비아, 몬테네그로, 알바니아 등 발칸지역 국가들은 후발국가처럼 뒤늦게 글로벌민주주의에 편승하고 있다. 불가리아처럼 구왕권세력의 후계자 등이 선거를 통하여 민주적 방식에 의해 정치일선에 나서는 경우도 있다. 흥미 있는 것은 폴란드, 체코, 헝가리 등 보다 더 개혁에 앞장서는 국가들이 그동안 민주화 시위나 민중봉기를 더 많이 경험했고 왕권복귀운농이 나타나고 있는 몬테네그로, 알바니아, 세르비아 등은 민주화 과정이 더딘 것으로 나타나고 있다.

그동안 동구 발칸국가들은 권위주의적 공산주의와 바르샤바조약체제(WTO)에 의해서 왕가의 전통이나 민족문제를 억제할 수 있었다. 이제는 민족주의는 동구 발칸을 특징하는 무정부적 조건에 중요한 도구가 되고 있다. 예컨대 루마니아는 ① 민족주의와 국수주의 증대, ② 루마니아 내의 전생활 속의 이념화, ③ 종교에 저항하는 확대된 캠페인과 합리적, 과학적 세계에 대한 확대, ④ 사회주의적 우월한 도덕적 시민 탐색, ⑤ 차우세스크의 개인숭배 등이 스탈린주의적으로 적용되었다. 또한 차우세츠쿠즘(Ceaucescuism)은 ① 마르크스레닌주의, ② 전통적 루마니아민족주의, ③ 공산당서기장으로서의 개인적 영향력 등으로 구성된다.128)

---

126) Dziewanoski, M. K. 1977, 63~64.

127) Dziewanoski, M. K. 1977, 64.

이는 과거정치로의 회귀나 민족갈등의 문제를 억제시킬 수 있는 이념과 장치를
갖출 수 있었다.

2) 향후 과제

동구권 각 국가의 얽히고설킨 왕가 간의 갈등, 민족문제와 민족분규가 통합의
왕정을 허락하지 않는다. 이러한 문제점들이 내재되어 있어 과거 찬란한 영광을
재현하는 데는 전 국민적·전 국가적 정치적 에너지가 요망되는데 이것이 장기
간 공산정권 탄압으로 상당이 위축되어 있다는 점이다.

러시아의 경우도 1800년대 중반 니콜라스 1세를 계승한 알렉산드로 2세(Alexander
Ⅱ, 1855 - 1881)는 서구화 추진작업을 그의 통치목표로 삼고 1861년 농노해방
령을 선포하였다. 그러나 그의 심중은 서구식 입헌군주국을 만드는 것이 아니라
서구화를 추진하여 러시아가 다시 전제군주의 권력을 대내외에 떨치려는 것이었
다.[129] 1905년 2월 혁명 후 니콜라스 Ⅱ세가 퇴위위기에 몰리자 입헌군정을 제
의하여 존속하였고 마침내 1917년 2월 혁명에서 퇴위하여 임시정부시절 게렌스
키가 입헌군주정을 계획한 바 있었으나 1917년 10월 볼세비키혁명으로 무산되
었다.[130] 90년대 이후 민주화 과정에서 과거로의 회귀도 왕왕 있지만 그렇게 정
치적으로 큰 이슈는 되지 못하고 있다.

동구권의 몇몇 국가의 예에서 보았듯이 왕정복귀 움직임에는 몇 가지 문제점
이 있다고 본다.

(1) 공산주의체제에서 왕정이 지나치게 잊혔다.

(2) 왕정복구 움직임의 세력이 너무 미약하다.

(3) 각 국가들이 자본주의 도입과 민주화하기도 바쁘다.

(4) 시민사회의 미래지향적 역동성이 크다.

(5) 정치참여나 정치세력화 정도에 만족하고 있다.

(6) 서유럽국가에 비해 과거왕정의 뚜렷한 정치적 치적이 강조되지 못하고 있다.

---

128) CIA - the world Fact Book(2008. 4. 18.)
129) 구학서 편저, 1990, 299 - 300.
130) 위의 책. 401 - 407.

(7) 헝가리, 체코, 슬로바키아, 폴란드 등 다른 먼저 선진화된 동구권국가에서 오히려 왕권복귀 움직임이 미약하다.

경제가 활성화되고 시민사회가 활성화된 국가에서는 왕정문제가 소홀히 다루어지고 있다. 폴란드, 헝가리, 체코, 슬로바키아 등에서는 정치 분야에서 왕정문제가 거의 다루어지지 않고 있다. 사실상 국내 경제문제와 글로벌경제편입문제 등도 심각한데 90년 이후 민주화운동의 주체가 노조세력, 반체제인사, 종교세력과 소수민족, 민주언론, 구왕정세력, 신세대와 대학생 등 복잡하여 정치적으로는 혼란스럽다. 그러나 다당제 도입과 자유총선결과로 민주세력이 집권한 것과 각 국가가 보다 민주적 개혁을 하겠다는 의지를 보여 왕권복귀 관련 정치조직의 움직임은 공정한 선거와 공정한 경쟁의 결과라면 수용해야 하는 것이 자연스러운 정치과정이라 할 수 있다. 왕권복귀 움직임도 민주화 과정에서 나타나는 다양한 정치운동 중 하나인 것이다. 동구권에서 정치참여과정 중 갈등과 혼란을 보인 것은 공산당 일당 억압체제보다는 오히려 바람직하다고 본다. 물론 민주화 과정에서 민족분규, 폭력사태, 내전 등이 발생하고 있는 것은 앞으로도 계속 해결해야 할 또 다른 과제이나 민주화의 대세를 반동적으로 되돌리는 역사적 후퇴는 하지 말아야 할 것이다.[131]

제4절 결론

과거 공산권시절에는 서구의 삶과 제도의 대한 정보입수는 방송매체와 지하언론을 통해서 가능했다. 현재 동구 발칸지역은 공산당의 폐쇄적·획일적·선전선동적 보도와는 전혀 다른 정보를 접함으로써 시민사회 활성화와 민주화열기가 더욱 고조될 수 있었다. 특히 이웃국가의 민주화운동의 속도, 규모, 내용 등을 파악할 수 있으므로 민주화운동의 전략계획 수립에 상당한 영향을 줄 수 있었

---

131) Rau, Zbigniew, 1991, 267~69.

다. 루마니아의 경우는 지난 90년 5월 20일 총선에서 구공산세력인 NSF가 65%, 이온 일리에스쿠 대통령후보가 86% 지지를 얻는 데는 여러 요인이 있겠으나 가장 중요한 이유 중 하나는 여론을 잘 소개할 대중매체 부재에 있다고 지적된 바도 있다. 개혁과 비개혁국가의 국가의 정치개혁의 방향은 점차로 강하게 대립되면서 그 뚜렷한 윤곽과 성격을 보이고 있는 것이다. 이는 민주화혁명 당시 동구권국가에 대한 비교적 관점에서의 설득력 있는 분석을 보면 흥미 있고 시사하는 바가 크다고 생각한다.[132]

사회주의권국가에도 다양한 각종의 이익집단이 생성되고 활성화되고 있다. 독립노조, 민족집단, 대학, 교회, 언론, 구왕실세력 등의 분야가 제 기능과 역할을 회복하고 있다. 무엇보다도 공산정권 이전의 왕권이나 황실에 대한 복원운동도 나타나고 있다는 점이다. 90년 민주화 변혁 이후부터 현재에 이르기까지 왕권복귀 움직임, 극단적 민족주의 대두, 파시즘 대두, 이슬람영향력 대두, 구공산주의 세력 대두, 신볼셰비즘 대두 등의 조짐과 갈등을 보이고 있다.[133] 그러나 전 세계의 국가의 자유의 순위를 분석한 조셉뤼안(Joseph E R yan)은 정치적 권리에서 9개 질문을 시민적 자유에서 13개 질문을 통하여 36점과 52점을 각각 7등급으로 나누어 분석한 결과를 보면 헝가리(1.2), 체코(1.2), 슬로베니아(1.2), 폴란드(2.2), 불가리아(2.2), 슬로바키아(2.3), 알바니아(3.4), 루마니아(4.3), 크로아티아(4.4) 등으로 나타나고 있다. 이는 불가리아나 폴란드가 루마니아보다 더 자유로운 국가로 분석되었음을 의미하는 것이다.[134] 그러나 체제변환이 시작되는 90년대 초 동구 발칸지역의 정치개혁운동의 가장 중요한 이슈 중 하나는 노조운동, 종교운동 및 지식인활동을 중심으로 한 민주화운동이었다.[135] 루마니아는 비세그라드 국가보다는 더디지만 알바니아나 세르비아보다는 빠르게 민주화 변혁을 꾀하고 있는 것으로 분석되고 있으며 언론자유의 확대, 다당제 도입 등 민주주의와 자유사회로 향한 변혁은 느리나 발칸지역의 다른 나라보다는 상당히 안정

---

132) *NEWSWEEK*, August 21 – 28, 1989, 6~17.

133) Fukuyama, Francis(1995), 10 – 12.

134) Ryan, Joseph E.(1995), 10 – 13.

135) Sabrina P. Ramet, "Balkan Pluralism and its enemies", in Orbis(1992, Fall), p.557.

적이고 지속적이다.

특히 경쟁적 정당체제와 연정과정의 민주적 제도화 확립이다. 이 점에 있어 루마니아의 경우는 알바니아나 몬테네그로보다는 앞서고 있다. 2000년대에 이르러서는 동구 발칸지역국가들은 좀 더 정치적 안정이 찾아오고 EU, NATO 등 국제기구에 편입되면서 글로벌 민주정치와 경제에 부응하게 된다. 이러한 상황 하에서 왕권복귀 움직임은 몇 가지 측면에서 과제가 남아 있다고 본다.

첫째, 정당의 과잉난립이다. 민주세력조차도 여러 정파로 나뉘어 경쟁을 했다. 이는 민주세력의 힘의 낭비를 초래했다. 앞으로 민주세력의 연립정부 구성과정에서 민주세력의 정치적 능력을 시험해야 할 것이다.

둘째, 구유고슬라비아, 알바니아 경우는 상황은 다소 차이가 있으나 구공산세력의 과격한 정치적 집단행동, 민족분규, 폭력사태이다. 이 또한 반공·민주화 변혁 과정에서 나타나는 부정적 측면이어서 타 국가에 영향을 확대시키지 않는 방향에서 그 해결방법이 평화적으로 적용되어야 할 것이다.

셋째, 왕정복귀 움직임이 각국에 처한 상황에서 볼 때 경제문제나 다른 정치적 이슈보다 그렇게 중요하거나 시급한 문제는 아니라는 점이다. 오히려 왕정문제가 아닌 공정한 선거 복수정당제 시민사회의 활성화 등의 문제가 더욱 중요한 것으로 보인다.

넷째, 현재로서는 왕권복귀 움직임은 정치력이 매우 미약하며 하나의 정치적 이슈로서 만족하는 상태이다.

그동안 동구권국가 중 왕권복귀 움직임이 보인 국가들은 불가리아를 비롯해서 루마니아, 알바니아, 세르비아, 몬테네그로 등이다. 특히 90년 이후 정치전 전환기에 보인 동구권국가의 국가 간, 민족 간 갈등은 대부분의 국가에서 보인다. 이는 과거 지배왕국 간 갈등에 있어 지배와 정복 등이 오랫동안 반복해 왔기 때문이다. 그러나 서구의 민주주의 선진국에는 입헌군주국으로 과거의 역사도 보존하고 민주주의역사도 함께 하는 많은 국가들이 있다. 될 수만 있다면 동구 발칸지역에서도 입헌군주국으로 전환하는 국가가 만들어진다면 정치적으로 의미가 있다고 본다. 이는 민주화 과정에서 시민사회의 다양한 의견이 여러 집단으로 수렴되어 조직화되고 이를 선택한다는 것은 다양성과 다원화를 수용한다는 것을 의미한다는 점에서 시사하는 바가 크기 때문이다.

동구 발칸지역 일부 국가에서의 왕권복귀 움직임이나 과거정치세력의 부활은 일단 국민이 직접 참여하여 다양한 선택을 할 수 있는 기회를 보장한다는 참여적 민주주의의 제도화와 시민사회가 형성되었다는 것을 의미하는 것이기 때문에 비관적인 것만은 아니다.

〈참고자료〉

1. 국내자료

구학서편저(1990), 『이야기 세계사: 르네상스부터 제2차 세계대전까지』(서울: 청아출판사).

권재중, 「OECD양대 자유화규약 수락에 따른 제도변화와 영향」, Korea Institute for International Economic Policy(KIEP)(1996).

김철민(2005), 「외세지배하의 유고슬라비아에 대한 연구: 오스만터키 지배지역을 중심으로」, 한국외대, 동유럽발칸연구소, 『동유럽연구』, 제15권.

김종석(2006), 「폴란드 민족운동사와저항정신(Ⅱ)」, 한국외대, 동유럽발칸연구소, 『동유럽연구』, 제17권.

김규진(2005), 『러시아·동유럽: 문학·예술기행』(서울: 한국외대출판부).

박정원, 「민족주의와 사회주의연방의 해체: 체코슬로바키아 사례」, 한국세계지역연구협의회 하계학술대회(1998. 8).

박종오(2002), 「루마니아민족의 기원과 형성」, 한국외대 동유럽발칸연구소, 『동유럽연구』 제11권 2호.

안성호(1994), 『범세계 민주화 비교론』(서울: 교육과학사).

Ahn Sungho(2006), 「A Comparative Study on Global democracy between Hungary and Rumania」, 한국외대 동유럽발칸연구소, 『동유럽연구』, 제17권.

Ahn Sungho(2002), 「A Study on Foreign Relation and Global Strategy of Eastern Europe after Democratic Change」, *Journal of Central & East European Studies,* Vol.4, No.2, 577 − 608.

Ahn Sungho(2001), 「A Study on Prospect of Ethnicity Solution and USA role in the Balkan States」, *Journal of Central & East European Studies,* No.5, 215 − 244.

이규영(역), 『탈사회주의와 체제전환』(서울: 서강대학교 출판부, 1999).

이규영(역), 「탈사회주의와 중부유럽의 재발견」, 한국정치학회 연례학술회의(1999. 12).

이삼성(1999. 12), 「미국외교와 인도적 군사개입: 코소보의 인식을 중심으로」, 한국정치학회 연례학술회의.

이장근, 「헝가리 경제동향」(주헝한국대사관, 2000. 5 − 9).

Korea Institute for International Economic Policy(KIEP), 『Hungary Introduction 헝가리
　　　편람』(1995).
이정희(1995), 『동유럽사』(서울: 대한교과서).
이은구, 「동유럽시장경제화 평가와 사회경제적 제문제」, 한국유럽학회, 『유럽연구』, 통
　　　권 제11호(2000).
전수연(2005. 8), 「프랑스 제3공화국의 헌법제정, 1875 – 1889」, 한국프랑스사학회, 『프
　　　랑스사연구』, 55 – 65.
정병권(2004), 「곰브로비츠의 트란스 아틀란틱에 나타난 폴란드 민족성」, 한국동유럽
　　　발칸학회, 『동유럽발칸학』, 제6권 2호, 333 – 358.
정서천, 「중·동구 국가들의 EU가입 전망과 시사점」, Korea Institute for International
　　　Economic Policy(KIEP)(1998).
정흥모(2001), 『체제전환기의 동유럽국가연구』(서울: 오름, 2001).
최갑수(2000. 8), 「1789년의 인권선언과 혁명기의담론」, 한국프랑스사학회, 『프랑스사
　　　연구』, 5 – 15.
최진우(2001), 「유럽연합 확대의 동인: 이론적 이해를 위한 시론」, 21세기세계정치연구
　　　원, 『세계정치연구』, 제1권 1호.
홍태영(2002. 2), 「루이나폴레옹의 제2제정과 1860년대 정치적 자유주의」, 한국프랑스
　　　사학회, 『프랑스사연구』, 26 – 27.
한정철, 「중·동구 체제전환국의 경제개혁과 사유화 정책 및 특징」, 대외경제정책연구
　　　원(1998).
『한국경제신문: The Korea Economic Daily Newspaper』, 1998. 2. 18.

2. 국외자료

Aklaev, Airat R.(1999), *Democratization and Ethnic Peace*(Brookfield; Ashfate).
Andreff(2001), The Benefits of EU Enlargement and Euro Membership for Central and
　　　Eastern European Countries, *Revue d'Economie Financiere*.
Anderson, Lisa(ed.), *Transitions to Democracy*(New York: Columbia Univ. Press, 1999).
Antohi, Sorin & Vladimir Tismaneanu(eds.), *Between Past and Future: The Revolutions of
　　　1989 and their Aftermath*(Budapest: Central European University Press, 2000).
Banks, Arthur S. & Thomas C. Muller(eds.), *Political Handbook of the World: 1999*(N.Y.:
　　　CSA Publications, 1999).
Baehr, Peter R., *Human Rights: Universality in Practice*(N.Y.: St. Martin's Press, Inc.:

1999).

Bassa, Zoltan, "Hungary joining the European Union: Implications for Korean – Hungarian Economic Relation"(2000. 8).

Borgna Brunner(ed.), *The Time ALMANAC 2000*(Information Please, 1999).

Böhm, Antal, "the Image of South Korea in Hungray", Seoul national Univ., *1997 Korea – Central Europe & CIS Forum.*

Baer, Frederick B, "Recent Developments: International Refugees as Political Weapons", *Harvard International Law Journal,* Vol.37, No.1(Winter 1996).

Belbler, Anton, "Slovenia's Smooth Transition", in *Journal of Democracy,* Vol.13, No.3(Jan. 2002).

Berglund, Sten, Tomas Hellén & Frank H. Aarebrot, *The Handbook of Political Change in Eastern Europe*(Cheltenham, UK: Edgar Elgar, 1998).

Bunce, Valerie, "Postsocialisms" Antohi, Sorin & Vladimir Tismaneanu(eds.), *Between Past and Future: The Revolutions of 1989 and their Aftermath*(Budapest: Central Europ ean University Press, 2000).

Brunner, Borgna(ed.)(2008), *The Time ALMANAC 2007*(Information Please).

Croft, Stuart et al.(1999), *The Enlargement of Europe*(Manchester: Manchester UP).

Cordell, Karl(ed.), *Ethnicity and Democratisation in the New Europe*(N.Y.: Routledge, 1999).

Cram, Laura, Desmond Dinan, & Neill Nugent(ed.), *Developments in the European Union*(N.Y.: St. Martin's Press, 1999).

Dunnc, Tim & Nicholas J. Wheeler(eds.), *Human Rights in Global Politics*(Cambridge Univ. Press, 1999).

Dziewanoski, M. K(1977), *Poland in the 20th Century*(N.Y.: Columbia Univ. Press).

East, Roger and Jolyon Pontin, *Revolution and change in Central and Eastern Europe*(London: Roger East and Jolyonpontin, 1997).

Fierke, K. M., "Dialogues of Manoeuvre and Entanglement: NATO, Russia, and the CEECs", *Journal of International Studies,* vol.28, no.1, 1999.

Fuchs, Dieter/Klingermann, Hans – Dieter, Eastward Enlargement of the European Unionand the Identity of Europe. WZB – Besteller, 2000, ⅩⅩ. FS Ⅲ.

Fukuyama, Francis(1995), "The Primacy of Culture", in *Journal of Democracy,* Vol.6, No.1(Jan.), 10 – 22.

Gilberg, Trond(1984), "Religion and Nationalism in Rumania", Pedro Ramet(ed.), *Religionand Nationalism in Soviet and East European Politics*(Duke Univ. Press).

Guibernau, Montserrat(1999), *Nations without States: Political Communities in Global Age*(Cambridge; Polity Press).

Goodman, James, "the European Union: reconstituting democracy beyond the nation − state", in Anthony McGrew(ed.), *The transformation of Democracy?: Globalization and Territorial Democracy*(Cambridge: Polity Press, 1997).

Henderson, Karen(ed)(1999), Back to Europe: Central and Eastern Europe and the European Union(London: UCL Press).

Hoffmann, Erik P. "Nurturing Post − Sovietology: Some Practical Suggestions", *The Harriman Institute Forum*, Vol.6, No.6 − 7(Feb − March, 1993).

Holden, Barry(ed.), *Global Democracy: Key debates*(London: Routledge, 2000).

Imber, Mark, "Geo − governance without democracy? reforming the UN system", in Anthony McGrew(ed.), *The transformation of Democracy?: Globalization and Territorial Democracy*(Cambridge; Polity Press, 1997).

Isaac, Jeffrey C., "1989 and the Future of Democracy", Antohi, Sorin & Vladim ir Tismaneanu(eds.), *Between Past and Future: The Revolutions of 1989 and their Aftermath*(Budapest: Central European University Press, 2000).

James, Pat, "The democratic peace reconsidered", in *Poltical Science Lecture Series at Univ. of Missouri − Columbia*, Apri 17, 2000.

Kaminski, Bartlomiej, "The Europe Agreements and Transition: Unique Returns from Integra ting into the European Union", Antohi, Sorin & Vladimir Tismaneanu(eds.), *Between Past and Future: The Revolutions of 1989 and their Aftermath*(Budapest: Central European University Press, 2000).

Kesselman, Mark, Joel Krieger, William A. Joseph, *Introduction to Comparative Politics: Political Challenges and Changing Agendas*(St. Charles: Houghton Mifflin Company, 2000).

Krastev, Ivan(2002), "The Balkans: Democracy without choies", in *Journal of Democracy*, vol.13, No.3, July.

Laffan, Brigid(1999), "Democracy and the European Union", in Laura Cram, Desmond Dinan & Neill Nugent(eds.), *Developments in the European Union*(N.Y.: St. Martin's Press, 1999).

Lawson, Kay, Andrea Römmele & Georgi Karasimeonov(ed.), *Cleavages, Parties, and Voters: Studies from Bulgaria, the Czech Republic, Hungary, Poland, and Rumania*(Westport: Praeger, 1999).

McGrew, Anthony(ed.), The transformation of Democracy?: Globalization and Territorial Democracy(Cambridge; Polity Press, 1997).

Merkl. P. "Postcommunist Democracies and Economic Reforms", IPSA XVII World Congress, 1997.

Meszaros, klara, "Business Opportunities for Korea in Hungary Seoul National Univ., *Korea — Central Europe & CIS Forum(1997).*

McGrew, Anthony(ed.), *The transformation of Democracy?: Globalization and Territorial Democracy*(Cambridge; Polity Press, 1997).

Nicoll and Salmon(2001), *Understanding the European Union*(Longman), 2001.

Newton, Kenneth, "Trust, Social Capital, Civil Society, and Democracy, *International Political Science Review*, Vol.22, No.2(April 2001).

Offe, Claus(1991), "Das Dilemma der Gleichzeitigkeit Demokrtischer Umbruch" in *Osteuropa*(Frankfurt am Main), 348 — 356.

Ostrowski, Krzysztof & Tatiana Iskra, "Business Opportunities for Korea in Poland", *Korea — Central Europe & CIS Forum(1997).*

Shin, Doh Chull, *Mass Politics and Culture in Democratizing Korea*(Cambridge Univ. Press, 1999).

Pond, Elizabeth(1999), *The Rebirth of Europe*(Washington, D.C.; Brookings Institution Press).

Prodi, Romano(2005 — 2007), *Bulletin of the European Union.* Supplement.

Palouš, Martin, "Between Idealism and Realism: Reflections on the Political Landscape of Postcommunism", Antohi, Sorin & Vladimir Tismaneanu(eds.), *Between Past and Future: The Revolutions of 1989 and their Aftermath*(Budapest: Central European University Press, 2000).

Prizel, Ilya, "Nationalism in Postcommunist Russia: From Resignation to Anger", Antohi, Sorin & Vladimir Tismaneanu(eds.), *Between Past and Future: The Revolutions of 1989 and their Aftermath*(Budapest: Central European University Press, 2000).

Ramet, Sabrina, P(1992), "Balkan Pluralism and its enemies", in Orbis(Fall), 557 — 567.

Rau, Zbigniew(1991), "The State of Enslavement: The East European Substitute forthe State of Nature", *Political Studies*, Vol. xxxxi, No.2, June, 267 — 79.

Redmond, John(ed.), *Prospective Europeans: New Members for the European Union*(London: harvester Wheatsheaf, 1994).

Rose, Richard, "A Diverging Europe", *Journal of Democracy*(Jan. 2001).

Rose, Richard, William Mishler & Christian Haerpfer, *Democracy and its Alternatives: Understanding Post — Communist Societies*(Baltimore, The Johns Hopkins Univ. press, 1998).

Robbins, Bruce, *Feeling Global: Internationalism in Distress*(N.Y.: New York Univ. Press, 1999).

Ronald M. Bonesteel(1995), "Conventional Deterrence in Ethno — Nationalist Conflicts", in Military Review, Dec. 1994 − Jan − Feb. 20 − 32.

Rupnik, Jacques(2000), "On Two Models of exit from Communism: Central Europe and the Balkans", Sorin Antohi & Vladimir Tismaneanu(eds.), *Between Pastand Future: the Revolutions of 1989 and their Aftermath*(Budapest: Ceupress), 14 − 24.

Ryan, Joseph E.(1995), "The Comparative Survey of Freedom: Survey Methodology", Feeedom Review, vol.26, No.1(Jan. − Feb.), 10 − 23.

Shin, Doh C.(1999), Mass politics and culture in Democratizing Korea(Cambridge University Press).

Slomp, Hans, *European Politics into the Twenty −First Century: Integration and Division*(Westport: Praeger, 2000).

Tim Dunne & Nicholas J. Wheeler, *Human Rights in Global Politics*(Cambridge Univ., 1999).

Topor, Gabriel. 1996. "Obstacles to Implementing the Peace", *Transition*, 12 Jan.

Tucker, Joshua A., Alexander C. Pacek & Adam J. Berinsky", Transitional Winners and Losers: Attitudes Toward EU Membership in Post − Communist Countrues", in *AJPS: American Journal of Political Science*(Univ. of Wisconsin Press), Vol.46, No.3(2002, July).

Thompson, Grabame(1997), "Multinational corporations and democratic governance", in Anthony McGrew(ed.), *The transformation of Democracy?: Globalization and Territorial Democracy*(Cambridge: Polity Press).

Tucker, Joshua A., Alexander C. Pacek & Adam J. Berinsky(2002), "Transitional winners and losers: Attitudes Toward EU membership in Post − Communist Countries", in *AJPS: American Journal of Political Science*(Univ. of Wisconsin Press), Vol.46, No.3, July.

Turner, Barry(ed.)(2007), *The Statesman's Yearbook: 2007*(N.Y.: St. Martin's Press).

Vovelle, michel dir.(1994), *Révolution et République: L'exception francaise*(Paris: editions Kime).

Weidenfeld, Werner(ed.), *Central and Eastern Europe on the Way into the European Union*(Gutersloh: bertelsman Foundation Publishers, 1996).

Wilson, Richard W., "The Many voices of Political Culture: Assessing Different Approaches", *World Politics*, 52(Jan. 2000).

Yoon, Jong_Suk(2006), "The Consideration of Current Czech Party System and its Future Prospects", Th Sixth International Conference of KACEEBS, 17th − 19th July.

3. 기타 국외자료

The Europa World yearbook, 1997 − 2007(London: Europa publications Limited).

Turner, Barry(ed.)(2007), *The Statesman's Yearbook: 2007*(N.Y.: St. Martin's Press).

Britannica Book of the Year 2008.

Whitaker's Almanack(2008)(London: J. Whitaker & Sons LTD).

Brunner, Borgna(ed.), *The Time ALMANAC 2007*(Information Please, 2008).

Turner, Barry(ed.), *The Statesman's Yearbook: 2007*(N.Y.: St. Martin's Press, 2008).

Britannica Book of the Year 2001 − 2008.

EBRD, *Transition Report 1999: Ten Years of Transition* Econews, 1999.

EIU: Country Report: Hungary: May 2000(London: The Econimist Intelligence Unit, 2000).

NATO review. 1990 − 2001.

Transparency International, *1999 Bribe Payers Index/Corruption Perceptions Index*(1999).

EBRD, *Transition Report*, 2000.

Econews, 2007.

OECD, *Economic Survey*, CSFR(1998 − 2008).

The Economist: Pocket World in Figures 1999 − 2008(N.Y.: John Wiley & Sons, Inc. 1999 −
　　2008).

The Europe World Yearbook 1997, Vol.1(London: Europa Publications Limited, 1997).

The Military Balance 1998 − 2008, IISS.

The New York Times, 1997 − 2002.

The U.S. Department of State, *FY2007 Country Commerical Guide: Hungary*(2008).

The World Bank, *World Development Report 1999.*

UN: The Blue Helmets. 1990 − 2002.

UN: Statistical Yearbook. 1990 − 2008.

UN Chronicle. 1990 − 2008.

Whitaker's Almanack(London: J. Whitaker & Sons LTD, 2008).

WorldMark Yearbook 2001 − 2008.

Yearbook of Foreign Trade Statistics: 1999 − 2008.

2000 − 2008 Britannica Book of the Year.

IMD(International Institute for Management Development), *The Year 2008 World
　　Competitiveness Yearbook.*

4. 인터넷자료

http://www.cia.gov/publications/the－world－factbook(2008. 4. 25.)

http://srb.mofat.go.kr/index.jsp(2008. 4. 24.)

http://rou.mofat.go.kr/index.jsp(2008. 4. 24.)

http://bgr.mofat.go.kr/index.jsp(2008. 4. 24.)

http://grc.mofat.go.kr/index.jsp(2008. 4. 24.)

http://myhome.shinbiro.com/~HUEMBSEL/intro.htm 2000－2008

http://www.meh.hu/Kormany/Kormanyfo/1998－2008

http://www.kancellaria.gov.hu/1999－2008

http://kr.blog.yahoo.com/sionro/48.html(2008. 4. 2.)

http://www.imd.ch

http://www.meh.hu/Kormany/Kormanyfo/1999

http://www.meh.hu/Kormany/Kormanyfo/2000

http://www.kancellaria.gov.hu/

http://www.asem3.go.kr

한글색인

(ㄱ)

가톨릭   34, 261, 262, 297
가트너사(Gatner)   45
개신교   34
게오르기 파르바노프(Georgi Parvanov)   430
결선투표   9, 143, 146, 149, 155, 232, 436
경쟁적 정당제 도입   5, 379
경제극복문제   11, 297
경제협력개발기구(OECD)   141, 391
고인플레   429
고정환율의 적용   38
공고화   5, 33, 134, 136, 139, 160, 217,
    228, 246, 380, 427
공동농업정책(CAP)   49, 401
공산당   13, 218, 222, 227, 387, 427, 429,
    431~435, 438, 447
과거정치세력의 부활   450
구공산권   7, 379, 399
구방굴리 베르디무하메도우   229
구사회주의 체제   5
구소련   8~10, 14, 17, 30, 38, 44~46,
    134, 135, 152~55, 159, 160, 216,
    221, 224~26, 233, 234, 236, 244,
    246, 290, 383, 389, 396, 399
구암(GUUAM)   153
구왕정복귀   13, 427, 428
구유고국제전범재판정(ICTY)   266
구유고연방   12, 13, 30, 257, 260, 265, 434
구주협의회(Council of Europe)   387
국민투표   29, 43, 157, 158, 221, 228,
    230, 231, 232, 236, 400, 430, 436,
    440
국왕 페타르 2세   435, 438
국제적십자사(ICRC: International Committee of
    The Red Cross)   279
국제적으로는 국제질서에의 적응과 세계화 전략
    380, 427
국제투명성기구(TI: Transparency International)
    136
국제평화유지군   278, 281, 283, 284, 286
그리스   23, 26, 29, 34, 48, 141, 258, 259,
    269, 283, 286, 290, 397, 403, 439,
    440, 444
그리스의 테솔라니키 항   283
극단적 민족주의의 반성 부족   11
글라스노스트   380
글로벌 거버넌스   134, 136, 138, 139
글로벌민주주의   6~8, 11, 16, 17, 71, 133,
    134~144, 147, 150, 152, 158~160,
    216, 217, 230, 241, 242, 245~247, 445
기술적 경제교류 증진   6, 405
깔리아(Perez de Cuellia) UN사무총장   267

(ㄴ)

나폴레옹 황제정   443
난민자   43
남슬라브족   261, 436, 437
내전재발 가능성 방지문제   11
네덜란드   23, 26, 28, 29, 43, 44, 48, 49,
    150, 152, 288, 401, 402, 442
네보이사 메도예비치   436
노동허가 quota   48
노르웨이   442
농업보조금 제도   401
누르술탄 나자르바예프   158, 226, 231
뉴질랜드   441
니스조약   400

니콜라스 1세 446
니콜라스 페트로비치 공 430
니콜라스 페트로비치(57)공 435

(ㄷ)

다국적 평화유지군 12, 397
다수결원칙 10
단일결제 시스템 40
단일경제지역 244
단일세율제 32, 35
달마티아 434, 437
대공작 앙리(Grand Duke Henri) 442
대알바니아제국 건설 291
대통령 선거 9, 17, 133~135, 143~147,
    149, 150, 152, 156, 216, 219, 221,
    223, 225, 226~228, 232, 233,
    245~247, 259, 270, 274, 298, 379,
    429, 430, 436
데마키(Adem Demaqi) 263, 297
데이턴 평화협정 258, 297
데이턴평화협정 271
덴마크 23, 26, 29, 48, 400, 402, 442
도브로자(Dobrogea) 431
독립국가연합 156, 157, 218, 221, 222, 225
독립국가연합(CIS: Commonwealth of
    Independent States) 10, 216
독일 23, 26, 27, 29, 31, 34, 36, 38, 39,
    42, 43, 45, 46, 48~51, 135, 149,
    259, 260, 267, 268, 273, 278, 283,
    284, 287, 288, 292, 380, 383, 389,
    392, 396, 402, 431, 432, 437, 442
독재정권 10, 216, 217, 218, 220, 226,
    227, 234, 238, 240, 242~244, 432
동구권 10, 12, 13, 16, 19, 24, 27, 28,
    30, 31, 32, 39, 41, 44~46, 48~51,
    134, 137, 139, 141, 160, 245, 293,
    296, 379~381, 382, 383, 385~387,
    389~394, 396, 398~406, 427, 428,
    430, 440, 444~449
동방정교 220
동유럽 8, 15, 28, 43, 44~46, 122, 216,
    243, 247, 396, 397, 401, 444, 451

두브체크(Alexander Dubček) 445
듀산베 219
드레니차 265
디누 패트리시우(Dinu Patriciu) 35

(ㄹ)

라이페이산(Raiffeisen Securities) 404
라즐로 코바치 39
라차크 학살현장 266
라트비아 8, 9, 24, 26, 28~30, 36, 43,
    140, 155, 380, 382, 383
라트비아인 – 러시아인 8
랑부예 평화협상 278
러시아 8~11, 23, 34, 40, 43~45, 47,
    133, 135, 137, 138, 140, 147~154,
    156, 157, 159, 160, 216, 219,
    222~225, 229, 238, 240, 242~248,
    260, 264, 272, 273, 277, 278~284,
    287, 288, 290~292, 298, 299, 379,
    380, 382~386, 393, 394, 396,
    398~400, 403, 405, 431, 437, 446,
    451
러시아어 9, 150, 151, 219
러시아의 지리노프스키 264
러시아정교 220
런던비밀조약(1815) 437
런던조약 261, 270
레몬혁명 155, 156, 158, 224, 231, 233,
    238
레바 36, 37
레카 조그 1세 440
로버트 겔바르 미국특사 273
루마니아 6, 7, 13, 16, 24~26, 28,
    30~36, 39~43, 45~51, 140, 258,
    379~385, 390, 391, 394, 397, 400,
    402, 403, 429~434, 444, 445,
    447~449, 451
루마니아정교 34
룩셈부르크 23, 26, 29, 48, 138, 401, 442
류브코 게오르기예프스키 총리 293
리차드 홀부르크 유고특사 278, 279
리투아니아 8, 24, 26, 28~30, 36, 140,

155, 283, 380, 382, 383, 429
리투아니아인 – 러시아인   8
리프코보의 후사메딘 할릴리 시장   294
리히텐슈타인   442

(ㅁ)

마르가레트2세(Queen Margrethe II)   442
마르세유   434, 437
마르크   38, 259, 260
마케도니아   12, 26, 263, 280, 283, 285,
    286, 290, 291, 293~296, 382, 383,
    391, 397, 403, 404, 438, 444
매들린 올브라이트 국무장관   273
맥도널드   266
메시에르(Meciar) 수상   392
모나코   442
몬테네그로   13, 26, 262, 263, 274, 297,
    430, 434~436, 438, 444, 445, 449
몰다비아   431
몰도바   152~154, 157, 380, 403, 444
몰타   24, 26, 30, 140
물품세   37
미국   11~13, 15, 25~27, 32, 34, 40, 45,
    46, 133, 135, 137, 138~141, 145,
    147~153, 157, 159, 160, 225, 228,
    238, 242, 243, 246, 258~260, 265,
    267, 271~273, 275~281, 283, 284,
    286, 290~295, 299, 369, 380, 384,
    389, 390, 396, 398, 404, 405, 439,
    442, 451
미국의 MD(NMD)   398
미국의 개입   11, 273, 275, 299
미군 AH64 아파치 헬리콥터   282
미그기   290
미하일 고르바쵸프(Mikhail Gorbachev)   380
미하일 사카슈빌리   154
미하일 왕   430~434
미하일로바 외무장관   390
민족분규   5, 6, 11, 12, 14, 217, 257, 262,
    265, 269, 270, 276, 277, 279, 281,
    297~299, 379~381, 405, 427, 428,
    439, 442, 446, 447, 449

민족정체성   43, 44
민주세력동맹(UDF)   428
민주주의   6~11, 13, 14, 50, 133~140,
    143, 149, 153, 154, 158, 160, 217,
    221, 242, 246, 275, 296, 297, 380,
    389, 390, 393~396, 400, 405, 406,
    427, 428, 441, 442, 448, 450
민주주의 제도화   6, 9, 11, 139, 143, 160,
    217, 297, 406
민주화   5, 9~11, 13, 14, 18, 133~136,
    139, 143~145, 152, 154, 155~157,
    159, 160, 216, 217, 220, 223, 226, 228,
    231, 234, 236~240, 242~246, 263,
    267, 292, 296, 369, 379~383, 390,
    391, 393, 397, 399, 405, 427, 428,
    430, 440, 445~449, 451
민주화 변혁   5, 14, 296, 379, 448, 449
민주화 혁명   5, 220, 228, 233, 236, 237,
    238, 239
밀로 듀카노비치   274

(ㅂ)

바딘터위원회(Badinter Commission)   265
바르샤바   139, 395, 399, 445
바르샤바 조약기구   395
반공·민주화 변혁 과정   14, 449
반민주주의   10, 242, 245
반서구주의   264, 266
반유태주의   264, 266
반자유주의   264, 266
발카니아(Balkania)   263, 297
발칸   15, 19, 137, 258, 259, 261, 269,
    275, 281, 290, 291, 297, 393, 396,
    397, 398, 427, 428, 431, 436, 439,
    443~445
발칸반도   261, 267, 268, 292, 436, 439
발칸지역   6, 7, 11~14, 18, 19, 257, 258,
    262, 263, 267, 279, 281, 292, 293,
    295, 298, 299, 369, 379, 381, 393,
    394, 397, 404, 405, 427~430, 433,
    444, 445, 447~450
발칸지역국가   404, 449

발틱 3국 8, 9, 18, 194, 379~381, 387,
  394, 397
법인세 32, 35, 39, 40
베아트릭여왕(Queen Beatrix) 442
베오그라드 269, 286
베이커(J. Baker) 259, 267
벨기에 23, 26, 29, 34, 48, 402, 442
벨로루시(백러시아) 23, 43, 46, 47, 152~154,
  157, 159, 224, 244, 248
보리스 트라이코브스키 마케도니아 대통령 294
보스나이평화 안정화군(SFOR: Stabilisation
  Force) 404
보스니아 13, 26, 260~262, 268, 271,
  273, 275, 276, 290, 297, 369, 434,
  435, 436, 437, 438, 444
보스니아 세르비아계의 믈라지치 264, 266
보스니아내전 11, 12, 257, 264, 275, 276,
  281, 292, 296, 299, 393, 394, 404,
  438, 444
보스니아-헤르체코비나 403
보이보디나(Vojvodina) 258
볼셰비키혁명 218, 446
부속공화국 8
부자르 부코시 266, 268
분리독립운동 262
불가리아 7, 13, 16, 24~26, 28, 30~32,
  34, 36~44, 46~52, 140, 258, 276,
  279, 379~384, 390, 391, 394, 397,
  399, 400, 402, 403, 428~430, 432,
  444, 445, 448, 449
불가리아사회당(BSP) 430
불가리아정교 34
브루봉왕가 443
비데노프(Videnov) 내각은 금융 429
비쉬케크 219
비톨라 294, 295
빅토르 체르노미르딘 유고특사 280

(ㅅ)

사라예보 292, 436
사파르무라트 니야조프 158, 231, 234, 236
사파르뮤라트 니야조프 229

사회민주당(DPS)의 필립 부야노비치(Filip
  Vujanovic) 대통령 436
사회적 덤핑 44
사회주의권 붕괴 7, 438
상하이협력기구 244
색스코우버그 왕가 430
샘 SA-6 290
살리 베리샤 258
서방국가 5, 150, 158, 230, 242, 273,
  277, 279, 281, 379, 386, 395
서비스산업 41
선거제도 확립 5, 379
세계보건기구(WHO) 292
세계식량기구(WFP) 292
세계평화 6, 7, 12, 138, 139, 379, 396,
  398, 404, 405
세계화 19, 44, 133, 136~139, 379, 390,
  393, 398, 400, 403, 404, 405
세계화 시대 5, 379, 405
세계화 지수(GI: Globalization Index) 135
세르게이 스탄니세프(Seigei Stanishev) 430
세르보-크로아티아어(키릴문자) 260
세르비아 12, 18, 26, 257~271, 273~281,
  283~289, 293, 296~299, 369, 395,
  434~439, 444, 445, 448, 449
세르비아민족주의자(Cetnics) 262
세르비아정교 257, 260
센겐협정(Schengen agreement) 49
셰바르드나제 154
소수민족문제 5, 12, 379, 394, 444
소피아 34, 41, 47
슈스터(Schuster) 대통령 392
슈코더르(Shkoder) 269
스르프스카 297
스웨덴 24, 26, 29, 48, 295, 401, 442
스위스 47, 136, 223, 236, 389, 433, 434
스위스 국제경영개발연구소(IMD: International
  institute for Management Development)
  136
스위스 다보스 세계경제포럼(WEF: World
  Economic Forum) 136
스테판 두산왕 261
스티믈레 288

스페인 23, 26, 29, 41, 43, 48, 141, 401,
    402, 429, 442
슬라브민족주의 257, 299
슬라브주의 11, 261, 297
슬로바키아 5, 24, 26, 29~32, 42, 50, 51,
    140, 141, 379, 381~383, 387, 391,
    392, 394, 397, 402, 403, 444, 445,
    447, 448
슬로베니아 5, 12, 24, 26, 28~30, 45, 50,
    140, 379~383, 387, 391, 394, 397,
    402, 403, 429, 434, 437, 438, 448
슬로보단 밀로셰비치 257, 258, 277, 278,
    281, 282, 286, 289, 290
시메온 2세(Simeon II, 64) 429
시민사회 형성 5, 380, 427
시민사회 활성화 5, 6, 137, 143, 217, 379,
    406, 447
시에나(Ciena) 45
시장경제체제 도입 379
시장자본주의 12, 49, 379, 380, 384, 404,
    406, 427
시장자본주의 도입 380, 381, 382, 427
시장자본주의 활성화 6, 12, 406
식량위기 429
신국제주의(New internationalism) 280
신성러시아 262
신유고연방(Federal Republic of Yugoslavia)
    270
심의민주주의 9, 10, 17, 143, 161, 217,
    245, 246

(ㅇ)

아슈하바트 219, 225
아스카르아카예프 158, 231
아스타나 219, 239
아시아 교류 및 신뢰구축회의 244
아일랜드 23, 26, 29, 39, 48, 50, 138,
    3287, 400
아프리카인 44
아흐메트 조그 430, 440
안드리야 민디치 436
알렉산드로 2세(Alexander II, 1855-1881) 446

알렉산드로 공 430
알렉산드루 요안쿠자(Alexandru Ioan Cuza)
    431
알리아 대통령 267, 269
알바니아 13, 14, 26, 257~291, 293~295,
    297~299, 369, 380, 382, 383, 391,
    403, 404, 430, 438~440, 444, 445,
    448, 449
알버트 피에르(Albert alexandre Louis pierre)
    442
알베르 2세 442
암스테르담 24, 44
야누코비치 10, 143~151
에리트리아 - 에티오피아 국경분쟁 284
에모말리 라흐모노프 158, 222, 223,
    229~231
에스토니아 8, 24, 26, 28~30, 36, 140,
    155, 380, 382, 383, 387, 429
에스토니아인 - 러시아인 8
엘리자베스 2세 429, 441
여성차별 263, 274
연방국가 10, 46
연합유럽(United Europe) 402
영국 23, 24, 26, 29, 34, 43, 44, 46~50,
    150, 157, 230, 260, 272, 273, 275,
    277, 282, 283, 287~289, 292, 293,
    295, 389, 401, 402, 428, 429, 437,
    439, 441, 443
영주권(green card)제도 44
오렌지혁명 147, 155, 157, 231, 243
오스트레일리아 441
오스트리아 24, 26, 29, 35, 48, 147, 148,
    150, 380, 389, 392, 403, 431, 436,
    437, 444, 445
오스트리아 - 합스부르크왕가 444
오토만 제국 431
왈라시아 지방 431
왕자 한스 - 아담 2세(Prince hans - Asam II)
    442
왕정 13, 14, 427, 428, 432, 434,
    440~444, 446
왕정복귀 움직임 14, 20, 428, 431, 434,
    439, 440, 446, 449

외환위기 429
요안 쿠자 431
욘 안토네스쿠 장군 432
우글리에사 포포비치 289
우로세바치 289
우즈베키스탄 10, 153, 155, 157, 158,
    160, 216, 217, 219~221, 224,
    228~232, 236~241, 243, 244, 247,
    248
우크라이나 9, 10, 17, 43, 44, 46,
    133~135, 137~141, 143~161, 216,
    217, 231, 239, 243, 244, 247, 248,
    289, 380, 403, 429
우크라이나 대통령 선거 과정 9, 134, 135,
    150
움직임 13, 23, 153, 216, 257, 258, 291,
    296, 427, 437, 447
워싱턴포스트 281, 288
윌리엄 워커 266
윌리엄 코언 미 국방장관 282
윌리엄 코언 미국 국방장관 282
유고슬라비아위원회 437
유고연방헌법 262
유라시아경제공동체 244
유러피안 미디어 엔터프라이즈(CME) 45
유럽공동체 9, 23, 265
유럽안보협력기구 219, 266, 279, 294, 297,
    435, 438
유럽연합 23~25, 30, 32, 36, 39, 42, 43,
    48, 49, 140, 150, 260, 276, 295,
    297, 386, 390, 391, 400, 436, 438,
    452
유럽지역 11, 292, 299, 390, 394
유럽합중국(Untied States of Europe) 402
유럽협정(Europe Agreement) 388
유셴코 9, 10, 157
유엔난민고등판무관실(UNHCR) 292
유엔아동기금 292
유태인문제 404
의회비준 29, 30
이반 코스토프(Ivan Kostov) 수상 430
이브라임 루고바(Ibrahim Rugova) 259
이슬람 카리모프 157, 158, 221, 228, 229,

231, 241
이슬람교 13, 235, 260, 264, 276
이태리 34, 141, 258, 259, 260, 262, 269,
    273, 292, 403, 439
인권문제 5, 9, 135, 138, 272, 379, 405
인민해방 반파시스트회의(ABNOJ) 438
인종청소 263, 264, 272, 274, 276~281,
    288, 297, 380, 405, 427, 438
일리리언 261
입헌군주국 13, 14, 427, 428, 437, 441,
    446, 449
입헌군주정 13, 427, 428, 440~443, 446

(ㅈ)

자르마칸 229
자유총선 5, 274, 380, 427, 447
자치권 회복문제 11
재선거 9, 10, 134, 144, 146~152
전체주의적 공산주의 264, 266
절대왕정 440, 441
접촉그룹 271, 273, 275
정치경제 7, 14, 18, 24, 31, 34, 50, 51,
    216, 223, 248
정치세력화 14, 427, 428, 430, 439, 446
정치적 리더십 11, 245, 246
제82공수여단 282
제임스 1세 441
조 록하트 백악관대변인 281
조지 로버트슨 영국 국방장관 289
중·동구·발칸 국가 5, 6
중·동구권 16, 21, 23, 25, 42
중구자유무역협정(CEFTA: Centural Europe
    Free Trade Agreement) 402
중구협력구상(CEI: Centural European
    Initiatives) 403
중앙아시아 5개국 11, 18, 23, 158, 216,
    217, 219, 223, 226, 231, 240, 241,
    244, 245, 246, 248
중앙아협력기구 244
중앙유럽(Mittel Europa) 445
지스카르 데스탱 51, 402
직접투자 32, 37, 386, 389

(ㅊ)

차우세츠쿠즘(Ceaucescuism) 445
찰스 1세 441
찰스 크라우새머 291
체제변동 5, 13, 379~381, 391, 394, 395,
    400, 405, 427, 428
체제변동의 이행 5, 380, 427
체코 24, 26, 28~32, 41, 45, 48, 50, 51,
    135, 139~141, 379, 381~383, 385,
    387~392, 394, 395, 402, 403, 444,
    445, 447, 448
체코침공 269
체토니크 437
총부가가치 38

(ㅋ)

카롤(Carol) 431
카롤왕가 430, 434
카알 16세(King Carl XVI Gustaf) 442
카자흐스탄 10, 158, 216~220, 224, 226,
    227, 229, 231, 232, 236~244, 247,
    248
카플라니 외무장관 267
캐나다 152, 441
코메콘 시장 38
코소보 11, 13, 18, 257~293, 296~299,
    369, 393, 396, 397, 404, 435, 438,
    444
코소보 5개 지역 분할 283
코소보 알바니아계 265, 266, 268, 274,
    275, 278, 286, 298, 299, 435, 438
코소보 주 262, 264, 265, 270, 271, 273,
    275, 276, 278, 286, 289, 298
코소보내전 12, 260, 263, 265, 272, 278,
    292, 296, 299, 438
코소보분쟁 11, 261, 285, 286, 289, 291,
    299
코소보평화협상 283
코소보해방군 258
코소보해방군(KLA) 263, 265, 274, 279,
    288, 289

코소보해방군(Kosovo Liberation Army) 272
코소보해방군(UCK) 264, 266, 268
코스모포리탄적 민주주의 390
쿠르만베크 바키예프 155, 156, 158, 231,
    232, 233, 234
쿠츠마 대통령 9, 143, 144, 150~152
크라우스 오페(Claus Offe) 427
크로아티아 12, 26, 45, 260~262, 382,
    383, 391, 403, 434, 435, 437, 438,
    444, 448
크로아티아파시스트(Ustashis) 262
크롬웰 441
키르기스스탄 10, 155, 156, 158, 160,
    216, 217~220, 222~224, 228, 229,
    231~234, 236~244, 247, 380
키프로스 24, 26, 30, 39, 140, 387

(ㅌ)

타리시아누(Tariceanu) 35
타쉬켄트 219, 221
타지크스탄 380
탄유그 통신 281
탈공산주의 13, 380, 427, 428
터키 24, 26, 28, 29, 34, 43, 140, 225,
    243, 244, 258, 261, 276, 279, 290,
    397, 403, 434, 439, 444
터키제국 261
테멜린(Temelin) 원자력발전소 392
투르크메니스탄 10, 142, 155, 158, 216,
    217, 219, 220, 225, 229, 231, 232,
    234~238, 240~242, 244, 380
투명성 6, 39, 133, 139, 142, 245, 405,
    406
트란실바니아 431, 432, 444
티토그라드(95년 포드고리차로 개명) 269
티토유고대통령 257

(ㅍ)

패권적 1당의 독주 10, 244
페레스트로이카 380
페타르 II세 430

펠리카노(Pellicano)작전 259
평화적 협정 11, 299
포레스터 리서치 44
포르투갈 23, 26, 29, 48
폴란드   16, 24, 26, 28~33, 39~44, 46,
    48, 50, 51, 95, 135, 139~141, 150,
    152, 160, 267, 379~389, 391,
    394~396, 398~400, 402, 403, 429,
    445, 447, 448, 451, 452
프라하 137, 394, 398, 402
프라하봄 445
프랑스   23, 26~29, 32, 34, 39, 42~44,
    48~51, 260, 265, 273, 278, 283,
    292, 380, 389, 396, 400~402, 432,
    435, 437, 441~443, 452
프리덤하우스(FH: Freedom House) 136
프리스티나(Pristina) 260
프리스티안(Pristian) 269
프리즈렌 287~289
핀란드 24, 26, 29, 48, 138

(ㅎ)

하비에르 솔라나 나토 사무총장   281, 282,
    285
합스브르그 왕가 431
해랄드 2세(King Harald V) 442
헝가리 5~7, 24, 26, 28~32, 34, 41, 42,
    48, 50, 51, 135, 139~141, 267, 276,
    279, 379~384, 387~389, 391, 394,
    395, 397, 399, 402, 403, 429,
    431~433, 436, 437, 444, 445, 447,
    448, 451
헤인즈 베르너 48
헬싱키 감시단(Watch Mission) 263, 274
호헨졸렌(Hohenzollern－Sigmaringen) 431
화폐단위절하 34
회교원리주의 11, 262, 297
후안 카를로스 Ⅰ세(King Juan CarlosⅠ) 442
휴먼라이츠워치(HRW) 243
흑해경제협력기구(BSEC: Black Sea Economic
    Cooperation) 403

영문색인

(1)

1인 장기집권 10, 244

(A)

Abraham Maslow 120
AP 288
arbitrary searches 317
Ashgabat
Aslidden Rustamov 229
Astana 219
Ataturk 336
Austrian Archduke Franz Ferdinand 300
and ill-treatment of detainees

(B)

Bishkek 219
Bosnia civil war(1992 – 1996) 305
Bosnian general Radislav Krstic 305
Bosnia – Herzegovina(B – H) 303
Bratislava 73
BSP 62, 429, 430
Bucharest 73, 87, 418, 431
Budapast 73
Bulgaria 34, 36~39, 52, 53, 57, 60, 63,
　　78, 194, 247, 316, 326, 328, 330,
　　331, 333, 339, 354, 359, 360
Byzantine – style basilicas 315

(C)

CACO(Central　　Asian　　Cooperation
　　Organization) 244
Cakovec 324
calvinist 86
Canada　53, 64, 84, 85, 96, 123, 197,

199, 337, 419
capitalization　52, 55, 62, 68, 69, 195,
　　213, 343, 344, 347, 366, 368, 407,
　　416, 424, 425
Cardinal Glemp 100
Chosen dynasty 408
CICA(Conference on Interaction & Confidence
　　–Building Measures in Asia) 244
CIS국가 394, 396
civilization 88, 91, 192, 342, 361
Coalition Government 115
coalition government　117, 118, 120, 329,
　　342, 344, 367
consociationalism 342, 344
Constantinople 327, 336
Copenhagen 60, 63, 80, 359
Croats and Slovenes 302, 334
CSCE(구주안보협력기구) 259
CSTO(Collective Security Treaty organization)
　　244, 461
Cyprus 55, 330
Czech 52, 82, 338

(D)

D. 시모비치장군 437
Dayton Peace Accords 307
de Weydenthal 101
Deliberative democracy 17, 161, 162, 163,
　　164, 167, 181, 192, 247, 250, 389
democratic political culture (norms, values,
　　institution, law) 344
detentions 317
discrimination 306, 317, 342, 344, 367
Dushanbe 219

(E)

EAEC(Eurasian Economic Community)
　244
Eastern Orthodox　86, 211, 307, 350
EFF(Extended Fund Facility)　384
Emomali Rahmon　220, 222, 229
Estonia　54, 55, 84, 196, 199, 205, 349
Ethnic Cleansing　316, 351
Ethnic minorities　202, 204, 207, 212
Ethnic Romanians
Ethnicity　202, 340
Ethnicity　16, 19, 83, 122, 247, 315, 343,
　346~348, 352, 355, 369~ 372, 374,
　451, 453
ethnicity　60, 66, 69, 90, 191, 194, 198,
　202, 209, 213, 214, 339~342, 344,
　351, 354, 356, 359, 362, 363,
　366~368
EU　5, 24, 27, 40, 48, 55, 94, 149, 195,
　196, 198, 213, 299, 342, 358, 360,
　380, 385, 388, 390, 400, 401, 404,
　415, 436
EU　5~9, 11~13, 16, 18, 23~29, 31~
　33, 38, 39, 43, 47, 48, 50, 52~56,
　58, 60, 62, 64, 68, 71, 72, 74, 79~
　81, 86, 90, 136, 138, 140~142, 149,
　152, 160, 194~196, 198~201, 204,
　210, 213, 215, 230, 242, 246, 276,
　277, 279, 291, 299, 344, 345, 347,
　356, 358, 359, 361, 362, 381, 385~
　390, 392, 400~403, 405, 406, 416,
　417, 419, 425, 445, 452
European Common Home　64, 338, 361,
　403, 419
Euro-Atlantic values　66, 200, 422

(F)

FDI(Foreign Direct Investment)　337, 419
Federal Republic of Yugoslavia(FRY)
　302, 319, 348, 350
Fidesz(the Federation of Young Democrats)
　426
forced evictions　317

Free election　342, 344
freedom of citizens　214
fundamental rights　214

(G)

Globalization　65, 74, 77, 123~127, 134~
　138, 185, 242, 249~252, 365, 390,
　391, 393, 415, 454~ 456
globalization　56, 57, 62, 64, 66, 70, 71,
　75, 76, 79, 165, 186, 196, 200, 215,
　338, 339, 345, 354, 361, 414,
　417~419, 422
globalization of democracy　57, 62
Gorbachev　97, 126
Great Britain　64, 337, 419
Greek　86, 327, 330
GSP 혜택　267
Gurbanguly Berdimuhamedow　220, 232
G-8평화안협상　281

(H)

Hashim Thaci　322
Herzegovina　19, 84, 301~303, 348, 349,
　370
Human Rights Special Rapporteur　365
Human rights violations　162, 352
Hungarian minority　335, 421
Hungary　53, 58, 63, 71

(I)

IAEA　75
Ibrahim Rugova　270, 357
IBRD　75, 292
ICAO　75
ICC　75
IFAD　75
IFC　75
ILO
ILO　75, 78, 415
IMD　68, 88, 128
IMD (the World Competitiveness) Rank　84
IMF　25, 67, 136, 291
IMF비축협정협상　38

IMO 75
Investment and Trade Development
    Agency(ITD) 412
IOC 75
IOM 75
IRI(International Republican Institute) 189,
    241
Islom Karimov 220
ITU 75

(J)
Japan 64, 80, 85, 199, 337, 413, 419
Jaruzelski 96, 101, 106, 116, 121
John Paul II 97, 98, 100, 104

(K)
Karol Wojtyla 97
Kazakhstan 158, 188, 190
KFOR 지휘체계 284
King Albert II 442
Konstandinos Mitsotakis 332
Korea Scientific and Engineering
    Foundation(KOSEF) 412
Kosovo Ethnic conflicts 19, 314
Kuchma 168, 170, 172, 173, 182
Kuran 95, 96, 119
Kurmanbek Bakiyev 229, 233
Kwasniewski 98, 106
Kyrgyzstan 233

(L)
language rights 204
Latvia 52, 55, 190, 202, 203, 349
Leonid D 168
Lethuania
Lutheran 86, 211

(M)
Macedonian territory 326
marketization 55
Marketization 68, 344, 368, 425
marketization 55, 62, 67, 70, 110, 186,
    195, 214, 215, 345, 362, 416, 423,
    426
Marshall Josip Tito 302
Mazowiecki 98, 99
Medvedchuk-Symonenko draft 172
Methodology 96
Millennium 79, 347
millennium 52, 53, 70, 215, 346, 348,
    366, 407, 426
minority group 342, 343, 348, 367
Montenegro 84, 303, 309, 311~315,
    325, 339, 348, 349, 351, 352, 354,
    363
Montserrat Guibernau 421
Molta
Mr. Yanukovich 174, 177, 180, 182
Mr. Yushchenko. global civil society
Multinational corporations (MNCs) 415
Muslim 211, 303~305, 307, 323, 327,
    350
muslim 321
Muslim and Protestant minorities 211
Mustafa Kemal 336

(N)
NATO 5~8, 11~13, 19, 42, 52, 56~ 58,
    60, 69, 70, 74, 79, 88, 94, 139, 149,
    151, 154, 160, 178, 186, 194,
    197~199, 201, 213, 216, 217, 242,
    246, 259, 267, 270, 276~280, 291,
    292, 299, 314, 321, 322, 325, 336,
    339~ 342, 345, 357, 359, 362, 367,
    373, 379~381, 390, 392~398, 406,
    418, 427, 445, 449, 453, 457
Nato 305
NDIIA(national democratic Institute for
    International Affairs) 189, 190, 241
Nicolae Ceausescu 334
North Korea' s nuclear problem 409
Nursultan A. Nazarbayev 220

(O)
OECD 82, 141
OECD 5, 6, 19, 42, 52, 61, 64, 71, 75,

78, 81, 135, 136, 142, 187, 199, 248, 253, 337, 357, 380, 387, 391, 392, 405, 407, 414, 418, 419, 424, 425, 427, 451, 457
Olimzon Boboyev   229
on trial for the War Crimes Tribunal in the Hague(ICTY:International Criminal Tribunal for the former Yugoslavia)   351
OPCW   75
Orthodox Serbs   307
OSCE   75, 156, 233, 294, 364, 394, 398

(P)
PDP   293
Peace Democratic Party   408
Petro M. Symonenko   171
PFP(Partnership for Peace: 평화동반)   267
Phare(Polish and Hungarian Aid for Reconstruction of Economy)   267
Poland   52, 54, 56, 58, 64, 79, 92, 96, 100, 103, 108, 112, 119, 123, 125~127, 161, 194, 196, 197, 206, 337, 349, 357, 407, 416, 419, 420, 453, 455
Polish Catholicism   96, 99, 119
Polish Peasant Party (PSL)   117
Post-Communism   381, 428
Praha   73
preference falsification   96, 98, 100~102, 114, 116, 117, 119, 120
President Young Sam Kim   410
Prime Minister Gyula Horn   410
private sector   411
Protestant   86

(R)
Radovan Karadzic   307
Ratko Mladic   307, 353
religious conflicts   342, 343, 348, 367
Roma(Gypsies)문제   404
Romania
Roman Catholic   98, 102~104, 350
Roman Catholic representatives   307, 350

Russian Orthodox   211

(S)
Samsung electrics   411
Sandjak   336
Saparmurat Nyyazow   229
SA-2지대공 미사일   290
SA-3   290
SCO(Shanghai Cooperation Organization)   244
secessionism   342, 343, 348, 367
Second Ballot   171, 177
seizures   317
Sejm   110
SSerb nationalist Gavrilo Princip   300
Serbian deaspora   309
SES(Single Economic Space)   244
Slovakia   52, 53, 55, 56, 60, 63, 64, 66, 79, 80, 82, 92, 194, 196, 199, 337, 338, 347, 349, 407, 419, 421
Slovenia   52, 53, 55, 56, 64, 79, 84, 194, 197, 303, 313, 335, 347, 349, 357, 361, 419
Socialist Party of Serbia(SPS)   319
Solidarity   95, 99, 100, 104, 110, 114
Sophia   73
South Europe   347
South of Korea   407
soviet-type societies   190
Standard & Poor's   384
Sweden   54, 64, 84, 85, 92, 195, 199, 213, 308, 337, 419
Swiss International Institute for Management Development(IMD)   68, 343, 366, 424
Switzerland   64, 75, 84, 85, 199, 337, 419

(T)
Tajikistan   223, 231
Tashkent   219
Tehranand Trilpoil   308
the Albanian Diaspora   325
the Alliance of the Democratic Left(SLD)   117
The Anti-Bribery Convention   82

the Austria-Hungary empire 408
the Bribe Payers Index (BPI) 82
the Central-East European Countries(CEECs)
    52
The Corruption Perceptions Index (CPI) 82,
    84
the Dayton Peace Treaty 421
the Estonia-Russian 206, 212
the Former Yugoslav Republic of Macedonia
    (FYROM) 327
The Former Yugoslavia 18, 300
The former Yugoslavia 19, 347
the Former Yugoslavia 266, 349
the former Yugoslavia 323, 351, 418
The FRY(Serbia & Montenegro) 309
the GATT 415
the Ghegs 325
the Gierek 111
The Hungarian Academy of Science(MTA)
    412
the Hungarian Socialist Party 410
the IMF financial crisis 420
the Kingdom of Serbs 302, 334
the Korean Chamber of Commerce 412
the Kosovars 317, 318, 352, 364
the Krajina of Croats 324
the Latvia-Russian 204, 212
the Lethuania-Russian
the Non party Bloc for Reform(BBWR) 118
the OECD Bribery Convention 82
the Office of the High Representative(OHR)
    306
The Ottoman Empire 329, 336
the Ottoman Empire 83, 302, 333
the Polish episcopate 105
the President Gonez 410
The Soros Family Foundation 154, 155,
    189
the Tosks 325
the Turks 310, 328, 331
the UN Convention on Corruption Eastern
    Orthodox 82
the Unification of East and West Germany

    52, 347, 407
the Verkhovna Rada 168, 169, 172, 173
the west European market 414
the west european market 53, 347
the ' 88 Seoul Olympics 408
torture 80, 305, 352
transitology 380
Transparency International (TI) 82
Transylvanian communities 418
Tudjman 309
Turkey 54, 59, 63, 79, 89, 327, 332,
    349, 360
Turkmenistan 158, 190, 229, 231, 232
Tursunbai Bakir-uulu 229

(U)
Ukraine 17, 59, 122, 145, 157, 161, 162,
    165, 167~173, 175~177, 179, 180,
    183~187, 189~193, 216, 247, 251,
    349, 422
Ukraine president re-election 176
Ukrainian presidential election 171
UN 5, 7, 8, 11~13, 65, 69, 70, 74, 75,
    78, 79, 88, 92, 135~137, 139, 157,
    158, 185, 186, 246, 260, 263, 265,
    267, 274~277, 279, 291, 299, 379,
    380, 393, 399, 415, 416, 421, 424
UNCTAD 75, 78
UNESCO 29, 75, 185
UNHCR 75, 78, 292
UNIDO 75
UNOMIG 75
UNPREDEP 358
UPI 288
UPU 75
USAID 362
Uzbekistan 158, 190, 221, 244

(V)
Vatican Ostpolitik 104
Viktor Orbán 410, 426
Villnius 207
Visegrad 4국 402, 403

VMRO 293, 329
VMRO-DPMNE당 293
Vojvodina 258, 310, 311, 325, 335, 336,
    351, 421

(W)
Walesa's presidency 105
Warsaw 53, 73, 79, 303, 319, 348, 354,
    371, 375, 394, 418
WEU 12, 75
WEUFAO
WHO 100, 113, 300, 331
WIPO 75

WTO 139
WTO 5, 53, 74, 75, 78, 134, 139, 160,
    380, 394, 395, 405, 414, 415, 418,
    425, 445
WTO(Warsaw Treatment Organization) 53,
    394, 418

(Y)
Yugoslavia(FRY) 302, 319, 348, 350

(Z)
Zharmakhan A. Tuyakbai 229

▌약 력

안성호(安成濩) (충북대 정치외교학과 교수)

학 력

1974. 2. 서울 중앙고등학교 졸업

1979. 2. 한양대학교 정치외교학과(정치학사)

1983. 2. 한양대학교 정치외교학과 대학원(정치학석사)

1988. 2. 한양대학교 정치외교학과 대학원(정치학박사)

경 력

1985. 9. – 89. 2. 한양대학교 강사

1986. 3. – 89. 2. 전북대학교, 숭실대학교 강사

1987. 3. – 89. 2. 서울교육대학교 강사

1989. 3. – 93. 2. 충북대학교 정치외교학과 조교수

1993. 3. – 98. 3. 충북대학교 정치외교학과 부교수

1998. 4. – 현재 충북대학교 정치외교학과 정교수

1994. 3. – 1996. 2. 충북대학교 정외과 학과장

1995. 3. – 1997. 2. 충북대학교 국제관계연구소 소장

1997. 3. – 1999. 2. 행정대학원 선임교수주임

2002. 4. – 2004. 4. 충북대 신문사 주간

1993. 6. – 8. 미국 Univ. of California at Irvine 교환교수

1996 – 1998 중국길림대학 조선한국연구소 객좌교수

1999. 12. – 2000. 12. 미국 Univ. of Missouri at Columbia 교환교수

상 훈

1996. 충북대 우수학술상

2005. 충북대 우수교원상

연락처: 한국 충북 청주시 흥덕구 비하동 계룡리슈빌 A 105동 – 201호

361 – 370

Tel: 043 – 238 – 9502

Mobile Phone: 010 – 2946 – 8009

E – Mail: hosungho@hanmail.net

직장 주소: 한국 충북 청주시 흥덕구 개신동 산41 충북대학교

360 – 740

Tel: 043 – 261 – 2211

▌주요논문 및 저서

『범세계민주화비교론』(서울: 교육과학사, 1994).

『세계화, 지방화, 그리고 민주화』 편저(서울: 교육과학사, 1996).

『신북한학개론』 공저(서울: 을유문화사, 1999).

『안교수의 통일이야기』(서울: 교육과학사, 2001).

『동유럽민족문제연구』 편저(청주: 충북대출판사, 2002).

『신정치학원론』(서울: 교육과학사, 2005).

『지역경쟁력강화와 로컬거버넌스』 공저(서울: 대영문화사, 2006).

청주시, 『2030청주시 장기발전계획』 연구책임자(2006).

한국학술진흥재단, 『지역경쟁력강화와 로컬거버넌스연구』 공동연구(2005).

한국학술진흥재단, 『남북한통합』 연구책임자(1996 – 1998).

한국학술진흥재단, 『남북한교류』 연구책임자(1998 – 1999).

한국학술진흥재단, 『동유럽민족문제연구』 연구책임자(1997 – 1998).

1. 「17대 대선과 18대 총선에서 충북의 정당지지도비교분석」, 충북대, 『사회과학연구』, 제
   25권 제1호(2008. 6).

2. 「독립국가연합의 민주화 과정에 대한 비교연구: 중앙아시아 5개국을 중심으로」, 한국동
   북아학회, 『한국동북아논문』, 제13권 제3호(2008).

3. 「한국민주주의 위기와 마을공동체 민주주의 활성화 방안」, 충북대 사회과학연구소, 『사
   회과학연구』, 제24권 제2호(2007).

4. 「531지방자치선거: 충북광역자치단체장 선거분석」, 충북대 사회과학연구소, 『사회과학
   연구』, 제24권 제1호(2007).

5. 「루마니아와 불가리아의 EU가입 이후의 변화에 대한 정치경제학적인 비교연구」, 한국
   외국어대 동유럽발칸연구소, 『동유럽연구』, 제19권(2007).

6. 「안보위기극복을 위한 안보거버넌스 활용방안(공저)」, 서경대 통일문제연구소, 『통일연
   구』, 제12권 제1호(2007).

7. 「남북한 협력과 한민공조체제」, 서경대, 『통일연구』, 제11권 제1호(2006).

8. 「지역경쟁력강화를 위한 로칼거버넌스모델형성」, 한국비교정부학회, 『한국비교정부학보』
   (2006).

9. 「A Study on Ukraine President Election and Deliberative Democracy」, The 5th international
   Academic Conference of KACEES, The Korean Association of Central & East European
   Studies/Irkutsk State Linguistic University, Russia(2005).

10. 「우크라이나 대통령 선거와 글로벌민주주의와의 관계에 대한 연구」, 한국동유럽발칸학
    회, 『동유럽발칸학』, 제7권 제2호(2005).

11. 「동북아 민주공동체형성의 과제와 전망」, 북한연구학회, 『북한연구학회보』(2005년 여름).

12. 「동북아정체성과 글로벌민주주의의 관계에 대한 연구」, 한국정치학회 춘계학술대회
    (2005).

13. 「한·중·일 협력과 동북아공동체구축방안」, 한국북방학회국제학술대회(2005).

14. 「17대총선의 쟁점과 선거결과에 대한 담론」, 충북대, 『사회과학연구』, 제21권(2004).

15. 「공명선거와 부정부패방지」, 한국여성유권자연맹충북지부(2003).

16. 「민주화 변혁 이후 동구권국가의 세계화 전략과 대외관계」, 한국동유럽발칸학회, 『동유럽발칸학』, 제4권 2호(2002).

　외 다수

▌학회활동 및 사회활동

학회활동
한국정치학회(평생회원) 이사(1987 - 현재)
한국세계지역연구협의회(1988 - 현재)
한국국민윤리학회(1989 - 현재)
한국국제정치학회(평생회원) 이사(1990 - 현재)
한국정치외교사학회(1994 - 현재)
한국동북아학회 이사(1996 - 현재)
세계정치학회(IPSA) 정회원(1996 - 현재)
한국동아시아연구회(1995 - 현재)
한국북한연구학회 이사(1997 - 현재)
한국미래정치연구회(1997 - 현재)
한국지방자치학회(1996 - 현재)
유럽학회(평생회원)(1997 - 현재)
동구유럽발칸학회(평생회원) 부회장(2005 - 2006)
미국정치학회(APSA) 정회원(2000 - 2004)
한국북방학회 회장(2004 - 2005)

경력 및 사회활동
한국방송협회 충청권 15대 대통령 선거후보 초청
토론회패널 토론자 참가(1997. 10. 20. - 11. 3.)
민수병통자분위원(1996. 8. - 2005. 6.)
충청북도 민방위교육전문강사(1998. 3. - 2000. 12.)
충청북도 경실련 집행위원(1996. 3. - 현재)
국가정보대학원 강사(1998. 3. - 2004.)
전국 국공립대학 신문방송주간협의회 회장(2002. 8. - 2003. 8.)
KBS 라디오 통일광장 출연교수(2002. 4. - 9.)

■ 학회활동 및 사회활동

청주MBC 17대 총선 후보자 토론회 사회(2004. 3. - 4.)

17대 총선 충북선거관리위원회 후보자토론회 사회(2004. 4.)

2030청주시장기발전계획 연구책임자(2005 - 6)

531지방선거 한나라당 충북지역 공천심사위원(2006)

제32대 충북지사 직무인수위원회 행정분과 간사(2006. 6.)

충북자치연수원 논문지도교수(2006 - 현재)

청주시시민공약평가단단장(2006 - 현재)

제17대 대통령 선거 한나라당 이명박 예비후보 대외 협력 특별보좌역(2007. 6.)

제17대 대통령 선거 한나라당 일류국가비전위원회 국제과학기업도시교수자문위원(2007. 10.)

제17대 대통령 선거 한나라당 국방정책자문 특별위원회 안보위원(2007. 11.)

제17대 대통령직 인수위원회 정무분과 상임자문위원(2008. 1. 2. - 2. 24.)

충북 오창차세대가속기센터 건립추진위원회 공동위원장(2008. 6. 23. - 현재)

이명박 대통령방문 국토중원충북발전전략 토론회 지정토론자(2008. 7. 1.)

외교통상부 정책자문위원위촉(2008. 8. - 2010. 8.)

민주화보상심의위원회 위원임명(2008. 10. 27. - 현재)

중·동구·발칸의
글로벌
정치경제

초판인쇄 | 2009년 1월 12일
초판발행 | 2009년 1월 12일

지은이 | 안성호
펴낸이 | 채종준
펴낸곳 | 한국학술정보㈜
주 소 | 경기도 파주시 교하읍 문발리 513-5 파주출판문화정보산업단지
전 화 | 031) 908-3181(대표)
팩 스 | 031) 908-3189
홈페이지 | http://www.kstudy.com
E-mail | 출판사업부 publish@kstudy.com

등 록 | 제9-115호(2000. 6. 19)
가 격 | 40,000원

ISBN 978-89-534-0831-9 93340 (Paper Book)
      978-89-534-0833-3 98340 (e-Book)